KB068003

인플루언서 탐구

인플루언서 탐구

올리비아 얄롭 지음
김지선 옮김

BREAK
THE
INTERNET

'좋아요'와
구독의 알고리즘

마크와 로즈메리,
놀라운 인플루언서들에게

내 눈엔 이런 플랫폼들에 통달한 – 별로 더 나을 것도 없는 어른들이 툭하면 얄팍하다고, 몸치장밖에 관심 없는 나르시시스트라고 무시하는 – 10대와 20대가 인터넷 문화나 연예 산업만이 아니라 사회 전체를 지배하게 될 것이 갈수록 명확해 보인다.

케빈 루스, 〈뉴욕 타임스〉[1]

인터넷에 처음 접속한 순간이 아직도 또렷이 기억난다. 일곱 살쯤이었나, 퀴퀴한 냄새가 나는 교실에서 한 주 걸러 화요일마다 이루어진 45분짜리 학교 정보통신기술 수업이 드디어 오랫동안 기다렸던 순간에 이르렀다. 마이크로소프트 퍼블리셔로 가상의 클립아트 파티 초대장을 만들고 플로피디스크(이름 때문에 오해하기 쉽지만 너무 많이 구부리면 뚝 부러진다) 넣고 빼기를 연습하면서 몇 주를 보낸 끝에, 마침내 우리 반이 '서핑'을 배우게 된 것이다.

내 머릿속에서 인터넷은 모호한 개념이었다. 부모님은 종종 '이메일을 보러' 간다고 말씀하셨고 난 때때로 아빠의 정장 재킷에서 두툼한 팜 파일럿(포켓용 컴퓨터 - 옮긴이)을 꺼내어 사무실에서 일하는 어른 흉내를 냈지만 '인터넷에 접속한다'는 게 실제로 무슨 뜻인지는 전혀 알지 못했다. 컴퓨터 한 대에 두 명씩 몇 줄로 배치된 우리

반은 무한의 가장자리를 떠돌며 인내심 있게 선생님의 지시를 기다렸다. 화면보호기에는 태양이 빛나는, 화소로 이루어진 초원이 떠워져 있었다. 왠지 어딘가에 있을 법하지만 어디에도 없는 초원. 전면에는 인터넷 익스플로러 아이콘이 떠 있었다. 곡선 서체의 코발트색 'e', 행성 고리로 둘러싸인 그것은 은하계처럼 드넓은 가능성을 암시했다.

다이얼 접속을 하기가 얼마나 힘든지, 마치 고된 육체노동을 하는 듯한 기분이었다. 나는 밀레니엄 델 기술이 잠에서 깨며 내는 끼긱 소리에 몸서리를 치고, 값비싼 대역폭이 1분 1분 지날 때마다 꼼지락댔다. 학교 키보드는 삐걱댔고 베이지색 플라스틱 서버들은 연결을 시도할 때마다 안간힘을 쓰며 몸부림쳤다.

고통스러운 몇 분을 견디고 그 수업을 통해 발견한 것은 기대 이하였다. 공상과학소설에서 본 이진법 코드나 사이버 우주를 항해하기 위한 폼 나는 계기판은 존재하지 않았다. 그저 납작한 회색 브라우저 창과, 점차로 조금씩 모습을 드러내는 로딩 바가 전부였다. 그 후로 몇 주 동안 우리는 야후와 AOL을 스크롤하고, 밝은색으로 표시된 하이퍼링크를 클릭하고, 애스크 지브스 검색창에 간단한 질문을 입력하고, 느릿느릿 화면에 펼쳐지는 사진들을 보는 법을 배웠다.

우리는 또한 어떤 것들을 피해야 하는지 배웠다. 인터넷은 우리를 노린다. 해커와 피싱범과 스팸꾼들이 버그나 1,000년은 가는 체인 이메일 저주로 우리를 덮치려고 도사리고 있었다. 채팅방, 게시판, 그리고 외우지 못한 웹사이트 주소에도 위험은 숨어 있었다. 교실 프린터 위에는 코믹 산스체로 인쇄된 '안전한' 사이트의 목록이 걸려 있었다. 담당 선생님에 대해서는 그다지 기억나는 게 없지만, 그분의 다음과 같은 말씀만은 언제까지고 잊지 않을 것이다.

'절대, 절대로, 그 어떤 상황에서도 자신에 대한 그 어떤 개인 정보도 인터넷에 올리지 마라. 혹시 누군가가 캐물으면 안 알려준다고 하고 당장 로그오프해라.'

그로부터 20년이 지난 현재로 오면 선생님은 실망하실 것이다. 오늘날 우리는 가장 개인적인 정보를 기꺼이 공유한다. 온라인상의 과도한 공유는 단순히 모든 이의 취미 생활을 넘어 고도로 수익성 높은 산업이 되어, 가장 인기 있는 주인공들을 백만장자로 만들었다. 이들 중 다수는 이제 수백만 명과 집단적으로 소통하는 유명인이 되어, 15초 분량의 유행곡을 배경으로 깐 짧은 틱톡 영상을 위해 개인적 경험을 샅샅이 파헤치고 개인 삶의 주요 행사를 방송하고 카메라를 똑바로 바라보며 숨 가쁜 몸짓으로 보이지 않는 낯선 이들을 가족의 사적인 순간에 초대한다.

그 오래전 처음 '서핑'하는 법을 배운 이후로 이제 온라인에 자신을 공유하는 것은 제2의 천성이 되었고, 참여와 자기 최적화의 논리는 우리 삶의 모든 구석구석에 침투하기 시작했다. 인터넷에서나 실제 현실에서나. 인플루언서들(온라인 관심의 달인들)은 현재 우리가 놓인 순간의 상징이자 우리가 앞으로 향할 곳의 조짐이다. 우리는 더 이상 다이얼 접속을 하지 않는다. 과연 우리가 로그오프를 하는 날이 언젠가 오긴 할지, 갈수록 의심스럽다.

차례

1

100만 팔로워 정책

인플루언서가 도대체 뭐야?

8월의 어느 비 내리는 목요일 저녁 8시 45분, 나는 런던 중심부에 자리 잡은 말도 안 되게 비싼 어느 호텔의 대리석 로비에 서 있다. 휘감아 올라가는 층계는 차단되어 있고 공기는 적막하다. 머리를 매끈하게 빗어 넘긴 직원이 아이패드를 만지작거리며 어슬렁거리다 이따금 회전문과 그 너머의 을씨년스러운 거리를 향해 눈길을 보낸다. 샹들리에는 그 정체된 풍경 위로 샴페인색 조명을 드리운다.

허리 아랫부분에 땀이 차고 있다. 완벽하게 광을 낸 엘리베이터 문에 비친 내 모습을 보니 운동화를 신고 오는 게 아닌데 하는 후회가 스며든다. 우리가 기다리고 있는 건 A급 배우나 팝 차트 꼭대기를 차지하는 스타나 하급 왕족이나 정치인이 아니다. 바깥에는 파파라치도 없고, 조간 타블로이드에 기사가 나갈 전망도 없다. 하지만 오늘 저녁은 전 세계에서 기대에 부풀어 숨죽인 채 기다리는 1억 명 이상의 시청자에게 360도의 눈부신 영광으로 생중계될 것이다.

우린 신종 스타를 맞이하기 위해 기다리고 있다. 소셜 미디어 스타들. 이름만 대면 아는 최고 패션업계의 사람들과 뷰티 인플루언서들이 오늘 밤 로스앤젤레스에 본사를 둔 어느 패스트 패션 레이블의 영국 론칭을 위해 모이고 있다. 그 회사를 베이브라고 하자. 그 회사, 더 정확히 말하자면 그 제국은 소셜 미디어 영향력을 바탕으로 10억 달러 가치의 기업을 세웠다. 독자 여러분은 그들의 이름을 모를 수도 있지만, 지난 3년간 한 번이라도 인스타그램에 접속한 적이 있다면 아마 그 브랜드의 거창하다 못해 비현실적인 포부를 접해보았을 것이다.

인플루언서 문화 그 자체와 동의어가 된 베이브의 피드는 눈길을 사로잡는 소비의 향연이다. 유명 상표 배너가 걸린 수영장들, 촛불을 밝힌 파리풍의 만찬, 열기구, 호화로운 열대 여행, 그래미 수상 래퍼들의 공연을 곁들인 프라이빗 축제. 베이브는 단순히 의류 브랜드가 아니라 컬트다. 많은 참석자에게, 오늘 밤 행사 참석을 포함한 베이브와의 협력 관계는 인플루언스의 상류층에 올랐다는 증거다.

인스타그램은 전 세계적으로 매달 10억 명 이상의 활동적인 이용자를 보유한다.[1] 이는 전 세계 인구의 8분의 1이고, 매일 1억 개 이상의 포스트가 그 플랫폼에 올라간다. 2018년에는 370만 개 이상의 스폰서십 포스트가 올라갔다.[2] 이 수치는 2020년 600만에 도달했다고 추정된다.[3] 인스타그램 측 발표에 따르면 사용자의 87퍼센트가 '영향을 받아서' 어느 크리에이터의 뭔가를 산 적이 있다.[4] 소셜 미디어의 규모와 속도 때문에 정확히 얼마나 많은 인플루언서가 존재하는가를 명확히 규정하기란 불가능하지만, 다수의 연구에 따르면 전 세계에 5,000만 명 이상인 것으로 추정된다. 전업 인플루언서는 약 200만 명(이는 대략 슬로베니아 인구 전체와 맞먹는다), 그 나머지는 여가 시간을 이용해 활동하는 아마추어이다.[5]

큰 숫자처럼 들릴지도 모르지만, 참여자의 엄청난 다수는 마이크로 인플루언서라고 하는 2군 선수이다. 이들은 고작 수만 명의 헌신적인 팬으로 이루어진 소규모 청중을 대상으로 블로깅과 포스팅과 스트리밍을 하면서 리그램될 만한 콘텐츠를 생성하고 브랜드들의 관심을 끌어 공짜 물품과 홍보 패키지를 얻어내고자 끊임없이 애쓰고 있다.

조회 수와 시청자 수가 치솟으면서 인플루언서들은 더 상위 브랜드와의 더 쏠쏠한 협찬 계약 및 수수료에 눈이 벌건 경력 있는 에이전트를 끌어들이기 시작한다. 성공의 길에 오르려면 갈수록 더 전략이 필요하다. 콘텐츠 업로드 주기는 갈수록 더 큰 압박을 받고, 창작자들 사이에 파벌이 형성되고, 경쟁이 과열되고, 불매운동의 위협이 그림자를 드리운다. 인스타그램 사용자들 중 겨우 2퍼센트만 소셜 미디어 스타덤의 최고층에 올라 마법의 수백만 팔로워를 달성한다.[6] 100만 팔로워를 달성하면 더는 단순히 일개 인플루언서가 아니다. 수많은 팬 계정, 현장 뒤에서 일하는 팀, 그리고 자기 이름을 단 상품 라인 여럿을 자랑스럽게 거느린 미디어 제국이자 라이프스타일 브랜드다.

가장 성공적인 크리에이터들은 신흥 거부 계급을 이룬다. 인스타그램의 최고 소득 인플루언서인 카일리 제너Kylie Jenner는 보고에 따르면 포스트당 약 120만 달러를 받는다.[7] 2019년 〈포브스〉는 최고 10위까지의 게이밍 스트리머(다들 겉으로는 평범하기 그지없어 보이는, 에너지 음료를 벌컥벌컥 들이켜는 10대에서 20대 초반의 백만장자)가 도합 2억 7,000만 명의 팔로워를 거느리고 총 1억 2,100만 달러를 벌었다고 보도했다.[8]

2019년, 음모이론 블로거인 셰인 도슨Shane Dawson과 과시적인 뷰티 구루인 제프리 스타Jeffree Star(둘 다 유튜브에서 구독자를 모으는 데 10년 이상 걸린, 논란이 있는 인물이다)가 손을 잡고 아이섀도 팔레트를 공동으로 출시하여 쇼피파이[9] 서버를 다운시키고 즉시 매진으로 불과 몇 초 만에 3,500만 달러를 벌어들였다.[10] '키드플루언서'인 라이언 카지Ryan Kaji는 텍사스에서 활동하며 다채로운 색색의 장난감을 언박싱하는 발랄한 영상으로 조회 수 450억 회 이상을 달성한 어린아이인데, 2020년에 광고 수익으로 2,950만 달러를, 자신의 상품 라인으로는 2억 달러를 벌어들여 유튜브 소득 순위의 정상을 차지했다.[11] 아홉 살치고는 나쁘지 않은 수입이다. 그 이후로는 '0'이 하도 많아서 세기조차 어려워지기 시작한다.

오늘 밤은 2퍼센트를 위한 밤이다. 오늘 밤, 인터넷 스타들은 오프라인에 모여 뒷담화를 하고 동경의 눈길을 주고받고 영국의 총인구수를 가뿐히 뛰어넘는 온라인 시청자를 대상으로 인스타그램을 할 것이다. 하지만 그 산업은 냉소적인 동시에 순환적이어서, 늘 다음번 대박감을 찾고 있다. 게스트 목록에서는 오늘 주인공들의 하이힐 굽을 물고 늘어질 준비가 된, 더 소규모의 야심찬 인플루언서들도 눈에 띈다. 인플루언싱은 평판 게임이라, 오늘 밤 행사에 참석함으로써 인맥, 계약, 그리고 팔로워 증대를 노릴 수 있다. 한번은 내가 인스타그램 스토리에 인플루언서 행사들을 태그한 적이 있는데, 같이 데려가달라고 애원하거나 내가 받은 브랜드 선물 백을 자기한테 팔아달라는 DM이 쏟아졌다. 소셜 미디어에 올려서 자기도 거기에 갔던 척하려는 것이다.

밤 9시가 되자 난 화들짝 놀라 생각에서 깨어난다. 새 미디어 군주제의 일원들이 우버를 타고 속속 도착해 흥분해서 로비를 맴돌고 있다. 문제는 딱 하나다. 현재까지, 아무도 안으로 들어가지 못했다는 것이다. "무슨 일이에요?" 언성이 높아지기 시작하고, 나는 사람들을 헤치고 앞으로 가려고 애쓰며 묻는다. "왜 사람들을 안 들여보낸대요?"

"죄송합니다." 아이패드 뒤에서 느린 동해안 억양이 들려온다. 자신의 통제 대상인 군중과 옷차림을 맞춘 듯, 은색 블라우스에 두툼한 금색 귀걸이를 단 여성이다. "저희는 오늘 밤 팔로워 정책을 기준으로 입장을 허용하고 있습니다. 오로지 100만 명 이상의 팔로워를 가진 여성분들만 10시 전에 입장하실 수 있습니다. 인스타그램을 좀 볼 수 있을까요?"

오늘 밤이 인플루언서 귀족들을 위한 것인 줄은 내 익히 알았지만, 서열이 이렇게 노골적으로 정책화될 줄은 미처 예상치 못했다. 내 등 뒤로 모여드는, 점점 더 당황한 기색을 띠는 군중도 확실히 그랬던 모양이다. 사람들은 줄 앞쪽으로 움직이기 시작하는 소수를 향해 연장한 속눈썹을 치켜올리며 씁쓸한 시선을 보낸다. 내 왼쪽 어깨 뒤의 누군가가 앞으로 가는 다른 누군가를 향해 이렇게 내뱉는다. "웃기고 있네. 난 거의 80만 명이야. 장담하는데 '저 여자'는 어차피 팔로워 절반은 돈 주고 샀을걸." 난 화면이 깨진 아이폰을 꺼내 팔로워가 568명인 내 인스타그램을 보여줄 생각을 접는다.

기묘하고도 낯선 생태계

이 대목에서 여러분은 아마도 내가 누구인지, 그리고 어떻게 여기에 오게 되었는지 궁금해할 것이다. 나는 인플루언서 업계에서, 이른바 '소셜 미디어 혁명'이라고 불리는 현상에 대한 반응으로 생겨난 디지털 에이전시 수백 개 중 하나에서 일하고 있다. 내 에이전시는 인플루언서들을 직접 대리하지는 않지만 그들과 브랜드 사이에 중개상 노릇을 하면서 마케팅 캠페인, 론칭 파티, 그리고 사진 촬영을 위해 소셜 미디어 스타들을 선정하고 섭외하고 참여시키고, 아이슬란드나 이비사Ibiza로 가는 정교한 브랜드 여행을 준비하고, 그들에게 공짜 선물을 퍼주고, 인스타그램에 올릴 만한 주문 제작 '브랜드 경험'을 창조하거나 그들이 독립적인 캠페인을 개발하는 데 협력한다. 월급쟁이의 업무치고는 꽤 화려하게 들리지만, 파티는 우리의 일상이 아니다. 그보다는 사무실의 빈백 의자에 앉아 인터넷 탭 20개를 한꺼번에 열어놓고, 최면에 걸린 듯한 상태에서 틱톡을 스크롤하고 있을 때가 많다.

이 업계에 몸담은 지 5년째이지만, 처음 발을 들여놓았을 때는 인플루언서 마케팅이란 것이 공식적으로 존재하지 않았다. 소셜 인터넷의 여명기 이후로 온라인 활동을 취미로 하는 사람들의 공동체가 점점 성장했고 2000년대 후반부터는 블로거와 브랜드 사이의 상업적 관계가 형성되기 시작했지만, 2010년대 중반까지 가장 앞서나가는 브랜드 몇몇을 제외한 나머지 모두는 인플루언서와의 협력을 여전히 실험적이고 위험한 행위로 여겼다. 브랜드들은 이제 막 싹을 틔우는 소셜 미디어 지평을 항해하는 법을 배우고 있었고, 그 모험에 뛰어들 준비를 갖춘 이들은 급속히 성장했다.

2012년에 창립된 우리 회사는 초기에 뛰어들었다. 그때는 아직 우리가 하는 일이 무엇인지 묘사할 용어나 넘어서는 안 될 선을 긋는 규제가 존재하기 전이었다. 그 이후로 우리는 지평의 변화를 따라 움직여왔다. 트렌드와 플랫폼에 맞추어 물 흐르듯 움직이면서, 수 세대에 걸친 인플루언서들이 잇달아 명성을 얻고 추락하고 수백만 달러를 벌어들이고 창업하고 결국은 번아웃으로 나가떨어지는 과정을 지켜보았다.

소셜 미디어 공간의 회사 대부분이 그렇듯, 우리 회사 역시 작고 민첩했다. 직원들은 경험적 지혜나 우리의 대척점에 있는 전통 산업을 지배하는 이데올로기에 구애되지 않는, 풋내기 창작자였다. 우리는 '파괴하라', 그리고 '민주화하라', '엄지를 멈춰라' 같은 말을 자주 썼다. 우리가 '연령대가 높은 타깃 시청자'라고 말하면 보통 25세 이상의 모든 사람을 가리켰다. 우리는 새벽까지 오픈 커뮤니케이션 채널을 통해 리액션 움짤과 인플루언서 가십을 주고받았다. 휴대전화는 쉴 새 없이 진동했고 배터리는 쭉쭉 빠졌다.

우리는 살짝 반항적인 표어 아래 결집했다. 주의 집중 시간은 줄어가고, 주류 미디어는 죽었고, 콘텐츠는 왕이며, 우리가 미래의 대표라는 것이었다. 브랜드들은 그것을 이해하고 이 미래에 누구보다도 먼저 도달하기 위해, 그리고 동시에 젊은 층에 자기네 스포츠브라나 스니커나 화장품이나 칸나비디올(대마초에서 추출되는 화학물질 - 옮긴이)이 함유된 탐폰을 팔기 위해 우리를 찾아왔다. 파는 물건이 무엇이든, 목적은 대체로 동일했다. 브랜드들은 젊은 소비자를 끌어들이고 싶어 하며 하이프hype와 바이럴viral을 원한다. 깨어 있는 것처럼 보이되 정치와는 선을 긋고, 출세 지향적이되 진정성을 잃지 않을 것. 그 주에만 일곱 번째로 구글 독Google Doc에 트위터용 광고 문구를 고쳐 쓰고 있는, 과로에 지친 소셜 미디어 관리자의 글이 아니라 마치 가까운 친구가 알려주는 꿀팁처럼 들릴 것. 그들에게 인플루언서는 유용한 마케팅 도구다. 디지털 대리인이랄까, 영원히 휴대전화 화면에 매달려 있는 세대에 가닿기 위한, 비용 대비 효율이 높은 방법이다.

"인플루언서들, 그러니까 적어도 긍정적인 측은 인기, 출세 지향과 권위라는 강력한 조합을 가지고 있습니다." 소셜 미디어 혁명의 최전선에 있는 Z세대 기업 카이라 미디어Kyra Media 산하 뷰티 파트너십 부문 글로벌 책임자인 마리나 만수르Marina Mansour는 설명한다. 그들은 틱톡의 최고 재주꾼들을 대리하고 길러낸다. "이것을 다중적 채널을 통한 잦은 가시성, 그리고 자신의 청중과 심오하고 강력하게 소통하는 방법에 대한 섬세한 이해와 결합하면 인플루언서는 현존하는 가장 강력한 마케팅 도구가 되죠." 마리나는 크리에이터의 영향력이 단순한 매출 증대를 초월한다고 말한다. "소셜 플랫폼의 콘텐츠와 공동체는 유행이 생겨나고 발상이 태어나고 도전받고, 온갖 움직임이 일어나고 불꽃이 튀는 온실이에요." 마리나는 이렇게 결론짓는다. "크리에이터들은 대중문화 그 자체죠."

2020년대 초의 인플루언서 산업은 여러 면에서 2010년대 초의 기술 산업을 연상시킨다. 비록 개발이 시작된 지 10년이 넘었는데도 여전히 상대적으로 '서부 개척지'처럼 여겨진다. 기술자, 마케터, 모험사업가, 투자자, 그리고 기회주의자들이 어중이떠중이 몰려들어 급속히 발전하는 중이고 규제는 비교적 희박한 지평에서 다들 수익 창출을 애타게 갈구한다. 산업은 여전히 대체로 체계가 없고 공식화되지 않았으며 관련 법률이 없어 야심 넘치는 개인들이 이것저것 실험할 수 있는 폭넓은 공간을 준다. 이는 원래 그 호스트 플랫폼들을 뒷받침했던 '빨리 움직이고 닥치는 대로 부숴라'라는 구호를 반영한다.

2014년, 사람들이 앞다투어 오레오Oreo 가운뎃부분을 핥는 무해한 챌린지 영상에 의혹을 품은 BBC 언론인이 영국의 유튜브 블로거 다섯 명을 광고표준위원회Advertising Standards Authority, ASA에 제소했다.[12] 알고 보니 그것은 여러 사람이 각자 동시에 동일한 생각을 떠올린 우연의 결과가 아니라 오레오의 모회사인 몬딜리즈Mondelez가 지휘하고 자금을 댄 광고 캠페인이었다. ASA는 그 영상을 금지시키고 세계 최초로 인플루언서 규제를 도입했지만, 금세 새롭고 혁신적인 방법이 규제가 도입되는 속도만큼이나 급속히 솟아나고 있었다. 일정 시간이 지나면 저절로 사라지는 포스트, 브랜드 여행, 선물 또는 단순히 법의 한계를 교묘히 피해 가는 표현 같은 것들이었다. 한편 다른 시장들은 그보다 느긋한 태도를 취했다. 미국 연방거래위원회Federal Trade Commission, FTC는 2017년 4월에 위원회의 광고 지침을 어긴 소셜 미디어 인플루언서들을 대상으로 최초로 항의했고,[13] 오스트레일리아는 2020년 인플루언서들에게 스폰서 포스팅을 명시하도록 요구하는 직업 규약을 채택하는 데 그쳤다.[14]

눈부신 새로운 '크리에이터 경제'(기존의 인플루언서 산업에 대한 폼 나는 실리콘밸리풍의 리브랜딩이면서 그 이전의 발명품인 긱 경제의 영적 계승자)는 디지털 골드러시의 중심에 있다. 우리는 올바른 시간과 장소를 만났다. 아직 아무도 건드리지 않은 기회, 무한한 관심, 그리고 벤처 캐피털로부터의 투자가 넘쳐난다. 우리 부문은 알고리즘 업데이트 및 상품 배송의 속도로 움직인다. 새로운 수익 채널이 활짝 열리고, 새 플랫폼이 등장하고, 새로운 유형의 콘텐츠와 운영 모델이 신속히 개발된다. 하룻밤 자고 일어날 때마다 새로운 기능, 새로운 규제, 나아가 새로운 인플루언서 스캔들을 접하는 일도 드물지 않다. 그에 따라 업무 진행을 가속화하고, 전략을 재평가하고, 새롭고 모호한 마케팅 채널이나 사업 모델을 시작한다. 크리에이터 경제의 백만장자(그 수가 매우 많다)는 보통 20대이고, 소셜 미디어 스타이거나 어떤 성공한 소프트웨어 또는 새로운 크리에이터 기반 플랫폼을 만들었거나 수익성 높은 인플루언서 에이전시를 운영하고 있을 가능성이 높다. 교과서가 없고 규칙은 거의 찾아볼 수 없으며, 행운아나 개척자들에게는 큰돈을 벌 기회가 있다. 나는 예측 불가능성을 당연시하게 되었다.

내 업무(이 업계의 모든 업무와 마찬가지로)는 종잡기 어려운 혼종으로, 크리에이터와 전략가, 마케터와 중개인 사이의 어딘가에서 브랜드를 도와 인터넷 지형을 이해하고 그것을 바탕으로 소득을 올릴 방법을 파악하게끔 하는 것이다. 더 구체적으로 말하자면, 나는 매일 열여섯 시간을 소셜 미디어에 로그인한 채로 보내고 있다. 복잡하고 모순적인 온라인 담론을 브랜드 매니저가 이해할 수 있는 언어로 옮기고, 그들이 업계에서 우위를 차지할 수 있도록 '실행 가능한 통찰'과 '소비자 동인'을 제공하는 것이다.

소셜 미디어에서 일한다는 것은 다소 기묘한 생계 수단이다. 난 크리에이터들의 확장적이고 독특한 지형, 전능한 단일 구조의 플랫폼, 그리고 경쟁력 있는 예산과 쏠쏠한 계약을 소유한 브랜드(기업)라는 3자 사이에 인터페이스로 참여한다. 날이면 날마다 실시간으로 펼쳐지는, 인류 역사상 가장 큰 동시 발생적 스펙터클의 맨 앞줄에 앉아 있는 셈이다.

그런 위치에 있다는 건 그 산업의 내부 작동에 관한 독특한 통찰을 가능케 하지만, 인플루언서 게임의 양측에 모두 지분을 갖고 있다는 것은 때로 내게 두 삶과 두 언어 사이에 갇힌 느낌을 준다. 소비자이자 제작자, 기생충이자 숙주, 산업의 핵심 철학을 붙들고 있으면서 동시에 그것으로부터 소외된 느낌. 하지만 하루 중 대부분은 유행하는 화젯거리를 분석하거나 인터넷상에서 순간순간 펼쳐지는 짧은 인간사에 푹 파묻혀 보내느라 이런 생각은 그저 잠깐잠깐 스쳐 지나갈 뿐이다.

오늘 밤, 내 에이전시는 런던 유행의 선도자 중 베이브의 행사에 참석할 인물들을 선별했다. 그 무리에는 모델, DJ, 피트니스 거물, 눈부신 치아를 가진 뷰티 블로거이면서 수익성 높은 수정 요법을 부업으로 하는 전직 리얼리티 스타 한 명이 포함된다. 우리의 업무는 단순하다. '올바른 사람들'이 파티에 오게 하고, 그들이 파티를 즐기는지, 그리고 인스타그램에 올리는지 확인하는 것이다.

우리 팀은 이 저녁 모임이 가능한 한 즉흥적인 행사처럼 보이도록 치밀하게 조직하느라 몇 주를 보냈다. 소셜 미디어 프로필을 스토킹하고 전략을 짜고 타깃을 설정했다. 가짜 팔로워를 가려내기 위해 감사를 실시하고 페이스북에 보기 민망한 프로필이 적혀 있거나 2012년 이후로 물의를 일으킬 만한 트윗을 쓰지는 않았는지 잡아내려고 타임라인을 촘촘히 감시했다. 매니저들과 에이전트들에게 잘 보이려고 아부를 하고 택시를 예약했다. 난 사무실 출근복을 벗어놓고 휴대용 배터리 몇 개를 예비로 챙겨 런던 동부에 있는 우리 스튜디오에서 꼬박 한 시간이 걸리는 시내 중심가로 왔다. 하지만 우리는 이제 예기치 못한 문제를 맞닥뜨렸다. 100만 팔로워 정책이다.

이 업계에 있다 보니 웬만큼 황당하고 어이없는 요구에는 어지간히 무감각해졌지만, 전설로만 들은 '팔로워 정책'을 실제로 마주친 건 이번이 처음이다. 베이브는 절차를 들먹이며 인터넷 잇걸들을 기다리게 하고 있다. 인내심은 짧지만, 잠재적 고객 수백만 명을 대상으로 베이브의 복잡한 파티 입장 정책을 비판하는 인스타그램 스토리는 그보다 더 짧다. 정확히 15초다. 겨우 클릭 몇 번만으로 어떤 브랜드를 친숙하게 만드는 인플루언서들의 능력은, 역으로 행사될 때도 똑같이 효과적이다. 소셜 미디어 매니저들은 언제나 변함없이 '욕먹는' 것을 두려워한다. 이런 디지털 여성 원로들을 만족시키는 것이 바로 오늘 밤 우리의 개인적인 마케팅 목표다.

현관에서 어정거리며 상당한 시간을 보내고 왓츠앱 메시지를 폭풍처럼 주고받은 후, 나와 동료는 우리의 부족한 인플루언스를 보완해주고도 남을, 도합 550만 명의 팔로워를 가진 두 친구가 도착한 덕분에 그 상황에서 벗어난다. 흥이 깨져버린 우리 인플루언서 무리는 결국 포로 상태에서 풀려나 파티 입장이 허가되었다. 나는 뭔가를 마시고 싶은 마음이 간절했지만 사람들은 바와 댄스플로어를 무시하고 제일 먼저 와이파이 암호부터 찾으러 갔다. 몇 초 내에 우리는 어둠과 육체들과 소음 속에서 서로를 잃어버렸다. 네온 불빛과 야자수 잎사귀들은 거울로 둘러싸인 호텔의 댄스플로어를 쿵쿵 맥박 치는 어두운 정글로 바꿔놓았다.

이번은 내 첫 인플루언서 파티도 아니고 마지막도 아닐 테지만, 그 모든 것의 순전한 기묘함은 언제까지나 잊지 못할 것이다. 그 파티는 사치스럽고 과도하며 인스타그램을 위해 설계되었다. 초대받은 사람들 못지않게 초대받지 못한 사람들을 위해 설계된 행사이기도 했다. 사진 촬영용 배경과, 파티가 화면상으로도 실제만큼 좋아 보이도록 사진발을 잘 받게 주의 깊게 조정된 조명이 있다. 인스타그램의 불쾌한 골짜기에서 본 듯 만 듯한 얼굴들이 좌우로 얼핏얼핏 스쳐가고, 우연히 마주친 찰나의 시선은 미끄러지듯 서로 어긋난다. 팔로워가 겨우 568명이라는 것은 내가 듣보잡이라는 뜻이지만, 동시에 방해받지 않고 흡연 구역으로 갈 수 있다는 뜻이기도 하다.

비교적 조용한 야외 테라스에서 어슬렁거리며 숨을 고른다. 해는 떨어졌고 근처 소호(런던의 웨스트엔드에 있는 한 지역으로, 19세기부터 대표적인 번화가 중 하나다 - 옮긴이) 어딘가에서 사이렌이 울린다. 날이 쌀쌀하지만 아무도 못 느끼는 듯하다. 작은 좌석들이 친숙하고 뒷담화하기 좋은 간격으로 사려 깊게 놓여 있다. 화분들은 속삭이는 사람들

사이에서 프라이버시를 제공한다. 손님들이 주위를 어정거린다. 그 앞에 있는 베이브의 네온핑크 로고를 배경으로 사진을 찍으려고 기다리는 것이다. 각도를 조정하려 서로 밀치락달치락하고, 눈을 가늘게 찡그려 잘 찍혔는지 확인한다. 구석에서는 화려한 무늬가 들어간 운동복을 입은 여자가 머리 위에 높이 쳐든 카메라를 향해 역동적으로 이야기하고 있다. 다른 팔을 마구 휘저으면서 손에 든 카메라에 열변을 토한다. 우리는 모두 다른 사람들이 우리를 보는 걸보고 있다. 살짝살짝 몰래 곁눈질을 하거나 중간 지대로 기대감에찬 시선을 보낸다.

이제는 점차 익숙해지는 느낌이다. 그래도 여전히 불안하다. 온라인 패셔니스타의 유니폼을 입고 비현실적으로 반짝이는, 상시 촬영 준비가 된 스타들의 시끌벅적한 무리 가운데에서 내 존재는 꾀죄죄하고 어색하게 느껴진다. 내 초라함은 그들 사이에서 두드러진다. 예상했던 대로, 운동화를 신은 사람은 나 하나뿐이다. 주위에서휴대전화 플래시가 터질 때마다 난 움찔하며 눈길을 피해 잔뜩 움츠린다. 수십만 명의 낯선 사람이 보는 인스타 스토리에 배경으로박제되는 일만은 무슨 일이 있어도 피하고 싶다. "저 여자는 팔로워가 1,100만 명이야……." 내 어깨 뒤에서 동료가 인체 해부학적으로말이 안 되는 몸매에 딱 들러붙는 흰색 비닐 드레스와 딱 붙는 뾰족부츠 차림으로 방금 나타난 브라질 여자를 경계하는 시선으로 바라보며 속삭인다. 마치 무슨 인플루언서 군집 본능이라도 있는 것처럼 모두의 시선이 방 안의 가장 큰 스타에게로 일제히 쏠린다. "……그리고 가슴은 '확실히' 수술했네."

불편한 가식, 감춰진 경쟁심, 그리고 온라인에서 자랑하기라는 공통 목적은 인플루언서 파티를 기이하고 복잡한 사회적 생태계로 만든다. 화장실 앞에 줄을 선 채 서로 사진을 찍어주고 얼굴 성형 팁을 주고받으면서 내심 상대가 내 거마비의 두 배, 또는 세 배를 받았다고 분개하는 것은 얼마든지 가능하다. 시간이 지나면서 남들이 '정말 좋은 파티'에 가는 걸 인터넷에서 잔뜩 구경해온 사람이 만든 '정말 좋은 파티'의 반쯤 초현실적인 공연이 펼쳐진다. 바는 무료고 군중은 매력적이고 역동적이며 온 사방이 로고 범벅이다. 베이브의 인장은 음식부터 화장실 휴지까지 모든 것에 새겨져 있고, 파티광들의 삶에서 모든 순간은 온 사방에 존재하는 스폰서에 의해 최적화된다.

알 만한 사람은 아는 DJ 두 명이 1990년대의 리듬앤드블루스 R&B를 리믹스해 틀고 데크 뒤에서 차례로 서로 사진을 찍어준다. 난 내 아이폰으로 그들의 인스타그램 라이브스트리밍을 재생한다. 난 부스에 있는 그들을 보면서 동시에 인스타그램을 통해 이곳의 나머지 사람들을 본다. 인셉션 같은 감각에 멀미가 난다. 반짝이는 뱀가죽 정장을 입은 여자가 똑같은 옷을 입은 다른 참석자와 부딪힌다. 두 사람은 비명 같은 웃음을 터뜨리고 함께 사진을 찍은 후 그날 밤이 지날 때까지 서로 마주치지 않도록 조심한다. 난 인스타그램 닉네임으로 사람들을 소개받지만 곧장 누가 누군지 헷갈린다. 야한 네온 조명 아래서 다들 안색이 나빠 보인다. 손바닥만 한 클러치 백에서 물리적으로 이해할 수 없는 방식으로 나온 조명판들의 번뜩임에 난 방향감각을 잃고 지독한 두통을 앓는다.

브랜드가 찍힌 화장실로 이어지는 복도 벽에는 거울이 다닥다

닥 붙어 있다. 착시현상이 저절로 발길을 멈춰 세운다. 몇 중으로 겹겹이 반사되는 내 모습이 보인다. 공간이 앞뒤로 무한히 늘어난다. 비닐 해시태그들의 액자에 갇힌 핑크 음료를 든 여자의 이미지의 이미지가 끝없이 이어진다. 물론 난 그걸 촬영해 인스타 스토리로 올린다.

방금 재빨리 잇달아 벌컥벌컥 삼킨 칵테일 세 잔 덕분에 철학적으로 대담해진 나는 이 중 무엇도 현실이 아니라고 생각한다. 우리는 그냥 우리 자신의 온라인 이미지에 불과하다. 10만 개의 휴대전화 화면 속 디지털 이미지, 내가 지금 보고 있는 것만큼 많은 오리지널 이미지의 근삿값. 파티는 현실이 아니다. 현실은 파티에 대한 우리의 기록이다. 집에서 휴대전화로 우리를 통해 그 행사를 보는 사람들은 우리로서는 절대 불가능할 수준으로, 우리보다 더한층 이곳에 실존한다. 그 생각이 주는 어렴풋한 불안감을 잊으려고, 난 끝도 없는 희한한 요리와 시각적 장관에 기꺼이 도로 빠져든다. 베이브의 행사 제작자들이 이런 행사에 다니는 게 생업인 200명의 산만한 게스트의 주의를 사로잡기 위해 준비한 것이다.

이것은 시작에 불과하다

애초부터 인플루언서 산업에서 일할 계획은 아니었다. 어른이 되기 전에는 온라인에 접속함으로써 생계를 꾸릴 수 있다고 한 번도 생각해보지 못했다. 이 점에서 나는 여러모로 내 대상들과 동일한 위치에 있다고 할 수 있다. 아직 한창 발전 중인 업계에 몸담고 있다는 점에서 말이다. 내 원래 장래 희망은 우주비행사였지만 그 후 지질학자로 바뀌었고, 다음에는 차례로 사진기자, 빵집 시식가, 매니큐어와 크레용 색 명명가를 거쳐 반짝이는 패션 잡지 편집자가 되었다. 열여덟 살까지도 아직 결정을 내리지 못한 나는 잡학다식자와 야망 없는 사람들을 위한 쉼터인 대학을 택해 영어를 공부했지만 중세 시를 3년간 공부한 것은 정말 놀랍게도 내 직업적 야심을 명확히 하는 데 거의 아무런 도움도 되지 못했다. 또래들이 갭이어(학업을 병행하거나 잠시 중단하고 다양한 활동을 직접 체험하며 앞으로 나아갈 방향을 설정하는 시간 - 옮긴이)를 갖거나 대학원 입학신청서를 쓰거나 열정적으로 또는 마지못해 기업의 노예가 되기를 택할 때, 난 여전히 결정을 내리지 못한 채 갈팡질팡하는 상태였다. 결국 모호한 예술적 충동과 타고난 위험 회피 성향 탓에 떠밀리듯 광고대학원으로 향했다. 광고는 '크리에이티브한' 직업이 주는 정서적 만족 및 사회적 영향력과 전업직의 경제적 안정성을 모두 누릴 수 있다고 약속하는 분야였다.

하지만 미처 몰랐던 것은, 내가 급성장하는 2010년대의 디지털 출판 지평에 발을 들이고 있었다는 것이다. 그것은 푼돈을 목적으로 기꺼이 자신의 심오한 개인적 경험을 채굴하는 밀레니얼 일꾼들이 토해내는 사업화된 '콘텐츠'를 바탕으로 하는, 참여 주도적이고 과잉 개인화된, 단명하는 지평이었다. 새로운 디지털 미디어 하우스, 에디토리얼 플랫폼, 그리고 반짝이는 소셜 미디어 '뉴스룸'을 뿜내는 브랜드들이 개인적 에세이와 밈과 리스티클(주제에 대해 목록을 작성해 서술하는 방식의 기사 - 옮긴이)을 쏟아냈다.

광고는 내가 졸업 논문의 도피처로 저인망 어선처럼 샅샅이 뒤지고 있던 구직 사이트에서 만난 문화, 창조성, 그리고 상업의 교차점이었다. 광고는 살만 루슈디, F. 스콧 피츠제럴드, 에드 루샤, 그리고 휴 헤프너를 길러낸 운동장이었고, 우리에게 필 콜린스를 연주하는 고릴라들과 '고컴페어GoCompare'(영국의 인기 가격 비교 사이트 - 옮긴이) 주제가를 부르는 중년 마에스트로들을 선사했다. 막대한 부를 얻지는 못할지라도, 적어도 직장에 정장을 입고 가지 않아도 되는 것만으로도 난 한결 마음이 편해졌다. 옛날 초등학교 등굣길에 라디오에서 흘러나오는 매트리스 회사의 광고 주제가를 따라 부르던 기억, 10대 때 방 벽에 향수 광고를 붙이려고 무거운 패션 잡지를 해체하던 기억이 떠올랐다. 신문에 실린 성공한 사업가의 인터뷰를 보면 이런 어린 시절의 따뜻한 일화들이 생각나면서 내 직업에 목적론적 필연성이 느껴졌다. 어쩌면 광고가 내 운명일지도 모른다는 생각이 들었다.

난 서로 바꿔 써도 모를 머리글자로 된 이름을 가진 런던의 광고 에이전시들에 무더기로 지원했고, '타임머신이 있다면 어느 시대로 가겠는가?'라느니 '노란색이라는 소리는 어떻게 들리는가'라느니 하는 괴상하지만 치밀하게 계산된 질문들을 헤치고 나아갔다. 내가 방문한 에이전시들은 탁구대와 옥탑 바가 있었고 브랜드 로고가 찍힌 증정용 가방에 욱여넣을 수 있는 치약이니 초콜릿 바니 하는 온갖 고객 증정용 공짜 물품을 갖추고 있었다. 난 거기에 가서 가상의 상품을 홍보하고, 수백만 달러짜리 칸 사자상 수상 광고를 그 제작자들 앞에서 어설프게 비판했다. 어떤 에이전시는 면접자를 모두 맨바닥에 앉히기도 했다. 그리고 마침내 스물한 번째 생일날 아침에 도착한, 있는 대로 폼 잡는 종이 한 장이 날 깜짝 놀라게 했다. 합격을 알리는 내용이었다. 가장 오래되고 가장 평판 좋기로 손꼽히는 한 에이전시가 다음 세대의 대표 중 하나로 나를 선택한 것이다. 그곳은 광고의 탄생지로, 150년도 더 넘는 세월 동안 창조적 소통의 보루였다.

1800년대에 그 에이전시는 화가와 작가들을 고용해 세계 최초의 크리에이티브 부서를 조직했고, 구체적으로 여성을 대상으로 한 광고를 만들기 시작했다. 1915년에는 광고 에이전시 최초로 시장조사 방식을 도입했으며, 소비자의 소비 행태를 분석하기 위해 행동심리학자를 비롯한 학자들로 이루어진 부서를 꾸렸다. 1925년에는 처음으로 광고에 삽화 대신 사진을 이용했다. 텔레비전이 등장하자 최고의 영화 및 텔레비전 감독을 설득해 최초의 영상 광고를 만들게 했고, 그리하여 담배, 스포츠카 및 고급 시계를 위한 60초 광고 황금시대의 선봉에 섰다. 정말이지 권력, 섹스, 지위, 불안, 그리고 야심을 주제로 한 단편영화 줄거리 같은 서사다. 인간 경험의 짧지만 완전한 스펙트럼. 그 길 어딘가에서 에이전시는 그릴드 치즈 샌드위치를 발명했다고 주장했고, 세계 최대의 빌보드로 기네스 기록을 세웠으며, 귀엽기 짝이 없는 강아지를 전 세계에 소개하여 화장실 휴지를 좋아하게 만들었다. 광고는 곧 그 에이전시였고, 그 에이전시는 곧 광고였다. 그리고 이제, 그 편지는 내게 기쁜 소식을 전했다.

9월의 어느 날 아침, 런던 중심부에 있는 본사 사무실 문간에 들어서서 기다란 형광등 불빛 아래 카펫 타일을 밟자마자 난 어딘가에서 뭔가가 잘못되었음을 명확히 감지했다. 입구 복도 벽에 늘어선 트로피들에도 불구하고, 크리에이티브 부서 바닥에 흩어져 있는 다채로운 스케치북과 빈티지 인쇄물과 3D 모델에도 불구하고, 그리고 내가 복도에서 지나친, 경외와 치하를 받는 업계 베테랑들의 존재에도 불구하고 그 에이전시는 항구적인 스트레스 및 창조적 욕구불만의 분위기로 가득했다. 때는 2010년대 중반, 미디어 지평은 급속히 변화하고 있었고 우리는 급속히 가라앉고 있는 듯했다.

그 에이전시는 더 작고 더 민첩한 디지털 대행사들에 몇몇 단골을 잃은 터였다. 관료주의와 서류작업이 발목을 잡았다. 1차, 2차, 3차 브리핑과 복잡하고 빙빙 돌아가는 전략적 절차들, 확정적 결론을 거부하는 슬라이드 100장짜리 프레젠테이션, 몇백 통의 이메일로 연결된 긴 타래들. 미팅에, 미팅에 관한 미팅에, 스프레드시트 업데이트에, 내가 스프레드시트를 업데이트하는 데 정확히 얼마나 시간을 썼는지를 상세히 보고하는 타임시트를 만드는 데 하루하루가 다 흘러가는 것 같았다. 매일 매분 매초가 갓 졸업한 내 눈에 눈물이 차오르게 하는 속도로 기록되고 추적되고 프로그램에 올려졌다.

공포와 권위의 집합체인 '고객'은 늘 심기가 불편하거나 떠나겠다고 위협하거나 우리가 자기네를 위해 그토록 많은 시간을 들이고도 어떻게 그렇게 적은 결과물을 내놓을 수 있는지 알려달라고 요구했다. 우리의 예산은 너무 높고 출력은 너무 느리며 업무 흐름은 너무 경직되어 있다고 했다. 회계 관리 부서는 제작팀에 일장 연설을 했고, 제작팀은 크리에이티브 팀에 일장 연설을 했으며, 크리에이티브 팀은 모두에게 일장 연설을 늘어놓음으로써 책임을 회피했다. 우리는 몇 달째 아무런 상도 받지 못했고 새 고객도 전혀 유치하지 못했다. 어느 금요일, 숙취가 덜 깬 상태로 회사에 도착해보니 우리 부서의 약 3분의 1은 울고 있었고 3분의 1은 술집에 있었으며 마지막 3분의 1은 정리해고를 당한 참이었다.

에이전시의 진보적 미사여구(개척과 미래 지향, 데이터 중심)와 그곳에서 내가 겪은 경험 사이의 간극은 날마다 커져만 갔다. 비록 우리 부서의 동료들은 상냥했고 내게 시간을 아낌없이, 아니 그 이상으로 할애해주었지만, 그럼에도 난 부랑자 같은 기분이었다. 사원증을 들고 복도 이곳저곳을 방랑하거나 살풍경한 칸막이, 미완성인 예산 시트들, 그리고 낙천적인 거래처 담당 임원이 쉴 새 없이 연락해오는 책상 전화기를 피해 회의실에 숨어 있곤 했다. 업계 간행물을 뒤적거리고, 지치고 시달린 크리에이티브 팀들과 커피메이커 옆에서 대화한 결과 난 곧 이런 문제들이 우리 건물에만 국한되지 않는다는 사실을 알게 되었다. 다른 유명한 에이전시들(하나는 유명 셰프의 남편으로 미술관을 소유한 남자가 운영하는 곳, 또 하나는 널리 사랑받는 영국 백화점을 위한 지나치게 달달한 크리스마스 광고 트렌드를 시작한 곳) 역시 비슷한 문제들을 마주했다.

내가 몸담은 산업은 온 사방에서 무너져 내리고 있었다. 인터넷이 광고를 잡아먹고 있었다. 내가 일을 시작한 바로 그해에, 미국에서 최초로 앱 사용 시간이 텔레비전 시청 시간을 넘어섰다.[15] 퓨리서치센터에서 실시한 어느 연구 결과로 내 세대에는 '코드커터족'이라는 별명이 붙었다.[16] 휴대전화 사용 시간이 치솟았고 신문과 텔레비전은 사이좋게 버림받았다. 디지털 미디어의 예산은 텔레비전을 넘어섰고, 브랜드의 소셜 미디어 소비는 내가 취직한 첫해에 50퍼센트 상승했다.[17] 전 지구적으로 광고 수익이 최초로 판매 수익 아래로 추락하면서 신문 발행은 경제적으로 핵심 지표를 지났다.[18] 우리 같은 유형의 전통적 광고는 위기에 처했다. 다른 프로듀서나 회계부장이 연예 브랜드, 뉴미디어 아울렛, 또는 디지털 에이전시로 떠난다고 알리는 것을 보고 환멸을 느낀 한 미술감독은 '침몰하는 배에서 도망치는 쥐새끼들'이라고 내뱉었다.

결국 어느 월요일 아침 나 역시 그 행렬에 합류해, 빌보드와 고객 서비스 부서와 수백만 파운드 가치의 구대륙을 버리고 소셜 미디어와 인플루언서 마케팅이라는 서부 황무지를 향해 출발했다. 이는 과거 1914년 폰드의 배니싱 크림을 위해 내 첫 고용주들이 연예인 광고를 통해 개척했던 바로 그 '테스티모니얼 광고'(직접 사용한 후기를 증언식으로 말하는 광고 기법 – 옮긴이)의 산물이었다. 딱히 가슴 시린 마지막 날은 아니었다. 난 노트북 컴퓨터를 반납하고 부서에 감사 인사를 하고 클라이언트 제품 찬장에 든 각종 간식을 마지막으로 한번 쭉 훑었다. 내가 떠나고 1년이 되기 전에, 어려움을 겪고 있던 그에이전시는 더 작고 더 새롭고 더 유행에 민감한 디지털 업체와 합병되었다. 한 시대의 끝이자 광고의 또 다른 역사적 순간이었다. 업계 전문지에서는 놀라워하는 기색을 전혀 찾아볼 수 없었다. 그것은 시대를 알리는 그저 또 다른 신호였다.

그로부터 몇 달 내에 난 새로 찾아낸 에이전시의 인스타그램에 DM을 보냈고, 그 회사에서 일하게 되었다. 인스타그램을 통해 이름을 알린 그 회사는 팔로워층도 꽤 탄탄했다. 내가 미디어의 양 세계를 서로 매끈하게 잇는 법을 배운 것은 그곳에서였다. 군살 없고 진보적인 스타트업의 실험적 조사에 응답하고, 그 신뢰성을 바탕으로 더 속도가 느린(하지만 더 큰 은행 잔고를 가진) 유명 회사들이 시대에 뒤처지지 않게 도와줌으로써 돈을 버는 것이었다. 나 개인의 직업 궤도(기관에서 독립으로, 낡은 것에서 새로운 것으로, 아날로그에서 디지털로, 큰 것에서 작은 것으로)는 미디어, 유명 인사, 그리고 연예계의 더 큰 포물선 궤도를 반영한다. 이 행보가 내가 계획한 것이라면 좋겠지만, 그보다는 사실 행운 덕분이었다. 아니, 어쩌면 내가 하고 싶어 하는 일들에 가까이 가고 싶었던 무의식적 충동 덕분이었을까. 내 세대는 레딧에 접속하거나 콜오브듀티 게임을 하거나 페이스북을 들여다보는 것이 '시간 낭비'라는 말을 들으며 자랐다. 그런데 이런 취미 활동이 우리가 구직 연령이 되었을 즈음엔 고도로 수익성 높은 전문 산업으로 자리를 굳혔다.

우리가 어쩌다 여기까지 왔을까? 내가 전통적 광고업계를 떠난 이후로 인플루언싱은 개인적 취미에서 전문적 직업으로, 인터넷의 호기심거리에서 주류 대화거리로 폭발했다. "저는 제 피트니스 여정의 기록을 남기고 싶어서, 단순히 개인적 목적으로 인스타그램을 쓰기 시작했어요." 오스트레일리아 출신 인플루언서인 마달린 조제타Madalin Giorgetta는 설명한다. 금발에 탄력 있는 몸매의 소유자인 마달린은 흠잡을 데 없이 완벽한 피트니스 사진으로 자신의 플랫폼을 건설한 피트니스계의 거물이다. "처음에는 제 계정이 좀 민망했어요. 사진에 얼굴을 드러내지도 않았죠." 그로부터 몇 달 동안 마달린은 자신의 진척 상황과 개인적 일화와 초심자를 위한 운동 루틴을 공유하면서 인기를 얻기 시작했다. "제 계정은 말 그대로 폭발했어요." 심지어 몇 년이 지난 지금도 마달린은 그 사실에 여전히 어리둥절해하는 눈치다. "정말 순식간이었어요. 숫자가 그냥 계속해서 끝도 없이 올라가지 뭐예요. 겨우 2년 만에 팔로워가 100만 명이 됐어요."

2019년 마달린은 '유독한' 인스타그램 피트니스 공간을 버리고, 자기애를 독려하고 미의 표준을 해체하는 바디포지티브 인플루언서 대열에 합류했다. 오늘날에는 오스트레일리아에서 가장 유명한 안티다이어트 라이프스타일 인플루언서로 손꼽힌다. 자신의 피트니스 앱이 있고 요리책을 한 권 냈으며 〈틴 보그〉와 〈데일리 메일〉에 기고하는 마달린의 목표는 '신체 중립을 실천하고 비만 수용을 촉진하며, 우리에게 몸매에 가치를 매기고 그 가치를 올려야 한다고 말하는 건강 및 피트니스 산업의 핵심 메시지를 거부하는' 것이다. 마달린의 유튜브 채널은 조회 수가 1,500만이 넘으며, 잘못된 포즈를 폭로하고 자신의 신체 불안을 분석하는 마달린의 인스타그램 포스트는 주기적으로 기삿거리가 된다. 마달린의 서사(개인이 하룻밤 새 급속히 명성을 얻으며 인생이 바뀌는, 지배적 서사에 도전함으로써 한 산업 내에서 자신의 공간을 개척한다는)는 인플루언서 분야에서 일하는 모든 사람에게 친숙하고, 그 산업 전반의 궤도를 거울처럼 선명히 보여준다.

인플루언서들은 인터넷만이 아니라 자신의 앞길에서 마주치는 다른 모든 걸 산산이 깨부수는 능력을 몇 번이고 거듭해서 입증해왔다. 2014년, 게이트웨이 브이로거인 조엘라Zoella(브라이튼 기반의, 친근한 언니 같은 매력이 시장에 먹힌 소규모 크리에이터였다가 프라이마크 쇼핑 하울 영상을 찍고 최고의 10파운드 이하 마스카라들을 추천함으로써 밀레니얼 라이프스타일 제국을 건설한)는 영어덜트Young Adult, YA 소설인『걸 온라인Girl Online』을 발표해 베스트셀러 목록에 올림으로써 출판업계에 한 획을 그었다. 우연히 바이럴을 타게 된 익명의 10대 블로거가 주인공인 그 책은 역사상 가장 빠르게 팔려나간 데뷔작이 되어『다빈치 코드』,『해리 포터와 철학자의 돌』, 그리고『그레이의 50가지 그림자』보다 더 높은 첫 주 판매 부수를 기록했다.[19]

2018년, 카다시안Kardashian 자매 중 카일리 제너가 '그으으래서 더는 아무도 스냅챗 계정을 만들지 않는다는 거지?'라는 트윗으로 하루 만에 스냅챗의 시장 가치에서 13억 달러를 날려버리자 재정 분석가들은 믿을 수가 없어 고개를 내저었다. 그로부터 몇 년 후, 카일리는 세계에서 가장 어린 자수성가 억만장자로 〈포브스〉 표지를 장식하게 된다. 그런 위업을 달성할 수 있었던 것은 인스타그램을 통해 10대에게 '카일리 립 키트'를 팔아치운 덕분이었다. 2019년 초, 제임스 찰스James Charles('언니'라고 부르는 1,700만 명의 구독자를 가진 10대 유튜브 뷰티 구루로, 사이보그처럼 픽셀 수준의 완벽하고 조각 같은 얼굴의 소유자)는 영국 버밍엄의 한 쇼핑센터에서 팬 미팅을 열어 뜻하지 않게 그 도시를 네 시간 반 동안 마비시키고 지역신문 기자들을 당황케 했다.

2019년, 로건 폴Logan Paul(금발로 염색한 친근한 유튜브 블로거이자 알고리즘의 악동으로, 바이럴을 타는 장난과 논란적인 발언으로 악명 높은)은 라이벌 유튜버인 KSI(영국 왓퍼드 출신인 스물일곱 살의 게이머 올라지드 올라툰지Olajide Olatunji의

별명으로, KSI는 각각 지식Knowledge, 힘Strength, 진실성Integrity의 머리글자다)에게 권투 시합을 신청해 인터넷을 달아오르게 했다. 인터넷으로 생중계된 시합은 조회 수 2,500만 회를 기록하고 1억 5,000만 파운드의 수익을 올려 역사상 가장 큰 화이트칼라 권투 시합이 되었고, 이는 오래된 권투 팬들의 분노를 샀다. 그해 말, KSI는 단순히 시의적절한 트윗 하나로 기록적인 숫자의 젊은 유권자가 영국 총선거에 등록하게 만들었다.[20]

우리는 디지털 영향력의 핵심 순간에 도달했다. 10년도 더 전부터 시작된 점진적 진화 이후, 크리에이터들은 규모를 확 늘렸다. 인플루언서 산업은 디지털 경제에서 가장 급속히 성장하는 부문에 속하고, 오늘날 전 지구적으로 100억 달러의 가치가 있으며 2022년 무렵이면 150억 달러로 성장할 것이다.[21] 거기에 연료를 공급하는 것은 전반적 불안정성, 급속히 성장하는 플랫폼의 역할, 그리고 우리 정체성의 모든 양상에서 서서히 진행되는 수익화다. 디지털 영향력은 전통적 형태의 명성을 무색하게 만들고 있는 듯하다. 그것은 이전의 그 어떤 스타 세대보다 더 크고 더 빠르고 더 강력하다. 2016년 디즈니 채널 출신의 할리우드 배우이자 차트 최정상의 가수인 셀레나 고메즈Selena Gomez가 인스타그램에서 팔로워 수 1억 명을 달성하기까지는 3년이 걸렸지만, 2020년 이름 없는 10대였던 찰리 다멜리오Charli D'Amelio(코네티컷 주 노워크 출신으로, 15초 댄스에 소질이 있는 열여섯 살 소년)의 틱톡 팔로워는 겨우 12개월 만에 0명에서 1억 명으로 폭발했다.

오늘날 틱톡 스타들은 패션 위크 맨 앞줄과 스포티파이 차트 정상을 차지하고 할리우드 영화 배역을 따낸다. 유튜버들은 사람들이 줄을 서는 식당 체인점을 연다. 트위터에서 가장 크게 성공한 인플루언서는 결국 백악관의 맨 윗자리를 차지했다. 코로나바이러스 위기는 겉보기에는 비록 모든 것을 해체했지만, 인플루언서 산업은 그 아래에서도 속도를 높이기만 했다. 온라인 문화를 집중시키고 시청자를 늘리고 우리 모두에게 인플루언스의 디지털 의례들을 소개했다. 인도네시아에서는 소셜 미디어 스타들이 일반 대중에게 접종을 독려하기 위해 코로나바이러스 백신을 제일 먼저 맞은 축에 속했다. 영국 정부는 이력 추적 시스템[22]을 홍보하기 위해 소셜 미디어 스타 42명에게 총 6만 3,000파운드를 지급했고, 미국에서는 뉴저지와 오클라호마의 주정부가 주민들에게 마스크 착용과 백신 접종 등록을 독려하기 위해 인플루언서들을 고용했다.

이것은 그저 시작에 불과하다. 새 플랫폼, 새로운 얼굴, 그리고 새로운 영향력의 형태가 새록새록 모습을 드러내면서 크리에이터 경제가 기하급수적으로 팽창하고 시청자층은 날마다 축적되고 있다. 우리는 온라인 존재의 다음 단계를 마주하고 있다. 인플루언서의 영향력이 그저 갈수록 늘어가기만 하는 세계다. 마리나 만수르는 이렇게 말한다. "좀 더 전통적인 연예계와 미디어는 크리에이터와 소셜 플랫폼의 권력을 더 이상 무시하지 못합니다. 그리고 우리는 이 산업이 아직 얼마나 젊은지를 기억해야 합니다. 앞으로 갈 길이 한참 남았다는 거죠."

인플루언서의 시대에 오신 것을 환영한다. 크리에이터들은 이제 막 인터넷을 집어삼키려는 참이다.

'콘텐츠 크리에이터'라고 불러주세요

하지만 개인 브랜딩에 그토록 관심이 큰 집단인 인플루언서가 정체성 위기 같은 걸 겪고 있다고 하면 사람들은 놀랄지도 모른다. '2019 인플루언서 조사'에 따르면 인스타그램 인플루언서의 71퍼센트는 그 용어를 자신과 동일시하지 않는다. "인플루언서는 멸칭이에요." 영국의 앞서가는 미용 인플루언서인 루 티스데일Lou Teasdale은 자신을 어떻게 규정하느냐는 내 질문에 그렇게 대답한다. 우리는 햇볕 쨍쨍한 런던 쇼디치의 한 옥탑 바에서 점심 식사를 하고 있다. 팔로워가 550만 명이 넘는 루는 라이프스타일과 인테리어로 분야를 확장했다. "아직은 정말 부정적인 장래 희망으로 여겨지죠."

"우리는 절대 자신을 '인플루언서'로 규정하지 않을 거예요." 2010년대 중반에 뉴스피드를 지배한 '푸드 포르노' 트렌드(갈수록 정교해지는 길거리 음식, 혈관을 틀어막는 '더러운' 버거들, 그리고 달달한 '괴물 셰이크들')를 대중화한 원죄가 있는, 초기 #푸드스타그램 계정에 속하는 @LondonFoodBabes의 로비사Lovisa 역시 같은 생각이다. 그 계정은 이후로 해외 도시 몇 군데로 영역을 넓혀 수십만 명의 팔로워를 위해 유행하는 식당, 팝업 상점, 그리고 배달 서비스를 매일 평가하지만 로비사는 완전히 전업으로 넘어오기 전까지 다른 사람들에게 자신의 부업을 알리지 않았다. 로비사는 설명한다. "인플루언서가 직업이라고 말하면 낙인 같은 게 찍히거든요……. 비록 갈수록 전업직으로 인기가 높아지긴 하지만, 그 말을 할 때면 여전히 기분이 이상해요."

'인플루언서'의 문제가 정확히 무엇일까? 그 단어 자체는 인터넷보다 오래되었다. 1600년대 중반에 영어로 처음 기록되었는데, 그것이 점성술에서 차지하는 중요성은 현대의 소셜 미디어 스타들이 감히 갖다 댈 수도 없는 수준이다. 중세 라틴어 '인플루엔치아influentia'에서 나온 그 용어는 인간의 결정을 바꾸고 지구의 운명을 결정할 힘이 있는, 우주로부터 나온 초자연적 힘의 발산을 가리켰다. 페이크 태닝 제품을 팔기 위해 자신의 디지털 영향력을 이용하는 오늘날의 「러브 아일랜드Love Island」 스타들은, 생각하기에 따라 다르겠지만, 그보다 아주 조금 해로움이 덜하다고 하겠다.

어쩌면 이는 '인플루언서'가 기술적으로 마케팅 용어이기 때문인지도 모른다. 크리에이터들은 진정성과 친밀성을 세심하게 배양하는데, '인플루언서'라는 딱지는 그 밑에 놓인 설득 기제를 폭로한다. 2018년, 메리엄 웹스터 사전은 그 단어의 정의를 일반적인 '영향력을 가진 사람'에서 '뭔가(소비자 상품 같은)에 관해 소셜 미디어에 포스팅을 함으로써 그것에 대한 관심을 불러일으킬 수 있는 사람'으로 넓혔다. 한편 그와 대조적으로 풍자적인 속어 사전 사이트인 어반 딕셔너리Urban Dictionary는 '인플루언서'를 '실상 아무도 모르고 관심도 없는 인스타그램 이용자들이 더 유명하고 더 중요한 사람인 척하려고 쓰는, 자신을 지칭하는 단어'로 등재했다. 트위터는 그것과 또 다른, 이 책에 차마 실을 수 없는 뜻풀이로 넘쳐난다.

소셜 미디어 스타들은 오래전부터 다른 직함을 가지고 실험 중이었다. '콘텐츠 크리에이터', '브랜드 앰배서더' 또는 '큐레이터' 모두 대중적으로 쓰인다. 이런 대안들 중 몇몇은 고문 수준으로 복잡해졌고('피어 투 피어 퍼스낼리티 마케터peer-to-peer personality marketer') 어떤 것들은 손발이 오그라들 만큼 불쾌하다. 자신을 '어플루언서affluencer'라고 공개적으로 말하는 것은 확실히 잘못된 종류의 온라인 관심만을 불러일으킬 것이다. "우리는 '인플루언서'라는 말을 절대 쓰지 않았어요……. 그 단어가 발명되면서, 흔히 널린 재주꾼들의 바닥치기 경쟁이 시작됐죠." 2018년, 내가 당시 일하던 에이전시를 위해 인터뷰한 도미닉 스메일스Dominic Smales는 그렇게 말했다. 원조 인플루언서 매니지먼트 에이전시인 글림 퓨처스Gleam Futures의 창립자이자 최고경영자로 재직했으니, 업계 고참인 셈이다. "저라면 직업적 인플루언서가 되고 싶다고 말하는 모든 사람을 경계하겠어요. 그 단어는 의미를 띠기엔 너무 동질적이고 몰개성적이에요."

그 대신 그들이 쓰는 용어는 '디지털 퍼스트 탤런트Digital-first talent'다. 그들의 명단에 있는 고객들은 작가, 사진가, 스타일리스트 또는 가수로 제시된다. 소셜 미디어의 팔로워들은 그저 우연히 거기에 따라왔을 뿐이다. 아무도 못 들어본 최대의 인플루언서인 스메일스는 '팀 글림Team Gleam'으로 불리는, 2010년대 중반에 유튜브를 지배한 소셜 미디어 스타들의 1세대를 대표한다. 조엘라와 조엘라의 남자친구인, 헝클어진 머리의 '포인트리스 블로그Pointless Blog' 앨피 데이스Alfie Deyes, 조엘라의 가장 친한 친구이고 말씨가 조곤조곤한 뷰티 구루 @TanyaBurr, 그리고 탈색 머리 코미디언에서 스트리트웨어광으로 전업한 @MarcusButler가 그들이다. 스메일스는 할리우드 탤런트 매니지먼트 사업 모델이 인플루언서들에게도 똑같이 적용될 수 있음을 일찌감치 파악했다.

인플루언서의 세계에서, 이들은 유튜브 채널 하나를 키우려면 엄청나게 고생해야 했던 시대로부터 내려온 유서 깊은 이름이다. 1주일에 세 번 이상 최고 한 시간 길이의 영상 콘셉트 잡기, 대본 쓰기, 촬영하기, 그리고 편집하기. 한편 그와 대조적으로 오늘날의 휴대전화로 편집하는 틱톡커나 인스타그램 셀카 스타들은 훨씬 쉬워 보인다. 그러니 어쩌면 이 소셜 미디어 스타들의 새로운 세대에 대해 스메일스가 회의적인 입장을 보이는 것도 그리 무리는 아니리라. 우선 사진가나 작가나 창조자가 되어라. 인플루언서는 그런 다음에 되어라.

그러나 주구장창 카메라에 대고 떠들거나 욕실 캐비닛 내용물을 찍어서 돈을 버는 수천수만의 성공적인 크리에이터와는 동떨어진 이런 비판은 인플루언서 시스템 내에 존재하는 크리에이티브 위계질서에 대한 인식을 보여준다. 거기서 자신을 '전통적인', 플랫폼 바깥의 재주꾼으로 간주하는 인플루언서들은 단순히 해당 플랫폼에 통달했다는 것만이 재주인 사람들보다 더 위에 있다. 인플루언서가 전통적인 스타의 범주에 들어맞기를 기대한다면 핵심을 놓친 것이다. 가장 성공적인 인플루언서는 결국 종종 영향력 자체가 재능인 사람들이다.

모두가 안티'인플루언서'는 아니다. 스스로를 '전업 인플루언서'로 간주하는 일부 사람들, 예컨대 패션과 창업 분야의 인플루언서인 에밀리 파Emily Parr는 그 용어를 옹호한다. "이전에 '블로거'를 자칭했던 사람들은 그 직함을 인정하고 싶어 하지 않았어요. 그야 그걸 인정하면 우리가 사람들에게 영향력을 미칠 플랫폼을 가지고 있다는 걸, 그리하여 우리가 영향력으로 돈을 번다는 걸 인정하는 거나 다름없으니까요."

변화하는 미디어 지평에 발맞추어 자기 홍보 전략을 업그레이드해온 장기적 크리에이터로서 블로거에서 브이로거로, 팟캐스터로, 그리고 다시 인플루언서로 적응해온 창업 경험을 지닌 에밀리는 대다수 사람들보다 그 상업적 요소에 거부감을 덜 느낀다. "'인플루언서'라는 용어를 인정하지 않는 사람들은 자신의 현실을 부정하는 거예요. 내가 브랜드이고 우리가 하는 일이 사업이라는 건 꽤나 명확한 사실이죠. 저 같은 사람들은 우리가 하는 일을 하면서 매주 수백만 파운드를 벌어요." 루 티스데일도 같은 생각이다. "저는 그냥 우리가 거부감을 버리고 그 단어를 사용해야 한다고 생각해요. 그걸 화려한 단어 뒤에 숨겨봤자 우리만 손해예요. 인플루언서는 사람들이 원하는 거예요."

그 말이 옳다. 인플루언서는 우리가 원하는 것이다. 앞 세대의 유명인들과 달리 인플루언서는 영화, 스포츠, 음악 또는 패션 산업이나 전통적 미디어 같은 구조를 중간에 끼우지 않고 오로지 자기 팔로워들과의 공생관계만을 기반으로 성공을 거둔, 자기 스스로 선택하고 자기 스스로 그 자리에 오른 최초의 스타들이다. 어쩌면 '피어 투 피어 퍼스낼리티 마케터' 같은 가식은 집어치우는 편이 이로울지도 모른다.

2021년에 '인플루언서'라는 용어는 이미 구식이 되었고, 실리콘밸리가 뒷받침하는 거창한 '크리에이터 경제' 선언에 의해 뒷전으로 밀려났다. 그리고 이와 더불어 그 관여자의 범주는 소셜 미디어 스타에서 인터넷에 접속할 수 있는 모든 사람으로 확장되었다. 남이 만든 제품을 파는 데 집중하는, 광고를 보조하는 마케팅 채널에서 독자적으로 창업하는 실세 집단으로 확장되는 와중에 새로운 형태의 가치를 제시하고 노동시장의 구조를 바꾸었다.

'2010년대 중반, 인플루언서 산업의 부상 덕분에 최상위 크리에이터들은 광고를 통해 소득을 올릴 수 있었다.' 그 분야를 투자 개척한 일등공신인 벤처 투자 전문사 앤드리슨 호로비츠Andreessen Horowitz가 발표한 '노동의 미래'에 대한 보고서에 나오는 대목이다.[23] '이제 창조적인 기술로 먹고사는 능력은 개인 수준으로 한참 내려와서, 평범한 사람들이 사업을 시작하고 키우도록 돕고 있다.' 그들은 이 현상을 '크리에이터 스택creator stack' 또는 '소비자 기업화'라고 부르는데, 그것은 '미래에 어떤 것이 직업으로 여겨지느냐에 관련해…… 엄청난 함의를' 가지고 있다. 이런 전망을 감안하면 '인플루언서'라는 용어는 확실히 지나치게 제한적이다.

그런가 하면 젠더적인 요소 역시 작동하고 있다. 인플루언서 마케팅 에이전시인 클리어Klear의 조사 결과에 따르면 인플루언서의 77퍼센트는 자신이 여성이라고 밝혔다.[24] 남성 인플루언서는 그 대신 '콘텐츠 크리에이터'로 자신을 규정하는 경향이 있다. 이 차이 뒤에 존재하는 전통적인, 거의 교과서적인 연관성은 간과하기 어렵다. 인플루언서는 교묘하고 여성적이며, 강력한 남성 크리에이터와는 반대편에 서 있다는 것이다. '인플루언서'가 전통적으로 여성화된 분야, 즉 패션, 뷰티, 인테리어, 신체 긍정, 라이프스타일, 그리고 가족의 범주에 머무르는 경향이 있다면, '크리에이터'는 누구든 무엇이든 될 수 있으며 온라인의 어느 단일한 정체성에 머무르지 않는다. "'인플루언서'라고 하면 보통 패션이니 인스타그램이니 완벽한 피드 같은 것을 떠올리죠." @LondonFoodBabe의 로비사는 그렇게 말한다. 하지만 현실은 그보다 훨씬 넓고 훨씬 다양하다.

지구 정복을 향하여

그렇다면 인플루언서란 정확히 무엇일까? 그 답은 누구에게 묻느냐에 달렸다. 구글 검색창에 입력하면 프리티리틀싱 PrettyLittleThing, PLT(영국 기반의 패스트 패션 소매업체 - 옮긴이)을 홍보하는 리얼리티 쇼 출연자들, 룰루레몬 레깅스를 입고 뱃살 제거 차를 파는 운동광들, 또는 중서부 출신의 건강한 모르몬교인 엄마 블로거들을 차례로 보여준다. 서로 충돌하는 콘셉트의 액세서리를 주렁주렁 걸친, 남자들이 치를 떠는 피골이 상접한 패셔니스타들, 10대 이하의 여자애들에게 컨투어링 화장법('링크 인 바이오 link in bio!')을 가르쳐주는 반짝이는 뷰티 구루들도 있다. 그들은 자아도취적인 디지털 괴짜일 수도, 신세대 언론의 목소리일 수도 있다. 사기꾼일 수도, 스타일 수도, 연예인일 수도, 창업자일 수도, 서번트 증후군일 수도 있지만 많은 이들에게는 그저 수수께끼다. 로비사는 말한다. "이 업계와 상관없는 사람들에게는 제가 무슨 일을 하는지 설명하기가 정말 어려워요. 특히 전통적이고 통상적인 일자리에 비교하면요……. 우리 가족도 전혀 몰라요!"

한편 더 폭넓은 대중 역시 그런 듯하다. '인플루언서가 뭔가요?', '인플루언서가 되는 법', 그리고 '인플루언서는 온종일 뭘 하나요?' 등은 구글 트렌드의 키워드 관련 가장 많이 검색된 질문으로 꼽힌다. 밈과 언론 헤드라인은 클린 이팅clean-eating(가공식품은 배제하고 유기농식품만 먹는 것 - 옮긴이)과 자기 홍보에 목숨 거는 로봇이나 포샵을 잔뜩 한 멍청한 셀카 스타 같은 전형적인 유형을 끊임없이 보여주지만 인터넷 크리에이터들은 그보다 단순히 셰프, 게이머, 교사, 화가, 활동가, 정치가, 그리고 코미디언일 확률이 높다. 맘플루언서mumfluencer, 트래블스타그래머travelstagrammer, 싱크플루언서thinkfluencer, 신플루언서thinfluencer, 그랜플루언서granfluencer, 키드플루언서kidfluencer를 비롯한 온라인 영향력을 지닌 개인의 커다란 무리가 존재한다. 아무리 큰 자루가 있다 해도 그들을 딱 떨어지게 분류해 넣을 수는 없다. 여러분이 인플루언서를 상상할 때 머릿속에 떠오르는 정확한 이미지는 주로 여러분이 누구이고 무엇에 관심이 있는가에 달려 있으며, 물론 그것이 핵심이다. 저 바깥에는 모든 사람을 위한 인플루언서가 존재한다.

인플루언서는 전통적인 라이프스타일 범주에서 벗어나 인간 존재의 거의 모든 양상을 한입에 쏙 들어가는 크기의 호감 가는 콘텐츠 덩어리로 응축하고 상업화하기에 이르렀다. 선홍색 머리의 '팜플루언서farmfluencer'인 @redsheperdess는 영국 컴브리아의 한적한 마을에 살면서 그곳의 계절 변화를 기록하는 인스타그램 계정을 운영하는데, 완벽하게 갈아엎은 밭과 새로 낳은 달걀 사진들이 핵심이다. 미국 애틀랜타 기반의 '페이스플루언서faithfluencer' 헤더 린지Heather Lindsey(@heatherllove)는 기독교 믿음과 영적인 이야기로 인스타 그램 팔로워를 거의 40만 명이나 모았는데, 자신의 플랫폼을 이용해 금욕 프로그램 브랜드인 '핑키 프로미스Pinky Promise'를 홍보한다. 마녀, 카우보이, 아미시파 모두 제각기 유튜브 채널을 갖고 있으며 임대업자, 법률가, 그리고 등대지기들 또한 틱톡에서 인기를 누리고 있다.

인플루언서들은 엘리트 제도를 민주화하고 종종 가시화되지 않는 경험에 조명을 비춰왔다. 짐바브웨 출신 학생으로 학구적인 스터디 유튜브 공동체 소속인 비 카티뷰Vee Kativhu는 옥스퍼드 대학교에 이어 하버드 대학교에서 학위를 취득하는 과정을 브이로그로 기록하는데, 매주 30만 명의 시청자가 채널에 접속해 비가 에세이를 쓰고 수업을 듣고 시험공부를 하는 저속 촬영 영상을 지켜본다. 비는 이민 1세대 학생들이 영감을 얻고 더 상급 교육에 접근할 수 있도록, 자신의 대학 경험을 이해하기 쉽게 보여준다. 장애인 라이프스타일 인플루언서인 로렌 스펜서Lauren Spencer는 인스타그램 계정인 @itslololove와 유튜브 채널인 시팅 프리티Sitting Pretty를 이용해 루게릭병 환자 공동체에 영감과 자문 및 지지를 제공한다. 한편 스물다섯 살의 시각장애인 뷰티 구루인 루시 에드워즈Lucy Edwards는 틱톡에서 150만 명의 팔로워가 제시하는 '시각장애인도 꿈을 꾸나요?', 그리고 '시각장애인은 어떻게 요리를 하나요?' 같은 질문에 답해준다.

그 스펙트럼의 반대편 끝에는 가상의 인플루언서들이 있는데, 이들이 어떤 목적을 수행하는지는 그리 명확하지 않다. 그럼에도

@lilmiquela, @knoxfrost, 그리고 @shudugram 같은 실제 인스타그램 모델과 외양, 행동 등이 모두 동일한 완전한 CG 연예인들은 족히 몇백만 명은 되는 팔로워를 얻었다.

모든 인플루언서가 라이프스타일을 공유하거나 뭔가를 팔려고 하지는 않는다. 여론에 영향력을 행사하기 위해 플랫폼을 구축하는 이도 그만큼 많다. 기업 '링크드인플루언서LinkedInfluencers'는 바이럴에 최적화된 '사고 리더십' 포스트를 올리고, 업무 수행과 생산성에 철학을 결합한 업데이트를 지나칠 정도로 자주 올려서 공유한다. 정치 인플루언서는 많이들 보았을 것이다. 대중성을 목적으로 트위터와 틱톡을 이용하는 정부 관료와 대통령 후보자부터 모든 정치적 스펙트럼에 걸친 자생적 콘텐츠 크리에이터에 이르기까지 다양하게 존재한다. 틱톡에는 '#MarxTok'이라는 해시태그 아래 느슨하게 모인 10대들이 있는가 하면, 팔로워가 140만이 넘는 젊은 공화당원들의 계정인 '보수파 하이프 하우스'도 있는데 양측 다 청중을 대상으로 자신들의 의제를 교육한다. 좌파 정치평론가인 하산 파이커Hasan Piker는 아마존이 후원하는 게이밍 플랫폼인 트위치에서 100만 명도 넘는 팔로워에게 매일 여섯 시간의 스트리밍을 통해 현안과 미디어의 보수적 편향을 논한다.

활동가 인플루언서들은 사회정의 캠페인을 펼치고 잘못된 정보와 싸우고 보석금과 자선기금을 마련한다. 스물여덟 살인 에린 체임버스Erynn Chambers는 노스캐롤라이나 출신의 초등학교 음악 교사인데, 2020년 흑인 공동체에 대한 경찰의 과잉 진압을 다룬 노래로 틱톡에서 폭발적인 반응을 얻었다. 그 후로는 문화적 적절함이

나 언론 편향 같은 주제를 직설적으로 다루는 60초 분석을 통해 거의 70만 명에 이르는 팔로워와 '공식 인증된, 분노한 흑인 여성'이라는 입지를 구축했다.

그보다 좀 더 불길한 사상적 인플루언서들도 있다. 스테판 몰리뉴Stephan Molyneux, 스티븐 크라우더Stephen Crowder, 그리고 폴 조지프 왓슨Paul Joseph Watson 같은 논란이 많은 브이로거들은 2010년대에 발달한, 심대한 영향력을 지닌 극보수주의 유튜브 공동체에서 토크 쇼, 팟캐스트, 그리고 생방송 토론의 사회자를 맡음으로써 명성을 얻었다. 이들은 시청자들을 과격화하는 경로가 됨으로써 최근 들어 몇몇 연구가 이루어지는 기반이 되었다.

타의 추종을 불허하는 수준의 청중에 대한 접근권과 지위 의식 및 확장성에 대한 잠재력을 제공할 수 있는 온라인 영향력은 사이비 집단 같은 것에 의해 채택되기 십상이다. 음모이론가, 큐어넌QAnon 신봉자, 그리고 다단계 마케팅 사기꾼들은 주류 인플루언서의 기법을 이용해 자기네 의제를 홍보하고 커다란 팔로워층과 재산을 쌓는다.

그리고 이는 주류 소셜 미디어 플랫폼에만 국한되지 않는다. 그 산업에 투자하는 벤처 캐피털 회사인 시그널파이어SignalFire의 시장 분석에 따르면 전 세계의 전업 크리에이터 중 절반은 유튜브에서 활동하고 4분의 1은 인스타그램에서, 그리고 3분의 1은 트위치에서 활동한다.[25] 남은 5분의 1은 다른 신규 플랫폼에 모이는데, 거기에는 패트리온Patreon 같은 콘텐츠 구독 서비스도 포함된다. 이용자들은 거기서 가장 좋아하는 크리에이터들을 매달 유료 구독할 수 있다.

NSFW 웹사이트인 온리팬스OnlyFans는 인플루언서와 성매매자들이 외설적인 그림을 파는 곳이다. 고급스러운 이메일 뉴스레터 서비스인 섭스택Substack은 언론인과 블로거가 독자의 구독을 통해 소득을 얻게 해준다. 오디오 전용 SNS인 클럽하우스Clubhouse는 숨은 언제 쉬나 싶을 만큼 말이 많은 실리콘밸리 테크플루언서들techfluencers에게 사랑받는다. 그리고 트위터의 우파 대체물인 팔러Parler도 있는데, 트럼프 지지자들은 2020년에 그쪽으로 옮겨갔다. 청취율 높은 팟캐스트를 진행하는 것, 코세라Coursera에서 인기 있는 온라인 교육 코스를 제공하는 것, 의류 소매 앱인 디팝Depop에서 수천수만의 팔로워를 갖고 있는 것, 또는 밈 계정을 운영하는 것 모두 인플루언서라는 큰 범주에 포함된다.

인플루언서들은 지구 정복을 향해 급속히 다가가고 있다. 내 유튜브의 추천 측면 바, 인스타그램 탐색 페이지, 그리고 틱톡 #포유ForYou 피드(플랫폼이 소유한 알고리즘이 소셜 미디어 이용자들에게 보여주는 콘텐츠 흐름)는 내게 한국과 이라크의 패션 인플루언서, 말레이시아의 인스타그램 셰프, 케냐의 코미디 브이로거, 그리고 카리브 해와 필리핀 제도의 틱톡커를 추천한다. 가장 발달한 시장은 가장 침투적인 모바일 인터넷과 강력한 소비주의 문화를 가진 곳들이다. 중국, 싱가포르, 홍콩, 오스트레일리아, 미국, 아랍에미리트, 인도, 러시아, 브라질, 나이지리아, 남아프리카, 그리고 영국은 전 세계적인 영향력의 수도로, 저마다 자생적인 크리에이터 문화를 가지고 있다.

만리장성 뒤에서, 중국의 크리에이터 산업은 나머지 세계보다 더 빠르고 더 크고 더 발달되어 있다. 여론을 주도하는, '왕훙网紅'으로 불리는 인플루언서들은 웨이보, 위챗, 그리고 더우인 같은 플랫폼에서 쇼핑 영상을 스트리밍한다. 그 규모가 어느 정도인지 궁금하다고? 중국의 인터넷 대기업인 텐센트가 최근 실시한 조사에 따르면 대학 졸업자 중 54퍼센트가 선호하는 직업 목록에 인플루언서를 올렸다.[26] 한편 중국 인플루언서 액셀러레이터(초기 벤처 기업이나 스타트업을 발굴해 필요한 서비스를 지원하는 투자 업체나 단체 – 옮긴이)인 루한如涵은 2019년 4월 나스닥에 상장되었다. 홍콩과 싱가포르에서는 명품 하울, 패션 팬 카메라, 그리고 핸드백 언박싱 영상이 인기를 누리는가 하면 한국의 크리에이터들은 여러 단계의 피부 관리 교습과 먹방 영상으로 서구에 영향력을 발휘한다.

실제로 인스타그램 사진 촬영용으로 건설된 중동의 호화로운 인플루언스 중심지인 두바이는 너무나 많은 소셜 미디어 스타들의 고향이라, 정부는 2018년 그 관할권 내에서 이루어지는 거액의 브랜드 사업 거래에서 한몫을 차지할 요량으로 실험적인 인플루언서 면허제를 도입했다.[27] 팬데믹 기간에 인스타그램 #신흥사업가들, 틱톡 외환 거래자들, 그리고 패스트 패션 인플루언서들은 루이비통 여행 가방과 프리티리틀싱 할인 코드를 가지고 '필수적인' 사업적 목적을 위해 LED 조명을 갖춘 식당과 주메이라Jumeirah의 인공 해변에 몰려들었다. 록다운 동안 인플루언서 라이프스타일을 지속하기 위한 그 시의 노력은 그곳을 병뚜껑 따기 챌린지와 스폰서 딸린 비키니 사진 촬영 장소로 만들었다.

오스트레일리아는 인플루언서 웰빙의 발상지로서 비건 라이프스타일을 실천하는 사람들, 탄탄한 근육을 가진 체육관 트레이너들, 반짝이는 피부를 가진 뷰티 구루들, 그리고 볕에 잘 익은 맘플루언서들의 일종의 출발점이다. 또한 인플루언서 산업의 최대 스캔들 중 하나를 낳은 곳이기도 하다. 건강한 라이프스타일로 몸을 치유했다고 주장하는 클린 이팅 인플루언서들의 첫 세대에 속한 웰빙 구루 벨 깁슨Belle Gibson은 2015년에 암이 완치되었다고 주장했지만, 나중에 다수의 소비자법을 위반한 혐의로 법정에서 유죄 판결을 받았다. 판사는 벨이 그 모든 이야기를 꾸며냈다(그리고 브랜드 앱과 요리책으로 수백만 달러를 벌었다)고 단언하고 '자기 자신밖에 모르는 사람'이라고 묘사했다.

벨 깁슨 사건은 비슷하게 악명 높은 다른 몇 건의 스캔들과 더불어 인플루언서가 얄팍한 사기꾼이라는 대중적 인식에 기여함으로써 그 업계에 대한 낙인에 불을 지폈다. 그 평판은 어느 정도는 자업자득이다. 2017년, 유명한 인스타그램 인플루언서 400명이 '파이어 페스티벌Fyre Festival'이라는 이름의, 잊을 수 없는 열대 섬 행사를 홍보하는 수수께끼 같은 오렌지색 정사각형 사진을 잇달아 포스팅했다. 그리고 그 포스팅에 #광고라고 표시한 사람은 아무도 없었다. 페스티벌 참석자들은 '인생을 바꾸는 두 번의 주말…… 불가능의 경계선'을 위해 표 한 장에 최고 1만 2,000달러까지 지불했지만, 알고 보니 그곳은 전기도 들어오지 않는 임시변통 캠프장이었고, 먹을 것이라곤 눅눅한 치즈 샌드위치가 전부였다.[28]

그 페스티벌은 인플루언서 문화의 공허한 약속의 본보기로서 바이럴을 타고 인터넷 역사가 되어, 참가한 사람들을 조롱거리로 만들었다. 같은 해, 「언프리티 소셜 스타Ingrid Goes West」(엘리자베스 올슨과 오브리 플라자 주연으로, 인스타그램에 대한 집착과 소셜 미디어의 가짜 명성을 풍자하는 할리우드 영화)가 선댄스 영화제에서 각본상을 받았다.

스캔들은 속속 터지고 있다. 파이어 페스티벌 스캔들로부터 1년 후, 일본 후지산 기슭의 '자살 숲'을 방문한 브이로거 로건 폴은 그곳에서 발견한 시신을 촬영해 바이럴을 탔다. 로건의 2분짜리 브이로그 「정말 죄송합니다So Sorry」는 5,900만 회나 조회되었다. 2019년에는 유튜버 올리비아 제이드Olivia Jade의 미국 대학 입학 스캔들이 폭로되었다. 서던캘리포니아 대학교에 합격하지 못했는데도 그곳에서의 학생 생활을 보여주는 아마존 광고에 출연한 것이다.

인플루언싱에 대한 부정적 평판은 그 이후로 더 포괄적인 범죄들이 추가되면서 한층 굳건히 다져졌다. 호텔과 식당을 협박해 공짜 물품 얻어내기, 인스타그램용 사진을 찍는답시고 야생 서식지 파괴하기, 소비자 호도하기, 사진 촬영 목적으로 시위 이용하기, 그리고 팬데믹 기간에 마스크 착용하지 않고 파티 벌이기 등등.

이런 예시를 기록하는 인스타그램 비판 계정인 @influencers inthewild는 팔로워가 400만 명 이상이다. 티 채널들tea channels(인플루언서 세계에 대해 보도하고 메타 평론과 분석을 제공하는 유튜브 가십 브이로거들)이 그토록 인기가 높은 것도 놀랍지 않다. '티tea'(드래그 문화에서 빌려온 용어로, 2014년 개구리 커밋 밈 덕분에 온라인에서 유명해졌다)는 온라인상의 불화, 비밀, 미심쩍은 사건, 그리고 스캔들을 다룬다. 인플루언서들은 관찰자들에게 가십을 '홀짝이고' '휘젓고' '엎지를' 기회를 차고 넘치도록 제공한다.

'주류 언론은 이 업계를 매우 부정적으로 보는 경향이 있어요.

이곳의 문화와 이 공간의 맥락을 전혀 이해하지 못하면서, 그저 스캔들이 터지면 그걸 다루겠다고 낙하산을 타고 내려오죠. 그러다 보니 인플루언서들에 관한 보도는 대부분 그들이 일으킨 물의를 다루는데, 전 일반인들이 이 업계 전체에 부정적 인식을 갖게 된 게 그 때문이라고 생각해요.' '버즈피드 뉴욕'의 소셜 뉴스 담당 편집자이자 크리에이터를 다루는 주간 뉴스레터인 「제발 좋아요를 눌러줘요Please Like Me」의 필자인 스테파니 맥닐Stephanie McNeal은 내게 보낸 이메일에서 그렇게 말했다. 하지만 부정적 관심보다도 더한층 해로운 것은 인플루언서를 둘러싼 미디어의 침묵이다. 언론 보도는 계속해서 그 대상의 크기와 폭을 따라가지 못하고 있다. '(인플루언싱은) 사회와 문화에 심오한 영향을 미치고 있는 수십억 달러 가치의 산업이에요. 그 공간이 얼마나 크고 영향력 있는지를 감안하면…….' 스테파니는 그것을 다루는 것이 '당연한 결정'이라고 말한다.

심지어 스스로 자신이 문화와 시사 이슈에 박식하다고 여기는 사람들이라 하더라도 인플루언서 산업의 핵심 인물 중 절반에 관해 전혀 들어보지도 못했을 수 있다. 주류 언론 보도의 부족함은 별도로, 우리 각자는 인터넷에 관련해 개인화된 알고리즘과 독특한 경험을 소유한다. 게다가 일일이 따라잡기에는 인플루언서가 사실 너무 많다. 업계에서 일하다 보면 팔로워가 수백만 명이라는데 내게는 초면인 사람들을 자주 만나게 된다. 2020년 틱톡이 폭발적으로 등장한 이후로 그동안 수많은 주류 언론 창구가 처음으로 인플루언서 보도를 본격적으로 포용했지만, 깊은 간극이 여전히 버티고 있다. 그리고 거기에 불을 지피는 것이 있으니, 자기들이 부여하지 않은 명성을 지닌, 따라서 자기들이 쉽게 쥐락펴락할 수 없는 유명 인사를 다루는 것에 대한 언론의 양가감정이다.

스테파니는 이렇게 분석한다. '주류 언론의 인식은 지난 약 6년에 걸쳐 천천히 성장해왔고, 틱톡은 보도량 증가의 득을 보기 딱 맞는 시점에 짠하고 튀어나왔죠. 이는 주류 언론이 리얼리티 스타들을 다루는 행태와 많은 점에서 흡사해요. 10년 전, 대형 잡지들은 브라보 스타들, 카다시안 집안 따위를 거의 다루지 않거나, 다뤄봤자 곁다리 취급을 했어요. 하지만 이제는 집착적으로 다루고 있죠. 제 예상으로는 인플루언서와 온라인 크리에이터의 경우에도 비슷한 경향을 보게 될 것 같아요.'

이는 중요한 사실이다. 인플루언서들은 고용에서 긱 노동(고용주의 필요에 따라 단기 혹은 일회성으로 일하는 초단기 노동 방식 - 옮긴이)으로, 오프라인에서 온라인으로 향하는 거시적 이동을 나타내는 한 예시이자, 더 폭넓은 문화 속에서 일어나는 일들을 효과적으로 보여주는 소우주다. 심미적 외관과 수명이 짧은 콘텐츠 아래서 인플루언스의 성장은 플랫폼, 권력, 알고리즘, 원자화, 관심, 탈집중화, 그리고 네트워크의 서사다. 그것은 제도보다 개인을, 그리고 무엇보다도 시장을 수호한다.

현재로서는 인플루언서 공간을 향한 관심이 전례 없는 성공 사례에만 쏠려 있다. 핵심 선수, 우수 성과자, 새로 등장한 10대 백만장자, 판매 기록 경신, 그리고 인터넷을 폭발시키는 바이럴들……. 하지만 인플루언서는 그저 꼭대기의 숫자가 아니다. 기사 제목에 등장하지는 않지만 적당히 성공적인 콘텐츠로 꾸준히 자리를 지키는 크리에이터 계급이 상당수 존재한다. 이들은 자신의 생활양식과 정체성을 소득원으로 삼는 전업 크리에이터다. 그리고 인플루언서를 보조하는 전문가들로 이루어진 전체 골조가 그들을 에워싸고 있다. 나 같은 마케터나 법률가, 매니지먼트, 홍보 담당, 창작자, 편집자, 전략가, 조수를 비롯해 대체로 레이더에 잡히지 않게 활동하는 수많은 사람들이 존재한다.

'인플루언서'라는 용어는 남용되고 오해받고 클릭 낚시용 유행어로 전락하면서 여러모로 그 의미를 잃었다. 그 말은 자신을 넘어 더 넓은 기표가 되었다. 현대인의 신경증, 불만, 영감 등을 나타내는 언어이자 특정한 유형의 사람이나 철학, 그리고 문화적 순간에 대한 지시어가 된 것이다. 많은 점에서 '인플루언서'라는 용어는 거꾸로다. 인플루언서가 오히려 영향을 받는 쪽이라고 하는 편이 더 정확할 것이다. 그 어떤 개인의 통제력도 전혀 미치지 못하는 힘들의 산물로서 말이다.

'누구나 인플루언서다'라는 주장은 게으른 상투어이지만, 그럼에도 급속히 진실이 되어간다. 인플루언스의 의례는 갈수록 모든 이에게 적용된다. 브이로그 스타일로 줌 통화를 하거나, 온라인에서 제품을 리뷰하거나, 어떤 식으로든 온라인상의 존재를 최적화하는 것이다. 프로필을 구축하고 내 '개인 브랜드'를 중심으로 청중을 모아야 한다는 요구는 이미 수많은 전문 분야에서 찾아볼 수 있지만, 인플루언서 역학은 업무 현장에 더한층 직접적으로 뿌리내리고 있다. 월마트는 150만 노동자라는 상비군을, 자기네 브랜드를 위해 24시간 콘텐츠를 제작하는 틱톡커로 양성하려 한다. '직원 인플루언서' 유행이 갈수록 퍼지고 있다.

인플루언서를 고립된 산업으로 보는 것은 단기적 시각이다. 그 기반인 기술 산업처럼, 인플루언스는 수직적이 아니라 수평적으로 문화적·정치적·사회적 산업을 확장하며 온갖 종류의 제도에 침투한다. 우리가 지금 '인터넷 산업'이라고 말하지 않듯, 언젠가는 '인플루언서 산업'이라는 말도 하지 않게 될 것이다. 머지않아 모든 회사는 미디어 회사가 될 테고, 모든 사람이 브랜드가 될 것이며, 모든 것이 인플루언서 원칙에 복속될 것이다.

왜 인플루언서가 되려고 할까?

내가 인플루언서에게 관심이 있다는 말을 할 때마다 사람들은 다양한 반응을 보인다. 재미있어하는 사람도 있고, 강박적인 과잉 정보 공유와 얄팍한 사고방식으로 악명 높은 이 신품종 인터넷 전문가들에게는 15초짜리 반짝 관심 이상을 줄 가치가 없다고 믿는 사람도 있다. 하지만 디지털 인플루언스는 '인플루언서 산업'에 대한 현재 우리의 인식이나, 그 참가자 개인들이 우리에게 주는 인상보다 훨씬 더 크고 훨씬 더 구석구석으로 스며들어 있으며 훨씬 더 강력하다. 그것은 단순히 셀카를 찍거나 비디오 게임을 스트리밍하거나 여행과 라이프스타일 사진을 소셜 미디어 플랫폼에 올리는 고립된 행위들이 아니다. 정보가 퍼지고 권력이 축적되고 문화가 생산되는 방식의 근본적인 재구축이다. 인터넷의 통제를 둘러싼 싸움이다.

세계에서 영향력이 가장 강한 온라인 개인들 중 일부(도널드 트럼프, 일론 머스크, 큐어넌의 Q)는 뷰티 구루들이 아이섀도 팔레트를 파는 것과 동일한 방식을 이용해 주가를 올리고 쿠데타를 촉발하고 수백만 인구를 세뇌했다. 미국 하원의원인 알렉산드리아 오카시오 코르테스Alexandria Ocasio-Cortez는 최고의 게이밍 스트리머들과 대전하려고 트위치에 가입했는가 하면, 앤드루 양Andrew Yang은 뉴욕 시장에 출마하면서 틱톡 하이프 하우스hype house를 뉴욕으로 가져오겠다는 공약을 내걸었다. 온라인 영향력의 역학에 통달하는 것, 그리고 자신이 인플루언서가 되는 것은 갈수록 절대 권력의 열쇠가 되어간다.

반응 이후에는 질문이 따라온다. 업계 외부인들은 대놓고 이렇게 묻는다. 인플루언서들이 실제로 얼마나 벌지? 인플루언서가 된다는 게 현실적으로 무슨 뜻이지? 온라인을 생업 수단으로 택하는 이유가 뭐지? 비록 업계 내에서 일하지만, 나 또한 나름대로 궁금한 것이 있다. 내가 거의 매일 둘러보는 가장 인기 있는 계정들과 반짝이는 브이로그들 뒤에서 무슨 일이 일어나는가. 인플루언서들에 영향을 미치는 이들은 누구인가. 업계 바깥의 사람들은 대부분 신세계가 어떻게 작동하는지, 그것이 지금 어떻게 우리의 집합적 미래를 재구축하고 있는지 알지 못한다. 오늘날 인플루언서 산업을 보면, 그 토대인 기술 산업의 패턴을 반복하고 있다. 빨리 움직이고 닥치는 대로 부숴라. 지금 짓고 나중에 규제하라. 누군가가 알아차렸을 즈음에는 너무 늦었을 것이다. 우리는 그런 원칙들이 점검을 받지 않을 때 어떤 재앙 같은 결과들이 일어날 수 있는지 이미 보았다.

이 책이 비록 사소하게나마 어떤 방식으로든 거기에 도전할 수 있으면 좋겠다.

기대를 뒤집는 역설적 본질

다시 파티로 돌아와, 나머지 손님들이 만족스럽게 베이브 인장이 찍힌 카나페를 인스타그램에 올리고 의상 사진을 찍는 동안 나는 떠날 준비를 하고 있었다. 그 사람들과 달리 난 내일 아침 나를 기다리는 실제 직업이 있다는 삐딱한 생각이 잠시 떠올랐다. 에이전시에 출근해 내가 할 일은 이 파티의 사후 부검일 것이다. 지금 촬영되는 셀카와 의상 사진을 캡처하고, 각 참석자의 콘텐츠를 종합하고 반응 마케팅 보고서를 작성하기 위해 그것이 얼마나 잘 수행되었는지를 분석하게 되리라.

밖으로 나와 길에서 집으로 가는 버스를 기다리는 중에 바에서 잠시 스쳤던 남자와 대화하게 되었다. 남자는 인플루언서이지만, 자신을 '콘텐츠 크리에이터 겸 스타일리스트 겸 벤처사업가'로 소개한다. 오늘 저녁에 참석할 브랜드 행사가 한 건 더 있고, 그 후 귀가해 남부 런던의 옥탑에서 동틀 녘에 시작하는 촬영을 준비할 거란다. 나는 뭘 촬영하느냐고 물어보았다. "대단한 건 아니에요." 남자는 태연해 보이도록 계산된 어깻짓과 함께 대답했다. "그냥 앞으로 제 며칠을 때워줄 콘텐츠죠."

난 그에 대한 신랄한 비판의 생각을 가만히 억눌렀다. 인플루언싱은 실제 노동이다. 인플루언서는 창작자, 전략가, 미술감독, 스타일리스트, 사진사, 카피라이터, 수정자, 편집자인 동시에 마케팅 매니저다. 하나의 광고 에이전시다. 네트워킹하고 협상하고 거래를 성사시키고 계약과 문서를 정리하고 소셜 미디어 계정 몇 개를 운영하고 포스팅 스케줄을 짜고 브랜드와 연락하고 정신없이 바쁜 일정을 관리하는 와중에 또 그것들과는 별도인 활동에 관해 하루에도 몇 번씩 포스팅을 한다.

직업이 없는 것처럼 보이는 게 바로 그 사람들의 직업이다. 노력하지 않는 듯한 겉모습이 곧 성공의 표지다. 역설적으로, 바로 그 노력하지 않는 듯한 모습이 인플루언서들의 한가로워 보이는 생활양식에 대한 불만을 부른다. 이는 소셜 미디어 스타의 태생적으로 역설적인 본질을 말해주는 이중 족쇄다. 오프라인인 동시에 온라인인, 사적인 동시에 공적인, 개인인 동시에 브랜드인, 실제인 동시에 연출이라는 것. 인플루언서들은 '우리랑 똑같'지도, '그들 중 하나'도 아니다. 스타와 고객 사이의 중간 지대를 차지하고 있다.

자기 '파괴'에 탐닉하는 수많은 디지털 유행처럼, 인플루언서는 영향력 있는 인물이 응당 행동해야 하는 방식에 대한 우리의 기대를 뒤집는다. 전통적인 스타에게 명성은 대체로 다른 능력의 부산물이었지만, 인플루언서에게 명성 획득은 부산물인 동시에 집착 대상이다. 전자는 탁월함으로 유명해지지만 수많은 인플루언서의 소득은 그 반대에서 나온다. 그들은 일상이나 평범함을 통해 명성을 얻는다. 아침 일과를 보여주는 영상들, 「같이 쇼핑 가요Come shopping with me」, 부엌 찬장 서랍의 쓰레기 구경.

수 세대에 걸친 영화제작자, 사진가, 창작자, 그리고 그 이전의 작가들과 달리 인플루언서는 반드시 어떤 작품이라는 실체를 남기는 것을 목표로 하지 않는다. 많은 인플루언서의 산출물은 본질적으로 수명이 짧고, 고전이 되기 전에 만료되도록 설계된다. 그리고 전통적 유명 인사가 공적 삶과 사적 삶을 따로 분리하는 반면, 인플루언서는 이 경계를 무너뜨린다. 직업적 성공에 박차를 가하기 위해 개인적 친밀성을 노출하는 전략을 사용한다. 인플루언서는 적응하고, 무너지고, 투사하고, 변화하고, 전환하고, 가면을 쓴다. 인터넷 그 자체와 마찬가지로 유동적이고 요동치며 매혹적이다.

버스가 1분 후 도착한다는 알림이 뜨고, 난 이만 가봐야겠다고 말한다.

"만나서 반가웠어요." 남자가 말한다. "팔로우 부탁드려요."

난 그러겠다고 약속한다. 버스에 오르자마자 남자가 날 부른다.

"깜빡하고 안 여쭤봤네요. 그쪽도 인플루언서인가요?" 남자가 묻는다. "아니면 그냥 일반인인가요?"

2 '인플루언서' 인자

소셜 미디어 스타들은 어디서 올까?

10대 시절, 어쩌다 보니 인터넷에서 살짝 유명해진 적이 있다. 의도한 바는 아니었고 그저 우연한 기회에, 여름방학 중 어느 지루한 오후에 텀블러Tumblr에 가입해 온라인에서 수천 시간을 보내다 보니 그렇게 되었다. 뜨거운 배터리가 허벅지를 지지는 것도 아랑곳하지 않고 벽돌 같은 델 노트북 위로 몸을 잔뜩 웅크린 채 저화질 은하수 움짤과 자의식 충만한 소문자 시를 퍼다 올리던 시절 이야기다.

텀블러는 내 첫 소셜 미디어 경험이 아니었다. 그 영예는 네오펫츠Neopets 계정에 돌려야 하는데, 그 후 내 발길은 베보Bebo로 향했다. 하지만 어느 정도나마 성공을 거둔 것은 텀블러가 처음이었다. 겨우 1년 남짓한 시간에 팔로워를 수만 명이나 얻었으니까. 오프라인의 나는 불안하고 자신감이 부족했지만, 온라인에서는 완전히 새로운 내가 될 수 있었다. 난 흐릿한 빈티지 필터를 씌운 셀카, 존 그린 John Green의 감성적인 인용구들, 그리고 보지도 않은 독립 예술영화의 검은 스크린캡처를 올리는 부류였다.

블로그 내용은 하나도 특별하지 않은, 인디 문화에 푹 빠진 평균적인 2000년대 말 10대의 흔한 전시장이었다. 하지만 그것은 더벅머리 보이밴드와 어반 아웃피터스Urban Outfitters풍 개인주의에 중독된 세대가 공감하는, 공상 속 '우수에 찬 소녀'의 인터넷 미학과 닿아 있었다. 다른 플랫폼들과 달리 텀블러에서는 각자 자신의 '테마'를 바꿀 수 있었고 난 거기에 몰두했다. 크리스털 캐슬Crystal Castles이 끝없이 흘러나오는 자동 음악플레이어, 화소로 처리된 '조회 수' 집계 페이지 뷰, 그리고 초급 HTML을 아침 내내 독학한 후 설치한 애니메이션 헤더.

2007년, 스물한 살의 고등학교 중퇴자가 만든 텀블러닷컴('자신을 공유하는 가장 쉬운 방법')은 소셜 네트워크의 한 관문으로, 이용자들로 하여금 사진, 인용구, 그리고 영상을 올리고 퍼가게 해주었다. 이는 몇 년 후 등장할 인스타그램 피드의 전신이었다. 말하자면 트위터의 시각적 버전이랄까. 참여 유도를 목적으로 디자인된 텀블러의 인터페이스는 인기 있는 포스트를 '리블로그' 버튼 클릭 한 번으로 수십만 번 유포할 수 있게 해주었다. 그 아래에는 댓글과 반응이 줄줄이 달렸다. 대다수 이용자는 독창적인 내용을 올리기보다 다른 곳에서 가져온 것을 올리거나 리블로그함으로써 자기영속적인 텀블러 생태계에 새로운 원료를 공급했다.

이 재귀적 성질 덕분에 텀블러는 급속히 2000년대 후반에서 2010년대 초반 인터넷 문화의 엔진이 될 수 있었다. 바이럴의 속도로 쏟아져 나오는 내부자 농담, 밈, 속어, 리액션 움짤, 콧수염 문신과 빈티지 의상 사진, 아마추어 밴드의 노래 가사, 그리고 일회용 카메라로 찍은 과노출된 콘텐츠. '스터드와 복숭아들', '외로운 연인들의 꿈을 꾸는' 또는 '부서진 – 언어 – 기억들' 같은 뜻이 통하지 않으면서 느낌만 충만한 닉네임을 가진 최고 인기 계정들은 헌신적인 팔로워 수십만 명을 거느리고 플랫폼 내에서 어마어마한 존재감을 자랑하면서 '텀블러 유명인'이라는 부러운 직함을 소유했다. '텀블러리티Tumblarity'라는 플랫폼 통계는 이용자들이 얼마나 자주 포스팅을 하는가, 어떤 주제를 포스팅하는가, 그리고 사람들이 각 포스트에 얼마나 많이 참여하는가 하는 데이터를 결합해 초기 인터넷 영향력에 점수를 매겼다.

내 블로그는 헌신적인 팬 계정들이 따라붙을 만큼 인기 있지 않았고 애그리게이터aggregator(이커머스 플랫폼에 입점한 중소 유망 브랜드나 업체를 발굴해 인수 후 성장시키는 사업체 – 옮긴이)인 'thetumblrfamous. tumblr.com'에 등록되지도 않았지만, 그래도 현실에서 받은 것보다는 더 많은 관심을 내게 주었다. 각 포스트 아래쪽에 있는 조그마한 '노트' 숫자는 내 횡설수설이 인터넷에서 얼마나 공감을 받는지 측정했는데, 말하자면 자기만족을 위한 가이거 계수기라고 할 수 있었다. 내 포스트는 때로 노트를 최고 5만 개까지 얻었고, 난 그게 얼마나 쌓였는지 확인하려고 저녁 식사 자리에서 몰래 빠져나가곤 했다.

내가 도대체 어떻게 텀블러에서 명성을 얻었는지는 오늘날까지도 수수께끼다. 아마도 가장 가능성 높은 건 일련의 특정한 알고리즘 조건이 그저 요행과 맞아떨어져 내 계정이 수백 번, 수천 번, 이어 수십만 번 유포되게 만든 것이리라. 난 몇 달에 걸쳐 팔로워가 떼 지어 몰려오는 것을 작은 놀라움 속에서 지켜보았다. 새로운 포스팅을 하나 올릴 때마다 일련의 반응과 리블로깅이 따라와 벽에 붙은 포스터와 느슨한 빈백, 모서리가 접힌 『가십 걸 Gossip Girl』로 미어 터지는 책장이 전부인 내 방이라는 작은 세계를 경계 없는 인터넷과 연결했다.

'질레니얼 zillennial' 세대(엄밀히 Z세대는 아니고, 엄밀히 밀레니얼도 아니고, 어정쩡하게 느껴지는 잡탕 세대)의 일부로서 난 10대 시절 성장기의 셀 수 없이 많은 시간을 인터넷에 접속한 채로 보냈다. 룩북 Lookbook.nu, 워드프레스와 블로그스팟, 버즈피드, 그리고 나중에는 페이스북, 텀블러, 그리고 트위터. 나 자신의 사춘기는 당시 사춘기를 맞은 인터넷과 나란히 발달하고 있었다. 요즘의 나는 화면을 들여다보며 보내는 시간을 줄이려고 애쓰지만, 당시 인터넷은 안식처럼 느껴졌다.

오프라인의 세계는 우리의 직접적 경험으로 국한되지만 온라인에서는 생생한 디지털 삶을 살 수 있었다. 문장부호를 아무렇게나 멋대로 찍은 긴 블로그 글을 쓰고, 사이버 인형을 위한 의상을 디자인하거나 가상의 애완동물을 보살피고, 꿈꾸는 삶의 모습으로 무드보드를 꾸미고, 친구들과 부모님의 염탐하는 눈을 피해 채팅방 상자와 온라인 포럼에 이모티콘이 잔뜩 들어간 메시지를 시험적으로 입력했다. 난 같은 정서를 가진 수백만 명 중 하나였다.

"인터넷의 가능성을 깨닫자마자 엄청 흥분했던 기억이 나요." 나와 대략 동일한 시기에 '마이스페이스 MySpace에서 은근히 유명했던', 지금은 스물아홉 살인 제인Jane이 회상한다. "처음 어둠을 틈타 우리 집 공용 컴퓨터에 몰래 접속하기 시작했을 때 아마 열 살이었을 거예요. 부모님한테 들키지 않기를 기도했죠. 인터넷은 제한된, 시간이 제한된 것이었어요. 손에 잡히지 않는, 아직 손에 닿지 않는 뭔가처럼 느껴졌죠." 우리의 첫 온라인 경험의 특이점(손위 형제들이 발견해 입소문으로 전해준 돌즈매니아dollzmania, 미니클립miniclip, 퍼니정크funnyjunk, 그리고 롤캐츠lolcats 같은 괴상한 이름을 가진 독립적 사이트로 이루어진 탈중앙화된 웹)은 초기 인터넷이 가진 호소력의 일부였다. 제인은 다음과 같이 묘사한다. "온갖 잡동사니의 금광처럼 느껴졌죠."

"퀴어이자 신경발달장애인으로서 저는 성장기에 현실에서 내 자리가 없는 것처럼 느낄 때가 많았어요." 지금은 〈바이스VICE〉와 〈아이디i-D〉와 〈데이즈드Dazed〉의 인터넷 문화 부문 기자인 대니얼Daniel이 말한다. "비슷한 관심사를 가진 생면부지의 사람들과 대화하면서 제가 되고 싶은 사람이 될 수 있었어요. 순응해야 한다는 제약과 압박에서 벗어나서요. 나 자신의 사회적 불안에서 벗어날 수 있었죠." 그것만이 전부가 아니었다. "편안한 내 방 안에서 그럴 수 있다는 건 추가 보너스였죠. 제가 아마도 처음으로 제 평생에서 쓸모 있는 존재라고 느낀 건 이런 플랫폼에서였어요."

2012년, 음악가인 프랭크 오션Frank Ocean은 텀블러 포스트에서 커밍아웃을 하고 10만 9,000개의 노트를 받았다. '당신이 누구든, 어디에 있든…….' 프랭크의 시적인 만연체 문단의 첫머리였다. 맥북 창에 쓴 것을 스크린 캡처한 형태인 그 글은 텀블러 문학의 자기성찰적인 미학 양식을 보여주었다. '저는 우리가 무척 비슷하다는 느낌이 듭니다.' 프랭크의 선언은 온라인 10대들의 세대에 바치는 원본ur-text이었다.

텀블러는 야후에 10억 달러에 매각되기 전에 이용자 7,300만 명 또는 2013년 기준 전 세계 인터넷 인구의 5퍼센트라는 상당한 팬층을 구축했지만,[1] 그 어떤 문화적이거나 상업적인 의미에서 주류로 느껴지지 않았다. 그 플랫폼은 일련의 밈, 팬덤, 그리고 리블로그와 질문 상자들로 연결된 마이크로 공동체로 이루어졌으며, 그 사용자들은 외부인이 이해하기 힘든 과장된 소문자 언어로 대화했다. 'bamf', 'gpoy', 'otp', 또는 무슨 말을 해야 할지 모를 때는 단순히 ';alksjdf;lksfd'(키보드 마구 때리기의 양식화된 형태).

텀블러 문화가 워낙 모호하고 수수께끼 같고 해당 플랫폼에 특수한 탓에 급기야 회사는 인터넷 분석가인 어맨다 브레넌Amanda Brennan을 '밈 사서'라는 공식 직함으로 채용해 구전을 기록하고 목록으로 작성하는 업무를 맡겼다. 가장 많이 리블로그된 '십ships'(텔레비전 쇼와 영어덜트 문학의 허구의 인물들을 가상으로 짝짓기하는 것) 또는 히틀러처럼 생긴 고양이들의 바이럴 움짤 같은 것이 그 대상이었다. 변태, 하이쿠, 숙취한 올빼미, 빨간 바지 입은 남자들, 르네상스 회화 속의 못생긴 아기들, 사무실 책상에서 먹는 안쓰러운 점심 식사, 위더스푼 펍pub 카펫들, 그리고 좀도둑질에 바쳐진 텀블러 계정도 있었다. 텀블러 걸스(라텍스를 입고 사탄을 찬양하는 고딕 얼터에고alter-ego 펠리스 폰Felice Fawn, 굶주린유령들의딸daughterofhungryghosts이라는 닉네임으로 알려진 분홍 머리 힙스터 앨리 앤토차Aly Antorcha)는 별난 대안적 상징이었다. '텀블러는 늘 인터넷에서 가장 독특한 괴짜들의 보금자리였어요.' 어맨다는 내게 보낸

이메일에서 말했다. '그리고 텀블러에서 유명해진 사람들은 자기 팬들 못지않게 이상했죠.'

텀블러는 직접적인 소득 수단이 전혀 없고, 그렇다고 내 에이전시가 '브랜드 세이프brand safe'라고 부를 만한 환경도 아니었다. 텀블러는 노골적인 내용으로 정평이 나 있었다. 텀블러 이용자가 아닌 사람에게 노트북 화면을 들킨 텀블러 이용자의 패닉을 표현한 오래된 애니메이션 밈이 있다("노트북을 쾅 닫는다"). 많은 다른 주류 인터넷 플랫폼과 달리 텀블러는 벗방 BJ, 퍼리furries, 그리고 페티시스트들이 섀도우배닝(검색 결과, 피드, 그리고 탐색 페이지에 노출되지 않게 하는 것)이나 정지를 두려워할 필요가 없는, 활발한 NSFW 공동체의 쉼터였다. 2018년에 '성인 콘텐츠' 승인이 철회되면서 전체 이용자의 5분의 1이 떠나기 전까지는 그러했다.[2]

그 플랫폼의 가장 오래된 밈은 외설에 집중되었다. '퍽예fuck yeah' 포맷, 틈새 취미를 표현하기 위해 만들어진 계정인 'fuckyeah sharks.tumblr.com', 'fuckyeahchicago.tumblr.com', 또는 'fuckyeahasianfashion.tumblr.com' 등은 모두 'fuckyeah fuckyeahs.tumblr.com' 디렉토리에 의해 큐레이트된다. 2009년 4월에는 날마다 스물다섯 개의 새로운 퍽예 계정이 생겨나고 있었다.[3] 텀블러가 야후에 매각된다고 발표되자, 스물여섯 살의 최고경영자는 '퍽예, 데이비드fuck yeah, David'라는 말로 그 발표를 사실로 인정함으로써 자신이 별생각 없이 만들어낸 풀뿌리 공동체에 대한 지속적인 충성을 맹세했다.

비록 당시 우리는 알지 못했지만 텀블러는 인플루언스의 초기 시험장이었다. '리블로그는 사람들이 콘텐츠를 생각하는 방식을 바꾸고 우리가 서로와 공유하는 방식에 새로운 층을 한 겹 더했어요.' 어맨다가 말을 잇는다. '서로를 바탕으로 구축해야 할 때를 안다? 그건 자신의 브랜드를 구축하는 법을 배우는, 확실히 굉장한 방식이었죠.' 그 플랫폼의 무언의 목표는 사용자들로 하여금 일관성 있고 표현적인 미학을, 그 자체의 서브컬처 중 하나와 조화롭게 배치하게 하는 것이었다. 파스텔 고딕pastel goth, 소프트 그런지soft grunge, 베이퍼웨이브vaporwave, 또는 시펑크seapunk…… 이들은 반은 실제이고 반은 강박적으로 자기 정체화하는 그 공동체가 만들어낸 라벨이었다. 텍스트 포스트, 인용구, 영상, 움짤, 그리고 오디오 클립 등 이 모두가 한데 짜여 마치 개인성을 이루는 작은 벽돌 같은, 혼란스러운 취향의 태피스트리를 만들었다. 시험 삼아 이런저런 정체성을 걸쳐보는 것은 페이지의 테마를 업데이트하고, 관련된 메타태그를 적용하는 것만큼이나 쉬웠다.

난 밤늦게까지 잠자리에 들지 않고 타는 듯한 눈으로 버려진 쇼핑몰, 타투한 손, 아메리칸 어패럴의 테니스 스커트, 짓밟힌 장미 꽃잎, 그리고 브루탈리스트 건축물 같은, 아무거나 그때그때 유행하는 것을 찍은 추상적인 사진을 찾아 대시보드를 샅샅이 뒤지곤 했다. '그야 텀블러 이전에도 당연히 블로거는 존재했죠.' 어맨다는 말한다. 하지만 '미학'(특정한 외양과 라이프스타일에 대한 관련성을 보여주는 시각적 기표들의 집합, 리블로그된 후 잊히는 일시적인 인공물들)에 대한 인플루언서의 이해는 '텀블러 초기 시절에 구축된 거예요'. 그것은 내게 큐레이트하는 법을, 나를 남들에게 읽히게 하고 시스템의 언어를 채용하고 복제하고 그럼으로써 보상을 받는 법을 가르쳤다. 그 이후로 그 기술들은 소셜 미디어 스타들에게 제2의 천성이 되었다.

2010년 당시 텀블러에서 유명하다는 것은 오늘날 말하는 인플루언서와 정확히 동일한 의미가 아니었다. 텀블러의 본질적 특성 중 하나는, 그 뒤로 속속 등장한 소셜 미디어에서는 사라졌지만, 그 본질적인 비가시성이었다. 어맨다는 이렇게 지적한다. '(텀블러에서) 팔로워 수는 늘 숨겨져 있었어요……. 팔로워 수의 숫자놀음보다는 내가 어떤 유형의 콘텐츠를 올리느냐가 훨씬 중요했죠. 공개된 팔로워 숫자가 없다는 점에서, 텀블러는 명성에 관한 한 인터넷에서 진정 가장 순수한 곳이에요. 개인의 콘텐츠가 가장 중시되죠.' 텀블러는 익명이 압도적으로 많고 개인적 프로필보다는 상호작용 스크랩북에 더 가깝다. 비록 수천수만 명이 내 닉네임을 알았지만, 팔로워들은 나에 관해 거의 몰랐다. 내가 암호 같은 글을 올리거나 이따금 수요 없는 '얼굴 노출' 사진을 올릴 때는 빼고 말이다.

이렇다 보니 텀블러의 거물이 되었다고 해서 내 오프라인 생활에서 변한 것은 거의 없었다. "사람들은 인터넷에서의 명성을 이야깃거리로 삼지 않았어요. 절대로요." 제인은 회상한다. "심지어 '마이스페이스'라는 단어를 현실에서 듣는 것조차 터부시됐죠." 우리 학년의 한 내성적인 아이가 '왓패드에서 유명 인사'인 게 발각되었는데, 그 애가 쓴 팬픽션이 종이에 인쇄되어 복도 게시판에 나붙고 탈의실에 나돌았다. 2010년에 텀블러에서 많은 시간을 보내는 것은 온라인 게임에 지나치게 열중하거나 지루할 만큼 꼼꼼한 블로그를 관리하는 것과 마찬가지로, 멋쟁이들이 하는 일이 아니었다. "제가 기억하기로, 고등학교 때 마이스페이스에서 유명했던 어떤 여자애가 역시 마이스페이스에서 유명한 친구랑 같이 붐비는 학교 식당에서 '미안하지만, 마이스페이스 귀족이 좀 지나갈게' 하고 고함친 적이 있었어요." 제인은 그 기억을 떠올리며 몸서리를 쳤다. "그 애들은 현실에서 전혀 인기 있지 않았어요."

비록 텀블러는 내게 자부심이자 즐거움이었지만, 10대의 자기보호 본능 덕분에 난 그것을 아무에게도 알리지 않았다. 그건 인터넷상의 수천 팔로워와 나 사이의 일급비밀이었다.

텔레비전에서 온라인으로

내가 토요일 밤을 랩톱과 함께 홀로 보내고 있을 때, 더 사교적인 또래들은 「더 엑스 팩터The X Factor」에 홀딱 빠져 살았다. 그 프로그램은 10년 넘게 영국의 연예계를 지배했으니, 결승전 때는 심지어 나조차 컴퓨터 전원을 끄고 텔레비전 앞으로 갈 정도였다. 그 프로그램을 보는 건 주간 행사가 되었다. 쿠션을 팡팡 두들겨 부풀리고, 충성의 맹세를 하고, 모토롤라 레이저와 충전 케이블까지 챙겨 참가자에게 전화 투표할 준비를 마친 친구들이 평면 텔레비전을 앞에 놓고 둘러앉았다.

매주 수백만 명이 지켜보는 가운데, 참가자들은 악명 높은 공개 오디션 형식을 통해 무명의 어둠에서 끌려 나왔다. 셀린 디옹Celine Dion이나 아델Adele을 만나고, 장황하고 계산된 눈물겨운 사연을 늘어놓고, 사회자인 더멋 오리어리Dermot O'Leary와 농담을 주고받으며, 사이먼 코웰Simon Cowell 음반 회사의 짭짤한 계약을 좇아 방송의 삶을 1분 1분 이어나갔다.

일정 주기로 교체되는 심사위원들이 평결을 내리면 그 말들은 재빨리 우리의 어휘로 흡수되곤 했다. "당신은 불합격이에요." 패널 중 언제나 태닝한 피부를 한 우두머리 격의 사이먼은 전형적으로 그렇게 선포했다. "터놓고 말하자면 끔찍함 그 자체였어요." "당신은 합격이에요!" 걸스 얼라우드Girls Aloud 졸업자이자 영국의 국민 애인인 셰릴 콜Cheryl Cole은 눈물이 차오르는 눈과 가쁜 숨으로 탄성을 지르곤 했다. "난 뻑갔어요. 당신은 합격이어요, 펫." "당신은 외모도 목소리도 모두 스타예요." 영원한 낙천주의자인 루이스 월시 Louis Walsh는 희망으로 눈을 휘둥그레 뜨고 넋을 잃은 채 시청하는 전 국민을 향해 열변을 토했다. "당신은 스타예요!"

스타가 진화하는 과정을 지켜보는 것은 여러 가지 면에서 그 최종 결과보다 더 매혹적이다. 일군의 연예계 전문가가 날것의 재능과 상업적 잠재력(프로그램 제목인 '엑스 팩터')을 알아보고 키워내어 영 아닌 듯 보였던 오합지졸을 14주 과정을 거쳐 팝 스타로 변신시킨다. 우리는 치아가 미백되고 티셔츠가 톱맨 브랜드 정장으로 바뀌고 기존의 억양이 수수께끼처럼 비음 섞인 대서양 억양으로 중화되는 과정을 지켜보며 매료되었다.

「더 엑스 팩터」는 화려함, 기이함, 그리고 재능을 제각각 다양한 정도로 갖추었다. 하지만 그 프로그램이 진짜로 제공한 것은 쇼 비즈니스의 황금 같은 약속이었다. 누구든 스타가 될 수 있다는 약속. 2000년대에 탤런트 쇼와 리얼리티 TV의 경연은 스타로서 성공하기 위한 시도의 민주주의판이랄까, 평범한 사람이 명성을 얻는 가장 확실한 경로가 되었다. 「빅 브라더Big Brother」, 「팝 아이돌Pop Idol」, 「위키스트 링크Weakest Link」, 「백만장자가 되고 싶은 사람?Who Wants To Be A Millionaire?」, 그리고 이후의 「브리튼 갓 탤런트Britain's Got Talent」는 모두 길거리의 일반인에게 황금시간대 텔레비전에 15분간 등장할 기회를 주었다.

「더 엑스 팩터」는 북부 런던 출신의 피자헛 웨이트리스와 에식스 출신 인력사무소 직원을 스타로 만들고, 놀라울 정도로 신속히 차트 1위 곡과 경쾌한 크리스마스 인기곡을 뱉어냈다. 영국에서 2010년 방영분의 평균 시청자 수는 1,400만 명 이상이었다.[4] 그해, 원 디렉션One Direction이라는 이름의 더벅머리 10대 네 명이 3위에 등극한 후 전 세계적으로 음반 5,000만 장을 팔아치웠다. 2015년 「굿모닝 브리튼Good Morning Britain」은 「더 엑스 팩터」에 투표한 젊은이의 수가 총선에 투표할 예정인 유권자 수보다 많다고 발표했고, 거기에 놀란 사람은 아무도 없었다.[5]

10년 내에 판이 뒤집힐 거라고 예상한 사람은 얼마 되지 않았다. 하지만 영국에서 내 또래 집단의 텔레비전 시청 시간은 2010년의 하루 평균 169분에서 2019년에는 고작 70분으로 추락했다.[6] 그러는 동안 소셜 미디어 이용률은 치솟았다. 2007년 영국의 미디어 규제 기관인 오프컴Ofcom은 영국에서 16~24세 인구의 54퍼센트가 소셜 미디어 계정을 가지고 있다고 보도했다. 이는 2016년 96퍼센트로 상승했다.[7] 그리고 소셜 플랫폼에서 보내는 총 시간 또한 치솟고 있었다. 2019년 오프컴은 영국의 성인이 온라인에서 보내는 5분 중 1분은 소셜 미디어에서 보내며, '아동과 영어덜트는 텔레비전을 보는 시간보다 온라인에서 보내는 시간이 훨씬 많다'[8]고 밝혔다.

수백만 파운드의 텔레비전 프랜차이즈(그리고 그것이 뜻하는 명성 제조기)는 점차 기울기 시작했고, 내 은밀한 온라인 취미였던 것이 일반인이 명성과 재능을 얻는 경로로서 그 자리를 차지했다.

누가 정상을 차지할까?

2019년의 어느 날 오후, 내 메일함에 예기치 못한 초청장이 도착했다. 언젠가 어느 텔레비전 제작사의 메일링 리스트에 내 이메일 주소를 등록한 적이 있는데, 그 후로 그 회사는 내게 낮 시간대 텔레비전 게임쇼나 극적인, 법정 형식을 취한 집안싸움 프로그램을 방청하러 오라는 스팸 메일을 계속 보냈다. 보통 그런 메일은 곧장 정크함으로 보내졌지만, 이 이메일은 유독 내 관심을 끌었다. 그건 10대 시절의 소망을 실현할 유혹적인 제의였다. 토요일 밤에 촬영되는 「더 엑스 팩터」생중계 무대 뒤로 가는 통행증. 난 그 시리즈가 아직 방송되고 있다는 것도 모르고 있었다.

소셜 미디어 시대에 텔레비전 경연은 마법 같은 힘을 잃어간다. 자기 홍보의 수단이 개인의 손아귀에 들어오면서, 더는 우리를 무명의 어둠에서 끌어내줄, 우리를 '발견해' '다음번 대박'으로 만들어줄 탤런트 쇼는 필요 없다. 온라인상 어디에나 존재하는 과잉 정보는 호기심 많은 사람이라면 얼마든지 찾아볼 수 있도록 이미 널려 있어, 감상적인 이야기나 '메이크오버makeover'에 종지부를 찍었다. 오늘날 스타가 되고 싶다면 스마트폰과 소셜 미디어 계정을 이용해 직접 그렇게 할 수 있다. 굳이 사이먼 코웰이 손가락을 튕겨주지 않아도 된다. 10대들이 인터넷에 메이크업 튜토리얼을 올림으로써 수백만 팔로워를 얻는 현실에서, 누가 성공의 그 희박하고 유일한 기회를 얻겠다고 1,000명은 되는 다른 사람들과 함께 줄을 서려 하겠는가?

현재 우리에게 가장 인기 있는 경쟁 형식 프로그램들은 이런 변화를 더한층 강조할 뿐이다. 지금 이 순간의 대표적인 텔레비전 경쟁 프로그램 「러브 아일랜드」는 태닝한 피부와 탄력 넘치는 몸매의 20대 남녀가 한 빌라에 자발적으로 감금되어 생면부지의 사람들과 24시간 감시 아래 '짝짓기'를 시도하는 마라톤 리얼리티 쇼인데, 기본적으로 영향력을 키우기 위한 예비 학교라고 할 수 있다. 실질적인 우승 포상은 텔레비전에 출연하거나 상금 5만 파운드를 받는 것이 아니라 막대한 소셜 미디어 팔로워를 얻고, 나아가 수익성 높은 패스트 패션과 파트너십을 체결하는 것이다. 스물한 살의 「러브 아일랜드」 졸업자이자 초유명 인플루언서인 몰리 매이 헤이그Molly-Mae Hague는 2019년에 인상적인 제국을 건설했는데, 거기에는 다수의 내진된 프리티리틀씽 파트너십과 자신의 이름을 딴 가짜 태닝 브랜드, 그리고 스폰서 인스타그램 포스트 하나당 1만 3,000파운드의 현행 요금이 포함된다.[9] 헤이그는 한 블로그에서 200만 명에 이르는 자신의 유튜브 구독자에게 자신이 원래 '사업적 동기'를 가지고 「러브 아일랜드」에 지원했다고 밝혔다.[10] 헤이그를 비롯해 셀 수 없이 많은 이들에게 텔레비전은 이제 소셜 미디어 스타가 되는 수단이다. 그 반대가 아니다.

내 메일함의 이메일에는 '이제 당신을 「더 엑스 팩터」에 동참하도록 공식 초청합니다'라는 숨 막히는 문구가 적혀 있었다. '하지만 이것은 다들 아는 그 프로그램이 아닙니다⋯⋯.' 심사위원들과 마찬가지로, 프로그램 포맷 역시 주름제거수술을 받았다. 시리즈 16, 「더 엑스 팩터 : 셀리브리티 스페셜 에디션」은 현대의 연예계 지평에 맞춰 그 대전제를 재정비했으니, 이는 시들어가는 프랜차이즈를 되살리기 위한 절박한 시도였다. 일반 대중을 초대해 공개 오디션을 하는 대신 그 쇼는 스타들을 서로 경쟁하게 했다. 그 경쟁자들은 스타의 정의를 확장했는데, 갱스터 배우 비니 존스Vinnie Jones와 BBC 언론인 마틴 바시르Martin Bashir 및 그보다 덜 유명한 연예인들이 여러 방면에 걸쳐 혼합되어 있었다. 낮 시간대 게임쇼 「더 체이스The Chase」의 '퀴즈 천재' 한 명, 리얼리티 시리즈인 「더 온리 웨이 이즈 에식스The Only Way is Essex」의 메건 맥케나Megan McKenna, 그리고 1980년대 텔레비전 스타의 딸이자 현재 모델로 활동 중인 헤일리 핫셀호프Hayley Hasselhoff 등이 그들이었다. 우리의 아이폰 화면에서 뛰쳐나온 10대 틱톡 스타인 맥스Max와 하비Harvey(공동 계정에 700만 명의 팔로워를 가진 서리Surrey 출신의 쌍둥이 형제), 지난여름 「러브 아일랜드」 인플루언서들이 모여 만든 밴드, 그리고 쇼 제작자들이 남아메리카에서 초청한 인스타그램 스타들은 인위적으로 선별된 그룹을 이루었다. 텔레비전 예능인과 소셜 미디어 크리에이터들은 대중의 관심을 놓고 경쟁하고 있었다. 대중의 공감대를 잃지 않으려 분투하는 쇼는 자신의 경쟁자와 손을 잡지 않을 수 없었다.

그 결과는 단순히 노래 경연이 아니라 전쟁 중인 채널들, 포맷들, 그리고 스타 파벌 간의 지배권을 둘러싼 10년간의 경쟁의 종말이었다. 스타 그 자체를 둘러싼 전투. 난 누가 정상을 차지할지 간절히 알고 싶었다. 병적일 정도의 호기심이 오랫동안 간직한 어린 시절 기억의 강력한 향수와 뒤엉켰다. 난 무대 뒤로의 초청장을 수락했다. 어쩌면 유명 인사나 연예계의 미래에 관해 뭔가를 배우게 될지도 모른다. 아니면 최소한 내 과거의 무언가를 재발견할지도 모른다.

환호성 뒤에 흐르는 기류

내 연예계 현장 견학의 시작은 썩 매력적이지 못했다. 줄 서기, 주차장, 그리고 서부 런던의 행어 레인 우회도로로 외곽의 창고 단지. 타맥 위를 어정거리는 사이 빗방울이 떨어지기 시작했다. 내 뒤에 줄을 선 가족과 우산을 함께 쓰면서 자연스럽게 이야기를 나누게 되었다. 그 가족은 스타를 만나고 텔레비전에 나오는 것에 대해 열정적이었고, 〈라디오 타임스〉 편집자가 들으면 감동받을 정도로 영국 방송의 좋음과 위대함에 관한 장광설을 늘어놓았다. 「더 보이스 키즈The Voice Kids」는 '정말 감동적이고', 키스 레몬Keith Lemon은 '좋지만 무척 작고'. '다음 주에는 브리티시 하트 파운데이션 어워즈British

Heart Foundation Awards'가 있다고, 그 가족의 아버지가 명랑하게 말했다. 이마에 빗방울이 떨어졌다. "그래서 우린 아이들을 데리고 위건 Wigan으로 갈 거예요."

내 뒤에서 어슬렁거리는 후드 티를 입은 10대 소녀들은 자신들이 오로지 맥스와 하비 때문에 여기에 왔다는 점을 명확히 밝혔다. 프로그램 자체나 다른 경쟁자들에게는 조금도 관심이 없다고. "걔들을 실제로 본다면 전 말 그대로 죽음이에요." 환형 조명을 든 여자애가 감탄사를 연발했다. 행복한 죽음의 기대감에 눈이 반짝반짝 빛나고 있었다. 옆에 있는 친구가 열정적으로 고개를 주억거리며 덧붙였다. "전 걔들한테 줄곧 집착하고 있어요. 그러니까, 2017년 11월 20일부터 쭉요." 그리고 그 둘만 그런 게 아니라는 사실을 난 곧 깨닫게 되었다.

「더 엑스 팩터」 텔레비전 스튜디오에 들어가는데, 마치 복고 미래풍 유람선의 내부로 들어가는 듯한 기분이었다. 온 사방이 금박으로 뒤덮여 반짝거렸으며 레이저 빔이 머리 위에서 원을 그렸고 영상 화면이 무대 위에 경쾌한 'X' 자 애니메이션을 쏘았다. 내 발 아래에는 반짝이는 LED 개울이 흘렀다. 원형경기장 높은 곳의 내 자리에서는 난간에 기대면 루이스 월시의 듬성듬성한 머리숱을 내려다볼 수 있었다.

세트는 친밀하면서도 동시에 뭔가 색달랐다. 난 텔레비전 화면을 통해 여기서 수년을 보냈다. 공기가 안 통하는, 시간이 흐르지 않는, 시대 구분이 사라진 곳. 스튜디오의 밀폐된 우주에서, 크롬과 화면과 강철에 둘러싸인 이곳의 시간은 2009년일 수도, 2019년일 수도, 아니면 2090년일 수도 있었다.

비록 표면은 매끈하고 반짝거리고 조명과 디스코 볼은 눈이 부셨지만 내가 예상하지 못한 것이 하나 있었으니, 바로 냄새였다. 수백 명의 땀 흘리는 낯선 이들이 한데 뒤엉켜 있었다. 경주마 같은 냄새를 풍기는 백업 댄서들. 집에 있는 사람은 절대 못 느낄 땀과 간절함의 냄새. 감시 단체인 텔리믹스TellyMix에 따르면「더 엑스 팩터」시즌 16의 조회 수는 350만 이하로 추락해, 역사상 가장 낮은 시청률을 기록했다. 2010년의 기록적인 고점에서 곤두박질친 것이다.[11]

그리고 무대 사진을 올리려고 트위터에 접속했을 때, 난 온라인 기류도 바뀌고 있음을 깨달았다. '비니 존스가 우승해서 이 거지같은 쇼가 영영 끝났으면 좋겠어.' 누군가가 쓴 트윗이었다. '사이먼 코웰은 시청자가 뭘 원하는지에 대한 감을 완전히 잃었어.' '사이먼은 이런 애들이 노래를 잘하는지 못하는지 관심도 없어. 오로지 걔들의 수백만 팔로워에만 관심이 있지.' 또 다른 사람이 썼다.

"「더 엑스 팩터」에 환호를 보내주십시오, 여러분. 있는 힘껏 소리 질러주세요!" 제작 호스트가 외쳤다. 반짝이는 검은 정장을 입고 디자이너 수염을 기른 으스대는 남자였다. 남자는 카메라가 촬영하기 전부터 청중의 참여를 유도하고 호객 행위를 하다가 본방송 사회자 더멋 오리어리와 자리를 바꾸었다. "환호를 보내지 않으면 자리에서 쫓겨날 줄 아세요!"

조명, 화면, 더멋의 멍한 미소, 소리를 더 지르지 않으면 아직 바깥의 어둠 속에서 줄을 서고 있는 수백 명의 참관 지망자에게 밀려날 거라는, 저게 위협이 되나 싶은 지침…… 강요된 열정은 너무

나 억지스럽고 거짓되고 헛되게 보였다. 우리는 무엇에 환호하고 있는가? 우리 자신? 쇼? '스타들'? 유명 인사라는 개념 그 자체? 우리는 개의치 않고 포효했다. 마치 우리의 목소리만으로 기울어가는 미디어 포맷을 되살리고 사라진 의미를 재건하고 관심을 잡아끄는 알고리즘과 「더 엑스 팩터」에 대한 무관심을 역전시킬 수 있는 것처럼.

「글리Glee」의 전 출연자와 조화롭지 못한 럭비 스타들의 트리오가 보여준 미지근한 공연 이후, 사춘기 여자아이들의 고함이 스튜디오를 중심까지 흔들어놓았다. 맥스와 하비가 다음 순서였다. 그 비명과 악 소리로 미루어 보면 아까 나와 함께 줄을 섰던 여자애들은 경쟁 상대가 많은 듯했다. 운동복을 세트로 맞춰 입고 야구 모자를 쓴 10대 남자애 두 명이 BMX 자전거를 타고 맥클모어와 라이언 루이스Macklemore and Ryan Lewis의 「캔트 홀드 어스Can't Hold Us」를 배경음악으로 무대에 폭발하듯 등장했다.

바깥에서 줄을 서 있는 동안 나는 그들의 틱톡 영상을 보았다. 가짜 튜더풍 땅콩집의 잡초가 자란 정원에서 춤을 추는 영상, 멍청해 보이는 래브라도 리트리버에게 재주를 가르치는 영상, 여동생에게 한두 번째가 아닌 듯한 장난을 치는 영상. 그런데 텔레비전 방송에 등장해 정력적인 백업 댄서들의 군중에 둘러싸여 있으니, 두 아이는 갑자기 작아진 것 같았다.

하지만 어린 나이와 왜소함에도 불구하고 아이들은 완벽하게 여유로워 보였다. 틱톡용 재주 부리기와 아이폰 앞에서의 곡예에 익숙한 듀오는 자신감 있게 움직였다. 노래하고 도약하고 무대 위를 돌아다니는 동안, 직접 찍고 편집하고 효과와 필터를 넣은 거대한 녹색 화면 영상이 뒤쪽에서 계속 돌아갔다. 감탄한 것은 나 혼자만이 아니었다. 노래가 끝나고 몇 초 지나지 않아 사이먼 코웰은 높은 보조 의자에서 미끄러져 내려와 그들을 다음 경쟁 무대로 보내줄 황금 버튼을 마구 두들겼다. "두 분은 완전한 패키지예요." 사이먼은 말했다. 10대 명성 제조기를 향해 환히 웃는 사이먼의 철테 안경에 파운드 기호들이 번뜩였다. 맥스와 하비가 무대에서 인도받아 내려가는 동안 팬들의 함성은 한순간도 멈추지 않았다.

나는 왜 30초짜리 셀카를 찍겠다고 줄을 섰을까?

거의 자정이 가까워졌다. 스튜디오에 계속 갇혀 있자니 편두통이 왔고 머리가 쿵쿵 울렸다. 난 우버의 어둡고 조용한 빈 공간 속으로 잠수하는 공상에 빠지기 시작했다. 밝은 조명과 쾌활한 예능인들의 목소리를 자체 차단하고 눈을 감고 난간에 매달림으로써 난 그날 밤의 마지막 공연을 견뎌냈다.

카메라가 꺼지자 스튜디오는 맥이 빠졌다. 더멋의 어깨는 움츠러들고, 갑자기 1개 대대의 사람들이 나타나 이리저리 뛰어다니며 무대에 떨어진 반짝이들을 치웠다. 좌석 안내원들이 즉시 청중을 내쫓기 시작했다. 청중은 발을 질질 끌며 문을 향해 걸었다. 난 괜히 어정거리며 필요 이상으로 오래 그 원형경기장에 머물렀다. 내 아동기의 망막에 선연히 새겨진 그 세트를 떠나려니 왠지 미련이 남았다. 객석 조명이 켜지고 쿵쿵 울리는 음향 시스템이 출력을 낮추자, 난 마침내「더 엑스 팩터」의 스펙터클을 있는 그대로 볼 수 있었다. 환영을 일으키는 LED 패널, 마스킹 테이프로 표시된 홈집투성이의 무대. 조명이 켜지니 모든 것이 더 작아 보였다.

그러나 내 머뭇거림이 마침내 보상을 받은 것은 곤란해하는 제작진에 의해 밖으로 떠밀려갔을 때였다. 이동식 화장실 옆 바깥에서 벌어지고 있는 두 번째 쇼를 마주친 것이다. '혹시 아직 엑스 팩터 안에 있다면, 우린 밖으로 나가는 중이야, 맥스를 찾으려고'라고 @maxandharvey가 트윗을 썼다. 1,500명도 넘는 팬들이 답멘션에 모였다. '하브 친구 맥스는 이미 밖에 나갔어요', 한 명이 멘션을 보냈다. '우리 기다려요'라고 또 다른 사람이 말했다.

화재 비상구를 통해 스튜디오에서 나온 그 쌍둥이는 여전히 무대의상 차림이었다. 그리고 보안 검색대를 미끄러져 지나쳤다. 아이폰을 든 피리 부는 사나이들처럼, 그들은 점점 불어나는 어린 팬들의 무리를 이끌고 제작 사무실과 임시 화장실 사이의 좁은 콘크리트 보도로 향했다. 자정이 다 된 시각에, 쇼가 끝났다고 판단한 부모들은 당황해서 그 뒤를 따라가며 자기 아이를 거기서 끄집어내어 집으로 출발하려 했지만 뜻대로 되지 않았다.

그들은 칠흑 같은 바깥 하늘 아래에서, 조명과 카메라와 제작진으로부터 멀리 떨어진 곳에서 진짜 쇼가 이제 막 시작되었다는 사실을 알지 못했다. 맥스와 하비는 장난을 치고 있었다. 코미디를 보여주고 있었다. 금세 수백 명 단위로 모인 군중 속에서 팬들과 함께 셀카와 짧은 틱톡 영상을 찍었다. 다른「더 엑스 팩터」참가자들이 사적인 삶으로 다시 물러날 때, 창이 착색된 차를 타고 스튜디오를 떠날 때 제2의 공연이 시작되고 있었다. 이 쇼, 진정한 쇼는 무대 밖에서, 바깥에서, 팬들과 팔로워들 한가운데에서 이루어졌고 환호는 진짜였다.

대규모의「더 엑스 팩터」제작팀이 보유한 직업적 전문성과 카메라 기법은 마구 늘어나는 광분한 10대 군중에게 전혀 대적이 되지 않았다. 높이 치켜든 아이폰들이 그 쌍둥이를 스냅챗, 틱톡, 그리고 인스타그램에 모든 각도에서 동시 생중계하고 있었다. 난 사인받을 상품을 손에 쥐고 잔뜩 신나 있는 팬들의 군중 속에 갇혔다. 이들은 그 쌍둥이의 700만 팔로워의 일부에 불과했다. 인플루언스란 대체로 육신에서 분리된 경험이다. 물리적 존재는 휴대전화 화면을 통해 추상화되고 생략되며, 팬덤은 파편화되고 실시간으로 존재하지 않는다. 하지만 정전기 튀는 현실 군중의 군집은 압도적이었다. 우리의 육체와 목소리가 서로 마찰하고 단일한 중심을 향해 하나가 되어 움직였다.

온라인에서 맥스와 하비는 평면에 포장된 존재였다. 하지만 여기 바깥에서 그들은 실제 인간이었다. 난 거의 자동적으로 그들을 대면하기 위한 줄에 합류했다. 나는 왜 늦은 밤에, 그것도 쑤시는 다리로 비에 흠뻑 젖은 운동화를 신은 채, 립싱크를 하는 열여섯 살짜리 아이와 30초짜리 셀카를 찍겠다고 줄을 섰을까? "이건 상상도 못해본 느낌이야!" 내 옆에 서 있던 어린 남자애가 눈동자를 반짝이며 비명을 질렀다. 난 남몰래 동의했다. 비록 날은 어둡고 춥고 보슬비가 내리고 있었지만, 대기는 어쩐지 내가 스튜디오 안에서 목격한 것과 비교할 수조차 없을 만큼 강한 전류를 띠었다.

　마침내 줄의 맨 앞까지 가서 본 맥스는 정중하고 프로다웠다. 이제 군중은 의례의 리듬을 띠었다. 한 걸음 다가가 안녕하세요. 고개를 숙이고 팔짱을 끼고 웃고 손가락을 튕기고 감사합니다. 맥스는 매끈한 움직임으로 각 팬에게 상큼한 웃음을 짓고 모자를 들어 올리고 황홀한 댄스를 반복해 보여주었다. 맥스를 향해 다가서자 360도 방향에서 탐색하는 군중의 시선이 내게 쏠리는 게 느껴졌다. 10센티미터도 안 되는 거리에서 맥스의 얼굴이 날 보고 씩 웃었다. 내가 팔을 들어올리자 맥스는 같이 셀카를 찍으려고 고개를 기울였다. 난 입이 떨어지지 않았다. 간신히 '고맙습니다'라고 내뱉었지만 이미 늦었다. 다음 사람 차례가 되었고, 내 뒤로 비집고 들어온 몸뚱이들의 간절한 압력이 날 떠밀었다.

　난 그 누구도 상상할 수조차 없는 커다란 기계에 의해 방금 매끈하게 가공되어 나온 듯한 기분으로 혼자 남았다. 근접 조우의 여파는 점차 꺼져가는 잉걸불처럼 아직 내 옷에 들러붙어 있었고, 그 파편은 내 카메라 앨범의 흐린 셀카 세 장에 포착되어 있었다.

　난 맥스와 하비의 전문적이고 의도적인 명성에의 접근법을 내 사춘기의 인터넷 실험과 비교할 수밖에 없었다. 열여섯 살의 난 서툴렀지만, 그들은 전략적이고 자의식으로 가득했다. 자신들의 팬덤을 다루는 데 능숙했다. 내 온라인 세계는 익명이고 추상적이었지만 그들의 것은 고도로 대중적이었다. 그들은 화면에서 그런 것만큼이나 무대에서도 편안해했다. 인플루언스는 2000년대 말 텀블러의 아마추어 기벽과 자의식적인 기행에서 앞으로 나아갔다. 주차장을 벗어나 트위터에 셀카를 올리고 집으로 향할 때, 내 머릿속에서는 「더 엑스 팩터」의 '스타 스페셜 에디션'이 약속했던 '스타'가 과연 누구였을까 하는 의문이 맴돌았다.

「더 엑스 팩터」 시즌 16이 10년 세월을 마무리하는 유명 인사들 간의 경쟁이었다면, 누가 정상에 올랐는지는 명확하지 않았다. 프로듀서들인가, 경쟁자들인가? 인플루언서들인가, 주류 미디어의 유명 인사들인가? 맥스와 하비는 리얼리티 텔레비전 출연진인 메건 맥케나에 이어 2위를 차지했다. 소셜 미디어 스타들을 대형 화면에 출연시킨다고 해서 권력 다툼이 해결된 것은 아니었고, 그저 유명 인사를 생산하는 수단이 더한층 복잡해졌을 뿐이다. 사이먼 코웰이 틱톡 스타들로부터 10대 청중을 빨아먹는 데 열을 올렸듯, 방송의 힘은 맥스와 하비에게 새로운 고점으로 날아오를 날개를 달아주었다. 「더 엑스 팩터」는 앞으로 나아갈 필요가 있었지만 소셜 미디어 스타들 또한 인정을 필요로 했다.

인플루언스는 되먹임 과정이고 플랫폼들 사이의 관계는 까다롭고 유동적이고 변동이 심하며, 한 시대의 끝과 다음 시대의 시작 사이에는 딱 떨어지는 경계선이 존재하지 않는다. 채널들은 서로에게 영향을 미친다. 명성은 생겨나고, 기울고, 자신의 호스트 플랫폼에 적응한다. 텔레비전 방송 기술과 소셜 미디어 인플루언싱을 무너뜨리는 데서('리얼리티'와 '스펙터클', 다큐멘테이션과 셀프 다큐멘테이션, 가공과 실제) 「더 엑스 팩터」는 유명 인사에 대해 이전보다 덜 명확한 이해를 초래했다. 청중에게 명성의 공식을 제시하겠다고 약속하면서, 한편으로는 자신이 명성에 관한 조리 있는 서사를 구성하고자 분투했다.

플랫폼을 갈아타는 사람들

「더 엑스 팩터 : 셀리브리티 스페셜 에디션」을 방문한 경험은 방송이라는 조직이 명성에 대한 장악력을 놓치고 있다는 사실을 확인시켜주었고, 난 이 모든 것이 어디서부터 잘못되었는지 궁금해졌다. 한때 내 급우들을 사로잡았던 그 쇼가 어쩌다 쇼 비즈니스로서의 후광을 잃게 되었을까? 아이폰을 든 10대 두 명이 언제 수백만 파운드짜리 텔레비전 프랜차이즈의 빛을 잃게 만들었을까? 2000년대의 정점에서 2010년대의 종말까지, 그 10년간 무엇이 바뀌었을까? 어떻게 가능했는지는 몰라도, 인터넷 명성은 전통적 유명 인사와 그것을 뒷받침한 제도를 초월해 변두리에서 주류로 옮겨올 수 있었다.

"초기 인터넷 유명 인사의 세대는 현실에서 100퍼센트 인기 있거나 자신감이 있지 않은 아이들이었어요." 제인은 말한다. "지금의 인플루언서는 인기 있는 아이들이죠." 내 텀블러와의 첫 조우 이후로 속속 등장한 플랫폼과 문화적 사이클이 인터넷상의 인기를 더 상업화하고 욕망의 대상으로 만들면서 온라인 인플루언스는 알트 키즈alt kids(주류에서 벗어난 패션이나 서브컬처 등을 추구하는 아이들 - 옮긴이)의 변두리 활동에서 다섯 명 중 한 명이 원하는 무엇이 되었다. "마이스페이스 시절의 괴짜는 텀블러의 인디 소녀에서 가벼운 블로거나 브이로거가 됐죠." 제인은 설명한다. "그리고 결국엔 인플루언서가 됐고요."

온라인 자기 홍보가 도대체 정확히 언제부터 멋진 것이 되었는지 그 시점을 콕 집어 말하기란 쉽지 않은데, 이는 소셜 인터넷이 우리 주위에 확고하게 자리 잡은 것과 동시에 이루어졌다. 지아 톨렌티노Jia Tolentino는 저서인 『트릭 미러Trick Mirror』에서 이 점진적인 과정을 대체로 우리를 기습한 과정으로 묘사한다. '자기표현의 요구는 인터넷의 마을을 도시로 성장시켰다. 그것은 저속 촬영의 속도로 확장되었고, 사회적 연결은 모든 방향으로 뉴런처럼 뻗어갔다……. 소셜 인터넷의 응집은 처음에는 서서히, 그 후에는 동시다발적으로 일어났다.'

어쩌면 처음에는 자기표현의 수단으로 시작된 온라인 공간이 재빨리 경쟁적으로 변한 것은 불가피한 일이었는지도 모른다. 내 세대가 처음 대량으로 모이기 시작한 소셜 네트워크인 페이스북의 부상은 인기에 대한 사춘기의 집착과 정확히 맞아떨어졌다. 페이스북의 기능성은 교실 내의 영향력 경쟁에 새로운 차원을 더했다. 사회적 동맹의 인덱스가 된 '가족' 기능, 누가 누구와 어울리는지를 가늠할 수 있는 퍼블릭 월과 이벤트 페이지, 정확한 기능이 뭔지 모호해 감질나게 만드는 '찌르기 기능'.

인터넷에서 성년이 된다는 것은 이상하게도 동반 작용처럼 느껴졌다. 내 세대는 자기 인식을 갈고닦는 중이었고, 그러는 동안 우리 주위에서는 자기 인식 시스템이 개발되고 있었다. 우리가 어른이 되었을 때, 인터넷은 아바타를 통해 표현하고 정체화하는 방식을 제공하고 있었다. 핸들, 바이오, 그리고 주의 깊게 큐레이트된 피드. 예전에 우리는 광활한 페이스북 앨범에 사진을 무더기로 업로드하느라 열을 올렸지만, 온라인 존재를 최적화하고 플랫폼 계측법의 렌즈를 통해 자신을 이해하는 법을 배운 이후로는 민망한 옛 포스트에서 태그를 지우기 바빴다. 시간이 지나면서 난 큐레이터로서의 의식을 계발하기 시작했다. 프로필 사진 업데이트에서 얻은 '좋아요' 수를 세고, 외부의 눈을 통해 보기 위해 내 프로필을 갱신했다. '예전에 우리는 온라인에서 자유롭게 자신으로 존재했지만, 이제는 온라인의 자신에게 매여 있다.' 톨렌티노는 이렇게 쓴다. '그리고 그것으로 자아를 의식한다.'

이전에는 누군가의 사회적 지위를 평가하는 모호한 방법이었던 것이 곧 소셜 미디어 계측법의 냉정한 계산에 의해 장악되었다고 톨렌티노는 쓴다. '온라인 보상 메커니즘은 오프라인 메커니즘을 대체하고, 이어 그것을 추월하기를 갈구한다.' "어떤 사람들은 친구가 1,000명이나 되는데, 그건 정상이 아니에요." 이제 스물네 살인 그래픽 디자이너 한니발Hannibal이 말한다. "그 나이에 자기 얼굴에 그런 숫자가 달려 있다는 건 정말 삭막한 거죠. 거의 관계도 없는 사람들에게 자기 계정을 키워달라는 요청을 닥치는 대로 보내고 있을걸요. 그건 순식간에 숫자에 목숨을 거는 생각 없는 경쟁이 됐죠." 결국 난 친구 1,000명이라는 탐나는 문턱을 넘었지만, 그래서 내가 얻은 게 뭐였을까? 내가 애초에 추가한 기억도 없는 사람들의 가족 휴가 앨범과 자기들만 아는 농담으로 내 피드가 가득 찬 것이었다.

갈수록 규모를 목적으로 디자인된 새로운 플랫폼이 등장하고, 개인적 피드는 더 포괄적인 탐색 페이지로 바뀌고, 내밀한 '사회적 네트워크'는 집합적인 '소셜 미디어'로 대체되고 있다. 우리가 인터넷 초기 시절에 그토록 귀히 여겼던 프라이버시 감각은 해체되기 시작해, 수행성과 대중적 인프라스트럭처로 대체되었다. 타임라인 알고리즘은 브랜드 포스트 위주로 조정되었다. 개인은 뉴스피드에서 광고와 뒤섞이기 시작했다.

2010년 유튜브의 파트너 프로그램에는 크리에이터가 1만 5,000명이 있었고, 이들은 자신의 영상에서 광고 수익의 일정한 몫을 가져갈 수 있었다. 2013년 이 수치는 100만 명 이상으로 치솟았다.[12] 2012년 6월 초 텀블러는 아디다스와 손을 잡고 최초의 대형 브랜드 광고 캠페인을 발표했고, 2013년에서 2014년 사이에 페이스북의 광고 수입은 두 배 이상으로 뛰었다.[13] 인터넷은 우리 주위에서 결정적으로 상업화하고 있었다. "인스타그램은 숫자 게임을 뒤집어놓고 모든 걸 증폭시켰죠." 한니발은 말한다. "1,000명의 페이스북 친구는 1만 명의 인스타그램 팔로워가 됐어요. 요즘에는 틱톡의 10만 팔로워죠."

결국 텀블러는 엑소더스에 직면했다. 최고의 텀블러 이용자들은 다른 플랫폼, 새로운 기능과 급성장하는 이용자 기반이 있는 더 활기찬 플랫폼으로 갈아타기 시작했다. 난 거기에 합류하지 않았다. 그 무렵에는 시험과 연애 같은 오프라인 활동을 하느라 바빴던 것이다. 그런 활동들이 덜 덧없게 느껴졌고, 난 비밀번호를 잊어버리고 팔로워가 줄어들도록 방치했다. 난 인터넷이 향하고 있는 방향을 감지하지 못했지만 다른 사람들은 더 영리했다. 내 텀블러 동시대인 중 한 명(나와 직접 만난 적은 없지만 온라인에서 가벼운 친구가 되어, 서로의 포스트 아래에 일련의 자음과 이모티콘을 남기곤 하던)은 텀블러 계정을 버리고 인스타그램으로 떠났다.

난 세월이 흐르면서 그 친구의 팔로워가 확 치솟는 것을 호기심 속에서 지켜보았다. 정원에서 셀프타이머로 직접 찍은 서툰 의상 사진은 전문적으로 촬영한 스트리트 스타일의 관능적인 사진으로 바뀌었다. 과노출된 셀카는 7단계 스킨케어 루틴으로 변화했다. 그 친구의 사진들은 하이스트리트 패션 브랜드의 인스타그램 페이지에 리그램되었다. 그리고 인스타그램 스토리에는 브랜드에서 받은 공짜 선물의 언박싱이 등장하기 시작했다. 유튜브 채널도 열렸다. 난 그 친구가 침실에서 잡담하며 화장하는 모습을 보면서 우리가 암호 같은 시 포스트와 의도적으로 얼굴을 흐릿하게 만든 모호하고 예술적인 셀카에서 얼마나 멀리 왔는가 하는 생각을 했다.

그 팔로워는 곧 100만에 도달하고 뒤이어 500만이 될 테고, 그 친구는 비행기를 타고 전 세계로 출장을 다니고 카일리 제너와 경쟁하기 위해 검은 무광택 지프를 살 것이다. 패션 위크 맨 앞줄에 앉을 테고, 몇 분이면 매진되는 대형 상표와 협업해 컬렉션을 시작할 것이다. 오늘 그 친구는 최신 유행의 모노톤 가구로 가득한, 햇살이 눈부신 런던 아파트에서 찍은 셀카를 올린다. 그 친구의 스토리에는 밀면 나타나는 제휴 링크가 있을 것이다. 포스팅에는 '좋아요'가 4만 개씩 찍힌다. 어쩌면, 평행 세계에서라면 내가 그 친구가 되어 화면의 다른 쪽에서 떠들고 있을 수도 있을까.

잡지보다 더 잘 벌어요!

비록 인플루언서의 부상은 소셜 미디어와 풀어낼 수 없게 뒤엉켜 있지만, 그 서사는 그들이 활동하는 플랫폼의 진화를 저만치 넘어선다. 인플루언서는 또한 더 폭넓은 문화적 맥락의 산물이다. 줄어드는 신문 유통 부수, 전문가들에 대한 불신, 재정적 위기, 밀레니얼 번아웃, 그리고 정부보다는 기업에 사회문제 해결을 더 기대하는 것 같은 변화는 모두 인플루언싱의 부상을 부추긴(그리고 일부의 경우 그것에 의해 부추겨진) 최신 경향이다.

인플루언서라는 개념이 언제 처음 등장했을까? 교황은 팔로워가 거의 1,900만 명에 이르는 자신의 트위터 계정 @Pontifex에 동정 마리아를 최초의 인플루언서로 선포하는 트윗을 올려 바이럴을 탔다. '사회적 네트워크도 없이 그분은 최초의 인플루언서가 되셨습니다. 하느님의 인플루언서요.' 그보다 최근 인물인 1700년대 후반 영국의 도예가 조시아 웨지우드Josiah Wedgewood는 종종 최초의 브랜드 파트너십 소유자로 일컬어진다. HRH 퀸 샬럿과의 도자기 협업을 말하는 것이다. 빅토리아 여왕은 카일리 제너가 셀카로 뱃살 제거 차를 #협찬받기 100년도 더 전인 그 시절에 축제에서 찍은 가족사진을 널리 퍼뜨렸으며 영미 양국에서 흰색 웨딩드레스와 크리스마스트리를 대중화하기도 했다.

1930년대에 은막에서 콜드크림을 광고한 할리우드 스튜디오의 미녀들로부터 1950년대에 반짝이는 인쇄 광고로 담배를 판 허구의 '말보로 맨'까지, 초기의 인플루언서들은 자신이 속한 시대 및 미디어 포맷과 발맞추어 진화했다. 1980년대에는 브랜드가 시대정신의 대표로 여겨지는 유명 인사들과 협업하면서 화려한 스폰서십 모델의 시대가 처음 시작되었다. 펩시는 마이클 잭슨과 2,000만 달러짜리 브랜드 앰배서더 계약을 맺었고, 나이키는 그 유명한 마이클

조던과의 파트너십을 시작했다. 인플루언서는 그저 이런 초기 개척자들이 진화한 형태일 뿐이다.

1930년대 언론업계 종사자 중 그 누구도 훗날 등장할 막장 타블로이드를 상상하지 못했듯이, 새천년 전환기 전에 인터넷이 스타를 만드는 것은 고사하고 언론 소비 습관을 바꿀 잠재력이 있다고 예측한 사람조차 거의 없었다. 이제는 악명 높은 '인터넷? 푸하!'라는 제목의 1995년 〈뉴스위크〉 기사에서, 칼럼니스트 클리퍼드 스톨Clifford Stoll은 이렇게 선포했다. '전자출판? 어디 한번 디스크로 책을 읽어보시라. 잘 봐줘야 성가신 노동에 불과하다. 책의 친숙한 종이 대신 둔중한 컴퓨터의 반사광을 견뎌야 한다. 그런데 MIT 미디어랩의 수장인 니콜라스 네그로폰테Nicholas Negroponte는 우리가 곧 인터넷으로 책과 신문을 사게 될 거라고 예측한다. 아무렴, 어련할까.' 그리고 한때 미국 언론의 시금석이었던 〈뉴스위크〉는 2012년경, 79년 전부터 이어져온 지면판 발행을 중단했다.

2000년 〈데일리 메일〉은 다음과 같은 기사 제목으로 월드와이드웹의 종말을 알렸다. '인터넷은 어쩌면 지나가는 유행일지도 모른다. 수백만 인구가 그것을 포기하고 있다'. 제목 옆에는 땅딸막한 컴퓨터와, 그에 대비해 아주 작아 보이는 초기 인터넷 사용자의 사진이 실려 있다. '인터넷이 사회가 작동하는 방식을 혁명할 거라는 예측은 심히 부정확한 것으로 입증된 바 있다.' 역설적으로, 인터넷 덕분에 지금까지 보존된 그 기사는 링크드인에서 정기적으로 바이럴을 탄다.

한때 그처럼 인터넷을 무시했던 〈데일리 메일〉의 메일온라인

MailOnline은 이제 전 세계의 영어 신문 사이트 중에서 가장 높은 방문자 수를 자랑한다. 전통적 언론 아울렛이 디지털 혁명을 잘 견뎌낸 드문 사례다. 하지만 다른 '전통적' 종이신문은 그 변화에 의해 치명적인 영향을 받았다. 2008년 퓨리서치센터의 연구에 따르면 미국에서는 돈을 주고 신문이나 잡지를 사서 보는 사람보다 온라인에서 공짜로 접하는 사람이 더 많았다. 미국의 신문사는 2004년 약 9,000개에서 2019년 말 약 6,700개로 줄어들었다.

내가 자라면서 읽은 라이프스타일 잡지들이 2010년대 내내 차례차례 지면 발행을 접고 온라인으로 자리를 옮겼다. 〈컴퍼니〉(2014년), 〈인스타일〉(2016년), 〈셀프〉와 〈틴 보그〉(2017년), 〈글래머〉(2018년), 그리고 〈마리끌레르〉(2019년)…… '소셜 미디어는 그냥 저널리즘만 삼켜버린 게 아니다.' 2016년 〈컬럼비아 저널리즘 리뷰〉는 보고했다. '모든 걸 삼켜버렸다.'[14]

한동안 인플루언서들은 주류 언론과 호혜 관계로 공존했다. 잡지와 신문은 정교한 스트리트 스타일의 펼침면 사진과 블로거의 특별 기고를 실었고, 패션 편집자들과 라이프스타일 아울렛의 직원들은 저마다 온라인 팔로워를 키우고 있었다. "버즈피드와 〈허핑턴 포스트〉 같은 곳은 모두 이런 기사를 쓰고 있었어요. '인스타그램에서 팔로우할 스타일리시한 남자 베스트 10'." 뉴욕 스타일 스타인 모티 앙카리Moti Ankari는 그렇게 회상한다. 모티는 2010년대 초의 1세대 남성 인스타그램 인플루언서에 속하는, 근사한 헤어스타일에 전문적 식견을 가진 럭셔리 패션 평론가다. "전 늘 그 기사들에 올라 있었죠. 전 그걸 통해 첫 10만 팔로워를 얻었어요."

모티가 2010년에 블로깅을 시작했을 때 업계는 아직 존재하지 않았다. "전 늘 제가 '실제 직업'을 가질 거라고 생각했어요. 이건 잠깐 스쳐가는 부업에 불과하다고요." 모티는 자신의 맨해튼 아파트에서 영상 채팅을 통해 내게 말한다. "그래서 〈GQ〉에서 인턴을 했고 거기서 3년간 일했어요. 매주 80시간씩 일했고, 게다가 일요일에는 월요일부터 금요일까지의 내 콘텐츠를 몽땅 찍곤 했어요. 의상 다섯 벌을 찰칵찰칵찰칵하고." 당시 언론 산업은 새로 치고 올라오는 디지털 분야의 압박에 무너지기 시작하려는 참이었다. "양쪽 세계에 다 발을 들이고 있었던 저는 그 일이 일어나는 걸 볼 수 있었죠. 전 (〈GQ〉를 위해) 이 모든 거물 유명 인사의 스타일링을 담당하고 있었지만, 그러는 동시에 스타일링을 받고 잡지에 실리고 있었어요."

온라인 크리에이터들은 분명히 주류 언론이 하지 않은 방식으로 사람들에게 말을 걸고 있었다. 블로거들은 자기네 청중의 외양과 필요를 반영하면서 편집자와 문화적 문지기들이 미처 포착하지 못한 패션, 뷰티, 라이프스타일, 그리고 연예와 새로운 참여 방식을 제공했다. 그 결과 중 하나로, 모티는 청중을 끌어들이고 있었다. "저를 너무너무너무 사랑하는 이런 강력한 팬들이 있죠." 모티의 팬들은 모티를 자기들 중 하나로, 자기들 친구 집단의 연장선상으로 여겼다. "거의 매일같이 메시지를 보내는 팬이 열 명쯤 있었어요……. 저는 늘 한 사람 한 사람에게 빠짐없이 답장을 했죠." 팔로워들의 관심에 이어 브랜드와 광고업자들의 관심도 따라왔다. "2013년 말에 첫 유급 (인플루언서) 일을 받았어요. 전 이랬죠. 세상에, 이럴 수가, 내가 해냈어. 난 부자야."

그런 팔로워들 덕분에 모티는 온라인과 〈GQ〉 뉴욕 본사 사무실 양측에서 중요한 자리를 차지하게 되었지만, 모든 동료가 모티의 부업을 지지해준 건 아니었다. "당시 제 사수는 〈GQ〉의 크리에이티브 디렉터로 남성복을 담당한 애나 윈터Anna Wintour였는데, 제게 이랬어요. '그만두는 게 좋아. 여기에 미래는 없어.'"

주류 언론 아울렛들은 온라인 인플루언서를 보이콧하려 했다. 2016년 〈보그〉는 소셜 미디어 스타들과의 전쟁을 공식 선포했다. 최상위 편집자들 간의 공식 대담에서, 그들은 '역겹고' '한심한' 인플루언서들을 깎아내렸다. 〈보그〉의 크리에이티브 디지털 디렉터인 샐리 싱어Sally Singer는 '제발 그만 좀 해. 당신들은 스타일에 사망 선고를 내리고 있어'라고 썼다. '돈 주고 산 패션쇼 맨 앞줄 자리에서 스타일을 찾기란 로맨스를 찾아 스트립 클럽에 가는 거나 다름없지.' 보그닷컴 패션 뉴스 편집자인 알레산드라 코디나Alessandra Codinha의 평이었다. 〈런웨이〉의 편집자인 니콜 펠프스Nicole Phelps는 이렇게 말했다. '빌린 옷을 입고 카메라 앞에서 우쭐대는 여자들을 보면 슬픈 걸 넘어 고통스럽기까지 해. 그토록 많은 브랜드가 거기에 영합하다니.'

그 기사는 그들의 마케팅 예산을 갉아먹고 브랜드에 구애하고 편집자들에게서 패션쇼 맨 앞자리를 훔쳐가는 신흥 인플루언서들에 대한 공개 선전포고였다. "얼마나 질투가 심한지, 너무 모욕적이에요. 그 사람들은 인플루언서들을 조롱해요." 모티는 말한다. "하지만 인플루언서들은 지금 잡지보다 더 잘 벌어요." 모티는 오래지 않아 소셜 미디어에 전념하기 위해 〈GQ〉를 떠났다.

비록 〈보그〉의 편집자들이 보여준 태도가 그 후 몇 년간에 걸쳐 더 누그러진 듯 보이고 지금은 소셜 미디어 스타들이 그들의 페이지에 등장하지만, '주류'와 '소셜' 미디어의 적대적 관계는 오늘날까지 남아 있다.

〈뉴욕 타임스〉의 인터넷 문화 기자인 테일러 로렌츠Taylor Lorenz가 이전에 지적했듯, 전통적 미디어는 종종 '인플루언서'라는 용어를 소셜 미디어에서 낚시용 미끼로 이용되는 모든 사람에게 적용하는 오류를 범한다. 그런가 하면 인플루언서들의 종말이 임박했다고 너무 성급히 선포한다. 2018년 〈텔레그래프〉는 '소셜 미디어 스타들의 하락세'를 자신 있게 보고했다. 찰리 다멜리오의 급부상이 플랫폼 기록을 깨기 2년 전이었다. '우리가 여행 인플루언서의 종말을 목격하고 있는가?' 2019년에 그들은 다시 물었다. 그리고 2021년, 그들은 이렇게 고찰했다. '이것은 인플루언서의 죽음인가?' 그런데 아직 이 업계는 그처럼 기울어가는 신호를 전혀 보여주지 않는다.

하지만 부정적 언론이 말하지 않는 것이 많다. 그것은 인플루언서 세계가 그 영향력에 비해 언론에서 상대적으로 적게 다뤄진다는 것이다. 이는 전통 미디어가 인플루언싱에 대해 가진 적대감을 보여준다. "언론인과 간행물은 인플루언서 산업을 홍보하기를 극히 꺼립니다……. 〈데일리 메일〉의 측면 바를 스크롤하다 보면……." 루 티스데일은 이렇게 지적한다. "인플루언서는 마치 존재하지도 않는 것 같아요. 리얼리티 텔레비전 스타는 다뤄지는데, 우리의 청중이 더 크거든요. 그 사람들은 우리를 무시해요. 우리를 다루지 않으려 하고, 우리와 우리가 표상하는 것을 두려워하죠." 인플루언서를 둘러싼 이런 침묵, 독자 여러분으로 하여금 이 책에서 언급된, 팔로워가 수백만에 이른다는 인플루언서들 중 다수를 왜 나는 한 번도 들어본 적이 없는가 하는 의문을 떠올리게 만들었을 바로 그 침묵은 아주 많은 이야기를 한다.

10대 뷰티 유튜버인 제임스 찰스는 2019년 뉴욕 멧 갈라Met Gala (〈보그〉 편집자 애나 윈터가 사회를 보는 엘리트들의 연례 모임)에 초청받고 자신이 A급 배우들, 패션 디자이너들, 그리고 전 세계적 유명 인사들 가운데에 포함되어 레드카펫에 서게 된 것이 '인플루언서에 대한 올바른 표상으로 가는 중대한 걸음'이라며, 사회 진보의 '기폭제' 역할을 하게 되어 흥분된다고 인스타그램에 올렸다.[15] 그 글은 제임스가 그날 밤에 입은 안전핀 보디스와 함께 인터넷 곳곳에서 논란을 불러일으켰다.

제임스는 현재 세계에서 가장 인기 있는 뷰티 유튜버로 손꼽힌다. 구독자 수백만 명, 아이콘이 되어 매진된 아이섀도 팔레트, 총액 1,200만 달러 가치, 패션 라인 하나, 리얼리티 텔레비전 쇼 하나, 거기에 화면 뒤에서 몸을 갈아가며 자신을 위해 일하고 있는 전문가 팀을 가진 제임스는 〈보그〉의 도움이 필요치 않다. 하지만 애나 윈터가 승인한 이 초청은 1,700만 유튜브 구독자는 절대 할 수 없는 방식으로 제임스의 지위를 인정해주었다. 제임스의 멧 갈라 역설은 '주류'와 '소셜' 미디어 사이의 복잡한 관계를 완벽하게 포착한다. 제임스는 결국 2020년 11월에 포르투갈판 〈보그〉 표지에 등장했다. 그리고 2,600만 팔로워를 가진 자신의 인스타그램에 그 사실을 발표해 150만 개가 넘는 '좋아요'를 받았다.[16] 한편 콘데나스트Condé

Nast에 따르면 〈보그 포르투갈〉의 지면판 독자 수는 9만 7,500명이었다. 그리고 매달 단독 방문객은 겨우 90만 명이었다.[17]

번아웃, 그리고 번아웃의 도피처

2010년대 중반 들어 인플루언싱은 수익성 높은 부문이자 인정된 직업으로 확고히 자리매김했다. 블로거들, 바인Vine에서 거부된 사람들, 마이스페이스에서 넘어온 사람들, 스트리머들, 텀블러 졸업자들, 그리고 미분류된 창작자들이 한 줌의 중앙화된 플랫폼에 모였다. 그 산업은 전환점을 넘어섰다. 2015년에서 2016년 사이 '인플루언서'에 대한 구글 검색량은 다섯 배로 치솟았다. 소셜 미디어의 최고 스타들은 그들이 두고 떠나온 미디어 거대 기업을 닮기 시작했다. "이 모든 여성 인플루언서는 수익을 창출하고, 돈을 받고, 협찬을 받고 있었어요." 모티는 말했다. "수백만 달러를 벌어들이고 있었죠."

비록 온라인 네트워크가 소셜 미디어 스타의 부상을 야기했지만 플랫폼 그 자체에만 초점을 맞추면 오해의 여지가 있다고, 유명인사 연구자이자 사회학자인 크리스 로젝Chris Rojek 교수는 전화로 내게 설명한다. 그는 2010년대에 라이프스타일 인플루언서들의 등장을 연구해왔는데, 그들의 참신함을 과장해서는 안 된다고 경고한다. "디지털 문화와 소셜 미디어 네트워크에 대한 기술적 집착이 존재해요. 그게 모든 걸 바꾼다는 식이죠. 하지만 사람들이 서로와 어떻게 감정적으로 연관 맺는지를 보면 혁명은 보이지 않아요, 연속성이 보이죠." 그는 내게 말한다. "인터넷은 라이프스타일 구루를 창조한 게 아닙니다. 그들에게 자신의 시각을 공유할 플랫폼을 준 거죠."

산업 내에는 인플루언서의 부상을 야심찬 개인의 영웅적 진보로, 플랫폼을 차례로 오르고 뛰어난 독창성과 개척적인 드라이브로 신기술을 적용하는 과정으로 특성화하는 경향이 존재한다. 하지만 핵심은 인플루언서를 유지하는 시스템만이 아니라 개인으로서의 그들이기도 하다. "기술 뒤에는 권력의 이해관계가 있습니다." 로젝 교수는 말한다. "그리고 그런 권력의 이해관계가 바로 우리가 지금 처한 상황의 근원이에요."

인플루언서 부상의 서사는 또한 산업 쇠퇴의 서사다. 이전에 지배적이었던 산업과 제도의 소모, 그것들을 지탱하는 사회구조의 파편화, 그리고 무너지는 정신 건강과 불안한 노동시장 아래서 일어나는 한 세대의 공동화. 크리에이터들을 부추긴 것은 위기였다. 『셀카 : 서구가 어떻게 자신에게 집착하게 되었는가Selfie: How the West became self-obsessed』에서 윌 스토Will Storr는 '신자유주의적 자아'를 2010년대를 규정하는 정체성으로 일컫는다. '외향적이고 날씬하고 아름답고 개인주의적이고 낙천적이고 열심히 일하고 사회적 의식이 있으면서 자존감 높은 전 지구적 시민으로, 사업가적 교활함과 셀카용 카메라를 가진 존재.' 여기서 묘사하는 것은 물론 인플루언서다. 그것은 많은 면에서 내 세대의 상징적인 직업 선택이다. 이런 조건에서 번영할 준비가 된 활동적인, 포스팅하는, 자기 집착적인,

자기 최적화하는 인터넷 전문가들.

우리가 지금 알고 있는 인플루언서 산업이 2008년 불황 이후에 형태를 갖추기 시작한 것은 우연이 아니다. 불황은 내 또래들의 직업 전망을 위태롭게 했다. 최근 미국 대학 졸업자의 절반은 2008년 이후 대학을 떠나서 일자리를 찾지 못했다. 이는 자기 고용 경향을 강화하고 '스스로 일을 만들라'는 명령을 부추겼다. 경쟁이 치열한 구직시장에서 많은 젊은이는 블로그를 시작하고 자신이 가진 능력과 기술을 선보이고 전문적 존재감을 키우는 수단으로 소셜 미디어를 이용하기 시작했다. 크리에이티브 전문가 지망생들은 자신이 전통적 직업 경로에서 이탈하고 있다는 것을 깨닫자, 자기 표출을 위한 대안 경로와 새로운 수익 창출 통로를 찾지 않을 수 없었다. 그들은 곧장 '인플루언서' 계급을 구성했다. 인플루언서인 조엘라가 전업 브이로깅을 처음 시작하게 된 것도 불황 때문에 인테리어 디자인 회사에서 일자리를 잃었기 때문이었다.

다행히 운이 좋아 구직에 성공했더라도, 우리의 업무 방식 역시 이 시기에 변화를 겪었다. '위기가 닥치면 자본주의는 구조를 조정하는 경향이 있다.' 기술 플랫폼이 우리의 2010년대 경제를 지배하게 된, 불황 이후의 지평을 연구한 저서 『플랫폼 자본주의Platform Capitalism』에서 학자인 닉 스르니첵Nick Srnicek은 이렇게 고찰한다. '신기술, 새로운 조직 형태, 새로운 착취 모델, 새로운 일자리 유형, 그리고 새로운 시장이 동시에 함께 등장해 자본을 축적하는 새로운 방식을 만들었다.'

불황이 널리 확산되면서 자기 고용이 흔해졌다. 다른 말로, 이는 인플루언싱을 위한 바로 그 경제적 조건이었다. 확고한 형태의 고용은 '긱 경제'로, 손에 잡히는 형태의 소유는 '공유 경제'로 대체되었으며 그 둘은 모두 빌려온 청중에 의존하는 불안정한 소셜 미디어 마케팅 일자리로 표출되었다. 자신과 자신의 관심사를 온라인에 포스팅하며, 이른바 '열정 경제passion economy'에 종사하는 인플루언서들은 또한 수행과 보상을 연결하는 플랫폼 중개 시스템에도 참여하고 있다. 말하자면 우버의 임시직이나 딜리버루 교대 근무의 온라인 버전인 셈이다. 변덕스럽고 취약한 경제 아래서 성년이 된 집단은 직장, 월급, 또는 담보대출 같은 삶의 주요 증표들을 대안적인 성공 측정법으로 바꿔치웠다. 팔로워 수나 참여율이 그것이었다.

밀레니얼 임금은 심지어 10년 후에도 불황 이전 수준으로 돌아가지 못할 것이다.[18] 재정적 안정의 부재가 만들어낸 공백에 허슬 문화(개인 생활보다 일을 중시하는 문화 - 옮긴이)가 등장했다. 수입과 지출을 맞추기 위해 일을 동시에 여러 개 뛰고, 여가를 소득 기회로 바꾸고, 온라인에서 기업 순응적인 '개인 브랜드'를 키우는 등 경제 불안의 증거를 스스로 창업하는 #벤처사업가로 권능을 부여하여 재구성하는, 경쟁적 라이프스타일 철학이 바로 그것이다.

허슬 문화는 전 세계의 스타트업과 위워크(미국의 공유오피스 기업 - 옮긴이) 사무실에서 꽃을 피웠다. 모든 허슬러가 인플루언서는 아니었지만 모든 인플루언서는 허슬링을 하고 있었다. 생산성에 대한 수행적 집착인 '그라인드grind'(한국어로 '영혼 갈아 넣기' 정도에 해당하는, 고된 노동을 일컫는 표현 - 옮긴이)를 통해 자기 고용의 논리를 선보이고, 최적화가 필요한 상품으로 자신을 재창조하라는 요구에 순응했다. 인플루언서들은 '자기 자신이 되면서' 거기에 대해 돈을 받는, 자신의 정체성을 파는 사업가였다.

소셜 미디어는 그저 그라인드에 대한 헌신을 과시하는 하나의 방법이 아니라, 갈수록 그라인드 그 자체가 되었다. 디지털 영향력은 고도로 수익성 높은 산업이 되어갔다. 2010년대에는 소셜 미디어를 겨냥하는 밀레니얼 라이프스타일 브랜드와 인플루언서 생태계의 공생관계가 등장했다. 쇼핑 하울, 라이프스타일, 그리고 수백만 편의 언박싱 영상이 부상했다. '내스티 갤Nasty Gal'의 소피아 아모루소Sophia Amoruso와 '윙Wing'의 오드리 겔먼Audrey Gelman, '범블Bumble'의 휘트니 울프 허드Whitney Wolfe Herd와 2010년 블로거 에밀리 바이스Emily Weiss(지금은 베이비핑크 뷰티 제국 '글로시에Glossier'를 이끌고 있는) 같은 인스타그램 #걸보스girlboss와 '쉬이오She-Eo'(여성을 가리키는 'she'와 'CEO'의 합성어 - 옮긴이)는 디지털 영향력의 힘을 바탕으로 수십억 달러 가치의 브랜드와 특별한 소셜 미디어 프로필을 구축하고 있었다. 이는 부상하는 온라인 콘텐츠 경제와 분리할 수 없게 밀착 연결된 사업이었다.

'2009년, 불황의 구렁텅이에서 소비자들은 가치를 추구하고 있었다.' 2010년대 DTC Direct-to-Consumer(소매사나 유통사 등 중간거래상을 끼지 않고 제조자가 소비자에게 직접 공급하는 것 - 옮긴이) 브랜드의 진화에 대한 사례연구 보고서에서 '비즈니스 오브 패션'의 알렉산드라 몬달렉Alexandra Mondalek은 이렇게 썼다. '동시에 소비자들은 대기업을 더 불신하게 되었다. 그들은 마케팅과 기업이 내놓는 실현되지 않는 약속에 거부감을 키웠다.'[19] 이는 단일한 제품, 매끄러운 표현의 브랜딩, 그리고 산세리프 포장에 싸여 가치와 투명성을 약속하는 새로운 스타트업 세대를 위한 조건을 형성했다. 올버즈Allbirds, 와비 파커Warby Parker, 글로시에, 어웨이Away.

후한 벤처 자금을 등에 업은 그들은 호황을 누렸다. 패션과 뷰티업계의 DTC 기업을 위한 전 지구적 벤처 자금 거래액은 2008년 12억 달러에서 2015년 102억 달러로 대폭발했다. 몬달렉은 이렇게 썼다. '완전히 새로운 산업이 등장했다. DTC 산업 단지…… 그것은 소셜 미디어 광고의 부상과 동시에 일어났고 브랜드들은 이것을 재빨리 마케팅 전략의 핵심으로 삼았다.'

밀레니얼 브랜딩을 가진, 벤처 자금의 지원을 받는 소형 DTC 브랜드의 한 세대가 인플루언서 산업에 돈을 쏟아부을 때 인플루언서들은 그 보답으로 그들을 유니콘으로 만드는 데 조력했다. 피트니스 회사인 짐샤크Gymshark는 인플루언서 마케팅을 이용한 최초의 브랜드 중 하나인데, 그것의 상징적인 파스텔 색조의 '인플루언서 레깅스' 덕분에 팔로워가 510만 명을 넘고 가치가 10억 파운드를 넘었으며, 창립자인 벤 프랜시스Ben Francis는 영국에서 30세 이하의 가장 부유한 자수성가 사업자가 되었다.[20] 2016년 인스타그램은 그 이용자 세 명 중 한 명이 인스타그램에서 본 무언가를 샀다고 주장했다.[21]

2019년, 700만 명의 피로에 지친 인터넷 이용자가 밀레니얼의 성경이라 할 버즈피드를 클릭해 바이럴 에세이 「밀레니얼이 어떻게 번아웃 세대가 되었는가How Millennials Became the Burnout Generation」를 읽었다. 저자는 언론학 박사학위 소유자이면서 시의적절한 문화 분석으로 정평이 난 앤 헬렌 피터슨Anne Helen Petersen이었는데, 피터슨이 들려준 경험은 확실히 공감대를 자극했다. 피터슨은 갈수록 이메일 답장이 늦어졌고 우유부단함에 사로잡혔다. 단순한 업무를 끝없이 미루고 피로감에 압도되고 있었다. 번아웃 현상이었다. '이건 일시적 고통이 아니다. 밀레니얼의 존재 조건이다.' 피터슨은 이렇게 말했다. '그것은 우리의 기초 체온이다. 우리의 배경음악이다. 세상이 돌아가는 방식이다. 우리의 삶이다.'[22]

번아웃은 뭔가가, 어디선가 잘못되었다는 신호다. 밀레니얼은 통계적으로 다른 세대보다 더 오래 독신을 유지하고, 결혼과 출산을 미루고, 우울과 불안으로 고생할 확률이 더 높다. 전통적 형태의 공동체로부터 단절되어 사회적 상황에서 불편함을 느끼고, 인간 교류를 차단하는 화면의 인터페이스 뒤에 처박혀 있다. 밀레니얼의 정신 건강 위기는 점차 고조되고 있으며, 고립은 전염병처럼 퍼져나간다. 2019년 유고브YouGov에서 실시한 여론조사는 미국 내 전체 밀레니얼 세대의 약 4분의 1이 친구 이름을 한 명도 대지 못했다고 밝혔다.[23] 저임금에 과로에 지치고 학자금 빚을 떠안은, 그리고 피터슨의 표현을 빌리자면 '약속된 꿈'의 성취에 실패한 그들 세대가 '성인'이 되지 못하고 무너지기 시작한 건 놀랍지 않다.

인플루언서는 이런 심리적 지평의 산물이다. 그들은 불안하고 원자화되고 소외된 세대의 감정적 필요에 반응해, 라이프스타일 구루이자 가상의 동반자로 등장했다. 기죽은 밀레니얼은 그저 뒤로 기대앉아 온라인에서 인지적 부하를 덜어주도록 설계된, 삶이 우리 앞길에 던지는 모든 역경을 헤쳐나가도록 이끌어줄 준비가 된 이입

가능한 인물을 통해 제시되고, 그걸 해내는 데 필요한 것을 우리에게 팔기 위해 디자인된 콘텐츠(피트니스 루틴, 식사 계획, 모기지 브이로그, 피부 관리 팁들)로부터 수동적으로 영향을 받는다.

시간이 지나면서 인플루언서들은 감정적 지지 시스템으로, 진짜 우정을 대신하는 준사회적 관계로 진화했다. 2016년 구글과 입소스Ipsos의 데이터에 따르면 밀레니얼 열 명 중 네 명은 자신이 가장 좋아하는 크리에이터가 친구들보다 자신을 더 잘 이해해준다고 말했다.[24] 2019년 영국의 18~25세 인구 2,000명을 대상으로 한 조사 결과, 그들은 삶의 결정을 내릴 때 친구나 가족의 판단을 믿기보다 소셜 미디어 인플루언서의 조언을 구할 확률이 두 배 더 높았다.[25]

인플루언서들은 번아웃의 도피처도 제공한다. 출세 지향적 인플루언서 콘텐츠는 가상 판타지의 한 형태다. 24시간 브이로깅을 통해 타인의 삶에 대리로 참여하게 해주는 것이다. '밀레니얼은 소셜 미디어상의 대상이나 소유물보다는 거기서 표상되는 전체론적 경험을 훨씬 더 부러워한다. 그런 것들이 사람들로 하여금 난 당신의 삶을 원해요라고 댓글을 달게 만든다.' 피터슨은 자신의 에세이에서 그렇게 설명한다. 인플루언서들은 그 모두를 표상하는 듯 보인다. '여가와 여행이라는 부러운 조합, 늘어가는 애완동물과 아이들, 사는 지평과 소비되는 음식은 단순히 바람직한 것만이 아니라 균형 잡히고 만족스러우며 번아웃의 고통과는 동떨어져 있다.'

인플루언서들은 어쩌면 극복 기전으로 등장했을지도 모르지만, 이 출세 지향적 요소는 피터슨이 지적하듯, 문제의 근원이기도 하다. '모든 시간에 자신의 브랜드 경험을 기록하거나 자신의 브랜드 고찰을 트위터에 적고 있다 보니 휴식 시간은 존재하지 않는다…….
늘 자기 삶의 모든 부분을 기록할 준비를 하고 있다. 쉽게 조작되는
사진, 쏟아져 나오는 쇼츠 영상…… 소셜 미디어 피드, 그리고 특히
인스타그램은 따라서 확고하고 보상이 있는 노동의 결실의 증거이
자 노동 그 자체다.'

낮에는 콘텐츠를 제작하고, 일하는 시간 외에는 콘텐츠를 소
비하는 사람으로서 나는 이런 유형의 번아웃을 직접 경험한 바 있
다. 인터넷 직업인이라는 것은, 엄밀히 말해 가장 고된 직업은 아니
지만 특유의 시련이 따라붙긴 한다. 상시 온라인이라는 것은 부담
이 크고 방향감각을 잃게 만든다. 트라우마를 남기는 세계 뉴스, 생
중계되는 정치적 업데이트, 그리고 인터넷 악플에 뒤섞인 밈, 친구
와 애완동물의 사진, 그리고 이메일을 전달해달라거나 자기가 올린
인스타그램 인포그래픽을 읽어달라는 동료들의 요청. 내 뇌는 매일
100만 개의 미세한 디지털 상호작용을 등록하고 범주화하느라 지
속적인 압박을 받고 있다. 나와 상관없는 것들 중에서 중요한 것을
골라내는 것은 꾸준하고 은근한 인지적 긴장을 초래한다. 모든 온
라인 활동은 반응을 촉발하고, 모든 포스트나 댓글은 연쇄반응을
촉발한다. 알림은 무한히 복제되고, 업데이트는 끝도 없이 응답을
요구한다.

알고리즘의 광산에서 내 고객들을 위해 수명이 짧은 인터넷 유
행과 레퍼런스를 채굴하는 기나긴 하루치 노동이 끝날 시간이 되어
도 나는 스위치를 끄거나 '디지털 디톡스'를 하지 않는다. 심지어 뇌
가 썩어가고 열두 시간 이상 코앞에서 눈을 찡그리고 화면을 들여

다보느라 시야가 흐릿한 와중에도 난 그저 똑같은 것을 계속해서 더 원한다. 끝없는 뉴스피드를 스크롤하는 동작은 우리를 무감각하게 만드는데, 이는 문제인 동시에 그 자체로 안정제다.

시간이 지나면서 이 일은 환각 효과를 일으킨다. 정기적으로 긴 프로젝트를 마치거나, 특히 콘텐츠를 몰아서 소비한 후면 나는 포화되고 분해된다. 더는 정보를 처리할 수 없다. 주말 내내 몇 시간이고 소파에 누워 있는 동안 메일함에는 읽지 않은 메시지와 친구들의 알림이 쌓여만 간다. 아무것도 할 수 없지만, 그렇다고 아무것도 안 할 수도 없다. 더 납작해진 기분을 느낄수록 나 자신을 자극하기 위해 소셜 미디어를 더 탐닉한다. 더 이른 시간부터 스크롤을 시작하고, 더 많은 콘텐츠를 절박하게 갈구하며 변덕스러운 엄지손가락으로 휴대전화 화면을 본능적으로 쓸어내린다.

신뢰는 무너지고 음모론은 떠돈다

밀레니얼의 불안정함은 번아웃으로 끝나지 않는다. 로젝 교수는 인플루언서의 등장을 거시적 규모의 사회적 환멸과 연결 짓는다. "사회가 수백 년간 사람들의 삶을 관리하는 데 도움을 주기 위해 건설해온 제도들이 이제는 결함투성이로 여겨집니다." 그는 이런 신뢰의 붕괴가 심대한 영향을 미친다고 주장한다. "이제 아무도 전문 직업인들이 사용하는 언어에 공감하지 못합니다. 당신의 주치의는 당신과 코드가 맞지 않고 선거는 공정하지 않고 정치 지도자들은 당신의 이익을 대변하지 않으며 경찰은 당신을 보호하려고 존재하지 않습니다." 그는 이 불신이 완전히 근거 없는 것만은 아니라고 덧붙인다.

2008년 위기를 부른 재정적 부패 이후로, 일련의 은폐와 스캔들이 결합해 진실과 정의의 결정권자로서 기득권층이 갖고 있던 신뢰를 균열시켰다. 제프리 엡스타인Jeffrey Epstein과 앤드루Andrew 왕자, 유트리Yewtree 작전(2012년 영국에서 일어난 성범죄 수사 사건 — 옮긴이), #미투 운동, 미국 경찰의 잔학성, 그리고 물론 도널드 트럼프의 부상도 있었다. "동일한 문제가 계속 반복됩니다." 로젝 교수는 말한다. "기성 민주주의의 주요 제도는 더 이상 사람들을 위해 작동하지 않는 것 같습니다······. 평범한 사람들은 이렇게 생각합니다. 바뀌는 건 아무것도 없다고요. 그리고 그게 사실이라면, 더는 주위 사회에 투자하지 않고 다른 곳에 기대게 됩니다. 일단 그런 수준의 불신에 도달하면 사람들이 일종의 위안을 어디서 찾으려 할지는 꽤 명확합니다······ 인터넷이죠."

전통적 리더십 형태의 공동空洞은 인플루언서들(다른 '라이프스타일 대안들'과 더불어)이 뻗어나갈 수 있는 권력의 진공을 만들었다. 2010년대에는 '라이프스타일 대안' 붐이 일어났다. 안티백신이나 '클린 이팅' 같은 건강 운동에서 타로, 위치크래프트, 그리고 점성술의 유행까지, 이들은 모두 아이폰을 휘두르는 인플루언서들이 밀레니얼 세대를 위해 재브랜딩한 것이다. 대안 운동은 용인된 사상의 대척점을 차지하고 반체제적 서사를 공유할 개성 강한 활동가가 필요하다. 인플루언서들은 포퓰리스트 정치인들, 온라인의 대안우파 인사들, 그리고 음모이론가들과 더불어 종종 그 역할을 맡았다.

버즈피드의 스테파니 맥닐은 인플루언서들, 웰빙 운동, 음모이론가들, 안티백서들, 그리고 다층적 마케팅 책략들의 사상적 교집합에 관해 보도한 적이 있다. '인플루언서들은 보통 인터넷에서 인스타그램에 어울리지 않는 요소들, 포챈4chan이나 에잇챈8chan 같은 (악명 높은 트롤 게시판들) 데서 발견되는 증거 없는 극우적 음모이론을 목가적인 자기 가족사진 사이에 티 안 나게 끼워 넣는다.' 스테파니는 2020년에 그렇게 썼다. '이런 음모론은 엄연히 인터넷에서 기원했고 수년간 거기서 떠돌고 있었지만, 이전에는 무해하기 그지없던 육아와 라이프스타일 블로거의 피드에서 그것들이 등장하는 것은 기묘하고 새로운 전개다.'[26]

이 모든 것은 디지털화가 전통적 언론에 초래한 손상과 함께 일어나고 있었다. 2016년 갤럽 조사는 주류 언론에 대한 신뢰가 32퍼센트라는 기록적으로 낮은 수치에 도달했음을 공식적으로 확인해주었다.[27] 이 현상은 당파주의적이고 개인주의적이며 여론 중심적인 온라인 콘텐츠를 흥하게 했으며, 오래된 대중매체와 디지털 대안을 대립시키는 적대적 서사의 등장을 불렀다. 2017년 학자인 톰 니콜스Tom Nichols의 베스트셀러 『전문가와 강적들The Death of Expertise』은 이를 '전문가와 일반인, 학생과 교사, 지식인과 질문자, 즉 한 분야에서 뭔가를 성취한 사람과 전혀 아무것도 없는 사람 사이의 그 모든 구분의 붕괴'로 요약했다. 그 붕괴를 초래한 것은 '구글과 위키피디아와 블로그'였다.

토착 지식, 또래의 추천, 그리고 해당 주제 분야에서 전통적 전문가가 놓친 정보를 제시한다고들 하는 인플루언서들은 같은 경향의 또 다른 표현 형태다. 2016년 6월 영국의 법무장관 마이클 고브Michael Gove는 브렉시트 투표와 관련해 '이 나라는 전문가라면 충분히 겪었다'라고 선포했다.[28] 그 말에 담긴 정서는 정치가와 거리를 두는 것 못지않게 인플루언서에게 가까워지는 변화 역시 나타낸다.

대중의 초점은 제도에서 개인으로만 옮겨간 것이 아니라 정부로부터 기업으로 옮겨가기도 했다. 내가 광고계에 몸담은 지 몇 년쯤 지난 2018년, 에델만Edelman의 전 세계적 연구가 처음으로 확정해 준 사실 하나가 있었는데, 세계 인구의 절반이 브랜드가 정부보다 사회적 병폐를 해결하는 데 더 많은 일을 한다고 믿으며 54퍼센트는 사회문제를 해결하려면 정부가 행동하게 만드는 것보다 브랜드에 맡기는 편이 더 쉽다고 믿는다는 것이었다. 사회를 규정하는 리더십 구조는 국가가 아니라 사적 부문에 있는 것으로 인식되었다.[29]

'브랜드 목표'는 추상적인 수사로 표현되는 전략에서 폭넓은 마케팅 전략으로 순식간에 옮겨갔다. 기업의 사회 책임 프로그램을 늘리거나 '브랜드 액티비즘'에 대하여 증가하는 요구에 대응하고자 하는 회사들의 업무 지침서가 내게로 쏟아져 들어왔다. 그들은 '공동체와 공감대를 쌓고' '들리지 않는 목소리를 증폭하고' 페미니즘, 지속 가능성, 그리고 교차성을 중심으로 하는 캠페인을 펼치려고 했다.

'브랜드 퍼스널리티'의 역할을 강조하는 새로운 마케팅 모델은 무생물인 기업을 의인화했다. 브랜드들은 소셜 미디어상에 자신들의 존재를 구축하고 이모티콘 범벅에 지나치게 친한 척하는 마케팅 이메일을 발송함으로써 시험적 발걸음을 떼어놓았다. 이는 그 후 부담스러운 속어 사용, 어색한 밈, 그리고 참여 유도 낚시질을 곁들인 기이한 소셜 미디어 바이럴 경쟁으로 전락했다. 이런 경향은 어떤 결과를 초래했을까? 냉동 육류 판매업체인 스테이크 움Steak-Umm은 자본주의와 학자금 대출 부담에 관한 트윗을 썼다(《복스Vox》는 그들에게 '냉동 육류의 철학자-시인'이라는 딱지를 붙였다[30]). 오렌지주스 기업인 서니D SunnyD는 우울증에 걸렸다고 선포했다('더는 못하겠어'에 14만 개의 '좋아요'가 찍혔다[31]). 브랜드들은 말했다. 자기들도 감정이 있다고.

인플루언서들은 이 변화의 상대역이었다. 가장 오래된 마케팅 채널, 즉 입소문의 디지털 형태인 그들은 이제 소비자들과 '연결'하고, '참여시키고', '진정성'을 바탕으로 하는 '관계'를 구축하려는 기업을 위해 입 역할을 했다. 브랜드는 인간이 되어가고 있었고, 사람들은 브랜드가 되어가고 있었다.

인플루언서는 유명 인사와 얼마나 다를까?

내가 텀블러를 시작한 이후로 지난 세월 동안 너무 많은 변화가 일어났다. 뜬금없는 생각과 필터 입힌 사진을 공유하는 행위는 그저 민망한 짓이 아닌 영감의 원천이 되고, 10대의 취미가 아닌 전문적 직업이 되었다. 권력이 이동했다. 명성 획득을 위한 새로운 구조적 기반이 등장했다. 새로운 플랫폼이 새로운 얼굴로 등장했다. 우리에게는 그 모두를 묘사할 새로운 언어가 있었다. 난 어른이 되었다.

온라인에서 보낸 시간의 대가로 「더 엑스 팩터」의 한 자리, 〈보그〉 표지, 또는 멧 갈라의 초청장 따위를 얻게 되리라는 걸 내가 처음 텀블러에 가입했을 때부터 알았다면 비밀번호를 어딘가 안전한 곳에 저장해두었을 것이다. 하지만 지나간 기회를 아쉬워하는 것만큼이나 난 초기 인터넷의 어색하고 무구한 감각과 사춘기적인 친밀감이 그리웠다. 오늘날의 휘황찬란한 10대 브이로거와 직업적 스트리머에게서는 그런 느낌을 찾아볼 수 없다.

그 10년간 너무 많은 변화가 일어났음을 감안하면, 무엇이 변화하지 않았는지 또한 궁금해졌다. 인플루언서들은 이전 세대의 유명 인사들과 실제로 얼마나 다를까? 확실히 인플루언스의 일부 원칙은 변하지 않고, 수 세기 전부터 유명 인사와 왕족을 떠받친 것들과 일치했다. 인플루언서들이 '신종' 유명 인사를 표상한다거나 전통적인 명성 제조기 뒤-의 '진정한' 모습을 보여준다는 개념은 결국 또 다른 종류의 스펙터클일 뿐이다.

비록 내가 「더 엑스 팩터」를 통해 경험한 것은 유명 인사를 위한 어떤 구조들은 이제 시대에 뒤떨어졌음을 입증했지만, 나는 예전 텀블러 시절의 내 행적을 머릿속에서 몰아낼 수 없었다. 어쩌면 이 오랜 세월이 지난 지금, 내가 다시 명성을 꿈꿔볼 때가 온 게 아닐까.

3 극도로 온라인인

어떻게 인플루언서가 되지?

"안녕하세요, 여러분. 제 채널을 다시 찾아주셔서 반가워요!"
왜 이렇게 공허하게 들리는지. 그 특유의 억양은 내 입에서 도무지
자연스럽게 나오지 않는다. 난 말을 멈추고 이를 악문다. 일곱 번째
시도다. 다시 시작한다. "안녕하세요, 여러분! 리비예요. 시작하기
전에 우선 아래의 구독 버튼을 눌러주시고요……."

난 내 아파트 화장실의 욕조 가장자리에 위태롭게 걸터앉아 있
다. 샴푸 병 두 개와 습기를 머금어 쭈글쭈글한 화장실용 소설책 사
이에 아이폰을 세워놓았다. 부엌에서 끌어다놓은 의자에는 일련의
소도구와 제품들이 놓여 있지만 카메라상으로는 보이지 않는다. 급
히 휘갈겨 쓴 대본은 종이 상자에 기대어 세워놓았고, 머리 위 조명
의 반사광을 막을 용도로 거실 램프도 가져다놓았다. 전기 코드가
욕실 문에서 현관의 콘센트까지 위태롭게 구불구불 이어져 있다.

'내 아침(이름만 그렇고 사실 보통은 자정에 더 가까운 시간) 피부 관리/화장 루틴' 브이로그를 위한 도입부를 녹음하려는 서툰 시도를 반복 중이다. 새로 만든 유튜브 채널에 처음 업로드하기로 낙점한 콘텐츠다. 가능하다면 말이다. 처음부터 다시 시작할 때마다 어색함은 더 심해지기만 했고, 영상 클립들을 다시 보면 발작처럼 손발이 오그라들었다. 내 목소리는 억지로 꾸민 것처럼 들렸고 어쩔 줄 모르는 팔은 계속해서 파도를 그리다 말았으며 난 자꾸만 카메라 대신 화면에 비친 내 얼굴을 응시하고 있었다. 손에 쥐고 있던 마스크팩이 실수로 바닥에 떨어졌다. 난 간신히 운동신경을 통제하고 다시금 시도했다. 이번에는 모든 게 순조로웠는데, 휴대전화가 넘어지는 순간 광고주 친화적이지 못한 욕설이 저절로 튀어나오고 말았다. 난 그 지점에서 포기했다. 알고 보니 브이로깅은 존…… 아니, 대단히 어려웠다.

현실에서 난 말이 막히는 일이 거의 없다. 하지만 카메라 앞에서 렌즈의 막막한 어둠을 들여다보며 나 자신과의 대화를 시작하는 순간, 시동이 꺼지고 만다. 멍한 시선이 날 마주 본다. 내 이름도 기억나지 않는다. 보이지 않는 청중을 위한 독백을 늘어놓는 것, 아이폰의 번쩍이는 화면을 향해 개인적 일화를 주절대고 반응도 없는 농담을 하는 것은 다른 브이로거들을 보며 짐작했던 것보다 훨씬 어렵다. 독려나 반응이 전혀 없으니 내가 어떻게 보일지에 관해 지극히 민감한 자의식을 느낀다. 내가 너무 애쓰는 것처럼 보이나? 너무 속없어 보이나? 너무 들떴나? 너무 가라앉았나?

여덟 번째로 다시 시작해 용을 쓰다 보니 그냥 인플루언서가 내 적성이 아닌 건가 싶다. 소싯적 텀블러에서 거둔 성공에도 불구하고 말이다. 난 사생활을 매우 중시하는 사람이고, 딱히 사진발을 잘 받는 편도 아니며, 왓츠앱에서 친구들에게 답장하는 데 사흘에서 닷새까지 걸릴 때도 많다. 비록 내 스크린 타임 기록에 따르면 소셜 미디어 피드를 스크롤하느라 종종 하루 일곱 시간까지 보내기도 하지만, 나 자신은 거의 아무것도 포스팅하지 않는다.

이 모순을 더한층 심화하는 것은 나 자신이 익명의 존재라는 사실에 완벽하게 만족한다는 사실이다. 이런 격언이 있다. '트위터에는 매일 한 명의 주인공이 등장한다……. 목표는 절대 그 사람이 되지 않는 것이다.' 난 트위터에 접속해 생각지도 못한 어떤 사용자가 우연히 트렌드에 뜨는 것을 볼 때마다 몸서리를 치면서 팔로워가 적다는 사실에 감사한다. 파란 딱지를 원한 적은 한순간도 없다.

인플루언서 훈련 캠프

수십만 명에게 감시당한다고 생각하면 심장 박동이 빨라지고 식은땀이 나는 나 같은 사람은 아무래도 갈수록 줄어드는 소수파인 듯하다. 현재 영국 전체 아동의 5분의 1은 커서 인플루언서가 되고 싶다고 말한다. 유튜버는 심지어 장래 희망 순위에서 우주비행사마저 제쳤다.[1]

우리의 미래 노동력이 환형 광원 뒤에서 9시부터 5시까지 근무하는 생업에 종사할 가능성이 20퍼센트라면, 이제는 확실히 인플루언싱이라는 직업을 진지하게 받아들이기 시작할 때다. 인플루언서 지망생의 '성공'을 위해서 필요한 건 무엇일까? 성공적인 크리에이터에게는 어떤 기술이나 마음가짐이 필요할까? 그 꼭대기에 올라가면 삶이 어떠할까? 그것을 완전히 이해하려면 난 내 두려움을 마주하고 직접 뛰어들어야 할 터였다.

누구에게나 출발점은 있으니, 선택된 소수에게 그 출발점은 인플루언서 훈련 캠프다. 내가 욕실에서 휴대전화로 고군분투하고 있을 때, 소셜 미디어 예비 스타 세대는 런던의 인플루언서 훈련 캠프에서 1주일짜리 훈련을 받고 있다. 13~17세를 위한 '유튜브를 위한 크리에이팅 : 유튜브 인플루언서가 되자' 캠프는 매년 70명의 졸업자를 배출한다. 길고 무더운 여름방학 동안 다른 아이들이 바깥을 쏘다니거나 부모님의 신경을 긁는 기술을 연마할 때, 소수의 인플루언서 지망생 집단은 한데 모여 '눈길을 사로잡는 콘텐츠를 제작'하고 '유튜브를 위한 전문 기술을 통달'하고 '참여를 유도하는 이야기'를 들려주는 법을 배우고 있었다. 이건 주최사인 파이어테크Fire Tech의 종합 코스 안내책자에 적혀 있는 내용이다.

전체 인플루언서 플랫폼 중 젊은 시청자에게 가장 인기 높은 것은 누가 뭐래도 유튜브다. 퓨리서치센터에 따르면 11세 이하 자녀를 둔 미국 부모의 80퍼센트는 자기 아이가 유튜브를 본다고 대답했다.[2] 또한 유튜브는 업계 최대의 거물들과 가장 부유한 인플루언서들의 산실이다. 그 범위는 뷰티에서 게이밍, 장난감에서 여행 브이로그까지 다양하다. 처음 개설된 후로 10년이 넘는 기간에 이런저런 플랫폼이 속속 솟아났지만, 그럼에도 유튜버가 된다는 것은 여전히 여러 면에서 소셜 미디어상의 성공 지표다.

파이어테크 캠프는 2018년에 처음 시작되었다. 퓨디파이PewDiePie와 티 시리즈T-Series가 가장 많이 구독된 채널이라는 지위를 놓고 전설적인 온라인 전쟁을 벌이고, 로건 폴이 시신을 발견해 바이럴을 타고, 유튜브 뷰티 공동체가 '드라마게돈Dramageddon'(애매모호한 트윗들, 한 시간짜리 사과 영상과 구독자 수 추락을 실시간 스트리밍으로 확인할 수 있는 최고 인플루언서들 간의 격돌)으로 터져나간 바로 그해였다. 이런 사건들은 수백만 회나 조회되고 인플루언서 지평 전역에 충격파를 보냈다. 하지만 특정 연령 이상 인터넷 사용자 대다수의 레이더망에는 전혀 걸리지 않았다.

파이어테크의 인플루언서 캠프는 참가자들에게 솔깃한 기회를 제공한다. 고품질 영상을 제작하는 데 필요한 기술을 배우고 인플루언서로서의 잠재력을 풀어놓는 것이다. 난 나 자신이 지푸라기라도 붙잡아야 하는 처지임을 깨닫고, 미래의 유튜브 슈퍼스타들이 아직 대박을 치기 전에 그들과 인연을 맺을 수 있기를 기대하면서 참가 신청을 하기로 결심했다.

무엇이 좋은 영상을 만들까요?

8월의 어느 월요일 이른 아침, 첫 강의를 들으려니 어쩐지 과거의 학창 시절이 떠올랐다. 학생들(나 자신과 영국 전역에서 온 활발한 10대 초반 남자아이들의 작은 무리)은 돌아가며 자기소개를 했다. 자신에 관한 홍미로운 사실, 가장 좋아하는 음식, 두 가지의 진실과 하나의 거짓말. 팬데믹 때문에 수업은 원격으로 이루어졌는데, 덕분에 난 부모님 집 소파에 엎드려 수업을 들을 수 있었다. 로그온하자 강의 코치인 네이선이 우리를 맞이했다. 네이선은 어마어마한 인내심과 낙천주의를 소유한 스코틀랜드 출신 강사로, 자신의 유튜브 채널을 가지고 있었다. 콘텐츠는 전자 신시사이저 리뷰와 (나중에 나한테만 몰래 알려준 바에 따르면) 위스키 시음 브이로그였다.

자기소개로부터 20분 후, 난 이미 내 이해의 영역을 벗어나 있었다. 내가 들어온 곳은 유튜브 게이머 지망생 반이었다. 인플루언서 지평 내에서 게이밍은 자신만의 독자적인 언어와 전통을 갖춘 소우주다. 각 게임 프랜차이즈마다 캐릭터, 무기류, 암호와 관습의 포괄적인 우주를 가지고 있다. 학생들이 멀티플레이어 플랫폼 호환성에 관해 신이 나서 잡담을 나누는 동안, 난 남몰래 구글에서 알파벳 약자들을 검색하고 있었다.

흔히 퍼진 통념과 달리, 게이밍은 수줍음 많은 외톨이가 방에 틀어박혀 하는 여가 활동이 아니라 소셜 미디어 플랫폼에서 세를 확장하고 있는 공동체 활동이다. 20억 유튜브 이용자가 매일 단위로 게이밍 영상을 본다. 2018년 한 해에만 시청 시간이 500억 시간에 이르고, 유튜브의 최대 채널 다섯 개 중 두 개가 게이밍 채널이다.[3] 그냥 유튜브만 따져도 그 정도다. 게이머 스트리밍을 전문으로 하는 가장 큰 플랫폼은 트위치로, 380만 명이 이용하는 강력한 공동체인데, 상시 동시 스트리밍 조회 수가 평균 8만 3,700회이고 시청자는 144만 명에 이른다.[4]

이런 숫자 중 유저가 실제로 스스로 게임을 하는 시간은 일부에 불과하다. 게이밍 콘텐츠는 보통 다른 사람들의 플레이를 구경하는 것으로 이루어진다. 시청자는 플레이어가 뛰어난 기술로 다양한 레벨을 헤쳐 나아가는 것을 미리 녹화된 코멘터리와 함께 볼 수도 있고, 화면 공유를 통해 자신이 영웅시하는 게이머가 실시간으로 플레이하는 것을 볼 수도 있다. 구글 자체 데이터에 따르면 유튜브 게이밍 시청자의 48퍼센트는 실제로 스스로 게임을 하는 것보다 유튜브로 게임 영상을 보는 데 더 많은 시간을 바친다.

어쩌면 여러분 중에도 나처럼 그 이유를 궁금해하는 문외한이 있을지 모른다. '데스티니Destiny 2'의 열혈 팬인 내 급우 라힐은 그 이유를 이렇게 분석했다. "이런 콘텐츠 크리에이터들이 그렇게 인기 있는 건 자기가 게임을 잘한다는 걸 알고 자신감이 넘치기 때문이에요. 하지만 그것뿐만 아니라 재미있고, 보고 있으면 즐거워요. 그래서 그렇게나 팔로워가 많은 거죠."

다른 사람들이 비디오 게임을 플레이하는 영상을 보는 것은 자신의 기술을 향상시키고 공동체에서 가장 인기 있는 게임 시합에 참여하면서 내 콘솔 너머의 뭔가와 연결된 기분을 느끼는 한 방편이다. 또한 게이밍 인플루언서로 성공하는 것은 엄청난 부자가 되는 한 방편이다. 비디오 게임 관음은 수익성이 높은 시장으로, 가장 인기 있는 게이머들을 인터넷 유명 인사로 만들어준다. 내 급우들이 눈을 휘둥그레 뜨고 신나서 말하는 그들의 닉네임은 내 눈에는 그냥 술에 취해 키보드를 마구 두들겨 만든 듯한, 이해할 수 없는 글자의 나열에 불과하다. 마키플라이어Markiplier, 엘루비우스

OMG elrubiusOMG, 후에가헤르만JuegaGerman, A4, 더윌리렉스TheWillyrex, 이원가이EeOneGuy, 크웨벨콥KwebbelKop, 페르난플루Fernanfloo, 그리고 AM3NIC.

퓨디파이(나 같은 초짜도 들어보았을 만큼 유명한 30대 남성 게이머로, 본명은 '펠릭스 크젤버그Felix Kjellberg'다)는 팔로워가 1억 600만 명이고 매달 800만 달러를 버는 것으로 추정된다. 상품 판매 소득 최소 680만 달러와 광고 소득 최소 110만 달러도 포함해서다.[5] 파란 머리의 스트리머인 닌자, 본명 타일러 블레빈스Tyler Blevins는 디트로이트 출신의 스물아홉 살 남성으로, 트위치에서 팔로워 수가 가장 많은 게이머다. 지금은 사라진 스트리밍 서비스인 믹서Mixer에서만 게임을 한다는 조건으로 마이크로소프트와 3,000만 달러짜리 계약을 맺기도 했다.[6] 영국의 유튜브 게임 집단인 더 사이드맨The Sidemen은 매주 자기네 채널에 브이로그를 올리는데, 거기서 피파FIFA 게임으로 시합을 하고 빈둥대고 서로에게 장난을 치고 1,000파운드어치의 포장 음식을 사다 먹고 이른바 '실시간 턴더Tinder'를 하는 등 인터넷 전역의 백만 10대 소년 군단이 간절히 꿈꾸는 삶을 실제로 살고 있다. 수많은 10대 초반 아이들에게 유튜버 게이머가 되어 게임을 하면서 돈을 번다는 것은 성배와도 같다. 내 급우들은 저마다 전업 마인크래프트 플레이어가 되겠다는 간절한 꿈을 품고 있다. 난 뷰티 튜토리얼을 제작하려다 망한 내 경험담을 그냥 조용히 묻어두기로 했다.

수업은 '인플루언서들 : 0에서 100만까지'라는 제목의, 용기를 북돋아주는 슬라이드 쇼로 시작한다. 노트북 화면에 카메라를 향해 으스대듯 웃고 있는, 명예의 전당에 속하는 최고의 유튜버들이 나타난다. 원조 미국인 브이로거 케이시 니스타트Casey Neistat, 캐나다 코미디언 릴리 싱Lilly Singh, 퓨디파이, 뷰티 구루 미셸 판Michelle Phan, 그리고 배우이자 활동가이자 작가인 타일러 오클리Tyler Oakley. 저마다 대다수 유럽 국가의 인구수를 넘는 구독자 수를 자랑한다. "모두가 오늘 여러분이 있는 지점에서 시작했습니다." 네이선은 열변을 토한다. "노트북과 스마트폰…… 그 사람들이 가진 건 그게 전부였죠. 여기에 있는 모두가 구독자 0명에서 시작했습니다." 수업은 몰입이 잘된다. 난 직업적 장난꾸러기인 로만 앳우드Roman Atwood(구독자 1,530만 명)와 바이럴 바이올린 공연자인 린지 스털링Lindsey Stirling(구독자 1,250만 명) 사이에서 웃고 있는 내 얼굴을 상상하려 애쓴다. 하지만 어쩐지 쉽지 않다.

네이선은 초기 코미디 블로거 니가히가nigahiga가 처음 올린 영상(이제는 5,429만 5,178회의 조회 수를 가진 2007년 바이럴 영상 「닌자 되는 법How to Be Ninja」)을 재생한 후 2017년의 영상 「어느 유튜버의 인생Life of a YouTuber」을 재생한다. "이걸 보세요…… 구독자가 2,150만 명입니다!" 네이선은 영상 아래의 팔로워 수를 두드린다. "이건 밤새 이루어지지 않았습니다. 조회 수가 50회인 콘텐츠를 1년, 12개월간 올렸죠. 기죽지 마세요. 구독자 한 명 한 명, 조회 수 하나하나……." 네이선은 포트나이트Fortnite 승리의 세리머니를 흉내 내며 말한다.

저화질의 「닌자 되는 법」을 보다가 보니 마치 먼 과거의 기록 영상을 연구하는 역사 수업 시간에 앉아 있는 듯한 기분이 든다. 「2000년대 말의 넷 문화Late Noughties Net Culture」(2007년, 컬러). 인류 타락 전의 타임캡슐처럼 느껴지는, 조명과 화질이 형편없는 홈 비디오 속에서 10대 남자아이 둘이 무술가로 변신해 과장된 연기를 펼치고 있다. Z세대인 내 급우들은 이해하지 못하는, 템포가 맞지 않는 마임과 의문스러운 점프 컷, 그리고 감질나는 구식 유튜브의 추억(인터넷 익스플로러에서 플레이되는). 영상은 마치 두 친구가 주말에 카메라를 가지고 장난치는 것처럼 보인다. 누가 보고 있다는 것을 모르는 것 같다.

두 번째 영상에서, 나이 들고 이제는 좀 더 멋있어진 히가(머리에 값비싼 보라색 하이라이트를 넣은)는 9분짜리 HD 영상에서 수백만 단위의 팬들을 대상으로 유쾌하게 연설한다. 연설 중간에 괴짜 같은 3D 애니메이션 및 히가가 광고하는 소셜 미디어 채널의 링크가 삽입되어 있다. '저는 제 유튜브 경력의 마지막 단계에 와 있습니다.' 히가가 말한다. '그리고 제 유튜브 인생은, 그러니까……' 그 대목에서 카메라가 움직여 광범위한 영상 셋업, 전문적 조명, 그리고 대본, 클립보드, 카메라, 그리고 붐 마이크를 든 세 사람을 보여준다. 다들 축하 분위기에 들떠 있다. '우리가 여기서 나갈 수 있다는 뜻이죠?' 한 팀원이 묻는다. '네, 여긴 정말 좁아터졌어요……' 또 한 팀원이 말한다. '난 똥이 너무 마려워요.'

"이 두 영상의 차이점이 뭘까요?" 네이선이 우리에게 묻는다. "무엇이 달라졌죠?" 답변이 속속 나온다. 학생들은 더 나아진 점을 술술 읊는다. 더 나은 조명, 더 나은 장비, 더 나은 섬네일, 더 매끄러운 편집, 더 전문적인 접근법, 배경음악, 더 높은 음질, 그리고 얼핏 보면 애드리브처럼 느껴지는 자연스러운 프레젠테이션 양식.

"좋은 영상의 일반적인 조건이 뭘까요?" 네이선은 묻는다. "핵심 요소가 뭘까요?" 새로 화면에 뜬 슬라이드를 보니 네이선은 우리가 열정, 재미, 독창성, 그리고 창조성을 이야기하기를 바란 모양이다. 하지만 급우들의 생각은 다르다. "유튜브가 10분 이하의 영상은 좋아하지 않는다고 들었어요." 알렉스가 말한다. "유튜브는 안 좋아하는 게 많아요." 루카스가 말한다. "알고리즘은 무척 복잡하고 맨날 바뀌어요. 2018년에는 '레츠 플레이스'(인기 게이밍 스트림 포맷)를 밀어주다가 나중에는 달라졌고 마인크래프트 채널들은 거의 다 죽었어요." 라힐이 끼어든다. "여러 가지 방법으로 영상을 상세하게 검사해요……. 사소한 잘못을 여러 개 하면 돈을 깎이게 돼요. 광고주가 유튜브에 주는 돈은 똑같은데 말이에요. 그래서 절대 영상에서 욕설을 하면 안 돼요." "아뇨, 수익 창출 정지는 달라요." 프레드가 바로잡는다.

10대 초반의 아이들이 노련한 소셜 미디어 전문가 같은 열정으로 다양한 인플루언서 수익 모델을 상세히 논하는 것은 뭔가 매혹적이면서도 위화감이 드는 광경이다. 내가 전화 회의나 마케팅 회의에서 익숙하게 들어온 용어를 그 아이들이 유창하게 주고받는 것을 보니 우리 사이에 가로놓인 세대 격차가 갑자기 확 와닿는다. 비록 이들은 학생이지만, 엄밀히 말해 인터넷 초심자는 아니다.

대화는 순식간에 누가누가 더 기술을 잘 아나 하는 경쟁으로 추락하고, 네이션은 우리의 분석을 도로 초심자 수준으로 돌려놓으려고 애쓴다. "일단 구독자 1,000명에 도달하면……." 네이션은 학생들에게 열변을 토한다. "그건 여러분이 채널에서 수익을 창출하고 광고를 달 수 있다는 뜻이에요." 유튜브 수익 창출의 복잡함에 대한 열띤 논쟁이 뒤따른다. 한 학생이 네이션의 말을 바로잡고,

또 한 학생이 끼어들어 앞의 두 학생의 말을 자른다. 그리고 다음 순간, 모두가 동시에 떠들고 있다. "대다수 유튜버는 어차피 광고 수익이 아니라 스폰서십으로 돈을 벌어요." 한 학생이 말한다. 잠시 침묵이 흐른다. "그리고 상품 판매로요." 학생이 덧붙인다. "미스터비스트MrBeast 후드 티는 진짜 멋있어요."

"그래요, 좋아요." 네이선이 유쾌하게 대꾸하고는 슬라이드를 앞으로 넘겨 성공적 콘텐츠의 조건들을 보여준다. 처음은 이렇다. "태도, 에너지, 열정, 웃음…… 이런 것들 중 몇 가지에 관해서……."

내 노트를 보면서 난 네이선의 원래 질문인 '무엇이 좋은 영상을 만들까요?'가 전혀 다르게 변질되었음을 깨닫는다. '유튜브는 무엇을 좋은 영상으로 생각하는가, 그리고 따라서 그에 맞게 보상하는가?'로 말이다. 이는 사소한 변화이지만 의미심장하다. 좋은 것은 뭐든 유튜브가 좋다고 여기는 것이고, 이 알고리즘 시스템 바깥의 해석은 환영받지 못한다. 크리에이티브의 가능성에 관한 네이선의 질문을 학생들은 한 온라인 시장에서 한 상품(인플루언서)의 잠재력을 최적화하는 방법에 관한 질문으로 해석했다. "핵심은 가치입니다." 네이선의 말은 마치 내 생각을 읽은 것 같다. "여러분의 영상이 유튜브 공동체에 어떤 가치를 가져다줄까요? 똑같은 일을 하는 다른 모든 사람 사이에서 어떻게 두드러질 수 있을까요?"

이것은 이와 같은, 그리고 최근 몇 년간 로스앤젤레스, 싱가포르, 그리고 파리에서 생겨난 다른 인플루언서 훈련 코스에 대한 비판의 핵심이다. 젊은 사람들에게 스스로 자신을 상품화하는 방법을 가르치는 것은 윤리적으로 적절하지 않다는, 아이들이 온라인에서 더 많은 시간을 보내도록 부추기는 거라는, 아동기를 망친다는 비판 말이다. 내가 파이어테크 프로그램을 가볍게 언급했을 때 인플루언서와 업계 전문가들은 눈동자를 굴리거나 공포와 호기심이 뒤섞인 반응을 보였다. "역겨워요." 한 에이전트가 말했다. "너무 어리잖아요." (개인적으로 난 이게 일관적이지 못한 입장이라고 생각했다. 그 사람이 4인 가족을 둔 맘플루언서임을 감안하면 말이다.) "전 존중해요." 브라이튼에서 활동하는 한 뷰티 구루는 그렇게 말했다. "하지만 개인적으로는 절대 내 아이들을 그런 데 보내지 않겠어요." 뉴욕에서 활동하는 한 패션 인플루언서는 "우리는 미친 시대에 살고 있죠"라고 말했다. 그리고 이렇게 덧붙였다. "하지만 현실적으로 제가 더 어렸을 때 그런 게 있었으면 좋았을 것 같긴 해요."

이런 비판들은 디지털 문화의 현 상태와 역학을 제대로 이해하지 못한 것이다. 무고한 어린 영혼들이 훈련 코스에 의해 서서히 오염되는 게 아니다. 그런 코스에 등록하는 학생들은 이미 수행으로 평가되는 시스템 내에서 자신을 마케팅 가능한 대상으로 이해하는 상태다. 나와 같은 반 남자애들은 수업 첫날에 알고리즘 팁과 자기 최적화에 대한 욕구를 발견했다. 개인 브랜딩은 이 세대에 제2의 천성이다. 순진한 것은 우리 쪽이다.

난 파이어테크 영국 매니저인 에드 홀리데이Ed Halliday에게 이런 의문들을 제기했다. 홀리데이의 대답에 따르면 캠프의 궁극적 존재 이유는 꼭 다음 세대의 소셜 슈퍼스타를 훈련하는 것이 아니라 '젊은 사람들로 하여금 그들의 세계를 조형하는 이런 기술을 그저 소비하기만 하는 게 아니라 실제로 효과적으로 이용하도록 독려하는'

것이라고 한다. 인플루언서 프로그램은 그저 파이어테크가 진행하는 수백 가지의 기술 교육 코스 중 하나일 뿐이다. 그 외에도 코딩, 사진과 작곡 등이 있다.

2020년 2월 기준으로 영국 아동은 하루 평균 75분을 유튜브에서 보내는데, 틱톡이 평균 69분으로 그 뒤를 바짝 추격하고 있다.[7] 한편 미국의 10대는 스크린 미디어에서 하루 일곱 시간 이상을 보내고, 10대 초반은 거의 다섯 시간을 보낸다.[8] 하지만 '모든 화면 시간이 동등하지는 않다'는 홀리데이의 지적에 나도 동의한다. 홀리데이는 내게 이렇게 묻는다. "다음 둘 중 뭐가 더 나아요? 유튜브에서 책임감 있는 방식으로 영상을 제작하는 사람이 되는 것? 아니면 몇 시간씩 그저 화면 앞에 나른하게 앉아 있는 쪽? 소셜 미디어와 유튜브의 위험은 현실이에요. 해법은 이런 기술을 진정 제대로 이해하는 사람들로 하여금 젊은 사람들에게 그것과 가장 긍정적인 관계를 맺는 방식을 가르치게 하는 거죠."

게임보이에 열광했던 내 어린 시절에 어른들은 '망할 놈의 것을 그냥 꺼버려!'라고 외쳤지만 그건 더 이상 유효한 선택지가 아니다. "어떤 기술을 채택했을 때 거기에 따라올 결과에 대한 두려움은 인류 역사 내내 기술의 불가피성과 함께했어요." 홀리데이가 말을 잇는다. "불가피성이 있을 때, 사람들에게 이런 기술을 사용하는 법을 가르치지 않는 건 무책임합니다. '이건 현실이고 사람들이 행동하는 방식이야'라고 말하고, 젊은이들에게 기술을 가장 잘 이용하고 기술과 가장 긍정적인 관계를 맺는 법을 가르치는 편이 훨씬 주도적이고 긍정적이에요." 홀리데이가 덧붙인다. "우리는 젊은 사람들이 그저 소비자가 되기보다는 기술을 이용해 그들의 주위 세계에 대한 경험을 조형하도록 돕는 길에 앞장서고 싶습니다."

1주일간의 개인 전략 학습

다시 교실로 돌아와, 인플루언서가 되기 위한 우리의 첫 단계는 개인 브랜드 전략을 개발하는 것이다. 그러는 데 도움이 되는 문항들이 적힌 질문지가 배부된다. 난 고개를 숙이고 손에 볼펜을 쥔 채 그 질문들을 열심히 궁리한다. 갑자기 다시 학교로 돌아온 기분으로 자아비판을 하고 있다. 텅 빈 시험지를 마주했을 때의 공포심이 새삼 깨어난다. 난 나와 스트리머 트로피 사이에 놓인 장애물을 극복하기 위한 존재론적 질문들을 놓고 고민한다. '내 청중은 누구인가? 난 어느 장르에 속하는가? 난 사람들이 나를 어떤 유튜버로 보기를 바라는가?'

인플루언서의 시각에서 내 기술을 평가하는 것은 내 이력서를 거의 철저히 재평가해야 하는 우울한 경험이다. 내가 뭘 내놓을 수 있지? 내 직업적 자격 사항은 순식간에 흐릿해진다. 피트니스를 하기엔 너무 몸치이고, 유튜브 뷰티 구루가 되기엔 손재주가 없고, 틱톡에서 뭔가를 이리저리 던지기에는 너무 둔하고, #트래블스타그램travelstagram을 위해 모든 걸 내려놓기엔 '9시 출근, 5시 퇴근' 생활에 매여 있고…… 내 마리오 카트Mario Kart 능력은 게이밍 공동체 내에서 단 한 명의 청중도 감탄시키지 못할 것이다.

"여러분이 사랑하는 것에 초점을 맞추세요." 네이선은 우리를 응원한다. "뭔가 잘하는 거요." 하나하나씩, 급우들은 질문지를 완성한다. "간략하게 요점만 적어도 돼요." 네이선이 말한다. "하지만 만약 긴 문단을 쓰고 싶으면, 그것도 좋습니다." 난 나 자신의 무능함을 고찰하면서 인플루언서로서의 잠재력 부족이 어쩌면 내 강점이 될 수도 있을까 하고 생각해본다. '역설적인 인플루언서.' 난 그렇게 적는다. '소셜 미디어 스타가 되기를 시도하는, 뭘 모르는 초짜 작가가……'

난 더 대담해져서 날 기다리는 성공을 적어나가기로 한다. '우연히 대박을 친다. 바이럴을 타고, 100만 팔로워를 얻고, 고소득 상업 파트너십을 체결하고, 남은 평생을 스와이프 업swipe-up으로 먹고 산다.' 브랜드 포지셔닝을 갖추고 나니 이제 마음이 조금 편해진다. 인플루언서 산업의 헤아릴 수 없는 기벽과 변덕스러움 덕분에 패러디는 거의 무한도로 가능하다.

고맙게도 급우들 앞에서 내 개인 브랜드 전략을 공개하는 일은 피할 수 있었다. 하지만 내 급우들은 나와 달리 거리낌이 없다. 게이밍 스트리머나 자기들이 영웅시하는 코미디 브이로거가 되고 싶은 희망을 공개한다. 이른바 '예수님을 사랑하는 텍사스 브이로거' 프레스턴Preston(1,400만 구독자), 마인크래프트 전설 스탬피Stampy(955만 구독자), 그리고 유튜브 바이럴의 대가 미스터비스트(2,400만 구독자) 등등. 알고 보니 모든 급우가 미스터비스트의 팬이다. "그 사람의 어떤 점이 좋은가요?" 네이선이 묻는다. "돈을 엄청 쓰고 같이 도전해요." 맥스가 씩 웃으며 말한다. 제임스는 더 대놓고 말한다. "재산이 수천만 달러예요.”

우리의 목표와 야심을 결정했으니 이제는 맞춤화된 채널 외관, 로고, 그리고 헤더와 완벽한 유튜브명으로 우리 자신을 브랜드화할 시간이다. “입으로 말할 때 좋게 들려야 하고 글로 적을 때 좋아 보여야 하고, 구글에 검색할 수 있어야 해요.” 네이선이 알려준다. “그리고 누구와도 다른 이름이어야 하죠.” 내 급우들은 자신만만하고 공격적인 스트리머 이름을 상상하느라 정신이 없다. 문장부호가 아무 데나 찍힌, 대문자와 소문자의 이해할 수 없는 조합. 하지만 난 단순하게 가기로 마음먹는다. 태어나 처음으로, 내 평범하지 않은 성姓에 감사한다. 철자가 틀린 스팸 메일에 시달리고 어딘가에 회원 가입할 때마다 시련을 겪어야 했던 그 오랜 세월 끝에 드디어 이렇게 덕을 보는 날이 오다니. 마치 검색엔진 최적화를 미리 염두에 두고 만든 성 같다.

그 후로 며칠간 우리는 슬라이드 쇼를 보면서 필기하고 대본을 쓰고 전략을 논의한다. 영상 제목, 섬네일 공식, 그리고 백엔드 분석을 서툴게 만지작거린다. 우리 온라인 존재의 모든 측면을 수정하고 변환하고 커스터마이즈하고 최적화할 온라인 소프트웨어에 관해 배운다. 완벽한 유튜브 오프닝 멘트를 위한 공식을 완성한다. ‘안녕하세요, 여러분! 제 (소셜 미디어 링크)를 구독하세요! 우리가 오늘 할 (활동은)…….’ 우리는 애니메이션으로 된 채널 도입부, 우리의 개인 브랜드를 재미있게 만들어줄 화려한 클립을 만드는 법을 배운다. 점프 컷의 중요성도 배운다. 유튜브 편집 양식으로, 끊김 없이 매끄러운 흐름을 만들기 위해 침묵이나 망설임을 잠시도

남기지 않고 모조리 제거하는 것이다. 이는 시청자가 떠나지 않도록 붙잡아두기 위해 최고의 브이로거들이 사용하는 기술이다. 간략한 핵심을 적은 내 구글 독은 이해할 수 없는 상형문자로 뒤덮인다. '⟨10k+audience–batch create content??? AdSense 45/55.'

우리는 플레이어에 고정된 정적인 스트리밍 카메라와 화면 밖 화자의 보이스오버가 흐르는 지속적인 전체화면 플레이의 장단점을 비교하며 토론을 벌인다. '디지털 시민권'을 논의하며 하루를 보낸다. 이는 네이선의 말에 따르면 '팬베이스를 구축하는 법, 팬들과 관계를 맺는 법, 안티들을 다루는 법', 그리고 안전을 유지하고 프라이버시 세팅을 이용하고 온라인에서 책임감 있게 행동하는 법을 포함한다. 우리는 브랜드 티셔츠 판매부터 가장 헌신적인 구독자를 위해 패트리온에서 구독 서비스를 시작하는 것까지 다양한 수익 창출 방식을 배운다. 그리고 각자 1분씩 시간을 얻어 앞서 나를 애먹인, 카메라 앞에서의 즉흥 독백을 연습한다. 그리고 새로 획득한 지식을 시험하기 위해 퀴즈('섬네일은 시청자가 다수일 때만 중요하다. 참인가, 거짓인가?')를 풀고 하루를 할애해 우리 자신의 첫 영상을 찍는다.

그러는 내내, 네이선은 우리에게 실험 정신을 발휘하고 있는 그대로의 자신을 보여주고 재미있게 하라고 응원한다. 유튜버의 캐릭터와 개인성의 가치를 강조하고, '렌즈를 통해 전해지는 사람'이 중요하다는 것이다. "여러분 각자는 굉장한 개성을 가졌고, 모두 정말 좋은 사람이에요." 네이선은 말한다. "여러분이 만드는 것을 얼른 보고 싶네요." 이 궁극의 진정성과 자기표현이라는 서사는 우리가 현재 훈련받고 있는 기술 및 최적화 방법과는 영 어울리지 않는 것처럼 느껴진다.

"카메라 앞에서는 가능한 한 자신을 있는 그대로 보여주세요."
네이선은 말한다. "배우는 것도 좋지만, 여러분이 다른 누군가를 베껴야 한다는 생각은 버리세요." 하지만 그 겨우 몇 분 후, 네이선은
플랫폼의 숨겨진 공식과 인센티브를 강조하고 있다. "유튜버는 대부분 정해진 자기소개 방식이 있어요……. 여러분은 자기소개와 프리뷰가 필요해요. 그다음엔 짠! 영상 내용으로 들어가는 거죠."

우리가 온라인에서 '그냥 우리 자신'으로 있으면서 어찌어찌해서 수억 명의 팔로워를 얻을 수 있다는 생각은 인플루언서 신화의 열쇠다. 현실은 그보다 훨씬 전략적이다. 비록 네이선은 '유튜브 영상을 할리우드 영화보다 더 매혹적으로 만드는 것'은 '더 자연스럽고 더 인간적으로 보인다'는 점이라며 우리를 안심시키지만, 내가 보기에 인플루언서가 된다는 것은 알고리즘 조건화의 엄격한 과정에 복종하는 것에 훨씬 더 가까워 보인다. 1주일간의 고강도 학습 후, 우리는 군더더기 없이 능률적인 콘텐츠 창조 로봇이 될 준비를 갖춘다.

드디어 캠프의 마지막 날이 왔다. 디지털에 첫 데뷔하는 우리 반 학생들이 인터넷에 자신을 소개하기 전, 네이선은 잠시 우리를 붙잡고 자기 성찰을 요구한다. 우리는 왜 유튜버가 되고 싶어 하는가? 우리가 가장 좋아하는 크리에이터의 어떤 점이 그렇게나 좋은가? 난 반 아이들이 그저 비디오 게임을 하며 온종일을 보내기 위한 합법적 핑곗거리가 필요하다고 말하기를 기대했지만, 놀랍게도 아이들에게 유튜브는 수단이 아니라 목적 그 자체였다. "제가 유튜브

를 좋아하는 이유는 그것이 개방형 플랫폼이기 때문이에요. 원하는 모든 콘텐츠를 찾을 수 있거든요. 화장, 게이밍, 현실, 도전, 뭐 그런 것들요." 루카스의 대답이다.

자신이 유튜브 스타들에게서 매력을 느낀 것은 그 사람들이 초대박 스타여서가 아니었다고 루카스는 말한다. 오히려 최고의 유튜버들이 그냥 자신과 똑같아 보였기 때문이었다고 한다. "누구나 자기 영상을 올릴 수 있어요. 그러니까 유튜버들은 특별한 존재가 아니에요. 그 사람들이 유튜브에서 돈을 벌 수 있다면, 우리도 그럴 수 있어요." 나머지 반 아이들 역시 유튜브에서는 기본적으로 누구나 성공할 수 있다는 믿음을 가지고 있다. 비록 시스템이 철저히 성적 위주가 아니라는 점은 알고 있지만 말이다. "뭐, 돈 같은 걸 내야 하는 것도 아니잖아요." 맥스가 말한다. "그냥 뭐든 내가 좋아하는 걸 올리고, 편집 소프트웨어나 카메라를 어떤 걸 써야 한다는 요구 조건도 없어요." 맥스는 거기서 말을 멈추고 다시 생각한다. "그게 얼마나 많은 사람이 내 영상을 보는지에 영향을 미칠 수는 있지만, 그래도 올릴 순 있죠."

대화는 공동체로, 크리에이터와 팬 사이의 관계로 향한다. 네이선은 우리가 자신의 청중을 키우는 게 중요하다고 지적한다. "여러분은 모두 연결되어 있고, 모두 같은 열정을 가졌죠. 여러분은 사람들에게 아래에 댓글을 남겨달라고 요청할 수 있어요. 그러면 모두가 이 공동체의 일원이 된 기분을 느낄 수 있죠." 하지만 이 노력은 그냥 친구를 사귀거나 인간적 연대감을 자극하는 것과 다르다. "유튜브 알고리즘은 활동이 더 많은 콘텐츠를 추천해요. 그건 사람들의 참여도를 보여주니까요. 우리의 영상을 보는 게 어떤 사람들인지를 알면 도움이 돼요." 네이선은 말을 잇는다. "여러분의 채널은 여러분을 위한 거예요. (하지만 얼마쯤 지나면) 그건 점점 그 사람들을 위한 것이 되죠. 갈수록 여러분의 청중을 위한 것이 돼요……."

우리 반에는 현실에서 유튜버를 만나본 아이가 아무도 없었다. 하지만 모두 소셜 미디어에서 활발하게 활동하고, 반응이 오기를 바라며 매일 자기가 가장 좋아하는 크리에이터의 채널에 '좋아요'를 누르고 댓글을 단다. 그중 답신을 받은 적이 있는 건 루카스뿐이다. "어떤 라이브스트리밍에서였어요." 루카스는 그 기억을 떠올리며 환한 웃음을 짓는다. "인생이 어떠냐고 물었더니 크리에이터가 '좋아'라고 했어요." 루카스는 머리에 손을 갖다 대고 폭발하는 시늉을 하며 파안대소한다. "전 막, 맙소사, 나한테 진짜로 대답했어! 그랬죠. 전 유튜버들을 (그들에게 말을 걺으로써) 방해하는 걸 좋아하지 않아요. 하지만 그건 정말 흔치 않은 경험이었어요. 그 사람은 별로 유명하지 않은 유튜버였어요. 더 유명한 유튜버였다면 정말 특별했을 거예요."

비록 내 급우들이 인플루언서 세계에 깊이 투자하고 유튜브 유행에 해박하고 알고리즘에 대한 자신의 이해를 앞다투어 전시하지만, 난 우리가 결국 막다른 벽에 부딪혔다고 느꼈다. 아이들은 사실과 통계 및 수치를 줄줄 늘어놓고 최고의 크리에이터 이름을 읊고 팔로워 수까지 댈 수 있지만, 인플루언싱의 보이지 않는 역학에 대해서는 모르는 게 훨씬 더 많다. 자기가 가장 좋아하는 크리에이터의 계산된 친근함, 이런 준사회적 관계의 비대칭성, 공연이 끝나고 현실이 시작되는 선 같은 것들이다. 맥스는 한 크리에이터가 실수인 척 연기한 걸 진짜 실수로 착각하기도 했다. 아이들은 인플루언서가 어떻게 돈을 버는지 알고, 뭘 말해야 하고 어떻게 말해야 하는지 안다. 하지만 정확히 '왜'인지는 모른다. 그리고 물론 누구도 말하지 않는 방 안의 코끼리는, 심지어 최상급 수준의 코칭을 1주일간 받았음에도, 통계적으로 말해 우리 중 누군가가 언젠가 성공할 가능성은 극도로 희박하다는 것이다.

그리고 그냥 그렇게, 인플루언서 캠프는 끝났다. 우리 반 학생들은 인터넷에 자신의 잠재력을 풀어놓을 준비가 되었다. 난 소셜 미디어 스타가 될 준비를 갖추었다. "잊지 마세요. 이건 그냥 첫 단계일 뿐입니다." 네이선이 말한다. "얼른 가서 놀라운 영상을 만드세요." 난 줌을 로그오프하고 인스타그램 계정을 공개로 바꾸고 유튜브에 내 뷰티 튜토리얼을 올린다.

약속의 땅은 언제 나타날까?

그 후로 몇 주간, 난 그 캠프에서 얻은 가르침을 머릿속에 확고히 새긴 채 새로 시작한 온라인 존재를 위한 거침없는 홍보 캠페인을 시작한다. 예전의 사적인 텀블러 취미와는 한참 동떨어진 활동이다. 인플루언서 산업에 종사하다 보니 내 삶의 어떤 측면은 이미 디지털 기록에 아주 적합하다. 파리 출장, 브랜드 출시 파티, 초청객만 입장할 수 있는 인플루언서 옷장 세일……. 하지만 또 다른 면면은 그다지 적합하지 않게 느껴진다. 밀린 이메일을 처리하거나 앉아서 전화 회의를 하는 걸 저속 촬영으로 보여주는 게 무슨 의미가 있을까.

그러나 아이폰과 편집 신공으로 무장한 난 곧 거의 모든 게 콘텐츠 제작 기회임을 깨닫게 된다. 힘겨운 아침 달리기는 #동기부여 순간이 되고, 우유를 사러 가는 길은 추상적인 구름 패턴 사진을 남기고, 서재에서 글을 쓰며 보낸 오후는 공방gongbang(같이 공부해요) 스트리밍과 공부 기반 키보드 ASMR의 기회가 된다.

보이지 않는 청중을 지속적으로 염두에 두는 것이 늘 쉽지만은 않다. 난 식사를 반쯤 마친 후에야 그걸 촬영할 생각을 떠올리고, 접시 위에 남은 브로콜리를 서둘러 재배치한다. 사교 행사에서 사진 찍는 걸 깜빡하고 이미 지나온 단계를 역주행한다. 그러다 보니 지각은 불가피하다. 독백 도중에 배터리가 나가기도 여러 번이다.

그러다 어느 순간부터 카메라를 향해 대화를 시작하는 것이 점점 더 쉬워진다. 행인들의 호기심 어린 시선에도 갈수록 둔감해진다. 머릿속 생각의 흐름과 그것을 입 밖으로 내어 말하는 것 사이의 간극이 무너지고, 침묵은 저절로 채워지기 시작한다. 팔을 들어올려 아이폰 잠금을 푸는 순간 내 입에서는 연속 동작으로 내레이션이 흐르기 시작한다. 난 의식의 흐름에 자동으로 접속한다. 각도는 이미 세팅이 끝났다. 갈라진 머리카락 끝이 부드러워 보이고 피부가 좋아 보이는, 내 비좁은 아파트에서 채광이 가장 좋은 장소다. 아이폰 화면 속에서 소파 등받이의 기우뚱함이 감춰지고, 커피 테이블 위의 책과 화분과 화병들이 마구잡이로 널브러진 게 아니라 예술적인 비대칭성처럼 보이는 위치. 난 다른 누군가의 눈으로 내 삶을 재평가하기 시작한다. 이게 내 미학에 걸맞나? 이 활동이 브랜드인가?

내 팔로워들, 그러니까 가족, 친구, 지인, 그리고 모르는 사람들로 이루어진 몇 명 안 되는 무리는 내가 새로 발견한 이 과잉 공유의 열정을 어떻게 받아들여야 할지 난감해한다. 몇몇은 열정적인 지지 댓글을 달고 다른 이들은 내 신분 상승의 포부를 아프게 꼬집는다. '와하하.' 이전 하우스메이트가 내가 요리 재료를 예술적으로 배치하고 '아사이 볼 xoxo'라고 설명을 단 사진에 단 댓글이다. 회사 동료는 10분짜리 '내 아침 글램' 화장 튜토리얼에 울면서 웃는 이모티콘을 연속으로 달았다. 내 의상 사진들은 대체로 무시된다. 그래도 브이로그는 반응이 좀 더 괜찮은 편이다. '독특하고 멋지네요.' 모르는 사람이 사진 몽타주 아래에 댓글을 달았다. '이거 너무 좋아요!!!'

초기의 머뭇거림을 극복하고 나니 인터넷에 자신을 올리는 데서 갈수록 더 쾌감이 느껴진다. '공유'를 누르고 나 자신의 작은 조각을 알고리즘 속으로 보내는 데는 뭔가가 있다. '좋아요'와 댓글이 굴러 들어오기를 기다릴 때의 그, 무중력 공간으로 빠져드는 듯한 찰나의 느낌. 나는 핑 하는 알림 소리를 열정적으로 기다리기 시작한다. 브랜드들을 태그하고 한 줌짜리 '팬들'에게 애정을 퍼붓는다. 그것은 다양한 보답과 감사를 교환하는 게임이다. 마치 나 자신의 커지는 자기 집착을 발굴하는 인류학자가 된 기분으로 내 손바닥의 픽셀들을 곰곰이 뜯어본다. 로열티 없는 영상이나 음악 아카이브를 뒤지느라 밤을 샌다. 노트북은 과열된다. 눈이 침침해진다. 아이클라우드iCloud 요금제를 더 비싼 것으로 바꾸고 아마존에서 클립식 조명과 보조배터리를 주문한다.

그러나 인플루언서로서의 여정을 시작한 지 몇 달 만에 내 자신감은 꺼지기 시작한다. 포스팅을 수백 번은 했고 몇 주 치의 브이로그를 찍었다. 팔로워 수는 계속 오르지만 그저 우연 이상으로는 느껴지지 않는 속도다. 처음 시작했을 때보다 겨우 몇백 명 늘어난 수준이니, 브랜드 계약이니 스와이프 업이니 디톡스 차니 하는 약속의 땅은 아직 먼 꿈에 불과하다. 내 셀카 밑에 응원하는 이모티콘을 줄줄이 남기는 열광적인 팬덤은 없다. 단백질 셰이크 협찬 가능성을 약속하는 반가운 이메일도 없다. 난 아직 온라인에서 듣보잡에 불과하고, 슬슬 피로가 느껴진다. 이 창조의 리듬을 유지하는 것은 어려운 일이다. 특히 허공에 포스팅하고 있는 기분이 들 때는 더욱 그렇다. 어쩌면 조금 지저분한 수단을 써야 할지도 모른다.

'좋아요'와 댓글, 그리고 성공 가능성

인플루언서들 사이에 '참여 팟engagement pod'이라는 게 있다는 소문을 들은 적이 있다. 알고리즘을 해킹하여 인위적으로 인기를 부풀리기 위해 크리에이터 무리들이 상호 협약을 맺고 몰래 서로의 포스트에 '좋아요'를 누르고 댓글을 달아준다는 것이다. 가짜 팔로워를 돈 주고 사는 것과는 다르지만(난 아직 그 정도로 절박하지 않았다) 그렇다고 정확히 합법적인 사업도 아니다. 소셜 미디어 가이드라인을 위반하고 인플루언서 시스템을 조작하는 유사 참여의 회색시장이다. 내가 대화했던 인플루언서들 중에 어디서 그런 걸 찾는지 안다고 대놓고 인정한 사람은 거의 없었고, 참여했다고 인정한 사람은 더 적었다. 팟에 참여했다고 인정하면 단순히 규칙 위반자로 찍히거나 플랫폼에서 축출당하는 위험을 무릅쓰는 것으로 끝나지 않는다. 그보다 훨씬 더 심각한 문제가 된다. 진정성이 없음을 인정하는 것이다.

그 결과로, 대다수 팟은 포착하기 힘든 소수민족 거주지다. 기존에 활동 중인 멤버의 특별 초청이 있어야만 들어갈 수 있다. 비록 대부분은 들킬까 두려워 플랫폼 밖에 존재하지만 왓츠앱 비밀 채팅방과 디스코드 서버, 그리고 인스타그램 그룹까지, 인터넷 전역의 다양한 구석구석에 숨어 있는 이런 팟들은 소수의 친구 모임에서 전 세계에 흩어진 서로 모르는 수십만 명의 비밀 네트워크까지 그 규모가 다양하다. 익명의 봇bot과 애그리게이터가 그들을 조직하고 감시한다. 척하다 보면 진짜가 되는 이 방법이 과연 나를 뉴스피드 위쪽으로 올려 보내줄까? 팟이 진짜 관심을 가져다주고 내 온라인 커리어에 촉매가 될 수 있을까? 적어도 나와 비슷한 위치에 있는 다른 인플루언서 지망생들을 만나는 것만으로도 좋은 기회가 될 수 있을 것 같았다.

팟을 찾기 위해 난 우선 공개 블로그 포스트와 해시태그의 궤적을 뒤지기 시작했다. 그리고 레딧 타래, 사적인 페이스북 그룹, 그리고 닫힌 인스타그램 계정으로 넘어갔다. 마침내, 난 텔레그램에 도달했다. 러시아에서 만들어진 텔레그램은 암호화된 메시지 앱으로, 언론인과 범죄자 및 감시 국가의 적들의 애호를 받으며 비밀 채팅방,

끝대끝암호화, 그리고 내용의 '자동 파괴' 같은 기능을 자랑한다.

난 가입했다. 팟에 가입하는 것은 마치 1만 1,000명의 손님이 있는 가상의 하우스 파티에 초대받지 않고 끼어드는 기분이었다. 모두가 동시에 떠들고 있었다. 피트니스, 음식, 그리고 패션 인플루언서들이 밈 계정과 인스타그램 생산자 직송 브랜드와 충돌했다. 공예 계정, 짐플루언서, 그리고 미용 구루들이 온라인 FX 트레이딩 플랫폼과 소프트포르노 판매자와 어울렸다. 링크와 자기 홍보 약칭이 채팅방에 흩뿌려지고, 익숙지 않은 언어로 암호화된 메시지들이 보였다. 'D24h', 'f2f', 'and-flood', 'DX5', 그리고 'UTM'.

나의 팟 친구들은 러시아, 이탈리아, 루마니아, 미국, 남아메리카, 그리고 중동 출신이었다. 심지어 한 이용자는, 인스타그램 바이오를 보니 나와 같은 런던 지역에 살고 있었다. 팟 이용자 대다수가 팔로워 1,000명 이하의 마이크로 계정이지만 팔로워가 5만, 10만, 그리고 20만에 이르는 대형 인플루언서들도 눈에 띄었다. 다수가 #광고라고 표시된 포스트에 가짜 참여를 하고 있었다. 브레스민트와의 파트너십, 예술 웹사이트, 그리고 자신들의 유료 포스트가 온라인 참여형 폰지 사기의 일부임을 아마도 모르고 있을 패스트 패션 브랜드들. 한 가입자는 자기가 키우는 반려견의 인스타그램 페이지에 참여를 유도하기 위해 팟을 이용하고 있었다.

내 팟은 '주기'로 운영된다. 멤버들은 24시간 내에 중개 봇이 자동으로 선정한 포스트에 댓글을 달거나 '좋아요'를 누르지 않으면 방출 위험을 감수해야 한다. 다양한 방(참고 링크를 통해 접근하는 동심원 형태의 채팅방)은 다양한 '패키지'를 메뉴처럼 제공한다. 나는 각 포스트에 다섯 개의 댓글이나 200개의 '좋아요' 또는 스토리 조회 수 50회를 선택할 수 있다. 내 포스트의 링크를 팻에 '드롭'할 권한을 받으려면 먼저 선불금 형식으로 이전 가입자의 포스트 다섯 개에 '좋아요'를 눌러야 했다. 마치 끝없이 반복되는 수건돌리기 놀이처럼.

며칠 안 되는 동안 나는 빈야사 요가 포스트, 휴가 여행 사진, 요리 영상, 체육관 셀카, 애완동물 사진, 그리고 패션 레이아웃 사진에 '좋아요'를 눌렀다. 그리고 앞으로 살면서 절대 만날 일이 없을 사람들에게 밑도 끝도 없이 긍정적인 댓글을 달았다. '너무 멋져요', '이거 너무 좋아요', '내가 여기 있었으면 좋겠어요'. 뭔가 뜻이 통하는 댓글을 달기엔 나와 너무 동떨어진 콘텐츠에는 그저 이모티콘을 줄줄이 달았다. 그 답례로 난 무작위적인 계정들로부터 '좋아요'와 댓글을 긁어모았다. 플로리다의 한 인플루언서는 내 셀카 밑에 '귀여워요오오오'라고 댓글을 달았고, 어느 보석 브랜드는 꽃을 촬영한 사진 아래에 기도하는 손 모양 이모티콘을 연달아 달았다.

더 많이 배울수록 배워야 할 게 얼마나 더 많은지를 깨닫게 된다. 새로운 전략과 호객 기술, 팔로우 루프, 셸 어카운트, 다양한 활동을 내 포스팅 스케줄과 일치시키기. 난 자동적으로 새로운 팻과 집단에 추가되는데, 각각은 자체적인 규칙과 전문 분야가 있다. 가장 전문적인 팻 이용자들은 포스트에 자동으로 '좋아요'를 눌러주는 봇과 브라우저 확장 프로그램을 사용해 몇십만 개의 조작된 '좋아요'를 얻는다. 그러면 갈수록 늘어가기만 하는, 그저 뒤처지지 않기 위해 온라인에서 보내야 하는 기본적인 시간을 줄일 수 있다.

내가 속한 곳은 기묘한 공동체다. 명성이라는 공통의 욕망으로 결합된 한 무리의 낯선 이들이 남몰래 함께 행동하고 있다니. 난 그런 팟에 참여한 멤버들 중 누군가와 실제로 대화해보고 싶지만, 이는 애초에 생각한 것보다 훨씬 어려운 일이다. 비록 우리는 서로의 포스트에 공개적으로, 그리고 유쾌하게 하트 모양의 눈 이모티콘을 달지만, 내가 보낸 개인 메시지는 읽씹당한다. 그들이 은밀하게 구는 것을 탓할 수는 없는 노릇이다. 우리가 하고 있는 일은 엄밀히 말해 인스타그램의 이용 규약을 위반하는 짓이니까. 하지만 내 팟 친구들이 나와 개인적 관계를 맺는 것은 거부하면서 내 댓글창에서 계속해서 내 현실 친구들 사이에 불쑥불쑥 나타나는 것을 보면 아무래도 묘한 기분이 들 수밖에 없다.

마침내 지아니스Giannis라는, 인스타그램 팔로워 760명과 유튜브 채널 구독자 34명을 가진 그리스 출신의 여행 인플루언서 지망생이 내 대화 요청을 받아주었다. 난 이미 지아니스가 올린 사진 몇 장에 '좋아요'를 눌렀다. 여행 전문지에 실어도 될 법한, 매력적인 여행지를 찍은 쓸쓸한 스냅사진들이다. 더블린의 붉은 벽돌 건물을 휘감은 뒤엉킨 담쟁이덩굴, 코펜하겐의 구불구불한 거리를 따라 이어진 가판대, 태양 아래서 부드럽게 구워지고 있는 아말피 해안의 테라코타 파사드. 지아니스는 많은 포스트에 직접 등장한다. 지역이 어디든 한결같이 똑 떨어지는 재킷에 배낭을 메고 검은 선글라스를 쓰고 있다. 카메라를 피해 깊은 생각에 잠긴 듯한 시선을 던진다. '방황하는 모든 사람이 길을 잃은 건 아니다.' 사진 한 장에는 그런 문구가 달려 있다. '#방랑벽 #가을탐 #여행스타그램'. 각 사진 아래에는 이제는 친숙한, 두루뭉술한 댓글이 옹기종기 달려 있다. '사

진 멋져요!' 그리고 '피드 좋아요!'

　DM을 이용해, 그리고 언어의 장벽을 넘어 난 지아니스가 크리에이티브 영상과 포스트를 제작하고 올리는 데 너무 많은 시간을 들이고도 '누구의 주목도 끌지 못해서' 좌절한 나머지 최근 팟에 가입했음을 알게 된다. "비키니 여자라면 프로필을 키우기가 훨씬 쉬워요." 지아니스는 투덜댄다. 그 말은 이 업계의 복잡한 계급 시스템 내에서 팽배한 '저질' 인스타그램 모델들에 관한 고정관념을 다시 보여준다. "팟 같은 건 필요도 없죠." 공들여 만든 영상과 눈부신 여행 사진을 몇 달째 올리고도 아무런 관심을 얻지 못한 지아니스는 '일종의 도움이 필요하다'는 것을 깨달았다. 지아니스는 자신의 영상을 캡처하고 편집하는 시간에 더해, 포스트당 평균 549개의 '좋아요'와 41개의 댓글을 얻는 대가로 500개의 포스트에 참여하느라 약 두 시간을 쓰고 있었다. 그 물물교환으로 이득을 본 것 같으냐는 내 질문에, 지아니스는 애초에 좋은 원료를 만드는 데 쓰이는 시간과 그것을 키우는 데 드는 시간을 가늠한다. "일정 지점까지는 효과가 있지만, 많은 시간을 들여야 했고 그건 제 창작 활동에 손실이 되죠."

　그럼에도 지아니스는 포기할 생각이 전혀 없다. 지아니스의 장기적 포부는 자신의 영웅인 유튜버 피터 맥키넌Peter McKinnon처럼 전업 여행 사진 인플루언서가 되는 것이다. 그러면 다시는 팟에 의지할 필요가 없어지리라. 하지만 지금으로서는 아무런 탈출구도 보이지 않는 저수위 참여 교환의 쳇바퀴에 갇혀 있다. 그렇다고 팟을 이용해 누군가를 만나거나 네트워킹을 할 수도 없었다. 다른 소규모 계정들에 접근해 콜라보를 시도해보았지만 별 성과를 거두지 못했

다. "팟을 이용하는 목적은 친구를 사귀는 게 아니에요." 지아니스
가 말한다. "그냥 자기 계정을 노출하는 거죠."

내가 대화해본 다른 인플루언서 지망생들은 생각이 다르다.
"어떤 사람들은 팟이 가짜라고 생각해요." 페이스북의 인플루언서
지망생 그룹을 통해 만난 시카고 출신의 마이크로 인플루언서 비Bee
는 말한다. "그냥 내가 그 목록에 있기 때문에 '좋아요'를 눌러주는
것뿐이라고요. 하지만 사람들에게 질문을 하고 도움을 받고 통찰
을 얻을 수 있어요. 모두가 같은 이유로 거기에 있거든요. 정말 도움
이 돼요." 자신의 영웅인 조던 립스콤Jordan Lipscombe과 캐리스 휘태
커Carys Whittaker처럼 뷰티 및 패션 인플루언서가 되고 싶어 하는 스물
한 살의 스코틀랜드 출신 엘리Ellie도 같은 생각이다. 인플루언싱은
경쟁이 심하며 산업의 내부 역학은 비밀로 감춰져 있고 입소문으로
경계된다. 그건 요율이 불투명하고 브랜드 파트너십이나 이제 막
시작한 사람들을 위한 팁이 거의 없다는 뜻이다. "이미 거물이 된 사
람과 이야기할 수 없다면……." 엘리는 스카이프 통화로 내게 말한
다. "어떻게 성공할지 알 수 있는 방법이 아예 없어요."

비는 '플러스 사이즈 흑인 여성의 매력'을 전파하기 위해 인플
루언서의 길에 올랐다. "저는 사람들에게 자신에게 주어진 최고의
삶을 살 수 있다는 걸 보여주고 싶어요. 뚱뚱하든 흑인이든, 아니면
'아프로Afro' 머리를 가졌든 상관없어요." 비의 피드는 밀레니얼풍
마술적 리얼리즘 그 자체다. 과포화된 스트리트 아트와 뒤섞인 셀
카, 울창한 나뭇잎, 햇빛에 바랜 비키니 사진, 지붕 위에서의 요가,
설탕 입힌 맛있는 구움과자, 말차가 담긴 머그컵, 그리고 울창한 식

물로 채워진 비의 아파트를 찍은 흐릿한 사진. 햇살 아래 찍힌 셀카에서 비는 자신의 알몸을 양팔로 껴안은 채 전신 거울 앞에 서 있다. '뚱뚱하다. 땅딸막하다. 펑퍼짐하다. 과체중이다. 비만이다.' 사진 밑에는 그렇게 쓰여 있다. '이들은 모두 날 묘사하는 데 쓰인 말이지만, 절대 날 규정하지는 못할 것이다. #흑인여자마법 #좋은분위기만 #바디포지티비티운동 #마이크로인플루언서.' 1,255명의 사람이 포스트에 '좋아요'를 눌렀다. 이런 댓글들이 달렸다. '여왕 그 자체 👤👍', '이 모든 에너지에 굿모닝 🔋'.

엘리는 리즈에서 전혀 연고가 없는 스코틀랜드의 시골 마을로 이사 오면서 인플루언싱에 빠졌다. "저는 외동딸이에요. 이사 때문에 완전히 외톨이가 되었고, 그래서 소셜 미디어를 점점 더 많이 쓰기 시작했죠." 엘리는 내게 설명한다. "이제는 말 그대로 제 삶 전체를 올리고 있어요." 엘리의 피드를 재빨리 훑어보면 그게 사실임을 알 수 있다. 밝은 라테 아트 모자이크, 하이스트리트 스타일, 피트니스 셀카, 집에서 만든 과일화채, 복숭앗빛 일몰, 그리고 이따금의 피부 관리 루틴. 엘리는 이미 자기 삶의 각 부분을 한입거리로 정리해 놓았다. '손톱', '여행', '영감', '음식과 음료', 그리고 '유튜브'. 비록 자신에게 있어 인플루언싱의 매력은 자기표현과 창조성이라고 말하지만, 엘리는 결국 더 이면의 동기를 고백한다. "모두가 100만 팔로워를 꿈꿔요. 모두가 조던 립스콤처럼 누구나 아는 명사가 되는 꿈을 꾸죠." 엘리는 솔직히 말한다. "처음 시작할 때 누구나 그렇게 생각해요. 그래, 난 그 사람이 될 거야. 그게 모두의 목적이에요. 아닌가요?"

비도, 엘리도 그런 시도와 실생활을 매끈하게 연결시키지는 못했다. "정말 어려워요. 전에는 친구였던 많은 사람이, 꼭 부정적인 의미로만은 아니지만, 절 이상하게 생각해요." 엘리가 털어놓는다. "꽤 많은 사람이 팔로우를 끊었어요. 그 사람들은 이런 식으로 봐요. '네 삶을 가지고 뭘 하려는 거야? 네가 아닌 뭔가가 되려고 너무 애쓰지 마.'" 어쩌면, 엘리가 결국 대박을 치면 친구들도 생각을 바꾸지 않을까? 그런 내 생각에 엘리도 동의한다. "애썼는데 실패하면 보통 민망한 게 아니죠. '하하, 봐, 블로거가 되겠다고 발악하다가 폭망한 그 여자애야.' 하지만 5,000명, 1만 명에 도달하면 사람들이 더 관심을 보이기 시작해요. 더 많은 사람이 내게 호의를 보이는 것 같아요." 엘리처럼 비 역시 자신의 삶을 온라인에 공유하려는 결정에 관한 반발을 털어내야 했다. "저한테 너무 지겹다고, 자기중심적이라고, 맨날 온라인에 내 사진만 올린다며 뭐라고 하는 사람이 많았어요."

우리는 흔히 크리에이터의 성공담만 듣게 되지만, 상품 라인을 가진 백만장자 인플루언서 한 명당 팔로워가 겨우 몇천 명에 불과한 워너비 수백만 명이 존재한다. 2018년의 한 연구에 따르면 유튜버의 96.5퍼센트는 미국의 연방 빈곤선인 1만 2,140달러 이하의 수입을 올린다. 그리고 유튜브 크리에이터의 하위 85퍼센트는 매달 평균 조회 수가 겨우 485회에 불과하다.[9] 내가 방문한 게시판과 페이스북 그룹은 피로감과 좌절감을 호소하는 크리에이터 지망생으로 가득했다. 팔로워 1,500명을 가진 엘리는 아직 브랜드로부터 연락을 받지 못했고, 자신의 성공 가능성을 의심한다. "제게 '좋아요'

를 누른 사람들을 확인해보면, 그중 80퍼센트는 저 같은 사람이에요. 어떤 면에서는 조금 두렵죠." 엘리가 말한다. "누구나 인플루언서를 꿈꿀 수 있지만, 누구나 그렇게 되는 건 아니니까요. 모두에게 돌아가려면 온 세상의 브랜드와 돈을 다 합쳐도 모자라요. 현실에서는…… 아, 맙소사…… 5,000만 분의 1쯤 될까요?"

팔로워가 5,000명에 가까워지면서 비는 전환점에 도달했다. 그 지점에서 비의 열정에 대한 재정적 보상의 가능성이 보이기 시작했다. 우리가 대화한 날은 마침 비에게 중요한 날이었다. 어느 속옷 회사와 처음으로 공식 브랜드 협상을 성사시킨 것이다. "처음 시작할 때 전 막, 제 인스타그램으로 수익을 창출하고 싶지 않았어요. 돈이 중점이 되는 건 바라지 않았어요. 그냥 여자들에게 가능성을 보여주고 싶었죠." 비는 그렇게 말하지만, 성공에 가까워지니 마음이 달라졌다. "더 나아갈수록, 전 이게 현실적인 가능성이라고 보고 있어요. 다중 수익 흐름을 굳이 마다할 이유가 뭐야? 저는 스폰서 콘텐츠를 하면서 여전히 진정성을 유지할 수 있어요. 마음가짐의 변화는 실제로 놀라웠죠." 엘리와 달리 비는 긍정적이다. "모두가 승리할 수 있는 여지가 있어요." 하지만 자신의 성공에 스스로 한계를 설정했다고 생각한다. "저는 10만 팔로워에 도달하고 싶은 마음은 크지 않아요. 거기까지 가기 전에 그만둘 거예요. 제 안에는 절대 공유하고 싶지 않은 어떤 부분들이 있어요. 사적으로 지키고 싶은 부분요. 팔로워 수가 어느 정도를 넘으면 사람들은 자기들이 내 삶에 무슨 권리를 가진 것처럼 느끼거든요. 나를 우리 중 하나로 생각하기를 그만두고, 자기들 중 하나로 생각하기 시작하죠."

그 전환점을 이해하려고, 그리고 정상으로의 그 먼 길을 가는 데 필요한 노력에 관해 더 알고 싶어서 난 애비 로버츠Abby Roberts를 찾았다. 열아홉 살의 뷰티 구루로 팔로워가 거의 1,700만 명에 이르는 애비는 영국 최대의 틱톡 스타로 손꼽힌다. 그 숫자가 도무지 머리에 입력되지 않는다는 내 말에 애비도 웃으며 동의한다. "맞아요, 도무지 이해가 안 되죠." 도자기 같은 피부와 섬세한 이목구비를 악마 같은 생물체나 유명 인사나 착시현상으로 바꾸어 알아볼 수 없게 한 바이럴 메이크업 변신으로 유명한 분홍 머리의 인플루언서 애비는 일을 시작한 지 겨우 2년도 안 되어 순위 꼭대기에 올라섰다. "틱톡을 시작하기 전에는 그저 대입 시험을 준비하는 학생이었어요. 리즈 근처에서 부모님과 함께 살았죠." 애비가 스카이프 통화로 내게 설명한다. "처음 올린 영상 두 편은 뭐랄까, 망했지만, 세 번째 영상(애비는 브라츠 인형으로 변신했다)이 빵 터졌죠." 그 영상은 조회 수 1,300만 회를 기록했다. 그 이후로는 급속한 상승일로였다. "포스팅한 지 첫 석 달 내에 팔로워가 200만 명쯤 됐을 거예요……. 전 막, 젠장, 난 이제 틱톡커야! 그랬죠." 애비가 웃는다.

　　처음에는 애비가 "전 틱톡에서 너무 빨리 터졌어요" 하고 말했지만, 그 상황을 돌이켜보고는 생각이 조금 바뀐 모양이다. "이 지점까지 오는 데 2년 정도 걸렸는데, 그동안 하루도 거르지 않고 포스팅을 했어요." 애비는 겨우 열한 살 때 온라인에 업로드를 시작했고, 그 몇 년 전부터 이미 유튜브와 인스타그램을 이용하면서 '영혼을 갈아 넣어' 팔로워 20만 명을 구축한 터였다. (틱톡을 시작한 이후로) "아마 영상을 매일 서너 편은 올렸을 거예요. 그렇게 해서 제 플랫폼을 구축한 거죠." 애비가 말했다. "콘텐츠를 완전 꾸준히 올려야 해요. 늘 완전 강렬하고 미친 듯한 메이크업을 선보였어요. 그래야만 그 수많은 사람들 사이에서 뛸 수 있으니까요."

충격적인 화장으로 구독자와 평판을 키워나감에 따라 위험 또한 갈수록 높아졌다. "저는 늘 제가 올리는 모든 게 막 이랬으면 했어요. '내가 본 것들 중 세상에서 가장 미친 것 같아.' 그리고 제가 그전에 올린 것보다 더 미친 것 같아야 했죠. 압박이 엄청 심했어요." 애비의 크리에이티브 메이크업은 작업하는 데 평균 다섯 시간이나 걸렸고 가장 긴 것, 즉 고급 청자를 상세하게 모사한 포토리얼리즘 도자기 얼굴 영상은 6초짜리였는데 완성하는 데 열네 시간 넘게 걸렸다.[10] 애비는 디지털로 각 얼굴의 차트를 그린 후 소품을 만들고 의상과 배경 제작을 의뢰한다. (오랜 기간에 걸쳐) "그런 일을 매일 하는 건 많은 것을 요구하죠." 내가 소셜 미디어에서 명성을 얻는다는 것에 관해 문외한들에게서 흔히 받는 오해가 있느냐고 묻자 애비는 다시 웃으며 대답한다. "그건 겨우 5분 만에 얻을 수 없어요."

사진, 시각언어를 위해 용을 쓰다

확실히 내 콘텐츠의 수준을 끌어올릴 필요가 있었다. 그래서 도움을 받기 위해 인플루언서 사진가인 마이클라 에포드_{Michaela Efford}를 찾았다. 마이클라는 수많은 런던 최대 소셜 미디어 스타들의 완벽한 스트리트 스타일 사진 뒤에 숨은, 보이지 않는 보좌관이다. 찾는 사람이 워낙 많아서 자신도 팔로워가 5만 명이 넘으며 수많은 사람들에게서 하루에도 수백 통씩 메시지를 받는다. 그중에는 사진 달력을 만들고 싶어 하는 사람도 있고 뷰티 구루 클라크Clarke, 럭셔리 패션 크리에이터 에이미 네빌Amy Neville, 그리고 '쌍둥이플루언서'인 올리비아와 앨리스Olivia and Alice 같은 급으로 올라서고 싶어 하는 인플루언서 지망생도 있다. 마이클라는 콘크리트 주차장을 배경으로 그런지 스트리트웨어 인물 사진을 찍는 일에나 패스트 패션 운동복을 입은 하이스트리트 「러브 아일랜드」 지망생들을 찍는 일에나 똑같이 성취감을 느끼지만, 마이클라(와 마이클라의 모델들)가 인스타그램에서 그토록 유명해진 것은 본드 스트리트를 활보하는, 명품을 걸친 인플루언서를 찍은 영화 스틸 같은 사진들 덕분이었다.

처음에 취미로 시작한 것이 인플루언서 친구들 사이에 마이클라의 연락처가 돌기 시작하면서 금세 눈덩이처럼 불어났다. 이제 마이클라는 쉴 새 없이 일하고 있다. "보통 하루에 두세 건을 촬영해요. 각각 다른 인플루언서들하고요. 한 시간에 의상 다섯 벌, 1주일에 6일씩 일하죠." 마이클라는 내게 말한다. 우리는 사우스뱅크에서 코벤트가든까지, 노팅힐에서 쇼디치까지 여행 가방과 탈의용 텐트를 가지고 런던을 느릿느릿 가로지르는 중이다. 최고의 고객들은 마이클라와 1주일에도 몇 번씩 촬영한다.

마이클라는 파리, 키프로스, 이비사, 그리고 모로코로 날아가 소셜 미디어 피드를 위한 콘텐츠를 만들어왔지만, 본드 스트리트는 아직도 변함없이 인기 있는 촬영지다. "디올로만 빼입은 고객들이 저를 찾아요. 그냥 상점 앞에 서서 촬영하죠." 많은 사람이 빈 쇼핑

백을 가져온다고 한다. "그 후 루이비통으로 갈아입고 길 건너편에 있는 루이비통 앞에 가서 찍어요." 상점 직원들이 무슨 생각을 할지 궁금하다는 내 말에 마이클라는 "그냥 창 너머로 우리를 빤히 쳐다보곤 해요"라고 말한다.

때로 인플루언서들은 패션 위크 개최 장소 앞에서 마이클라의 촬영을 예약한다. "저한테 이런 메시지들이 와요. '이 쇼장 앞에서 만나 얼른 사진 한 장 찍어줄래요?' 제가 그 사람들을 촬영하고 나면 다른 사진사들이 와서 또 찍어가요. 중요한 사람인 줄 알고요." 온라인에서 관심을 얻는 수법은 갈수록 더 정교해지고 있다. 몇 년 전에는 정말이지 '폼 잡는' 스타일이 선호되었다고 마이클라는 회상한다. "이제는 다들 털털해 보이고 싶어 해요. 마치 사진을 찍는 사람이 아무도 없는 것처럼요."

내 촬영을 준비하면서, 나는 모티브를 얻기 위해 오랜 시간 인플루언서들을 염탐했다. 의상 계획을 세우고 변경하고, 크리에이터에게 표본이 된 각도와 소품들을 분석하기 위해 캡처한 스크린샷으로 카메라 앨범이 넘쳐난다. 인플루언싱, 그것도 특히 라이프스타일 장르는 자체적인 시각언어를 개발했다. 부드럽고 최적화되고 출세 지향적이고 호감 가고, 플랫폼과 그 알고리즘에 적합한 것. 난 그 공식을 법의학적으로 해부하듯이 피드를 끝도 없이 샅샅이 훑는다. 오버사이즈 유틸리티 재킷, 유선형의 라이크라 사이클링 쇼츠, 무거워서 발을 들어올릴 수 없을 것 같은 두툼한 운동화…… 그리고 파헤칠수록 모든 것이 똑같아 보이기 시작한다.

2019년 〈페이퍼〉(그 몇 년 전에 킴 카다시안Kim Kardashian 커버로 '인터넷을 폭파한' 전적이 있는)는 인스타그램 인플루언서 상위 100명의 계정에 올려진 이미지를 바탕으로 합성한 '이상적 인플루언서'의 사진을 발표했다.[11] 그리고 지아 톨렌티노는 나중에 〈뉴요커〉에 기고한 에세이에서 그것을 '인스타그램 얼굴'이라고 명명한다. '얼마 안 남은 2010년대의 가장 기묘한 유산들 중 하나. 아름다움이 직업인 여성들 사이에서 하나의, 사이보그 같은 얼굴이 점차 선명해진다. 그것은 물론 젊은 얼굴로, 모공 없는 피부와 높고 두드러진 광대뼈를 가졌다. 고양이 같은 눈에 길고 만화 같은 속눈썹, 작고 매끈한 코와 풍만하고 도톰한 입술. 그 얼굴은 수줍은 듯 멍한 표정으로 당신을 응시한다. 마치 방금 클로나제팜(벤조디아제핀 계통의 향정신성 의약품 – 옮긴이) 반 알을 먹었고 당신에게 개인 제트기로 코첼라까지 태워달라고 할까 생각하고 있는 것 같다.'[12]

이것은 '인스타그램 센 언니baddie'의 보편적 미학이다. 카다시안 집안을 통해 대중화되고 전 세계와 온라인에서 모방된, 이스트코스트에서 중동까지 실제로 모든 여성을 구분할 수 없게 똑같이 만드는 경향. 각각의 개성을 에어브러시로 튀는 데 없고 보편적인 존재로 바꾸는 필러, 필터, 컨투어와 얼굴 튜닝이 만들어내는, 인종을 특정할 수 없는 예쁨.

동질적인 인플루언서 미학은 얼굴 조정에서 끝나지 않는다. 인스타그램 인테리어(환하고 밝고 특색 없고 미니멀하고 의도적으로 배경을 흐린, 그리고 콘텐츠 캡처를 염두에 두고 배치된), 유튜브 브이로거 배경(정돈된 배경과 일렁이는 촛불과 얼굴이 더 예뻐 보이도록 디자인되고 진정한 친밀성을 암시하는 동화 같은 조명), 인플루언서 패션 '착용샷'(일부는 스트리트웨어, 일부는 스포츠웨어, 일부는 스칸디나비아풍 미니멀리즘, 일부는 럭셔리, 다양한 일과를 위한 편안함과 소셜 미디어 실루엣에 맞는 세련됨을 갖춘)도 거기에 속한다. 틱톡에서는 '틱톡 보이스'가 그것이다. 경쾌하면서도 꿈같은, 매끄러운 대서양 억양으로 마음을 어루만져주는 동시에 멍하게 만드는, 몽타주 클립 위로 흐르는 전문 내레이터의 매끈한 말투와 목소리.

인플루언서 문화에서 등장한 것은 포괄적인 전 지구적 취향이다. 의식적으로 '큐레이트'되지만, 그럼에도 어쩐지 획일적이고 소비자들에 의해 재빨리 복제되거나 브랜드 페이지에 의해 리그램되는, 서로 교체 가능한 로봇들의 섬뜩한 집단.

내가 모방하고 싶었던 것은 이런 보편적 인플루언서 이미지였다. 그 모든 조건을 갖춘 완벽한 제품을 원했다. 약 600파운드를 투자한 패스트 패션 하울과 거기에 따르는 수량화할 수 없는 환경적 죄의식을 대가로 나는 스타터 팩을 채웠다. 진공 포장된 수많은 물건이 나를 '베이비'라고 지칭하는 주문장과 함께 베이비핑크색 포장에 담겨 도착했다.

며칠 지나지 않아 난 여행 가방을 끌고 노팅힐의 거리를 가로지르고 있었다. 확실히 2020년 한 해 중 가장 더운 날이었을 것이다. 집 문간을 나선 지 겨우 4분 만에 이미 땀에 흠뻑 젖어 있었다. 인조 가죽 속에서 내 몸은 마치 전자레인지 속 부리토처럼 발효되고 있었다. 난 본드 스트리트에서 촬영하자고 했지만 마이클라는 디올 뒤에서 옷을 갈아입는 건 초짜 인플루언서의 급에 맞는 활동이 아니라며 퇴짜를 놓았다. 그래서 우린 도심을 벗어난 조용한 뒷골목으로 타협을 보았다. 서부 런던의 하얗게 바랜 건물들과 돌로 포장된 거리는 실제로 인플루언서의 놀이공원이었다. 의상 사진을 찍기에 완벽한 포르토벨로의 파스텔톤 집들부터 사암 건물 배경까지, 그 동네의 건축물에는 특히 인스타그램 작품에 잘 어울리는 뭔가가 있었다. 리드미컬한 이오니아풍 기둥, 걸터앉기에 완벽한 주랑 현관, 그리고 손에 잡히지 않는 물질주의와 출세주의의 아우라.

마이클라는 신고전주의풍 현관이 늘어섰고 젊고 예쁜 엄마들이 탱크 같은 BMW 유아차를 밀며 순찰을 도는 넓은 도로로 나를 인도했다. 여행 가방을 힘겹게 끌고 가는 나를 바라보는 그 사람들의 눈빛을 보니 이 모든 광경을 이미 몇 번이고 본 게 분명했다. 2019년, 노팅힐 주민들은 〈이브닝 스탠더드〉에 자기네 현관을 멋대로 침입해 사진을 찍는 인플루언서들에 대해 불만을 토로했다.[13] 우리는 임시 이동식 스튜디오를 차리고 포장도로에 여행 가방을 내팽개치고 물병, 삼각대, 그리고 운동화를 길가에 쌓아놓았다. 내 체온은 열핵반응에 가까워지고 있었다. 눈을 잔뜩 찡그리고 태양을 바라보았다. 목덜미에 머리카락이 들러붙었다. 건축 노동자 몇 명이 거리 모퉁이에서 담배를 피우며 호기심 어린 표정으로 우리를 관찰하고 있었다. 난 그들에게 경계하는 눈빛을 보냈다. 혹시라도 누군가가 내 가까이에서 불을 켠다면 내 폴리에스테르 의상은 자연 발화하고 말 것이다.

차들이 굉음과 함께 지나갔다. 사이렌이 울렸다. 배달 라이더가 도로 위를 날았다. 난 첫 의상인 가짜 악어가죽 상의, 크롭 탱크, 그리고 비닐 바지를 매만지며 인스타그램에 올인하기로 한 내 결정을 후회하기 시작했다. 비록 브랜드 캠페인을 위한 사진 촬영에 참여해서 모델에게 지시하고 눈을 찡그린 채 모니터를 들여다보는 게 본업이지만, 직접 카메라 앞에 나서는 건 이번이 처음이었다. 옷을 둔하게 겹겹이 껴입었는데도 뭔가 불편하게 노출된 기분이었다. 나는 포장도로에 뻣뻣하게 선 채 마이클라의 지시를 인내심 있게 기다리고 있었다. 그런데 마이클라는 예고도 없이 불쑥 카메라를 들어올려 찍기 시작했다.

"아…… 여길 봐요! 어깨 위로! 올려다봐요! 돌아요! 이제 아래를 봐요!" 마이클라의 태도는 퉁명스러웠고 사무적이었다. 카메라를 손에서 달그락거리며 마치 내 개인 파파라치처럼 목을 움츠렸다. 난 엉덩이에 어정쩡하게 한 손을 얹으려 했다. 억지로 웃음을 띠며 혹시라도 아는 사람을 마주치는 일이 없기만을 기도했다. "벽에 좀 기대어볼래요?" 마이클라가 열정적으로 제의했다. "땅에 누워보면 어떨까요?"

"뭐, 그게 무슨…… 정말로 길에 누우라고요? 도랑에?"

"그럼요. 왜, 안 돼요?"

대략 600샷쯤 찍고 나자 긴장이 풀리기 시작했다. 비록 내 인스타그램에는 어울리지 않는 느낌이지만(마치 카다시안을 코스프레하는 것처럼) 환상 속의 내 모습에 더 몰두할수록 일은 더 쉬워졌다. 스타카토처럼 찰칵거리는 카메라 소리는 곧 햇살이 눈부신 오후 서부 런던의 시끄러운 거리 배경음악 속에 흐려졌다. 결국 난 땅바닥에 누워 마이클라의 열정적인 응원을 받으며 타맥 위에 몸을 쭉 뻗었다. "좋아요! 이거예요! 너무 좋아 보여요!" 언젠가부터 난 이 상황을 즐기기 시작했다. 마이클라가 탈의용 텐트를 깜빡하고 왔다며 바퀴 달린 쓰레기통과 주차된 밴 사이에 쭈그리고 앉아 의상을 갈아입어야 한다고 말해주기 전까지는 말이다.

우리의 마지막 목적지는 런던에서 가장 '인스타그래머블'한 장소이다. 특이한 칵테일만이 아니라 인스타그램에서의 부러움도 살 수 있다. 런던의 수많은 브런치와 사진 촬영용 옥탑의 온라인 색인인 〈타임아웃〉에 따르면 그렇다. 여름철에 가지가 한껏 풍성해지는, 노팅힐 거리 구석의 벚꽃나무다. 인플루언서들은 그 가지 아래서 사진을 찍으려고 줄을 선다. 제철에는 어디든 최대 30분까지 기다려야 한다. 그 아래에 서면 꽃잎 사이로 햇빛이 흘러 들어와 피부에 인스타그램 필터와 비슷한 장밋빛 광을 입힌다.

이제 난 내 가짜 정체성에 완전히 몰입되었다. 오후 내내 촬영한 덕분에 한껏 대담해져서, 마이클라에게 다른 사진을 계속 더 찍자고 재촉했다. 다른 각도로 해보죠. 위에서, 그리고 다음은 아래에서. 바짓단을 걷어 올리면 더 나아 보일까요? 목걸이를 하나 더 할까요? 셔츠 대신 오프숄더 같은 걸로 갈아입을까요?

집주인이 도착하면서 우리의 촬영은 중단되었다. 여자는 자기 주차장에 놓인 내 여행 가방을 향해 차를 후진시켰다. 반려견과 딸, 그리고 테니스 라켓을 내려놓으면서, 여자는 우리를 향해 지친 표정을 지어 보였다. 이제는 짐을 꾸려야 할 시간이다. 마이클라는 본드 스트리트로 가야 한다고 했다. 오늘 내로 어떤 인플루언서와 브랜드 콜라보를 위한 새 의상 두 벌을 찍어야 한다나. 지하철역을 향해 터벅터벅 걸어가면서, 우리는 반대 방향에서 오는, 우리와 똑같은 일을 하고 있는 게 분명한 인플루언서 몇 명과 마주쳤다. 스트리트웨어를 입고 마이크로 삼각대를 든 남자아이들 한 무리, 하이힐 부츠를 신고 디올 새들백을 들고 비틀거리며 지나가는 여자아이 둘. 공통의 취미로 결합된 우리는 서로에게 눈길을 주고 이심전심의 미소를 주고받았다. 난 이제 그들 중 하나다.

집으로 돌아와 납처럼 무거운 다리를 내려놓으며 폴리에스테르 포장의 바다에 둘러싸여 내 오후를 돌아보았다. 땀투성이가 되어 여행 가방을 끌고 런던을 종횡무진하고 CCTV를 피해 쓰레기통 뒤에 쪼그려 앉아 옷을 갈아입는 멋지지 않은 현실은 화면에서 본 인플루언서 라이프스타일과 달랐다. 그 모든 노력의 결과가 겨우 유통기한 며칠짜리 포스트 몇 개라고 생각하니 너무 비효율적으로 느껴졌다. 나에게 촬영은 단편적인 경험이었지만 마이클라의 고객들은 1주일에 평균 세 번씩 그 길에 나서서 자신의 팔로워와 알고리즘을 만족시키기 위한 새로운 룩, 의상, 그리고 하울을 토해내고 있다.

그날 저녁 늦게 마이클라가 밀착 인화지를 보내주었다. 우리가 오후에 촬영한 사진이 모자이크 형태로 담긴 72쪽짜리 PDF였다. 그 사진들 속에서 난 렌즈를 피해 장난스럽게 얼굴을 가리고, 어떤 보이지 않는 동행과 대화하기 위해 선글라스를 위로 들어올리고, 어깨를 으쓱하고, 등을 돌리고, 마치 지켜보는 사람이 없는 것처럼 땅을 응시하고 있었다. 온라인의 보편성에 납작해진 내 모습은 스스로도 알아보기 힘들 정도였다. 사진 속의 사람은 누구라도 될 수 있었다. 심지어 인플루언서일 수도 있었다.

인화지를 자세히 살펴보다가 가장 잘 나온 사진들은 포즈를 가장 덜 취한 것임을 깨달았다. 내가 시도한 것들은 오로지 내가 얼마나 용을 써야 했는가를 부각시키기만 했다. 그냥 내가 전혀 애쓰고 있지 않은 것처럼 보이는 그 몇 장 안 되는 사진을 포착하기 위해 우리가 수천 장의 사진을 찍어야 했다는 사실을.

인스타그램에 사진을 올릴 순간이 되자 난 갑자기 수줍어졌다. 내 인플루언서 실험은 풍자적으로 시작되었지만, 더 오래 지속할수록 확신은 사라져갔다. 소셜 미디어의 스펙터클에서 내 객관적 평가와 주관적 참여 사이의 간극은 업로드를 할 때마다 무너지고 있었다. 내가 누구인가와 내가 누구인 척하고 있는가의 경계선에서 맴돌면서, 난 더 이상 어디서 연구가 끝나고 현실이 시작되었는지 알 수 없게 되었다. 하지만 어쩌면 그게 날 다른 무엇보다 더 인플루언서로 만들었는지도 모른다.

에이전트와 화면 뒤에서 일하는 사람들

인플루언서로서 언제 '성공했는지' 정확히 파악하는 건 어려울 수 있다. 그건 공식적으로 주어지는 직함이 아니고, 확고한 정의가 내려지는 것도 아니다. 그러나 중요한 단계 중 하나는 에이전트로부터 연락을 받는 것이다. 어떤 창조적 산업에서든 대리인이 생긴다는 것은 지위와 성공의 지표다. 하지만 인플루언싱의 경우 지위는 직업인 동시에 그 자체로 목적이다. 이는 특히 진실이다. 비록 남의 도움 없이 커리어를 일굴 수는 있지만, 화면 뒤의 팀 없이 자리 잡은 인플루언서는 드물다. 혼자 운영하는 데는 한계가 있다. 스스로 브랜드 파트너십을 따오거나 대기업의 법률 부서와 혼자 언쟁한다고 생각해보라. CAA나 WME 같은 전통적 거물 소속사는 이제 A급 배우와 최고의 유튜브 스타를 함께 관리한다. 다른 미디어 거물들 또한 한몫 끼고 있다. 루퍼트 머독의 뉴스 UK는 2019년에 인플루언서 에이전시를 열었다.

팔로워가 겨우 600명인 나는 대리인이 생기려면 아직 갈 길이 멀지만, 내 장래 전망을 전문가에게 상담한다고 딱히 해로울 것도 없다고 생각했다. 내가 성공하려면 뭐가 필요한지, 그리고 화면 뒤에서 정확히 어떤 일이 일어나는지를 좀 더 잘 이해할 수 있지 않을까 하는 희망을 품고 런던에서 가장 알아주는 인플루언서 에이전시 몇 곳에 이메일을 돌렸다. 놀랍게도 내가 존경하는 한 에이전트가 인터뷰를 해주기로 했다. 단, 자신의 평판을 보호해야 하니 익명을 유지해달라는 조건이었다. 그 에이전트는 평판이 엄청난데다 빡빡한 스케줄에 유튜브 미용 구루, 맘플루언서, 그리고 「러브 아일랜드」졸업자를 포함한 여섯 자리 숫자 스타들의 눈부신 고객 명단을 자랑하는 사람이었다. 난 인플루언서가 되려는 내 시도에 대한 그녀의 반응을 알 수 있어서 기뻤다.

하지만 일은 순조롭게 흘러가지 않을 모양이었다. 난 장소를 잘못 찾는 바람에 해크니를 도로 거슬러 가야 했다. 우리가 결국 운하 외곽의 커피 전문점 앞에서 만났을 때, 난 무척이나 지쳐 있었다. 왜소한 체구와 태닝한 피부에 완벽한 꾸밈을 갖춘 에이전트는 한쪽 겨드랑이에 아주 작은 티컵 강아지를 끼고 줄 선 사람들을 쓱 지나쳐 카페로 들어가더니 직원과 오랜 친구처럼 인사를 나누었다. 우리는 즉시 테이블로 안내받았다.

주문을 마친 후 나는 헛기침을 하고 첫 질문을 꺼낼 준비를 했지만, 에이전트는 그러거나 말거나 곧장 본론으로 들어갔다. 자신의 주장에 더욱 힘을 싣기 위해 손바닥을 탁자 위에 쫙 펴서 붙인 채. "봐요, 난 DM과 이메일을 매주 10~12통은 받아요. '인플루언서가 되고 싶어요' 하는 내용이죠. 대부분이 아주 어리고, 겨우 열두 살이나 열세 살밖에 안 된 애들도 있어요. 요즘엔 모든 사람이, 그러니까 정말 모든 사람이 인플루언서가 되고 싶어 해요." 10대 여자애들, 표시가 제한된 발신번호, 아내 대신에 전화한 남편들, 딸을 데려온 엄마들…… 모두가 그녀를 찾는다. "다들 사실 팔로워층이 탄탄해요." 탄탄하다는 것은 25만 명 정도라는 뜻이다. "당신의 강점은 뭐죠? 당신의 틈새시장은 뭐죠? 당신이 저기 내 앞에 서 있는 다른 모든 망할 것들보다 더 두드러지는 점이 뭐죠?" 난 적절한 응답을 찾아 애써 머리를 굴렸지만 내가 한마디도 꺼내기 전에 에이전트는 이미 다음 주제로 나아간 후였다.

좀 더 나이 든 소셜 미디어 스타들은 어쩌면 돈 때문에 이 업계에 발을 들여놓았을지 몰라도 새로 유입되는 층은 오로지 하나만 좇는다고 에이전트는 말한다. "명성, 명성, 명성이죠." 소셜 미디어 이전의 옛 시절, 그녀가 텔레비전 쪽에서 일하던 시절에 흔히 들은 말은 '전 텔레비전 진행자가 되고 싶어요'였고, 지금은 인플루언서가 그런 선망의 대상이 되었다. "대중문화에서 꾸준히 제기되는 핵심 질문이 두 가지 있어요. 하나, 킴 카다시안의 실제 직업이 뭐지? 그리고 둘째, 내가 어떻게 인플루언서가 되지?" 난 에이전트가 그냥 답을 말해주길 바랐다. 하지만 물론 그리 쉬울 리가 없었다. "한 명의 인플루언서는 하나의 브랜드예요. 하지만 '난 브랜드를 갖고 싶어요' 한다고 브랜드가 생기는 건 아니죠. 스스로 브랜드를 구축하고, 브랜드를 위한 직원과 로고와 올바른 컬러 스펙과 사무실을 갖춰야 하고, 브랜드에 세금을 지불해야 해요. 그냥 '난 인플루언서가 되고 싶어요' 한다고 되는 게 아니에요. 정말 말도 안 되지 않아요? 프로답지 못함 그 자체죠." 여기가 바로 그녀가 개입하는 지점이다.

겨드랑이에 조그만 강아지를 끼고 내 맞은편에 앉아 블랙 아메리카노를 홀짝이며 반짝이는 검은 매니큐어로 아이폰을 훑어 내리는 이 사람은 자신의 인스타그램 고객들과 똑같은 부류다. 어쩌면 내 묘사가 허풍스러운 캐리커처 같을지도 모르지만, 사실 난 그녀의 기지와 솔직함에 즉각적인 호감을 느꼈다. 에이전트는 열변을 토하고 눈동자를 굴리고 약삭빠른 웃음을 지으며 브랜드와 다른 에이전시를 헐뜯는다. 그리고 날카롭게 내뱉는다. "그건 적지 말아요!" 내가 대화의 방향을 잡아야겠다고 생각하는 순간, 에이전트는 내 말을 끊고 다른 주제로 넘어가거나 녹음기를 켜고 음성 메모를 기록하거나 내가 답할 수 없는 수사적 질문을 던져서 정신을 쏙 빼놓는다.

대화하는 동안 에이전트는 주기적으로 탁자 너머로 내게 자신의 휴대전화를 내밀어 보이며 자신이 '홀딱 빠진' 인플루언서들을 보여준다. (고객 명단의 모든 사람이) "굉장해요." 가장 최근에 계약한 고객들이 '요즘 내가 세상에서 가장 좋아하는 사람'이다. 에이전트는 야단스러운 동시에 직설적이다. 최근 그녀에게 전화해 자기 아내의 팔로워를 키워줄 수 있느냐고 부탁한 남자에게 이렇게 말한 것만 봐도 그렇다. "'우리 에이전시는 사람들을 훈련시키려고 있는 게 아니에요. 그건 우리 일이 아니에요……. (난 그 남자한테 그렇게 말했죠.) 난 댁이 누군지 관심 없어요. 댁의 부인이 누군지 관심 없어요.' 그랬더니 전화를 뚝 끊더라고요! 빌어먹을, 이 이야기는 책에 실어도 돼요. 진짜로요."

어쩌면 너무 냉담하게 들릴지도 모르지만, 그게 본질이다. 무자비한 판단과 가혹한 결정은 그 업계의 업무다. 인플루언서 삶의 표면이 재미있어 보이게 하는 임무를 맡은 팀이 지칠 줄 모르고 일하는 동안, 그 밑에서는 요구가 많고 무자비한 용병 작전이 진행 중이다.

워너비로 넘쳐나는 세상에서 그녀는 어떤 인플루언서를 택할지 어떻게 고를까? 물론 '수치'가 존재한다. 상세한 분석 없이는 누구와도 계약한 적이 없다고 한다. (하지만 결국) "핵심은 분위기예요. 거기에 과학은 없어요." 이따금 대형 브랜드로부터 아직 대리인이 없는 인플루언서를 추천받기도 하고, 아니면 눈여겨보던 사람에게 직접 연락하기도 한다. 한번은 어떤 패션 인플루언서가 파는 점퍼를 사 입은 후 그 패션 인플루언서와 계약한 적도 있다. "이렇게 생각했죠. 음, 그 여자가 날 설득했다면 거기엔 뭔가가 있어."

승리 공식은 하나로 콕 집어 말할 수 없는 태도, 직업윤리, 일관성, 그리고 창조 능력의 혼합물이다. 과거 수행과 미래 잠재력의 균형이랄까. "난 자신에게 생각해요. 수다스러운 여자 영업 사원들과 게이들이 뭘 보고 싶어 할까?" 일단 발을 들이면 비로소 실제 노동이 시작된다. 아마추어에서 에이전트를 갖게 되는 것은 '거대한 이행'이다. 우선 시작은 브랜드 이해관계의 엄격한 '급'을 결정하고, 12·18·36개월 단위의 성장 플랜을 개발하고, 콜라보를 제의하는 수천 개 브랜드의 요구사항과 인플루언서를 짝짓는 것이다. 그 후에는 인플루언서를 대신해 공격적인 협상을 시작한다. "전 이러죠. 좋아요, 돈을 두 배로 올려요." 이런 서비스의 대가로 에이전트는 철저한 헌신을 요구한다. "전 제 모든 고객에게 이렇게 말해요. 이 일을 하고 싶으면 당신 일에 집착하라고요."

집착이라 함은 무엇보다도 24시간 뉴스 사이클에 대한 헌신을 뜻하는 듯하다. "인플루언서 한 사람 한 사람은 모두 자체적인 텔레비전 채널이에요. 방송 중단은 없어요. 그걸 콘텐츠로 채워야 해요. 「에머데일Emmerdale」, 「코로네이션 스트리트Coronation Street」를 내보내고 두 시간 동안 쉰 후 뉴스, 하는 식이 아니죠." 아마추어 때와 달리 이제는 오프라인 사회생활에 작별을 고해야 한다. 스마트폰이 없는 가족 모임은 존재하지 않는다. "가족, 친구들과 함께 있을 때도 줄곧 휴대전화를 손에 쥐고 콘텐츠를 만들고 있어요. 예외는 없어요. 그게 돈을 버는 방법이에요." 그녀는 고객들에게 매일 어느 정도의 업로드 분량을 요구할까. 나는 궁금하다. 에이전트는 잠시 생각한 후 대답한다. "두 시간마다 새로운 뭔가가 올라오지 않으면 난 걱정될 거예요."

에이전트와 인플루언서의 관계는 지극히 개인적이기도 하다. 에이전트는 고객들의 '어머니, 유모, 할머니, 언니, 친구'다. 모든 고객과 적어도 매일 한 번은 통화하고, 그들이 뭘 필요로 하고 욕망하며 두려워하는지를 밀접하게 파악한다. 그냥 고객들을 띄우는 것만이 아니라 철저히 솔직해지는 것이 핵심이다. 그리고 너무 떠 있다 싶으면 다시 가라앉혀야 한다. "이건 콜라보예요. 쇼의 주인공은 당신이 아니에요. 주인공은 브랜드죠. 그걸 존중하든가, 그게 싫으면 떠나야 해요." 에이전트는 또한 필수적으로 고객들이 매일매일 필요로 하는 감정적 지원자 역할을 한다. 산업이 개인들에게 지우는 압박을 논의하는 대목에서 에이전트는 냉소를 버리고 진지해진다. "비판을, 질투로 인한 괴롭힘과 악플을 많이 봐왔어요. 너무 끔찍한 수준이에요. 다들 신경쇠약에 걸려 있죠. 물론 좋은 점도 없지 않아요. 딱히 노동을 하지 않으면서 막대한 돈을 버는 거죠."

내가 이 모든 게 꽤 극단적으로 보인다고 조심스럽게 말하자, 에이전트도 동의한다. "봐요, 여긴 거친 세계예요. 인플루언서가 된다는 것은 팔로워들을 즐겁게 하는 삶을 살겠다는 계약을 맺는 거예요. 팔로워들에게 그런 빚을 지는 거죠. 이건 계약 사항이에요. 사람들은 당신을 팔로우하고, 언팔할 수도 있어요. 거기다 막후의 협상 조건은 장난 아니죠."

그 말이 무슨 신호라도 되는 듯 휴대전화가 울리고 에이전트가 전화를 받아 말한다. "안녕, 예쁜이. 괜찮아요?" 발신자는 마침 그날 아침 내 피드에 뜬 인플루언서다. 팔로워가 수백만 명에 이르는 초인기 뷰티 구루로, 지금은 임신 막달이다. 에이전트는 입모양으로 내게 그 인플루언서가 진통을 시작했다고 알려준다. 내가 잠시 상황을 이해하지 못하고 어리둥절해하는 동안 에이전트는 재빨리 능숙하게 대화를 시작해 현재 협상 중인 '거대한' 브랜드 파트너십을 상세히 설명한다. "그래서 내가 말했죠. 절대적으로 어림없어. 전혀 안 돼…….”

군이 귀 기울이지 않아도 세부 사항이 저절로 귀에 들어온다. 난 이 초인기 인플루언서가 브랜드 협상을 마무리하는 동시에 아기를 낳고 있다는, 그러면서 에이전트와 휴대전화로 통화하고 있다는 엄청난 현실에 약간 얼이 빠진다. 그것도 하필이면 그 에이전트가 나와 대화하는 도중에 말이다. 하지만 에이전트는 전혀 당황한 기색이 없다. 이건 확실히 정상을 차지한 인플루언서로서의 삶에 관해 우리가 알아야 할 전부다. 하고 싶은 일을 하고 싶을 때 언제든 자유롭게 하기는커녕 내 삶은 더 이상 내 것이 아니게 된다. 스케줄은 눈코 뜰 새 없이 빡빡하고 경계는 유동적이며 나만의 공간은 사라진다. 나는 기업이고 브랜드인 동시에 개인이다. 직원, 매니저, 에이전트, 고객, 콜라보레이터, 그리고 팔로워라는 위성들이 나라는 항성을 지속적으로 공전하고 있다. 마침내 휴대전화를 내려놓은 에이전트는 미안해하는 미소를 짓고 이렇게 말했다. “봤죠, 이게 인플루언서의 삶이에요.”

난 그걸 재확인하기 위해 다시 애비 로버츠를 찾았다. “처음 겪을 때는 기가 꽉 질리죠. 특히 수많은 틱톡 스타는 이제 처음 조명을 받기 시작한 어린애들이니까요.” 애비는 ‘성공한다’는 게 어떤 거냐는 내 질문에 이렇게 답한다. “정신적으로 무척 견디기 힘들 수 있어요. 그렇게 많은 압박과 그렇게 많은 눈길을 받으면요. 전 무척 힘들었어요.” 이제 확실히 자리를 잡은 애비는 자신을 유명하게 만든 일들은 거의 하지 않는다. “전략, 계획, 비즈니스 업무, 회의에 가서 앉아 있기, 매니지먼트와 PR과 홍보팀과 함께 기획하기, 뭐 그런 것들이죠." 애비는 잠시 말을 멈춘다. "솔직히 말해 끝이란 게 존재하지 않는 스케줄이에요."

1,700만 명의 팔로워를 가진 지금에야 애비는 가차 없는 포스팅 주기에서 벗어나 자유롭게 휴식을 취할 수 있다고 느낀다. "제 플랫폼이 이제는 충분히 커서 업로드를 하지 않고도 하루 이틀쯤은 유지되는 지점에 도달한 것 같아요." 애비가 말한다. "가끔씩, 그러니까 하루나 이틀쯤은 쉴 수 있어요." 애비와 같은 영국 출신의 틱톡 스타인 홀리Holly H는 2019년 〈선데이 타임스〉와의 인터뷰에서 업로드를 하루만 거르면 팔로워들이 자기가 죽었을까봐 걱정한다고 말했다.[14] "내 팔로워들은 (내가 쉬는 걸) 이해하고 수용해요." 애비는 내게 말한다. "최근 정신 건강과 관련해서, 그리고 그게 인플루언서들에게 어떤 영향을 미치는가에 관련해서 논의가 더 많이 이루어졌어요." 애비는 아직도 때로는 스위치를 끄고 일과 삶 사이에 선을 긋는 걸 힘들어한다. "전 일하고 있을 때 소셜 미디어에 접속해 있어요. 일하고 있지 않을 때도 소셜 미디어에 접속해 있고요."

소셜 미디어 스타가 된 후 삶이 어떻게 바뀌었느냐는 내 질문에 애비는 잠시 침묵에 잠긴다. "그러니까, 가능한 모든 면에서 바뀌었죠." 애비는 집 근처의 들판에서 사진을 찍음으로써 첫발을 내디뎠다. 이제는 A급 스타들과 함께 일하면서 팬 미팅을 열고 항공편으로 페스티벌에 참석하고 자신의 이름을 단, 정기적으로 매진되는 상품 라인을 출시한다. 집 문간을 나설 때마다 수많은 사람들이 모여든다. "록다운이 다소 완화됐을 때 크리스마스 쇼핑을 하러 나갔어요." 애비는 회상한다. "하이스트리트는 아주 미쳤더라고요…….

들어가는 모든 상점마다 사람들이 연달아 절 알아보고…… 그런데 코로나 때문에 애초에 사람이 많지도 않았거든요. 그러니까 막, 다들 다시 밖으로 쏟아져 나오면 얼마나 난리가 나겠어요?" 애비는 현재 로스앤젤레스로 이사하고 싱글을 내기 위해 준비 중이다. "전 뭐랄까, 단순한 소셜 미디어 인플루언서에 멈추지 않고 다각화하려 노력하고 있어요." 하지만 애비는 곧바로 자신이 절대 이 업계를 완전히 떠나지 않을 것임을 인정한다. "전 늘 옮겨갈 또 다른 소셜 플랫폼을 찾고 있어요."

누구나 스타가 될 수 있지만…

난 결국 예상치 못했던 바이럴을 타게 된다. 자막을 만들고 브이로그를 올리느라 몇 달을 보냈는데, 막상 틱톡에서 폭발적인 반응을 얻은 것은 즉흥적인 6초짜리 영상이다. 유행하는 밈에 편승해 올바른 필터를 찾고 찍고 편집한 후 영상을 올리기까지는 고작해야 몇 분밖에 걸리지 않는다. 그 후 난 휴대전화를 내려놓고 금세 그 모든 걸 잊어버린다. 그리고 몇 시간 후 집어든 휴대전화는 알림으로 폭발 직전이다. 심장이 덜컥 내려앉는다. 1만 명도 넘는 사람이 내 영상을 보았고, 새로고침을 할 때마다 조회 수가 깜빡이며 상승한다. 몇 시간이 지난 후에도 숫자는 여전히 올라가고 있다. 댓글이 꾸준히 들어오고 팔로워가 들러붙는다. 그 후, 수치는 2만 4,000회를 조금 넘어서 멈춘다. 난 화면을 손으로 긁으며 조회 수가 올라가라고 주문을 외운다. 어느새 난 수천 명이 내 영상을 보고 있다는 데 불안해하기보다 숫자가 더 올라가지 않음에 실망하고 있다.

같은 시기에 틱톡에서 나도는 다른 밈이 있다. 진지한 목소리가 보이스오버로 흐른다. '문화적 리셋이었다.' 그리고 배경으로 대중문화의 상징적 순간을 담은 스크린샷이 지나간다. 패리스 힐튼Paris Hilton의 '가난 좀 그만해STOP BEING POOR' 티셔츠, 가십 걸의 정체가 댄 험프리Dan Humphrey로 밝혀진 것, 2015년 멧 갈라의 계단에서 넘어지는 제이슨 데룰로Jason Derulo를 찍은 거라고 주장하는 바이럴 영상……. 하지만 이 밈은 단순히 플랫폼 그 자체에도 적용될 수 있다. 내가 유튜버 훈련 캠프에 가입해 인플루언서가 되기 위한 여정을 떠난 이후로 과녁은 움직였고 인플루언스의 규칙들은 재설정되었다. 신세대 스타들이 등장했고 인플루언스의 계급과 규칙들이 무너졌으며 내가 들인 그 모든 고된 노력은 무의미해졌다. "틱톡의 인기는 훨씬 더 위력적이에요. 훨씬 급속하고 그 정도가 엄청나게 더 커요." 애비가 말한다. "그건 말 그대로 하룻밤 새 일어나요. 정말이지 다른 플랫폼하고는 전혀 다르다니까요."

틱톡 덕분에 인플루언서의 성공 측정법이 재조정되면서 바이럴은 평가 절하되었다. 틱톡에서 바이럴의 요소가 뭔지는 아무도 확실히 모르지만, 그게 핵심 목표라는 것은 모두가 확신한다. 2만 5,000회라는 내 조회 수는 간에 기별도 안 가는 수준이다. 인플루언서 여행과 브랜드 공짜 선물은 먼 꿈에 불과하고, 플랫폼 자체의 표준에 따르면 내 포스팅들은 미미한 성과밖에 올리지 못했다. 알고리즘에 그 모든 노동과 시간을 투자했는데, 막상 별생각 없이 가볍게 올린 것이 성공했다는 사실도 은근히 짜증스럽다. 난 아직 인플루언서가 되지 못했지만 실은 그럴 필요도 없다. 내가 누린 15초의 명성은 단순히 소셜 미디어의 영향력을 좇는다는 것이 손에 잡히지 않는 목표임을 확인시켜줄 뿐이었다.

인플루언싱은 누구나, 모두가 스타가 될 수 있다는 뜻이다. 바로 이 잠재력과 가능성이 그 산업의 핵심 유인이다. 성공의 비결은 언뜻 아이폰으로 버튼 몇 개를 누르는 게 전부인 것 같다. 적어도 바깥에서 보기엔 말이다. 하지만 내가 직접 인플루언서의 꿈을 실현하려고 노력해본 결과로 내게 남은 건 처음 시작했을 때보다 겨우 한 줌 더 늘어난 팔로워, 그리고 성공이라는 것의 엄청난 복잡성과 상황에 대한 모호한 개념뿐이었다. 주의 깊게 계산된 전략과 오랜 시간에 걸친 최적화는 이 모든 노력의 결과를 예측 불가하게 만드는, 알 수 없는 알고리즘의 변덕과 균형을 이룬다. 명확해지는 것은 인플루언스라는 상업적 기계의 요구사항이 갈수록 늘어나기만 한다는 것, 그리고 심지어 꼭대기에 있는 사람들조차 자리를 지키려면 각고의 노력을 해야 한다는 것이다. 일단 직업적 크리에이터로 성공하고 나면 인플루언서에 대한 요구는 오로지 증가하기만 한다는 사실을 깨닫게 될 것이다.

4

하이프 하우스,
#이상적관계,
그리고 키드플루언서들
온라인에서의 삶은 어때?

복숭앗빛 하늘을 배경으로 야자수가 액자처럼 테두리를 두른 로스앤젤레스 옥탑 테라스의 어느 무더운 저녁. 똑같이 차려입고 머리를 늘어뜨리고 펑퍼짐한 운동복 상의를 입은 10대 여섯 명이 마치 2000년대 보이밴드처럼 대형을 이루어 서 있다. 이윽고 최면을 거는 듯한 싱크로로 몸을 흔들기 시작한다. 배경음악(고등학교 치어리딩용 음악과 나른한 R&B 가사의 리믹스)의 비트가 빨라지고 댄스 스텝은 날카로운 턱선과 리드미컬한 사지가 전부 하나로 흐려질 때까지 속도를 높인다. 갑자기 비트가 뚝 떨어지고 아이들은 예고도 없이 펄쩍 뛰어 서로에게서 멀어진다. 웃음을 터뜨리며 촬영하기 위해 바닥에 세워놓은 휴대전화를 넘어뜨린다. '좋아요' 1만 8,200개.

우리는 콘크리트, 유리, 그리고 1980년대풍 고사리무늬로 이루어진 모더니즘 양식의 아파트 단지 앞에 있다. 머리를 반쯤 밀고 사슬 허리띠를 두르고 귀걸이를 댕그랑거리는 10대 남자아이가 도색된 수영장 앞에 서 있다. 그 뒤에서는 인피니티 폭포가 천천히 원을 그린다. 음악이 흘러나오자 아이는 몸을 흔들고 튕기고 꼬고 팔다리를 마구 내뻗고 엉덩이를 돌리기 시작한다. 춤을 반쯤 추었을 때 난데없이 선명한 빨간색 수영 트렁크를 입은 몸뚱이가 하늘에서 뒤편 수영장으로 떨어져, 아이와 카메라에 물보라를 튀긴다. 아이는 당황하지 않고 완전히 옷을 입은 채 백텀블링으로 수영장에 입수하지만, 영상은 우리가 아이가 수면에 충돌하는 것을 보기 전에 끊긴다. 팔로워 5만 3,000명.

영국 시골 어딘가에 있는 넓은 튜더 장원의 화려하게 장식된 거대한 욕실. 중앙에는 꼬마전구로 둘러싸인 커다란 욕조가 놓여 있다. 그 옆에 서 있던 검은 타이를 맨 사람이 우유 1갤런을 욕조에 따른다. 카메라는 욕조를 향해 다가간다. 욕조는 가장자리까지 우유로 찼고 장미꽃잎이 뿌려져 있다. 반짝이는 진줏빛 액체 속에서 폭포수처럼 쏟아지는 금발을 가진 젊은 여자가 칵테일 드레스를 입고 스파이크가 박힌 망사 발라클라바로 머리통을 완전히 뒤덮은 채 등장한다. 라비린스Labrinth의 노래(10대를 대상으로 한 컬트 드라마 「유포리아Euphoria」의 사운드트랙)가 크레센도로 치솟을 때, 여자는 서서히 마스크를 벗어 정체를 드러내고 카메라를 향해 윙크를 한다. 조회 수 5,530만 회.

틱톡 하이프 하우스의 삶에 오신 것을 환영한다.

내가 묘사한 장면은 모두 크리에이터 하우스에서 촬영된 각 15초짜리 영상으로, 전체 조회 수가 7,000만 회를 넘는다. 크리에이터 하우스는 청소년 메가 인플루언서들이 공동생활을 하면서 일하고 운동하고 잠자고 서로 사귀고 싸우고 재산을 축적하는 거대한 대저택이다. 그들의 영상은 모두 수백만 명의 팬을 위해 찍히고 편집되어 그 저택 거실의 디지털 확장판이라 할 합동 계정에 업로드된다.

몇몇 틱톡 영상은 10대의 꿈을 현실로 살아가는 하이프 하우스 주민들을 보여준다. 파티를 열고 비어퐁 게임을 하고 스케이트보드를 타고 수영장에 빠지고, 정교한 농담이나 괴짜 같은 무대 세트에 돈을 쓰고…… 그런가 하면 좀 더 일상적인 영상도 있다. 하우스메이트들이 칫솔질을 하고 포장된 배달 음식을 먹고 빈둥대거나 정면을 향해 카메라와 대화하는 것들이다.

아이폰으로 그런 영상을 스크롤하다 보면 그 매력이 뭔지 알 것 같다. 하이프 하우스는 리얼리티 텔레비전에 대한 소셜 미디어의 응답이다. 아무런 구속도 없이 두둑한 지갑만 가진 하우스메이트들이 벌이는 인간판 심즈 게임. 중독성 있는 15초짜리 스냅샷을 통해 그들의 매일 일상에 빠져드는 것은 너무도 쉽다. 확실히 나 혼자만 그런 것이 아니다. 하이프 하우스라는 포괄적 별명의 근원인 최초의 틱톡 콘텐츠 하우스 @thehypehouse는 팔로워가 2,000만 명 이상인데, 이는 「빅 브라더」의 최전성기 시청자 수의 네 배 이상이다. 그들에 관한 넷플릭스 쇼가 제작 중이다(8부작으로 제작되어 2022년부터 넷플릭스를 통해 볼 수 있다 – 옮긴이).

하이프 하우스는 디지털 세대의 '대저택'이다. 인터넷에서 가장 인기 있는 콘텐츠 크리에이터들을 위한 남학생 클럽 회관이랄까. 그들은 경력과 평판을 쌓고 제품을 매진시키고 수익성 높은 브랜드 파트너십을 달성하고, 젊은 팔로워 수백만 명을 위한 끝없는 가십의 원천을 제공하는 것으로 유명하다. 팔로워들은 하우스메이트들의 방, 루틴, 그리고 사귀는 상대에 관해 마치 자기 일인 양 익숙하다. '모두가 속하고 싶어 하는 유일한 친구 그룹.' 베벌리힐스에 위치한 채광 좋은 콘텐츠 하우스의 휑뎅그렁한 복도에서 10대들이 백텀블링을 하는 영상 아래에 달린 수천 개의 열정적인 댓글 중 하나다. '나한테 초대장 좀 보내줘요!!!!'

팬들은 하이프 하우스에서 일어나는 일들에 온 관심이 쏠려 있고, 그 입주자들이 마치 디지털 세상 속의 자기 친구 무리인 양 그들의 현재 상태를 속속 중계한다. '맙소사! 누구 또 딕시가 뒤쪽 계단을 올라가는 걸 본 사람?', '잠깐, 난 너희가 어울리는 걸 어제 이미 본 것 같은데'. 그런가 하면 한 시청자는 그들 중 한 명이 나선형 계단 난간을 미끄러져 내려오는 영상에 '얘들은 학교 안 가?'라는 댓글을 달았다. '누구, 얘들 부모님이 어디 있는지 알아요?'

원조 하이프 하우스가 2019년 12월 할리우드 힐스에 처음 문을 열었을 때, 몇몇 신문에서 기사로 다뤄졌다. 그 스페인풍 맨션은 브라이스 홀Bryce Hall, 애디슨 래Addison Rae, 찰리 다멜리오, 그리고 '릴 허디Lil Huddy' 허드슨Hudson을 포함한 틱톡의 가장 큰 스타들 중 20명의 본거지가 되었기 때문이다. 홀치기염색을 하고 운동복을 입은 풋풋한 얼굴의 이들 10대는 수억 명의 팔로워를 가지고 있다.

곧 한 무리의 다른 따라쟁이들copycats(알고리즘으로 생성된 디즈니 채널 스핀오프처럼 들리는 이름을 가진)이 로스앤젤레스 전역에 등장하기 시작했다. 스웨이 하우스Sway House, 클럽하우스Clubhouse, 알파 하우스Alpha House, 허니 하우스Honey House, 드립 크립The Drip Crib, 걸스 인 더 벨리Girls in the Valley, 팩토리The Factory, 볼트The Vault. 그 후 몇 달 사이 그 현상은 해외로도 수출되었다. 영국의 바이트하우스ByteHouse와 웨이브 하우스Wave House, 스페인의 더 제트 하우스The Jet House, 더블린의 GOAT('greatest of all time') 하우스. 러시아에는 클럽하우스의 스핀오프가 나타났고 멕시코의 한 빌라에서는 또 다른 그룹이 한데 뭉쳤다. 어찌나 많은 틱톡 하이프 하우스가 급속히 연달아 나타났는지, 그들은 금세 스스로를 패러디하게 되었다. '낫 어 콘텐트 하우스Not a Content House'와 '아무도 요청하지 않은 하우스The House That Nobody Asked For'.

데비언 영Devion Young은 개중 드립 크립의 창립자이자 수장이다. 로스앤젤레스 토박이인 데비언은 비록 스물다섯 살로 젊지만 이른바 '영향력 산업clout industry'에서의 경력이 이미 10년에 가깝다. 수십만 명의 팔로워가 그 사실을 입증한다. 데비언의 이력은 연예계의 업계 소개 책자를 방불케 한다. 고등학교 시절에 이미 마케팅 에이전시를 차렸고, 보이밴드를 결성하고 투자자를 설득해 자신이 키우려 하는 밤 문화 촉진 사업에 도움이 될 모델 아파트를 열기 위한 투자를 받기도 했다.

데비언이 내게 전화를 걸어온 것은 늦은 시간이다. 지금은 마이애미에 가 있는데, 그곳에서 새로운 하우스를 시작하고 자신의 크루crew가 출연하는, 곧 공개될 리얼리티 텔레비전 쇼를 마무리하느라 바빴다고 한다. 목소리는 따뜻하고 명랑하다. 막힘없는 달변에다 연예계 종사자답게 유명 인사의 이름이 대화 중간중간에 자연스럽게 등장한다. "우리는 지금 그 브랜드에 60명이 있어요." 데비언은 열변을 토한다. "막 유럽에 드립 크립 하우스를 하나 열었어요. 우리가 막, 그것에 관해 포스팅을 한 날 이미, 막 이탈리아 타블로이드랑 가십 사이트랑 그런 데에 올라갔어요. 미쳤죠."

데비언은 하이프 하우스의 성공과 그 구성원이 압도적으로 백인이라는 비판을 눈여겨본 후 드립 크립을 창립했다. '화학작용과 분위기 같은 것들'을 기반으로 하우스메이트를 직접 골랐다. 물론 인스타그램의 15만 팔로워를 대상으로 올라가는 일련의 광고를 통해 수익을 올릴 수 있을 만한 잠재력도 포함되었다. 그들은 곧장 입주했다. 호화 주택 임대회사인 마이몬 그룹The Maimon Group은 드립 크립 저택(약 368제곱미터의 면적에 온수 욕조, 인하우스 살롱, 100병들이 포도주 냉장고, 그리고 샹들리에와 황금 변기가 딸린 욕실을 갖춘 로스앤젤레스의 대저택)을 월세 1만 8,900달러에 제공했다.[1] 데비언은 개인적으로 드립 크립을 세우고 운영하는 데 10만 달러를 투자했고, 꾸준한 수익 흐름을 확보하기 위해 브랜드와 음반 회사에 러브콜을 보내고 있다.

저택에는 중이층에서 그 아래 옥외 수영장으로 쏟아지는 분수가 있다. '드립 크립Drip Crib'이라는 이름은 거기서 영감을 받은 것이다. 데비언은 이렇게 말한다. "아시죠, 우린 누구보다도 스웨그가 뚝뚝 떨어지거든요." 바이럴 영상을 보면 거주자들이 발코니에서 수영장으로 뛰어드는 모습을 볼 수 있다. 그리고 그런 영상은 종종 틱톡의 안전사고 주의 경고문으로 마무리된다. '이 영상의 행위를 모방하면 심각한 부상을 초래할 수 있습니다.' 데비언의 장기적 포부는 드립 크립을 '크리스 제너Kris Jenner'풍의 '모든 면에서 완성된, 360도 글로벌 엔터테인먼트 브랜드'로 만드는 것이다. 틱톡 하우스,

모델 아파트(모델 업계에서 일하는 직원들의 공동생활 공간), 인플루언서 매니지먼트, 밤 문화 홍보 사업, 그리고 지속적인 리얼리티 시리즈가 거기에 포함될 것이다.

비록 독립적인 크리에이터가 직접 운영하는 하이프 하우스도 있지만, 대다수는 마케팅 에이전시나 매니지먼트 회사나 브랜드의 후원을 받는다. 계약된 포스팅을 한 대가로 렌트비나 장소를 지원받는 것이다. 2018년, 미국 비디오 게임업계의 거물인 NRG e스포츠는 오스트레일리아의 인플루언서 매니지먼트 팀인 클릭과 손을 잡고 클릭 하우스Click House를 설립했다. 트위치 스트리머와 게임 유튜버를 위한, 시드니의 달링 포인트에 위치한 1,500만 달러짜리 맨션이었다.[2] (그 엄청난 입지 조건, 채광 좋은 수영장, 그리고 시드니 하버를 내려다보는 발코니에도 불구하고 하우스메이트들은 하루 열네 시간을 실내에서 거의 완벽한 침묵 속에서 스트리밍을 하며 보낸다.) 영국의 바이트하우스는 인플루언서 에이전시인 팬바이츠Fanbytes를 설립했는데, 크루들은 매주 필수품으로 가득한 '케어 패키지'를 받는다. 그리고 카드 게임이나 패스트 패션 브랜드를 위한 15초짜리 광고를 만들며 하루하루를 보낸다.

"더 젊은 청중들이 일방향 텔레비전을 떠나 온라인으로, 좀 더 구체적으로 말하자면 소셜 미디어로 옮겨오는 지금, 가장 중요한 건 Z세대를 위해, Z세대가 만드는 프로그램입니다." 팬바이츠의 최고경영자인 스물네 살의 티모시 아르무Timothy Armoo는 튜브필터Tubefilter와의 인터뷰에서 그렇게 말했다. (브랜드들은) "최초의 틱톡 쇼에 참여하고자 떼 지어 몰려들고 있어요."[3] 내가 일한 에이전시도

그중 하나였다. 우리는 고객사를 대신해 바이트하우스 하우스메이트들에게 생생한 뷰티 변신 영상 시리즈를 위해 머리 염색약을 보냈다. 우리 고객사가 협찬하는 그 영상들은 수십만 조회 수를 달성했다. 다른 브랜드들은 중간업자를 따돌리고 직접 뛰어든다. 펜티 뷰티Fenty Beauty는 2020년 3월에 첫 브랜드 하이프 하우스를 열었다. 화장 틱톡커들은 그곳에서 모든 제품을 구비한 '뷰티 팬트리'를 이용해 24시간 콘텐츠를 생성했다.

드립 크립의 하우스메이트들은 그 집에서 계속 지내려면 데비언이 매주 전체 하우스 회의에서 설정하는 포스트 할당량을 채워야 한다. "집에 남아 있으려면 1주일에 세 번에서 다섯 번까지 내가 말하는 대로, 내가 말하는 장소에서 포스팅을 해야 해요." 데비언이 내게 말한다. "약속한 대로 납품만 하면, 전 그 밖에는 대체로 아무것도 요구하지 않아요. 영상을 납품하면 브랜드에서 돈이 들어오고, 우린 공과금을 낼 수 있죠." 유료 포스팅이나 브랜드 파트너십에 추가로, 하이프 하우스는 인플루언서들에게 그들의 삶으로 수익을 창출할 새로운 기회를 제공한다. 그 공간의 모든 요소에 드는 비용을 브랜드에 부담시키는 것이다. "제품 협찬이 1톤어치는 들어와요. 브랜드들은 우리가 자기네 옷을 입거나 집에 특정한 소파를 들여놓도록 돈을 주죠. 집에 있는 가구와 물건은 대부분 브랜드 계약을 통해 들어온 거예요. 심지어 제가 가진 커피메이커도 브랜드 계약이죠. 집이 있으면, 현금화할 수 있는 기회가 정말 다양하고 많아요."

하이프 하우스는 단순히 효과적인 마케팅 채널을 넘어 인터넷에서 개인의 인기를 끌어올리기 위해 단체로 노력하는 인플루언서들을 위한 탁월한 부화 장치이기도 하다. 대다수의 드립 크립 멤버는 입주하기 전에 틱톡 팔로워가 고작 수만 명에 불과했다. "지금은 모든 원년 멤버가 팔로워 100만 명을 넘겼어요." 데비언이 설명한다. "쌍둥이(종종 디올 운동복을 쌍으로 입고 다니는 데스먼드Desmond와 데드릭 스펜스Dedrick Spence)는 합쳐서 막 1만 명 정도였는데, 지금은 틱톡 팔로워가 400만 명이에요." 하이프 하우스가 처음 세워졌을 때, 드라마틱한 가면 티저 영상들(앞서 말한 우유로 채워진 욕조 영상 같은)이 공개되면서 팔로워가 불과 1주일 만에 200만 명으로 확 뛰어올랐다. 그 후 하우스메이트 한 명이 발표되었다. 그들은 인플루언서 몇 명을 작은 공간에 모아 각자의 디지털 명성을 단일한 하우스 계정으로 합산함으로써, 본래는 원자화되고 이질적인 소셜 미디어 플랫폼에서 크리에이터들을 중앙집권화했다. '생각 좀 해봐.' 조회 수 2,400만 회를 넘긴 하이프 하우스 멤버들이 소파 위에서 대자로 늘어져 있는 영상 아래에는 이런 댓글이 달려 있다. '다들 겨우 한 달 전에 만났는데, 이제는 함께 살고 있고 모두 가장 친한 친구들 같아.' 그리고 딴지를 거는 대댓글이 달린다. '그건 👜 비즈니스 👜라고 하는 거야.'

디지털 시대의 대저택

하이프 하우스는 어쩌면 새로운 현상처럼 보일지도 모르지만, 실은 수십 년에 걸쳐 진화한 명성 제조 방식의 한 모델이다. 할리우드의 전통적 스튜디오 시스템에서 「빅 브라더」와 리얼리티 인기작

「러브 아일랜드」의 방송 세트까지, 그 예는 다양하다. 거기서 경쟁자들은 '빌라'에 감금된 채 몇 주를 보낸다. 빌라는 네온 조명이 켜진 파티 별장으로, 카메라가 곳곳에 숨겨져 있으며 후원사인 슈퍼드러그Superdrug의 스티커가 여기저기에 붙어 있다.

최초의 공식 '콘텐츠 하우스'가 뭐냐를 놓고는 의견이 엇갈리는데, 유튜버들은 일찍이 2009년부터 공유 채널을 가지고 실험을 시작했다. 2013년 무렵 '1600 바인 스트리트1600 Vine Street'라고 명명된, 할리우드의 550세대짜리 아파트 단지가 바인 스타들의 핫스팟이 되었다. 바인 스트리트는 공식적으로 조직된 사업체는 아니었지만, 갈수록 더 많은 크리에이터가 로스앤젤레스로 이주해 그곳에서 사진과 영상을 올리기 시작하면서 소셜 미디어 스타와 지망생 양측의 허브가 되었다. 주민들은 집세로 적게는 2,500달러에서 많게는 1만 5,000달러까지 지불하지만, 사실 그건 주거 공간보다는 이웃들과 인맥을 쌓는 데 드는 비용이다. '거기서 찍은 영상들은 수십억 회씩 조회되었다.' 2017년 〈뉴욕 타임스〉는 경탄을 드러냈다. '공동 공간, 널찍한 체육관, 베이지색 벽돌로 테두리를 두른 통로, 그리고 울창한 식물로 둘러싸인 뜰은 이제 너무도 눈에 익어서 마치 유명한 텔레비전 쇼 세트장으로 들어가는 듯한 느낌을 준다.'[4]

유튜브에서 가장 유명한 크리에이터들이 백만장자가 되기 시작하면서 인플루언서 하우스는 더 커지고 더 대담해지고 더 야단스러워졌다. '사이드맨'의 멤버들은 2014년경부터 런던의 한 아파트에서 공동생활을 하고 있었지만, 그로부터 2년 후 침실이 여섯 개인 대궐 같은 맨션을 680만 파운드에 매입하면서 새로운 시대의 도래를 알렸다. 멤버들은 브랜드 파트너십, 자체 로고를 박은 후드 티 라인, 그리고 개인 채널과 공유 채널 양측에서 들어오는 유튜브 애드센스 수입으로 돈을 꽤 벌었는데, 하루에 약 1만 2,500달러로 추정된다.[5] 그레이터런던(런던을 포함하는 잉글랜드의 행정구역 - 옮긴이)의 6구역에 위치한 오핑턴은 엄밀히 말해 할리우드 힐스는 아니지만 1,393제곱미터 면적의 그 집은 확실히 호화롭고 사우나, 헬스장, 실내 수영장, 그리고 영화관을 자랑한다.

머지않아 팔로워들에게 '사이드맨 맨션'이라고 불리게 된 그 집은 많은 탐구의 대상이 되어 자체적인 위키 팬페이지도 생겨났을 정도다. 팬페이지에서는 평면도를 자세히 연구하고 스크린샷을 해부한다. '사이먼과 JJ가 방을 바꿨나? 차고에 스포츠카가 몇 대나 숨겨져 있지? 사이드맨은 냉장고를 도대체 어디다 두지?' 맨션은 사이드맨의 공유 채널에 올라가는 새로운 유형의 영상(수영장에 서로를 빠뜨리고, 조경된 정원에서 미니골프를 치고, 널따란 호두나무 계단에서 세계에서 가장 큰 비어퐁 게임을 벌이고)을 위한 화려한 배경을 제공하는 것을 넘어 시청자들에게 그들 우상의 소득을 꽤 정확히 어림잡게 해주었다.

비록 사이드맨이 한 발 빨랐지만, 크리에이터 하우스 포맷(가장 유명하고 번잡한 설정)은 그로부터 겨우 몇 달 후 '팀 10'에 의해 확립된다. 1600 바인 스트리트의 전 세입자 제이크 폴Jake Paul은 직접 고른 새 크리에이터 크루의 멤버들을 수용하기 위해 칼라바사스에 월세 1만 8,000달러짜리 파티 별장을 빌렸다. "우리는 모두 대박을 꿈꾸는 젊은 사람들이에요." 풋풋한 얼굴의 폴은 팀 10 채널(지금은 폐쇄된)에 올려진 첫 영상에서 눈을 이글대며 열변을 토한다. "기분이 너무

끝내줘요. 끝내줘요!" 다른 멤버도 한몫 거든다. "팀 10은 가족이에
요." (그리고) "난 이곳의 모든 사람을 사랑해요."

하지만 팀 10 맨션의 삶에는 엄격한 가정 내 규칙이 따랐다. 멤
버들은 팀 10 계정뿐 아니라 개인 채널에 올릴 영상도 꾸준히 만들
어야 했고, 자원과 인맥에 대한 대가로 수입의 10퍼센트를 폴에게
줘야 했다. 시간이 지나면서 균열이 커지기 시작했다. 장난은 도를
넘었고 멤버들은 서로 멀어졌으며 제이크에 대한 불만이 인플루언
서 가십 채널과 폭로 영상에 등장했다. 뒤이어 괴롭힘과 불공정한
지급 시스템에 대한 고발이 제기되었다. 고된 노동 조건과 하우스
메이트들 간의 괴롭힘도 폭로되었다. 결국, 공식적 팀 10 유튜브 페
이지는 침묵에 잠겼다. 2019년, 채널의 포스팅이 멈추었을 때 원년
멤버들 중 누구도 거기에 있지 않았다.

팀 10의 실패는 대체로 폴 탓이었지만, 꼭 염색한 금발의 과대
망상증 환자가 집주인으로 상주하고 있지 않아도 균열과 불화는 모
든 콘텐츠 하우스의 공통적인 문제다. 모든 하우스가 논란 속에 무
너지지는 않는다(사이드맨의 경우는 훨씬 우호적이었다. 그 멤버들 다수는 그저 여
자친구와 같이 살려고 떠났다). 하지만 역사는 틱톡에서 되풀이되는 듯하
다. 하이프 하우스의 멤버들은 입주 직후 상표권을 놓고 사이가 벌
어졌고[6] 스웨이 하우스가 팬데믹 와중에 스물한 살 생일을 축하하
기 위해 마스크 미착용 음주 파티를 벌인 이후 로스앤젤레스 시장
은 브라이스 홀의 집을 단전시켜버렸다.[7] 난 규제가 풀리면 로스앤
젤레스의 드림 크립을 방문할 계획이었지만 그때쯤이면 그곳은 더
이상 존재하지 않을 터였다. 그 맨션에 입주한 지 1년이 안 되어, 멤

버들은 집주인에게 고소를 당했다.[8] 이웃 주민 18명이 소음 신고를 했고, 집주인은 월세를 받지 못했다.

하지만 크리에이터 하우스가 영구적 실패의 벼랑에 놓여 있다 해도, 그 불안정한 상태는 오히려 그들의 매력으로 작용한다. 다툼과 드라마는 입주자들에 대한 호기심을 부추기고 관심과 참여를 유도함으로써 목적을 달성한다. 「내가 ×× 하우스를 떠난 이유」 같은 영상들(패배한 10대들이 피로, 괴롭힘, 그리고 사생활 침해의 경험을 수백만 시청자에게 토로하는 고해 영상들)은 유튜브에서 정기적으로 바이럴을 탄다. 난 데비언에게 드립 크립 같은 곳이 젊은 청중에게 그토록 중독성을 발휘하는 이유가 뭐냐고 물었다. 하지만 데비언이 처음 내놓은 대답은 나뿐만 아니라 그 자신에게도 썩 와닿지 않는 눈치다. "음, 왜냐하면, 알죠, 우린 모두 젊고, 뭐랄까, 같은 일을 하고 있고, 알죠, 가능한 한 최고가 되려는 포부를 품고 노력하고……." 데비언은 말끝을 흐린다. "그리고 또, 드라마가 좀 있죠."

묻지도 않았는데, 데비언은 6개월 동안 벌어졌던 언쟁과 분쟁에 관해 줄줄 늘어놓는다. "전 매니저 하나가 제 누드를 유출했는데, 그 여자는 우리 브랜드 계약에서 20만 달러어치를 횡령했어요. 석 달 치 집세를 빼돌리고……." 난 수선스러운 공감 표시를 할 준비를 갖추지만 데비언은 그럴 틈을 주지 않는다. "하지만 뭐랄까, 이 모든 것 덕분에 우리는 텔레비전 쇼를 계약할 수 있었어요……. 다들 다음에는 무슨 일이 일어나는지 보려고 내 스토리를 지켜보고 있죠." 데비언의 표현을 빌리자면, '엉망진창'이 곧 마법의 공식이다. "늘 뭔가 일이 생겨요." 마치 사무실에서 일어나는 일상적인 일이라도 이야기하듯 무심한 어조다. "부엌에서 뜬금없이 싸움이 벌어졌는데, 전 도둑질을 당했고 이웃 사람들이 우리를 체포하라고 SWAT 팀을 불렀어요……. 헬리콥터와 개 한 마리와 경찰차 열다섯 대가 한꺼번에 출동했죠." (심지어 하우스가 태풍에 휘말려 있을 때조차) "다들 그냥…… 온 사방에 조명을 두고 틱톡을 찍고 있었어요." 데비언은 웃음을 터뜨린다. "우리 엄마는 사흘 중 이틀은 이렇게 말씀하세요. '왜 ABC 밤 10시 뉴스에 네가 나오니?'"

@defnoodles 같은 인기 있는 인플루언서 가십 계정은 드립 크립에서 일어나는 문제적 행동을 긴 타래로 기록했다. '드립 크립은 풀 옵션 맨션을 철저히 파괴했다. 강화마루 바닥은 얼룩지고 회복 불가능하게 오염되었다. 시트도 안 깔고 잔 매트리스를 포함해 가구는 극도로 더럽혀졌다. 부엌 찬장과 가전제품은 손상되거나 망가졌다.' 그중 한 타래는 25개의 트윗으로 이루어져 있다. '막다른 골목의 조용한 거리에 위치한 드립 크립은 밤낮없이 아무 때나 들고 나는 사람들과 차들로 인해 주민들의 반발을 샀다. 많은 이들이 동네 집값 하락과 인접한 주택의 손상에 대한 우려를 표하고 있다.'

드립 크립의 유튜브 채널에 올려진 공식 트레일러에서, 거주자들은 마스크도 착용하지 않은 채 파티를 열고 싸움을 벌이고 욕실에서 서로의 엉덩이에 문신을 해주고 허공을 가로질러 수영장에 가구를 던진다. "우린 너희가 싫어!" 격분한 여성이 열린 차창 틈새로 고함을 지른다. 아마도 이웃 주민인 듯하다. "우린 너희가 싫다고!" 영상은 급히 끝난다. "제임스 찰스와 로건 폴은 멋진 이웃이었어요." 데비언이 어깨를 으쓱한다. "그 반대편에는 한 무리의 캐런(중산

층 백인 여성을 일컫는 멸칭 - 옮긴이)이 살고 있죠."[10]

장난과 팬데믹 와중의 파티는 그렇다 쳐도, 난 콘텐츠 하우스라는 개념의 핵심에 뭔가 불안정한 것이 있다는 느낌을 떨칠 수 없다. 그들은 인플루언서 시스템 자체 못지않게 지속성이 부족하다. 집들이 생겨나고 쪼개지고 하우스메이트들과 관리진을 갈아치우면서 틱톡의 명성과 가십 네트워크를 순환한다. 멤버들은 온라인 인기도와 관련해 방출되거나 다른 하우스로 넘어갈 수도 있다. 연출된 드라마와 진정한 감정적 불화를 구분하기가 어렵다. "모두가 성장하고 멀어지고, 뭐랄까, 그냥 자기 일을 하고, 다음 단계로 넘어가는 디딤돌로 하우스를 이용해요." 데비언이 설명한다. "심지어 저도, 전 확실히 다른 사람들에게 몇 번쯤 이용당했다고 느낀 적이 있어요. 이런 상황에서는 그냥 자연스러운 일이죠."

하이프 하우스는 주거를 미디어의 측정법과 곧장 연결시킴으로써 인플루언서의 불안정함을 극적으로 보여준다. 정확한 거주 계약은 다양하지만, 대다수 콘텐츠 하우스 거주자는 정해진 액수의 임대 계약 대신 수입의 일정 부분을 매니지먼트 회사에 제공한다. 그리고 업계의 한 정보원은 내게 거주자에게 기본적으로 따르는 수행 조항이 있다고 확인해주었다. 요크 네트워크 매니지먼트 회사가 운영하는 영국 웨이브 하우스의 멤버들은 자신들이 예고 없이 방출된 데는 그런 이유도 있었다고 주장했다. "운영자들은 기본적으로 우리를 사무실로 끌고 가서 이랬어요. 들어봐, 너희는 집에서 나갈 거야. 열흘 말미를 줄 테니 그때까지 비워." 스물세 살의 틱톡커인 엘로이즈 폴다가르Eloise Fouladgar는 20만 회 이상 시청된 20분짜리 설명 영상에서 이렇게 말했다. "'우리는 더 크고 더 좋은 걸 협상 테이블에 가져올 수 있다고 생각해. 그러니까 짐을 싸. 너희는 나갈 거야.' 우린 이랬죠. '뭐라고요? 진담이에요?'"[11]

처음 바이럴을 탄 티저 틱톡(처음에 웨이브 하우스에 5,500만 회라는 조회 수를 얻어준 것은 엘로이즈가 징 박힌 가면을 쓰고 우유 욕조에서 등장한 영상이었다)만큼의 조회 수를 달성한다는 건 불가능한 요구였다. "그 숫자는 절대 다시는 달성하지 못할 것들이에요." 엘로이즈는 손을 내저으며 후련하다는 듯 말을 마구 쏟아냈다. "우린 그냥 더 잘하려고, 더 많은 조회 수를 얻으려고, 우리가 뭔지를 사람들에게 보여주려고 자신을 엄청나게 몰아치기 시작했어요. 우린 모두 그냥 길을 잃었어요."

웨이브 하우스에서 나오자 엘로이즈에게 남은 건 불확실한 미래였다. 주거도 직장도 불명확했다. "저는 앞으로 어떻게 될지 모르겠어요. 새 멤버가 들어갈 수도 있고 집이 바뀔 수도 있고, 아예 집이 없어질 수도 있고…… 전 전혀 모르겠어요. 모르겠어요. 그게 저랑 관련이 있을지……." 엘로이즈는 자포자기한 기색이다. "심지어 아파트(현재 빌려 살고 있는 곳)를 어떻게 해야 할지도 모르겠어요. 여기까지 오니까, 더는…… 막, 이제 뭘 하지?"

비록 많은 매니지먼트 회사가 행동 규약과 일과 생활의 경계가 지켜지도록 노력하지만(엘로이즈는 요크에서 인플루언서들의 정신 건강에 관심을 가진 것이 그들이 방출되는 데 어느 정도 기여했다는 점을 지적했다), 인플루언서 하우스 시스템에 전체적으로 작용하는 권력 역학을 무시하기란 불가능하다. 대다수의 하이프 하우스 거주자는 아직 부모님과 함께 살거나, 아니면 친구들과 함께 집을 빌려 독립을 향한 첫 단계를 밟고 있는 젊은 나이다. 그런데 외부에서 보면 논스톱 슬립오버 파티처럼 보이는 환경에서 동료들과 24시간 동거하면서 일하고 있다. 하지만 일단 문턱을 넘어서면 부담스러운 기대들이 따라온다.

하이프 하우스는 재미있고 근심 걱정 없이 함께 일하고 함께 살아가는 공간의 이미지를 투사하려 애쓰지만, 그 모델은 애초에 학대가 벌어지기 쉽다. 집과 작업장의 경계를 무너뜨리고 수행 평가를 인간의 기본 의식주와 연결시킴으로써 그들은 신자유주의적 경쟁의 살아 있는 모델이 된다. 크리에이터 하우스는 이따금 농담조로 멤버들이 협업해 공유 콘텐츠를 생산하는, 현대의 디지털 코뮌에 비유된다. 하지만 하우스메이트들이 주거할 공간을 놓고 서로 경쟁하게 만들고 공동 주거에서 생겨날 법한 결속을 약화시킨다는 점에서 그들은 코뮌의 알맹이를 들어내고 극도로 자본주의적으로 재창조한 형태에 더 가깝다.

영구적 '온라인' – 자신에 대한 논스톱 다큐

하이프 하우스는 비록 새로운 개념이 아닐지 모르지만 그 트렌드가 2020년에 널리 퍼진 록다운, 생활 반경 제한, 그리고 집에 있으라는 전 지구적 요구를 배경으로 뜨기 시작했다는 사실은 많은 것을 짐작케 한다. 하이프 하우스는 우리 자신의 세계를 거울처럼 비춘 자족적 우주를 제공했다. 그 거주자들은 재구성된 가족 단위였다. 제한된 공간에서 즐겁게 지낼 새로운 방법을 찾는 동일한 얼굴들. 하지만 하이프 하우스의 폭발적 성장은 단순히 잘 맞아떨어진 문화적 동일성의 편린을 넘어서는 무언가를 표상한다. 그들은 일터와 가정의 경계가 존재하지 않는, 혼종 미래 라이프스타일의 개념 증명이다.

팬데믹은 우리 삶의 경계를 엄청난 규모로 침식했다. 부엌 식탁에서 열리는 전화 회의, 산발적인 노동시간, 부모와 보호자를 위한 유연한 스케줄(줌 화상회의 중에 벌어진 화장실 사고가 바이럴을 타기도 했다)……. 우리가 금세 깨닫게 된 사실은 '집에서 일하기'가 실상 '사무실에서 살기'에 더 가깝다는 것이었다. 언론과 학술 연구에서 이처럼 가정 공간 침해 가능성에 관한 우려가 제기되기 시작할 때(노동시간 40퍼센트 증가,[12] 침입적인 새 감시 소프트웨어, 노동자에게 늘 온라인에 있으라는 압박), 인플루언서들은 이미 그 미래를 살고 있었다. 하이프 하우스의 10대들은 틱톡의 어휘로 말하자면 '청사진'이었다. 노동과 삶 사이에 아무런 경계가 없고, 콘텐츠 크리에이션이 시시때때로 이루어지고, 끄는 스위치가 없는 하이프 하우스는 '일거리를 집으로 가져가는 것' 그 자체다.

"엄청 빡셌어요……." 엘로이즈는 방출 영상에서 회고한다. 하이프 하우스에 사는 것은 영구적으로 '접속해' 있다는 뜻이었다. 조회 수 수백만에 이르는 틱톡 영상의 배경에서는 하우스메이트들이 음식 접시나 세탁물 바구니를 들고 지나가는 것을 종종 볼 수 있다. 하이프 하우스 틱톡의 인기 있는 장르는 하우스메이트들을 불시에 급습하는 것이다. 화장실이나 침대에 있는데 불쑥 들어가거나, 전혀 생각하지 못할 때, 그리고 가장 경악할 만한 순간에 카메라를 들이대는 것이다. "전 그 집에만 너무 오래 있다 보니 공공장소에 나갈 일이 생기면 패닉을 일으킬 지경이 됐어요……." 엘로이즈는 말한다. "마치 「빅 브라더」 같았어요……. 마지막 2주가 가까워지는 무렵엔 우리 모두 산산조각이 났죠." 지속적인 24시간 수행의 압박은 사람을 좀먹는다. "마치 연기를 하는 기분이었어요. 연극의 한 장면이나 뭐 그런 거요." 엘로이즈는 눈을 휘둥그레 뜨고 설명한다. "내가 아닌 뭔가를 몇 번이고 반복하고 있으면 그게 나한테 영향을 미치기 시작해요……. 그리고 그건 절대적으로 누구에게나 영향을 미쳐요……. 우린 그 집에 들어갈 때와 같은 사람이 아니었어요."

모든 인플루언서가 하이프 하우스에 살지는 않지만, 인플루언서 라이프스타일의 논리적 귀결은 그것이다. 직업과 정체성의 완벽한 붕괴. 하이프 하우스 모델을 통해 제기된 문제는 대부분 더 넓은 크리에이터 문화 내에 존재하는 동일한 문제의 증폭된 형태다. 노동과 여가, 집과 일터, 사적인 것과 공적인 것 사이의 보이지 않는 긴장. 늘 온라인에 존재해야 한다는 압박, 흐려지는 경계선, 번아웃.

인플루언서들이 일하는 것을 지켜보고, 심지어 직접 인플루언서가 되는 실험도 해보고 나니, 이제 존재 자체를 수익 창출이 가능한 콘텐츠 기회로 본다는 것이 무슨 의미인지를 점차 이해할 수 있을 것 같다. 인플루언서 라이프스타일은 '루틴', '챌린지', '태그', 그리고 '투어'의 컨베이어벨트다. 자신에 대한 논스톱 다큐멘터리 시리즈다. 소셜 미디어를 통해 난 타인의 출산, 입양, 결혼, 죽음, 프러포즈, 휴가, 그리고 실연의 현장에 참석했다. 유튜브의 「같이 공부해요study with me」 영상들은 조회 수가 수십만에 이른다. 트위치 시청자들은 크리에이터가 여덟 시간 연속 수면을 취하는 것을 생중계하는 「함께 자요 sleep with me」영상을 본다. 어쩌면 이렇게 갈수록 침입적인 라이프스타일의 요구에 반응해, 인플루언싱은 한 세대의 크리에이터들이 번아웃으로 탈락하고 더 신선한 인물, 더 빠른 플랫폼과 갈수록 더 내밀한 접근으로 대체되는 주기를 보여준다. 여러분이 인플루언서라면, 뭐든 정말로 접근 불가능한 게 있는가?

인플루언서의 파트너는 그 비즈니스와도 결혼한다

'인스타그램 남편'이라는 용어는 2015년 인간 셀카 봉으로서의 삶을 하소연하는 공처가들이 등장하는 바이럴 영상을 통해 처음 대중화되었다. 그 말은 처음엔 멸칭이었다. "인스타그램의 모든 미녀 뒤에는 저 같은 남자들이 있죠." 씁쓸한 표정의 힙스터가 발랄한 여자친구를 쫓아가며 투덜댄다. "제 업무는 여자친구가 사진 속에서 예뻐 보이게 만드는 겁니다."[13] 그로부터 5년 후, 인플루언스가 더 발달한 사업이 되자 소셜 미디어 스타의 파트너가 하는 역할은 단순히 투덜대며 아이폰을 조작하는 것을 넘어섰다. '인플루언서 남편'은 그저 낭만적 동반자가 아니다. 사랑하는 이의 개인 브랜드에서 적극적 역할을 한다.

"대니는 대니 오스틴 브랜드의 최고경영자 CEO입니다." 텍사스 기반의 라이프스타일 인플루언서 대니 오스틴 Dani Austin(인스타그램 팔로워 120만 명, 틱톡 팬 80만 명)의 남편인 조던 라미레즈 Jordan Ramirez가 스카이프 통화로 내게 말한다. 여러분은 바이럴을 탄 '크리스천 걸 가을Christian girl autumn' 밈을 통해 대니를 알고 있을지도 모른다. 향신료 친 라테를 즐겨 마시고 바이오에는 성경 구절이 있으며, 다들 똑같은 품이 넉넉한 니트를 입고 바람에 날리는 웨이브 머리를 한 건전한 집단. 대니의 포스트는 꿀색 인테리어와 레이어드 의상 사진으로 가득하다. 전형적인 미국인의 이상을 담은 흠잡을 데 없고 계절에 맞는 카탈로그, 그리고 스와이프 업 쇼핑 링크. 이 모든 이미지 뒤편에 있는, 보이지 않는 존재는 조던이다. 조던은 말한다. "저는 아내의 최고운영책임자COO인 셈이죠. 아내가 너무 바빠서 미처 처리할 수 없는 분야의 운영과 좀 더 힘든 일을 제가 맡습니다." 이것은 촬영, 제작, 조직, 전략 수립, 회계, 그리고 오스틴 우주를 지탱하는 행정을 아우른다.

인플루언서와 남편의 관계(조던의 말에 따르면 이 관계는 모든 소셜 미디어 플랫폼에 해당되며, 단순히 남성과 여성의 관계를 넘어선다)는 복잡할 수 있다. 이는 동료와 친구, 연인과 일선 관리자의 사이를 넘나든다. 온라인 시대에 맞게 업데이트된 사무실 로맨스랄까. 인플루언서 남편은 단순히 직원으로서의 역할을 받아들이는 것을 넘어, 파트너와의 관계에 다른 노동자들을 맞아들일 준비를 해야 한다. 현재까지 일곱 명의 직원이 조던에게 합류해 '팀 대니'가 되었다.

역할과 책임은 명확하게 나뉘지 않는다. (조던이 전화로 내게 말하듯) "모래 위에는 선을 그어도 사라지죠……. 결정은 대체로 공동으로 이루어지지만, 결국 가장 중요한 건 브랜드가 아내 이름으로 되어 있는 만큼 제가 아내에게 어느 정도의 거부권을 줘야 한다는 거죠." 알고 보니 최고경영자와 최고운영책임자는 오스틴 본부의 공식 직함이 아니다. 또한 인플루언서 커플 사이에서는 공식화된 경계나 노동시간도 찾아보기 힘들다. "누가 무슨 직함을 가졌다는 이야기는 들어본 적도 없어요." 조던이 말한다. 그들은 그보다 유동적이고 유연한 작업 방식을 선호한다. 아니나 다를까, 나와 통화하는 내내 '대니'라는 명사는 그때그때 브랜드를 가리키기도, 사업을 가리키기도, 그리고 사람을 가리키기도 한다.

2018년, 조던은 팟캐스트 「인플루언서 남편The Influencer Husband」을 시작했다. '그 용어를 되찾아오고, 거기서 경멸적인 뉘앙스를 지우기 위해서', 그리고 자신이 속한 인스타 스타의 유명한 파트너들의 공동체를 지지하기 위해서다. 그것은 수면 아래에 존재하지만 잘나가는 공동체다. 팟캐스트 에피소드는 조던 자신의 삶과 인터뷰와 Q&A와 화면 뒤의 삶에 대한 논의를 담고 있는데, 종종 다른 인플루언서 남편들도 등장한다. 그들은 파트너의 소셜 미디어 계정명으로 소개된다. '@juliahengel: 토머스 버롤차이머Thomas Berolzheimer' 또는 '@sassyredlipstick: 로비 트립Robbie Tripp'. 한 에피소드에서 조던은 이른바 '간증'을 들려준다. 자신이 일반인의 삶에서 소셜 미디어로 옮겨온 과정에 관한 회고다.

조던이 대니를 처음 만난 건 2015년으로, 아직 인플루언싱이 오늘날처럼 번영하는 산업이 되기 전이었다. 대니의 유튜브 경력은 이제 막 날개를 펼치려는 참이었고, 조던은 이미 테크 업계에서 성공적인 길을 닦았다. "저는 오스틴의 어느 테크 회사의 최고마케팅책임자CMO였어요. 20대 초반에 이미 다른 앱 회사 하나를 인수했고,

제가 뭐랄까, 다음번 저커버그라고 굳게 믿었죠." 조던은 웃음과 함께 청취자들에게 털어놓는다. 그로부터 2년 후, 대니의 소셜 프로필이 제대로 혹 떴다. 대학교 때는 선물 받은 캐스퍼 매트리스를 언박싱할 공간조차 부족한 비좁은 아파트에 살았지만, 이제는 브랜드들이 보내주는 항공권으로 전 세계를 날아다니고 있었다. 팬이 15만 명도 넘는다. "대니는 이제 더 이상 침실에서 콘텐츠를 만들고 있지 않았죠." 조던은 팟캐스트에서 이렇게 회고한다. "아내는 사업체를 운영하고 있었어요."

'극도로 부담이 큰 업계에서 커리어를 쌓고 있던' 대니와 조던은 사진을 찍고 자정까지 대니의 계정을 위한 업무를 처리하고 이메일을 확인하고 브랜드 협상을 처리하느라 둘 다 과로에 시달리고 있었다. 또한 두 사람은 이제 공식적으로 약혼했고 결혼식을 준비 중이었다. 인플루언싱은 그들의 삶을 집어삼키고 '번아웃, 스트레스, 불안'을 부르고 있었다. 커플은 자문했다. '이게 정말 지속 가능한 생활양식인가? 심지어 지속 가능한 결혼이긴 한가?'

조던은 자신의 독립적 커리어와 정체성이 브랜드 대니로 통합된 이 순간을 모든 인플루언서 파트너가 결국 맞닥뜨리는 '피할 수 없는 갈림길'이라고 묘사한다. 조던이 팟캐스트에서 설명한 바에 따르면 소셜 미디어 스타와 가까운 거리에 있는 모든 사람은 결국 그들의 알고리즘 궤도로 끌려 들어가는데, 왜냐하면 인플루언서 남편은 '인플루언서와만 결혼하는 게 아니라 인플루언서의 라이프스타일과도 결혼하기' 때문이다. "제가 아는 이 업계의 남편들은 대부분 비즈니스 측면과 복잡하게 얽혀 있어요." 조던은 내게 말한다.

"제가 아는 한, 인플루언서들 중에 (파트너가) 전업으로 함께 일하고 있지 않은 경우는 그리 많지 않아요."

조던은 자신이 주의 깊은 계산과 철저한 비용 효율적 분석 후에 내린 결정이라고 명확히 말하지만, 팟캐스트에서 말하는 방식을 들으면 어쩐지 결과를 바탕으로 하는 합리화로 느껴진다. "일반적으로 (파트너들은) 이런 식으로 자신이 '인플루언서 남편'임을 깨닫게 됩니다……. 아내가 자신이 사랑하는 일을 하고 있는데, 그게 가족에서 중요한 부분을 차지하게 된 거죠. 시간, 에너지, 노력, 현금 흐름."

조던은 자신이 인플루언서 남편이 된 것을 그저 커리어나 라이프스타일의 변화가 아니라 자기 정체성의 근본적인 변화로 설명한다. "전 많은 걸 조정해야 했어요." 조던이 내게 말한다. "처음에는 수치심을 느꼈어요. 제가 이 일을 하기로 결정함으로써 '열등한' 존재가 된 기분이었죠." 파티나 사교 모임에 가면 부모님의 친구나 지인들이 보내는 평가의 시선이 느껴졌다. "제가 남자니까 가장이어야 한다는 압박이 있어요……. 저는 자신에게 이렇게 말하면서 그런 것들을 헤쳐나가야 했죠. '이건 사회의 젠더 역할을 둘러싼 더 큰 문제야.'" 조던은 그 역할에 자신감을 가지고 보람을 찾았다. "저는 그 이전에 독자적인 커리어가 있었고 독자적인 목표가, 독자적인 야심이 있었죠. 그게 제가 일하는 이유였어요. 그건 여전히 변함없어요. 그저 보기에만 다를 뿐이죠."

조던은 아내(자신이 자주 '천재'라고 부르는)에게 헌신적이며 자신이 하는 일에 능숙하다. 커플은 함께 높은 인기를 누리며 수익성 좋은 라이프스타일 브랜드를 창조했다. 그들의 인스타그램 포스팅은 흠잡을 데 없이 완벽한 만족감을 뿜어낸다. "대니가 자랑스러워요. 저는 처음처럼 그렇게 제가 조명받기를 바라지 않아요. 여자들은 수세기 동안 유리 천장에 갇혀 있었죠. 제 아내가 그걸 깨는 데 한몫할 수 있다면, 저는 아무런 불만이 없습니다."

인플루언서의 내부 작동에 끌려 들어간 파트너들 중에는 브랜드 내에서 좀 더 눈에 보이는 역할을 담당하는 사람도 많다. 조던은 인스타그램 남편의 최적화 버전이 파트너의 채널에 독자적으로 등장하는 이른바 '캐릭터들'이라고 믿는다. 2019년 8월 19일, 대니는 인스타그램 페이지에 공식 소개문을 올렸다. 전원적인 분위기의 덧문이 내려진 빌라 앞에서 조던과 키스하는 모습을 찍은 파스텔풍 스냅사진이었다.[14] 두 사람은 서 있는 자전거를 가운데에 두고 서로를 향해 몸을 기울이고 있었다. 남자의 체크무늬 셔츠와 반짝이는 운동화는 아내의 여름 드레스, 에스파드리유와 잘 어울린다. 그것은 두 사람의 파트너십을 완벽하게 묘사한다. '어이 모두들…… 이쪽은 조던이에요……. 제 남편…… ▮'. 사진 밑에는 이렇게 쓰여 있다. '온라인에서는 눈에 잘 띄지 않지만 매일 제 곁을 지켜주는 반석 같은 존재죠……. 🌑 조던은 조명을 많이 못 받을지 몰라도, 저는 이따금 여기서 그이에게 뭔가를 해주고 싶어요. 왜냐하면 그이는 너무나 많은 방식으로 제 플랫폼을 가능하게 해주는 사람이니까요. ▮ 매일매일 인스타 남편 역할과 사랑 넘치는 남편 역할을 동시에 해낼 수 있는 온 세상의 모든 #인스타그램남편들을 응원합니다.'

그 포스팅 이후로 대니의 피드에 조던의 등장 횟수가 대폭 증가했다. 틱톡 영상 뒤편에서 춤을 추거나, 크로거 쿠키 반죽 광고에 등장해 아내 옆에서 싱글벙글 웃고 있거나. 인스타그램 스토리에 갑자기 등장해 남편이 보고 있는 줄도 몰랐던 대니를 촬영하거나, 대니의 쇼핑 하울 목록에 풍자적인 코멘터리를 달기도 한다. 조던의 존재는 자연스럽고, 보고 있으면 즐겁다. 그래서 난 조던의 말을 듣고 놀랄 수밖에 없었다. "저는 노상 카메라에 찍히는 게 싫었어요. 그리고 지금까지도 싫어요. 너무 민망하거든요. 이쪽 분야로 옮겨오는 게 저한테는 정말 너무 힘들었어요." 조던은 대니 오스틴 브랜드의 이득을 위해 그런 개인적 불안감을 참고 견딘다. "좋은 점은 투명성의 정도가 더 커진다는 거죠. 그리고 완전히 새로운 관점을 띠게 돼요." 또한 계정 운영의 투명성이 더 커짐으로써 비현실적인 기대를 피할 수 있다고 한다. "우리는 이걸 만들어가는 사람들이 우리만이 아니라는 사실을 더 투명하게 밝히려고 노력해왔어요. 제가 그 팟캐스트를 시작한 데는 화면 뒤에서 일어나는 많은 일을 알리려는 목적도 어느 정도 있었죠."

비록 조던은 독자적인 인플루언서가 되고 싶은 마음이 전혀 없지만, 이전에는 화면 뒤에 있던 많은 파트너가 결국은 그렇게 되었다. 로스앤젤레스 뷰티 구루인 케이티 디그룻Katy DeGroot의 200만 팔로워는 수다스러운 유튜브 GRWM('get ready with me')과 인스타그램 스토리의 태그를 통해 케이티의 남편 존Jon을 알고 있다. 원래 존은 케이티의 영상 편집과 조명을 담당하는 숨은 조력자였지만, 이후 익명성을 버리고 유튜브 채널을 시작해 다른 인플루언서 남편들과 어울렸다. 이제 존은 인스타그램에 18만 5,000명의 팔로워를 가지고 있으며 자신의 상품 라인이 있다. 역설적인 사실은, 인플루언서 남편으로서 받는 요구사항이 조던으로 하여금 자신의 이름을 건 팟캐스트를 그만둘 수밖에 없도록 만들었다는 것이다. "두 가지 다를 할 시간이 없어요! 그건 무척 야심차고 높은 목표거든요. 저는 인플루언서 남편을 맡고, 아내는 대니 오스틴을 맡는 거죠. 현상 유지만 하려고 해도 사람이 열 명은 더 필요할 거예요!"

스타 커플 혹은 공동 브랜드와의 결별

독립적인 정체성이 인플루언서의 개인 브랜드로 통합되는 것은 인플루언서 커플이 결별을 결정할 때 추가적 문제를 야기한다. 2018년, 뷰티 인플루언서인 재클린 힐Jaclyn Hill이 구독자들이 몇 개월 전부터 추측한 대로 남편 존Jon과 이혼을 발표했는데 두 사람은 각자의 인스타그램에 포스팅을 했다. 재클린은 실망시켜서 미안하다며 자신의 이혼에 대해 팔로워들에게 사과했다. 그리고 더 나중에 올린 영상에서 결별의 원인을 어느 정도는 소셜 미디어 파트너십의 특성과, #이상적관계의 압박으로 돌렸다. 결별의 감정적 여파가 문제가 아니다. 인플루언서는 그것이 자신의 개인 브랜드에 미치는 손상이라는 추가적 충격을 입게 된다. '재클린 힐'은 그저 한 인간이 아니라 수백만 개의 아이섀도 팔레트에 찍힌 브랜드다. 회사는 나중에 전남편의 이름을 떨구고 '재클린 코스메틱스Jaclyn Cosmetics'가 되었다.

문제는 결별을 발표하고 콘텐츠에서 전남편을 삭제하는 데서 멈추지 않는다. 패션 인플루언서 퍼니 림Peony Lim은 '남자친구 겸 에이전트 겸 매니저 겸 사진가'를 둔 적이 있다고 회고한다. "만약 그런 사람이 촬영을 했다면 어떤 권한을 갖나요? 어떤 계약 같은 게 있나요? 사람들이 짐작도 못하는 온갖 복잡한 문제가 있어요."

　　이 복잡성은 양측 모두 독자적인 인플루언서인 경우 더한층 가중된다. 2020년 스물네 살의 래퍼이자 유튜브 스타인 라이스검RiceGum, 본명 브라이언 쾅 리Bryan Quang Le는 틱톡 스타 겸 클럽하우스 주민 겸 '패션 노바' 모델인 애비 라오Abby Rao와 헤어진 후 다음과 같은 트윗을 올렸다. '저기, 제 전 여친이 저랑 만나기 시작할 때 계약서를 썼거든요. 애비의 몇 퍼센트가 제 소유인데, 그 돈을 받지 못했는데 받아야 할까요? 흐으음 🪦.' 이 트윗에는 5만 2,000개의 '좋아요'가 찍혔다. 그들의 복잡미묘한 소셜 미디어 결별은 미심쩍은 관련 트윗과 암시적인 인스타그램 스토리 선에서 끝나지 않았다. 리는 트위치 라이브스트림을 통해 두 사람이 헤어지기 전에 애비가 서명한 계약서 내용을 설명했다. 1,000만 명의 구독자를 가진 유튜버와 사귐으로써 얻을 수 있는 소셜 미디어의 인기 상승에 대한 대가로 애비가 자신에게 미래 수입의 10퍼센트를 제공하기로 했다는 것이다. 그 증거로 리는 자신의 380만 팔로워가 볼 수 있도록 인스타그램에 계약서를 올렸다. 리의 헌신적인 팬들은 해시태그를 만들었다. #라이스가애비를키웠다. 그 사건이 법정으로까지 가지는 않았다. 그로부터 몇 개월이 지나지 않아 두 사람은 다시 애비가 인스타그램 스토리에 올린 셀카를 통해 재결합을 알렸다.

인플루언서들이 스타 커플이 될 때, 그들의 삶은 (브랜드 계약, 팬베이스, 그리고 디지털 참여와 아울러) 상호 연결된다. 결별은 양측이 각자의 브랜드를 분리하고 프랜차이즈에 대한 각자의 권리를 주장하는, 새로운 결별 영역으로 재빨리 넘어간다. 관계의 끝은 그저 어색하게 페이스북 상태를 업데이트하거나 인스타그램 포스트의 태그를 지우는 것 이상이다. 이제 싱글이 된 인플루언서들은 이렇게 자문해야 한다. '이 옛날 영상들의 수익 창출을 중단해야 하나?', 그리고 '공동 브랜드 계약은 어쩌지?'

다행히 조던과 대니는 이런 문제에 대처할 필요가 없다. 그들의 인스타그램 계정을 살펴보면 두 사람이 방금 콘텐츠 창작의 최종 형태에 참여했음을 확인할 수 있다. 바로 출산이다. '스텔라 제임스 라미레즈Stella James Ramirez에게 인사하세요.' 크롭한 흑백사진과 함께 올린 #출산발표 포스팅 내용이다. 환자복을 입은 대니는 겹겹으로 싸인 아기를 품에 다정하게 안고 있고, 조던은 아내 위로 몸을 숙여 두 사람에게 경외하는 시선을 던지고 있다. 오른쪽으로 스와이프하자 출산의 내밀한 세부 사항을 담은 영상들이 뜬다. 대니는 넋이 나간 표정으로 병상에 기대앉은 채 카메라를 향해 지금이 새벽 5시 40분이고 자궁이 10센티미터 열렸다고 알린다("곧 밀어내기를 시작할 거예요……. 너무 아파요"). 다음은 갓 태어난 스텔라가 등장하는 일련의 초근접 영상이다. 아기는 눈을 감은 채 코를 부드럽게 고르릉거리며 엄마 가슴에 기대어 잠들어 있다. 자신이 이 세상에 왔다는 데에 '좋아요'를 누른 33만 3,124명의 존재를 아직 알지 못하는 그 모습은 더없이 행복해 보인다.[15]

맘플루언서, 대드플루언서, 키드플루언서

유명한 라이프스타일 인플루언서의 딸로 태어난 스텔라는 열까지 세는 법을 배우기도 전에 여섯 자릿수의 팬덤을 얻게 될지도 모른다. 스텔라는 알고리즘이 지켜보는 눈 아래에서 자라게 될 인플루언서 자녀의 첫 세대에 속한다. 가족 관련 콘텐츠는 패션, 뷰티, 음식, 그리고 피트니스와 함께 인플루언서의 '대형 부문'으로, PR 테크 회사인 뷸리오Vuelio에 따르면 영국 내 전체 크리에이터 활동의 약 11퍼센트를 차지한다.[16] 그 장르는 일반적으로 세 가지 형태를 취한다. 육아 인플루언서, 가족 채널, 그리고 키드플루언서이다.

육아 인플루언서('맘플루언서'와 '대드플루언서dadfluencer')는 자기들처럼 부모인 팔로워를 위해 성인의 시각에서 포스팅을 한다. 아이의 자랑스러운 사진과 재미있는 일화와 육아 요령, 그리고 공감할 만한 가족생활의 순간을 공유한다. 사소한 사건과 사고에는 종종 '#엄마의삶' 또는 '#서툰엄마' 같은 해시태그가 달린다. 인플루언서 에이전시인 인텔리플루언스Intellifluence는 온라인에서 활동하는 맘플루언서가 440만 명가량이며 매주 1,830만 명의 아이 엄마가 그런 콘텐츠를 시청한다고 주장한다.[17] 이는 '셰어런팅sharenting(육아 공유)'의 문화적 확산과 관련되어 있다. 2020년 퓨리서치센터의 조사에 따르면 소셜 미디어를 사용하는 부모의 82퍼센트가 온라인에 자기 아이 관련 사진이나 영상 또는 그 외의 정보를 올린 적이 있다.[18] 많은 육아 인플루언서, 전설적인 '인터넷 부모'인 @louisepentland/ 스프링클 오브 글리터Sprinkle of Glitter(팔로워 240만 명) 또는 @father_of_ daughters(팔로워 93만 6,000명)는 처음부터 육아 시장에서 성장했다. 대니 같은 이들은 다른 분야에서 활동하다가 아이를 가질 때가 되었다고 결정하면서 이 부문으로 진입했다.

가족 채널의 주된 플랫폼은 유튜브다. 유튜브에서는 주로 미국인 대가족이 일종의 전 연령대 엔터테인먼트 영상을 함께 제작한다. 아이들은 휴일과 여행 브이로그를 올리고 부모는 삶의 모든 주요 행사에 시청자들을 초대하고 가족은 수많은 도전과 장난, 요리와 공예 강좌, 가족 합창, 장난감 언박싱, 의상을 갖춘 롤플레잉, 태그, 그리고 게임에 함께 참여한다. 가족 채널은 극도로 수익성이 높은 사업이다. 에이스 가족The ACE Family(구독자 1,900만 명), 라브란트 가족The LaBrant Family(구독자 1,270만 명), 그리고 비 가족The Bee Family(구독자 915만 명) 같은 가장 성공적인 채널은 머독이나 카다시안에 필적하는 디지털 미디어 왕조를 세웠고, 바이럴을 탄 부녀 팟캐스트 듀오인 샌디에이고 출신의 싱글 대디 제스Zeth와 두 살배기 딸 세일러Saylor 같은 그보다 젊은 가족들은 틱톡에서 활동하고 있다.

비록 가족 관련 인플루언싱은 종종 아이 등하교시키기, 심부름, 놀이 시간, 루틴들, 숙제 같은 가족생활의 일상성에 초점을 맞추지만 시청자가 집 안으로 초대되어 특별한 순간과 가장 내밀한 삶의 지표에 참여하기도 한다. 첫 이가 빠진 날, 등교 첫날, 첫 싸움, 첫 월경, 첫 남자친구/여자친구, 가족 휴가, 기념일……. 팔로워들은 성숙해가는 가족의 곁을 지키면서 아이들이 태어나고 자라고 학교를 마치고 취직을 하고 새 가족을 꾸리거나 또는 비극적으로(2015년 브래테일리 가족The Bratayley Family이나 2020년 캠앤팸Cam&Fam의 사례처럼) 세상을 떠나는 것을 지켜본다.

그다음에는 키드플루언서가 있다. 본인이 소셜 미디어 스타인 아이들이다. 단, 소셜 미디어 플랫폼의 조건에 따라 공식적인 계정 운영자는 부모로 되어 있다. 아동기를 보내는 꽤 수익성 높은 방법이다. 최고의 스타 키드플루언서들 중에는 각각 여덟 살, 네 살인 블래드Vlad와 니키타Nikita 형제가 있는데, 그들의 공동 유튜브 채널은 6,400만 달러를 벌어들인 것으로 추정된다.[19] 그리고 세 살짜리 스타일 아이콘인 테이텀Taytum과 오클리 피셔Oakley Fisher는 인스타그램에 310만 명의 팬이 있는데, 짝으로 맞춰 입는 미니 미mini-me 의상 컬렉션과 커스텀 패스트 패션 할인 코드('TWINS15')를 가지고 있다. 열두 살의 '게임 영재'인 H1ghSky1(부모가 지어준 이름은 '패트릭Patrick'이다)은 게임 집단인 페이즈 클랜FaZe Clan에 최연소 회원으로 가입하기 위해 학교를 그만두었다. 하지만 그 성공은 오래가지 못했는데, 몇 달 후 미성년자임이 밝혀져 트위치 계정이 비활성화된 것이다. 자칭 '세계 최연소의 스폰서를 둔 게이머'인 다섯 살의 로디로건RowdyRogan은 아버지의 감독 아래 폭력적인 18세 이상 1인칭 슈팅 비디오 게임인 '콜 오브 듀티Call of Duty'를 스트리밍한다.

인플루언스는 가족 관계를 통해 전달되고 더 젊은 세대에 상속될 수 있다. 인플루언서의 자녀가 부모의 플랫폼 덕분에 키드플루언서로 자리 잡을 수 있기 때문이다. 계속해서 태어나는 아이들은 끝없이 새롭고 참신한 콘텐츠의 가능성을 제공하면서 미래 수입의 흐름을 약속한다. '작은 스타들은 말 그대로 (자궁에서) 키워지고 (집에서) 다듬어지면서 인플루언서 어머니의 사회적 자본을 물려받는다.' 인류학자이자 인터넷 문화 연구자인 크리스털 애비 딘Crystal Abidin은 가족 채널 연구에서 이렇게 지적한다. '디지털상에서 묘사되는 그들의 젊은 라이프스타일은 광고로서의 잠재력을 극대화하기 위해 선별된 도구가 된다.'[20] 콘텐츠 크리에이션은 새로운 가족과 세대가 콘텐츠 흐름을 열어젖히고 청중에게 계속 즐거움을 주는, 궁극의 가족 사업이 되었다.

10대 엄마의 출산 브이로그

최근 온라인 계정을 삭제한 듯한 미아 질Mia Jeal은 열네 살 때 처음으로 유튜브에 영상을 올리기 시작했다. 때는 영국 브이로깅의 황금시대로, 팀 글림(조엘라, 앨피 데이스, 마커스 버틀러Marcus Butler, 그리고 조 서그Joe Sugg를 위시해 브라이튼 기반의 발랄하고 젊은 인플루언서들의 모임)이 유튜브 추천 알고리즘을 지배한 시기였다. 1주일에 두 번씩 포스팅을 한 미아는 수많은 10대의 평균적 관심사인 로파이 음악을 배경으로 한 화장 튜토리얼, 내 방 관람, 유행하는 챌린지, 그리고 셀프 피어싱 공포담 브이로그 등으로 구독자 약 8,000명의 소소한 팔로워층을 얻었다. 그 후 열여섯 살에 자신이 임신했음을 알았다. "저는 거의 곧장 유튜브로 가서 '10대 엄마 브이로그'를 올렸어요." 미아는 나와의 통화 중에 그렇게 말했다. 당시 가족 채널은 이미 잘나가는 장르였고 유용한 충고가 넘쳐났지만, 그중 미아와 같은 상황의 영국 채널은 거의 없었다. "처음에 전 유튜브를 계속하고 싶은지 확신이 없었어요." 미아는 회상한다. "솔직히 아주 좋지는 않았어요. 열여섯 살에 임신했다고 하니 사람들이 흰 눈으로 보기도 했죠." 하지만 미아는 나중에 생각을 고쳐먹었다. "수많은 맘플루언서가 활동하고 있는 걸 보니 이런 생각이 들더라고요. 저 사람들이 내게 해준 일을 나도 다른 사람들에게 해주고 싶어. 저 사람들이 날 도와주었듯 나도 누군가를 돕고 싶어." 미아는 자신의 상황이 유용할 수 있음을 깨달았다. "전 엄마한테 말했어요. 제 경험을 정말 꼭 브이로그로 기록하고 싶다고요."

미아가 발표 영상(「전 열여섯 살이고 임신했어요! | 12주차 배 크기 기록!I am 16 and Pregnant! | 12 week Bumpdate!」)을 올리자 채널은 폭발했다. 1주일 만에 구독자가 세 배로 늘어났고 각 영상은 이제 조회 수를 수십만 회씩 긁어들이고 있었다. 그 후로 몇 달간 미아는 계속해서 브이로그로 임신 관련 상황을 중계했다. 매주 배 크기 기록, 옷 하울, 유아차 언박싱 영상, 아기 성별 공개 등등. "수입이 들어오기 시작했고, 전 이게 제가 바랐던 삶임을 깨달았어요." 만삭이 다 되었을 무렵에는 아기와 7만 명 이상의 구독자가 함께 커가고 있었다. 미아는 맘플루언서가 되었다.

많은 육아 인플루언서처럼 미아는 출산 과정을 브이로그로 기록하기로 결정했다. 그리고 이제 그 경험을 돌이켜보면 '약간 이상하다'고 말한다. "카메라를 앞세우고 병원에 들어갔더니 사람들이 이게 무슨 상황인지 어리둥절해하더라고요." 의사들은 충격을 받았지만 조산사들은 미아가 유튜버임을 알자 지지해주었다. "처음에는 어색해했지만 제가 채널을 운영한다는 걸 알고는 무척 존중해주었어요. 전 병원에서 촬영을 금지할까 봐 정말 걱정했거든요." 그렇게 촬영한 영상 「10대 엄마 응급실 제왕절개 출산 브이로그! TEEN MUM EMERGENCY C-SECTION BIRTH VLOG!」는 20만이 넘는 조회 수를 기록했다.

"안녕 여러분, 제 채널을 다시 찾아주셔서 감사해요." 게슴츠레한 눈의 미아가 고전적인 유튜브 시작 양식으로 카메라를 향해 말한다. 그리고 왜 자신이 화장을 안 한 맨얼굴인지를 설명한다. "오늘 저는 제 출산을 기록할 거예요…….3시에 질 좌약을 투입할 거예요." 그후 영상은 병원 침대에 테이프와 전선으로 뒤덮인 채 누워 있는 미아의 배를 클로즈업한다. 미아는 넋이 나간 얼굴로 자궁 확장과 진통과 심박 관련 상황을 알려준다. "콘텐츠를 원하는 만큼 많이는 못 얻었어요." 미아는 전화로 내게 그렇게 말한다. 하지만 난 도대체 그 이상 뭘 더 공유할 수 있었을지 상상이 되지 않는다. 고화질 카메라는 정확한 출산 순간을 포착하고, 그 후 간호사가 닦아주고 있는 작고 반짝이는 갓난아기로 넘어간다. 그런 내밀한 순간을 엿보다니, 난 이상하게 관음증 환자가 된 듯한 기분이다. 새로운 생명은 즉시 소비 가능한 콘텐츠로 진화한다.

몇 초 내에 상황이 급박히 바뀐다. "우리 엄마가 한창 녹화 중인데 아기가 호흡을 멈췄어요…….." 클로즈업 화면에서 미동도 없던 메이블 Mabel이 이윽고 숨을 쉬려고 안간힘을 쓰고, 그때 자막이 깜빡이며 화면에 뜬다. 끔찍한 한순간, 영상은 어쩌면 비극이 될 가능성을 보인다. 하지만 재빠른 몽타주(그리고 닷새의 시간)가 지나가고 몇 차례의 수액 투여와 패혈증 위기를 거친 후, 난 엄마와 아기 모두 무사히 집에 온 걸 알고 안도한다. 미아의 고통스럽고 정신없고 스트레스 가득한 출산 경험은 유튜브가 제안하는 알고리즘 최적화 길이 인 10분 43초짜리 영상으로 평준화된다. '롤러코스터를 탄 기분이었 어!' 한 시청자의 댓글이다. '나 지금 울고 있어.' 또 다른 댓글이다.

온라인 육아 커뮤니티는 권력 부여, 교육, 그리고 민주화의 도 구로 칭송받는다. '아이를 가진다는 건 굉장한 일이지만 확실히 사 회생활에서 꽤 멀어지게 만들죠.' 마이크로 맘플루언서인 해나Hanna 가 이메일로 내게 말한다. 두 아이의 엄마인 해나는 '새비 머미The Savvy Mummy'('요령 있는 엄마'라는 뜻이다 - 옮긴이)라는 닉네임으로 사바나 Savannah와 주노Juno를 키우고 있다. 소셜 미디어의 육아 공동체에 관 해 해나는 이렇게 말한다. '(그건) 제게 작은 출구 역할을 해줘요. 신 생아를 키우는 내내 정말이지 도움을 받은 게, 온라인에는 늘 이야기 하거나 조언해주는 누군가가 있거든요.' 비록 수많은 가족 관련 콘 텐츠가 더 낫고 더 건강하고 더 행복한 가정생활에 대한 안내를 제공 하지만, 그 반대 역시 도움이 된다. 다른 미디어에서 그려지는 육아 에 대한 눈부신 묘사가 쌓아올린 기대를 무너뜨리는, 가정생활의 사 소한 사건 사고와 그로 인한 즐거움을 칭송하는 공간이라는 것이다. '저는 우리의 사소한 순간을 남들과 공유하고 다른 부모에게 완벽할 필요가 없다는 걸 보여줄 수 있어서 너무 좋아요.' 해나가 말을 잇는 다. '그 모든 것 가운데에서 어떤 마법적인 순간을 누릴 수 있죠.'

인플루언서와 시청자 사이를 잇는 끈은 온라인에서 실제 생활 까지 이어질 정도로 강력하다. 미아는 이제 유튜브를 통해 전 지구상 의 다른 10대 엄마들과 연결되어 있는데, 많은 사람이 미아를 실제로 만나러 오려는 계획을 세우고 있다. "제가 예전에 팬으로서 지켜봤던 수많은 사람들과 이제는 친구가 됐어요." 나와 통화하는 내내 미아는 가족 채널인 오케이베이비Okbaby(153만 명)와 캠앤팸(160만 명)의 구독자들을 마치 자기 친척쯤 되는 것처럼 말한다.

또한 부모는 인플루언싱의 금전적 소득을 통해 더 나은 가족생활을 꾸리고 아이들을 위한 안전망을 확보할 수 있다. "그럴 의지만 있으면 수익성은 꽤 높아요." 딸을 낳으면서 전략을 재평가해야 했던 퍼니 림은 말한다. "온라인에 엄청난 양의 가정생활을 공유해온 사람들은 가정 형편을 금전적으로 확 끌어올릴 수 있었어요. 다른 그어떤 직업을 택했더라도 그 정도로 해내는 건 불가능했을 거예요."

"저는 싱글인 10대 엄마잖아요……. 유튜브가 아니었다면 차나 집은커녕 메이블의 신발도 살 수 없었을 거예요." 미아 역시 같은 생각이다. "유튜브가 없었다면 저는 정말 힘들었을 거예요." 맘플루언서들은 (고정관념에 따르면) 부양보다 직업을 우선시하는 '일하는 엄마'와 상시 가정에 머무르며 헌신하는 '전업주부 엄마' 사이의 전통적 양극성을 무너뜨렸다. 해나는 일을 하면서 아이들과 행복한 시간을 가질 수 있다고 말한다. '그리고 저는 그렇게 하면서 전업주부 엄마가 될 수 있죠.' 미아도 동의한다. "저는 엄마로서 제 일을 하면서 일자리를 만들 수 있어요. 너무 보람찬 일이죠."

온라인 노출을 원치 않는 아이들

가족 인플루언싱은 그것을 주도하는 사람들에게 해방적일 수도 있지만, 반면 미성년 참가자들에게는 문제가 될 수 있다. 아이들은 대부분 공유되는 데 동의한 적이 없기(동의할 수 없기) 때문이다. 퓨리서치센터에 따르면 소셜 미디어에 아이 사진, 영상, 그리고 정보를 공유하는 부모의 83퍼센트는 지금 자신이 포스팅한 것에 대해 미래에 자녀가 불쾌해할 가능성을 거의 또는 전혀 우려하지 않았다.[21] 하지만 2016년 미국에서 이루어진, 가족 내 기술 관련 규칙과 행동에 관한 사회학 연구에 따르면 아동들은 압도적으로 '콘텐츠가 민망하다고 느끼고 부모가 허락도 없이 자신의 온라인 존재에 공개적으로 관여하는 데 좌절감을 느낀다'고 대답했다.[22]

비록 미아는 자신에 관한 내밀한 정보를 공유하는 데 거리낌이 없지만(최근 브이로그는 '가장 끔찍한 월경!! | 너어어무 아팠어요! The WORST PERIOD EVER!! | I was in SO much PAIN!'라는 끌리는 제목을 달고 있다) 딸에 관해서는 훨씬 더 엄격한 선을 그었고, 그 선을 지키려 주의하고 있다. "전 메이블의 생애 지표를 대부분 비공개로 유지해요. 그 애를 대신해 제가 그런 선택들을 내리고 싶지 않아요. 그 애가 충분히 나이가 들면, 그리고 공유하고 싶어 하면 괜찮겠죠."

"전 규칙이 있어요." 온라인에서 '멈포스MumForce'로 통하는, 에든버러에서 두 아이를 키우고 있는 육아 및 라이프스타일 블로거인 게일Gail 역시 같은 생각이다. "위치 정보도, 교복도, 신체 일부를 드러내는 것도, 심지어 수영복 사진도 안 돼요. 전 늘 애들한테 사진을 찍어도 되느냐고 묻고, 안 된다고 하면 수긍해요. 제 딸은 나이가 들면서 출연 빈도가 줄었어요. 제 페이지에 나오고 싶어 하지 않고, 전 그걸 존중해요." 미아는 육아 인플루언서들이 때때로 팔로워들에게서 아이를 좀 더 공개하라는 원치 않는 압박을 받는다고 지적한다. "사람들은 제게 딸아이의 인스타그램을 만들라고 요구해요. 하지만 그 애가 그 나이에 온라인에서 활동하는 건 안전하지 못해요. 그건 그 애가 선택할 일이에요. 나중에요."

맘플루언서와 가족 채널은 콘텐츠의 '캐치 22 catch-22'에 갇혀 있다. 팔로워는 투명성을 요구하지만 투명성을 비판하는 데도 열을 올린다. 시청자들은 정보를 요구하지만(미아는 "전 모든 걸 설명하고 정당화해야 해요"라고 말한다) 인플루언서가 정보를 제공하면 비난한다. 그리고 제공받지 못한 정보는 더러 직접 파헤치기도 한다. 퍼니는 아이를 포스팅하면 문제들이 따라온다고 인정하지만, 아이를 배제하는 것 역시 마찬가지다. "아이가 생기는 건 인생이 바뀌는 거대한 사건이에요. 그렇지 않은 척 시치미를 떼는 건 시청자와 자신을 소외시키는 짓이죠. 그걸 숨기는 건 정말 불가능해요. 진정성이 없잖아요." 게다가 "만약 아무것도 공유하지 않으면 오히려 실제보다 더한 상상과 호기심을 키우게 되죠"라고 퍼니가 말을 잇는다. "방 안의 코끼리가 만들어지는 거예요. 만약 살짝만 공유하고 가끔씩만 공유하면 굶주린 늑대를 어느 정도 진정시킬 수 있어요. 현실과 선별 공개 사이에는 진정성의 신화를 유지해주는 아주 가느다란 선이 존재하죠."

그 결과는 타협이다. 퍼니는 남편과 상의한 끝에 딸의 사진을 공유하기로 결정했지만 얼굴이나 이름은 공개하지 않기로 했다. 그래서 퍼니의 인스타그램 릴에는 런던의 보도 위로 유아차를 밀고 가는 영상이 등장하지만 그 탑승자는 공개되지 않는다. 이처럼 경계를 명확히 밝히니, 오히려 시청자들도 존중해준다. 때로 퍼니가 의도치 않게 너무 많은 정보를 공개하면 DM으로 실수를 지적해 바로잡게 해주기도 한다. 놀라운 일이다. 이런 상호 책임감은 가족 인플루언싱을 둘러싼 과열된 셰어런팅과 끈덕진 팔로워라는 서사와 맞아떨어지지 않기 때문이다.

"가족 채널에 대한 특정한 스테레오타입이 존재해요." 미아가 내 의견에 동의한다. "전부 인플루언스가 목적이고 돈을 위해 아이들을 이용하는 거라는 시각이죠. 그리고 확실히 많은 채널이 '실제로' 그러는 게 보이기도 해요. 어떤 채널은 아이들을 정말 이상하게 다루죠. 한 아이가 월경을 시작하자 오로지 그것만 가지고 영상을 만들기도 했어요……. 또 어떤 사람은 아이가 다치면, 그걸 녹화해요." 오스트레일리아 가족인 노리스 너츠The Norris Nuts(구독자 520만 명)는 「가족 개입 *감동적*FAMILY INTERVENTION *emotional*」(조회 수 430만 회), 「비기가 크리스마스에 트라우마를 얻다 *망함*BIGGY GETS TRAUMATIZED ON CHRISTMAS *gone wrong*」(조회 수 500만 회), 그리고 「우리의 첫 장례식 *눈물바다* 가족으로서 함께 작별인사하기OUR FIRST FUNERAL *extremely emotional* saying goodbye together as a family」(조회 수 1,300만 회) 같은 영상 수백 편을 가지고 있다. 그런 영상은 그들의 여섯 자녀인 소키, 사브르, 비기, 디스코, 그리고 나츠 등이 우는 모습을 공개적으로 보여주며, 클릭 유도용 섬네일에서 아이들은 고통으로 찡그리고 붉어진 얼굴을 하고 있다. 전체 채널은 댓글이 막혀 있다. 난 유튜브에서 불편한 표정의 10대들이 여드름 때문에 애먹거나 다리털 미는 법을 배우는 영상(둘 다 #협찬 태그가 달려 있다), 눈물이 그렁그렁한 걸음마쟁이들이 떼를 쓰는 영상, 그리고 병과 실연과 이혼을 유혈이나 폭력과 함께 상세히 다룬 영상을 본 적이 있다. 내가 그런 가족 채널에 속해 있다면, 그리고 그런 순간이 인터넷에 영원히 떠돌게 될 것임을 안다면 어떤 기분이 들지 상상도 하기 힘들다.

인플루언스 추구는 재빨리 더 불길한 양상으로 변할 수 있다. 2018년 유튜브는 '대디오파이브DaddyOFive'라는 이름으로 육아 브이로깅을 하는 마이크Mike와 헤더 마틴Heather Martin의 채널 두 개를 영구 정지시켰다. 2017년에 올린 참여 유도 낚시용 영상들에서 아이들을 감정적·육체적으로 학대한 혐의 때문이었다. 한 영상에서 헤더와 마이크는 침실에 깔린 밝은색 카펫에 보이지 않는 잉크를 엎지르고는 흐느끼는 아이들에게 고함치고 욕하며 왜 카펫을 망쳐놓고 거짓말을 하느냐고 다그친 후 '장난'이었다고 밝힌다. 마틴 부부는 온라인에서 비난을 받고 팔로워들에게 집단 신고를 당했으며, 법정에서 유죄 판결까지 받았다. 그 후 유튜브는 그 영상을 포함해 부부가 올린 영상을 모두 삭제했다. 판결문에는 마틴 부부가 더는 아이들을 데리고 콘텐츠를 만들어서는 안 된다는 금지 조항이 딸려 있었다.

미아는 이런 사건이 초래한 결과가 영 못마땅하다. "저는 꾸준히 심문을 당해요. 메이블에게 동생을 만들어주고 싶은데, 사람들은 이래요. '조회 수 때문에 그러는 거야?' 아니거든요, 저는 원래부터 대가족을 이루고 싶었어요. 메이블이 다리가 부러졌을 때는 사람들이 이랬어요. '다리가 부러진 척하는 거야.'" 미아는 자못 분개한 말투다. "제가 정말 딸이 다쳤다는 거짓말을 할 사람 같아요?"

과잉 공유oversharing, 감정적 착취, 그리고 클릭 유도 낚시 같은 문제를 더욱 복잡하게 만드는 것은 가족 브랜드의 광고 및 성장이다. 미아는 스폰서십에 극도로 민감하다. 자신의 출산 브이로그로 소득을 창출하고 있지만(유튜브가 그걸 허락해줘서 자신도 놀랐다고 한다), 브랜드 계약과 협찬에는 선을 긋는다. "전 메이블을 위해 수많은 브랜드 계약을 했어요. 옷, 그네, 장난감…… 하지만 그 애는 광고에 등장하지 않았고 오로지 제품만 등장했어요." 미아는 말한다. "전 내 아이가 광고 간판이 되길 바라지 않아요. 사람들이 그 애의 존재 가치를 그냥 모델로만 보지 않았으면 좋겠어요." 가족 인플루언싱은 보호자와 고용주의 관계를 흐릿하게 만들고 상업적 이득은 종종 가족에게 '무엇이 최선이냐'와 갈등을 일으킬 수 있다.

이러한 갈등이 특히 우려스럽게 나타난 사례는 스타우퍼 가족 The Stauffers인데, 정장 셔츠를 세트로 맞춰 입은, 잘 꾸미고 고급스러운 이 가족은 가족 브이로깅 장르의 흠잡을 데 없는 간판 같은 존재였다. 마이카Myka의 유산을 다룬 초기 영상들(「임신 테스트 생중계! 내가 임신했나?!!!LIVE PREGNANCY TEST! AM I PREGNANT?!!!」) 이후로, 구독자들은 가족이 집을 바꾸고 아이를 낳고 네 자녀인 코바, 자카, 래들리, 그리고 오닉스의 홈스쿨링을 수익 창출 유튜브 채널과 인스타그램 계정을 통해 지켜봐왔다. 그런데 부부는 입양을 간절히 바랐다. 친자가 아닌 자녀를 스타우퍼 가족에 받아들이는 것은 '우리의 서사에 정말 아우르고 싶은 것'이었다고, 마이카는 한 영상에서 말했다. 가족은 2016년부터 스물일곱 편의, '입양을 위한 여정'을 상세히 알리는 영상 시리즈를 시작했다.

그것은 현재까지 스타우퍼 가족의 시리즈 중 가장 높은 인기를 얻었다. 마이카의 채널은 본격적으로 폭발했고, 가족은 몇몇 유명

회사와 스폰서십을 체결했다. 그들이 헉슬리라고 개명한, 자폐증을
가진 두 살배기 남자아이를 새 아들로 데려오려고 2017년 중국으로
떠난 과정을 기록한 '감동적인 헉슬리 입양 영상!! 중국 입양 디데
이Huxley's EMOTIONAL Adoption VIDEO!! GOTCHA DAY China Adoption'라는 제목의 유
튜브 영상은 570만 회나 조회되었다.

　헉슬리는 그들 삶의, 그리고 그들 채널의 큰 부분을 차지했다.
마이카가 아이를 집으로 데려온 그해에 구독자 수는 두 배로 뛰었
고, 아이는 몇몇 스폰서 포스트에 등장했다. 하지만 헉슬리는 마이
카의 바람과 달리 촬영에 비협조적이었고, 아이가 웃으며 노는 영
상에는 떼를 쓰고 우는 영상도 따라왔다. 그리고 아이의 자폐증이
이전 결과보다 더 심각하다는 의학 진단을 비롯해 가슴 아픈 내용
을 다루는 영상들이 있었는데, 그중 한 영상에서 헉슬리는 양 엄지
를 빨지 못하도록 청테이프를 감고 있는 모습으로 등장했다. 또 다
른 영상에서 마이카는 울고 있는 헉슬리를 카메라를 들고 쫓아다니
며 '이제 됐느냐'고 묻는다. 시간이 지나면서 가족 영상에서 헉슬리
의 등장 빈도는 점점 줄어들었고, 결국 채널에서 영영 사라졌다.[23]

　우려한 팔로워들은 '#헉슬리에게정의를'이라는 해시태그를 시
작했다. 결국 스타우퍼 가족은 「우리 가족에 관한 업데이트Update on
our family」라는 브이로그를 올렸다. 헉슬리의 행동이 그들이 대처하기
엔 너무 심각해서 '이제 영구적인 새 가족'에게 재입양되었다는
내용이었다. 그런 결정을 내린 이유 중에는 특히 많은 생각을 하게
만드는 것이 하나 있었다. 제임스James는 아들의 행동 때문에 '브이
로그를 하기가 힘들었다'고 언급했고, 마이카도 동의했다. "우리가

브이로그를 막 시작하려 하면 헉슬리가 본격적으로 떼를 쓰기 시작하는데, 저희는 부모로서 어떻게 대처해야 할지 몰랐어요. 도무지 손쓸 도리가 없었거든요. 그러고 나면 너무 슬프고 내가 너무 잘못하는 것 같아서 그냥 카메라를 끄고 싶어지죠." 스타우퍼는 가족이었지만 수익성이 높고 고급스러운 육아 브랜드이기도 했고, 그것을 거스르는 아이는 거기에 속할 수 없었다.

보다 더 공개적으로 저항한 인플루언서 아동들의 사례도 있다. 2020년 1월, 인기 있는 고민 상담 서브레딧인 '내가 나쁜 놈인가? Am I the Asshole?'에 일회성 계정 u/finallyanonymous가 올린 레딧 포스트가 트래픽이 가장 높은 포스트를 모아서 보여주는 사이트 첫 페이지인 'r/all'에서 바이럴을 타기 시작했다.[24] 원글을 쓴 사람은 10대 청소년으로, 어머니가 가정생활에 관한 사진과 영상을 공유해서 '인스타그램에서 살짝 유명'한데, 그러지 말라는 자녀들의 요청을 순순히 받아들이지 않는 것이 고민이었다. '우리에 관한 게 너무 많이 나와 있어서 거지같아. 나중에 내가 구직을 하거나 누굴 만나거나 누군가가 내 이름을 찾아보면 도대체 뭐가 나올지⋯⋯.' 원글은 그렇게 불만을 토로했다. 아무리 싫다고 해도 고집 센 부모들은 수백만 가지 방법으로 아이들을 회유해 자신들의 뜻을 이루었다. '그게 엄마가 돈을 버는 방법이니까 내가 돈이 필요하면 말대꾸하지 말라고 하고⋯⋯ 아니면 나한테 묻지도 않고 포스팅을 한 다음에 얼굴이 안 보이니까 괜찮을 줄 알았다고 변명하기도 해.' 그리고 그 10대 아이는 기발한 해법을 떠올렸다. '사진 안 됨', '촬영에 동의하지 않음', '사생활을 존중해주세요', 그리고 '내 사진으로 수익 올리지 마세요' 같은 표어가 찍힌 후드 티를 형제자매에게 나눠준 것이다. 말할 것도 없이 맘플루언서는 화를 냈지만, 레딧 이용자들은 만장일치로 원글을 쓴 사람이 'NTA', 즉 나쁜 놈이 아니라고 결론 내렸다.

크리스털 애비딘 박사는 아동이 실제로 동의하지 않는데도 인플루언서 부모가 '반발을 미연에 방지하고 지속적으로 자녀의 디지털 노동을 정당화하는' 교묘한 수법들을 연구했다. 아이가 기분 좋은 때를 골라 카메라 들이대기, 아이에게 영상 제작을 직접 지시하게 하기, 영상 제작을 휴가라고 말하기. 박사는 이런 진정성을 연출하는 과정을 '보정된 아마추어리즘'이라고 부른다. '이러면 대단한 설득력이 생겨서, 가족 인플루언서들은 어린 자녀에게 콘텐츠 생산을 위한 수 시간의 디지털 노동을 시키고도 거의 비난을 받지 않습니다……. 팔로워들은 그들의 재능, 단합력, 그리고 가족애를, 그들을 #가족목표 삼아 모방하고 싶어 할 정도로 부러워하고 열망합니다.'[25]

"아동노동의 도덕적 문제를 제외하더라도, 온라인에 아동노동에 관한 아무런 안전 규제가 없다는 사실도 문제예요." 퍼니가 말한다. "우리는 가족 콘텐츠에 관한 법적 규제가 부족해요……. 전 그게 걱정돼요."

미성년자가 육아 콘텐츠에 큰 비중으로 등장하는데도 그들의 참여는 법적 노동으로 인정되지 않고, 할리우드의 아동 스타나 어린 공연자들과 달리 규제를 받지 않는다. 2020년 10월, 프랑스는 미성년 인플루언서에 관한 규제를 다루는 혁신적인 입법을 통과시켰다. 법은 직접 수입을 관리하는 16세 미만 아동의 온라인 노동 허용 시간을 제한하고 아동에게 '잊힐 권리'를 부여했다. 이는 아동의 요청이 있으면 소셜 미디어 플랫폼이 포스팅을 지워야 한다는 뜻이다. '아동의 권리는 반드시 보존되고 보호되어야 하며, 인터넷 역시 거기에 포함된다. 인터넷은 무법 지대가 되어서는 안 된다.' 그 법안을 주창한 정치가 브루노 스터더Bruno Studer는 말했다.[26] 그러나 법은 만병통치약과는 저만치 떨어져 있다. 온라인에 등장하는 모든 아동에게 적용되지 않고, 오로지 노동에 '상당한' 시간을 들이고 직접 수입을 창출하는 경우에만 적용된다. 즉 키드플루언서는 해당되지만 가족 채널이나 셰어런팅에 열을 올리는 이들의 자녀는 해당되지 않는다.

인플루언싱에서 아동의 역할에 관한 그런 우려는 제쳐두더라도, 온라인상의 육아는 부모에게도 도전이 될 수 있다. 온라인에는 비난하기 급급한 감시자가 넘쳐난다. 멈스넷Mumsnet이 때로 인터넷에서 가장 무시무시한 곳으로 여겨지는 것도 영 근거 없는 것은 아니다. "다른 사람의 의견을 듣는 건 정말 어려워요. 많은 사람이 제가 유도분만을 한 것을 비난해요." 미아는 말한다. "제가 한 모든 일을 정당화해야 한다는 사실에 익숙해지는 게 힘들었어요." 하지만 단순히 비난이 전부가 아니었다. "전 아이를 가졌을 때 사람들의 말에 따라 제 행동을 바꿨어요. 그러자 아이를 가진 건 난데 아무것도 제 뜻대로 못하는 기분이었죠." 알고 보니 딸의 이름을 짓는 것 역시 거기에 포함되었다. "처음에는 오션Ocean이라고 지을 생각이었는데, 아기 이름 짓는 영상에 정말 무례한 댓글이 많이 달렸어요. 그래서 그 애의 이름은 이제 메이블Mabel이 됐죠." 다른 육아 인플루언서들은 더 날카로운 반발을 맞닥뜨린다. 해나의 남편은 '이해를 못하고' '제게 오는 모든 택배를 싫어해요'. 게일은 직업 때문에 자신이 소외당한다고 느꼈다. "저는 정보 공유 때문에 친구 몇 명을 잃었어요." 게일은 회상에 잠긴다. "저는 이렇게 해석해요. 그 애들은 틀림없이 제가 생각했던 만큼 좋은 친구가 아니었을 거라고요."

더 많은 보호 장치와 절차, 그리고 어쩌면 안정성이 있는 정식 고용 대신 가족 인플루언싱을 택함으로써 부모는 무리한 요구를 맞닥뜨리게 된다. "임신 동안에는 브이로깅을 하기가 힘들었어요." 미아는 말한다. 건강이 나빠져서가 아니라 중등교육 자격 검정시험을 봐야 했기 때문이다. "갑자기 할 일이 마구 밀려들었어요. 학교가 끝나고 집에 오면 저녁 내내 편집을 했어요. 입원을 앞두고 한 달 치 영상을 미리 준비했죠." 육아 인플루언서는 가족과 팔로워 사이에 관심을 적절히 분배해야 한다. "때로는 스트레스가 무척 심해요." 미아는 인정한다. "저는 처음으로 엄마가 됐고, 동시에 유튜브를 운영하려 애쓰고 있었어요. 오해하지 마세요. 전 너무 좋거든요. 하지만 이건 제 직업이기도 해요. 영상을 올리지 않으면 돈을 받지 못해요. 그러니 어떻게든 시간을 찾아내야죠."

수백만 팔로워를 위해 완벽한 브랜드 이미지를 유지해야 한다는 것은 큰 압박이 될 수 있다. 한때 '유튜브의 대통령 가족'이라고 불렸던 셰이타드 가족The Shaytards은 아버지인 셰이 칼 버틀러Shay Carl Butler('브이로그파더The Vlogfather'라고 불리는)가 벗방 BJ에게 외설적인 메시지를 보낸 것이 밝혀지면서 추문에 휩싸였다. 트위터에 올린 사과

문에서 셰이는 알코올중독이 재발했다면서 그 탓을 어느 정도 유튜브상의 삶에 돌렸다. "'행복은 선택이다'라는 사고방식을 유지하기가 도저히 불가능했습니다. 도저히 더는 견딜 수 없었어요. 석 달 전에 다시 술을 마시기 시작했습니다." 셰이가 말했다. "그동안 브이로그를 하지 않은 건 제가 다시금 이 끔찍한 상태로 추락했기 때문입니다……. 저는 인터넷을 떠나겠습니다."

인터넷에서 나를 판다는 것

콘텐츠 하우스, 인스타그램 남편, 그리고 가족 채널은 모두 우리 주변의 온 사방에서 일어나고 있는 한 가지 경향의 발현이다. 이전에는 구분되었던 정체성들 간의 선이 무너지고, 노동과 여가의 경계가 흐려지고, 자신에 관한 정보를 온라인에 갈수록 더 많이 공유하는 경향 말이다. 인플루언서는 그저 다른 모든 사람이 매일 겪고 있는, 그리고 앞으로 10년간 겪게 될 현상의 더 가속화된 형태를 더 명확하게 보여줄 뿐이다. 앞으로 올 그 시대에 우리는 모두 크리에이터일 것이며, 모든 것이 콘텐츠가 될 것이다. 인플루언서 원칙은 인간관계와 가정과 일터에 완전히 뿌리내릴 것이다. 비록 많은 크리에이터가 항시 접속 상태인 일과와 라이프스타일에서 오히려 해방감을 느낀다고 말하고 그런 혼성적 성격을 자기 직업의 가장 큰 특전으로 묘사하지만, 난 이런 상태가 야기할 수밖에 없는 불안정성과 취약성이 불안하게만 느껴진다. 사무실에 사는 것, 파트너

밑에서 일하는 것, 가족이 고용주가 되는 것, 늘 접속 상태인 것.

인플루언서가 되려고 애써보았으며 여전히 소셜 미디어에서 자신의 경계를 규정하려고 노력 중인 사람으로서, 난 자신의 좀 더 개인적인 부분을 온라인에 공개하면 자아 감각에 어떤 변화가 일어나는지 알고 싶었다. 자아 정체성을 인터넷상에 상업화한다는 것은, 알고 보니 내가 생각한 것과 달랐다. 사회적·문화적 자본에 대한 가차 없는 욕망으로 내밀한 사생활을 철저히 계산적으로 희생하는 것이 아니라, 그보다 점진적이고 수동적인 과정이었다. 개인 브랜드란 마치 시간이 지나면서 요구사항이 저절로 늘어가는 자의적인 독립체 같았다. 더 많은 볼 만한 콘텐츠, 더 많은 진정성 있는 서사, 더 많은 내밀한 관계, 집이나 가정이나 가족의 더 매력적인 형태. 개인 삶의 양상을 포장함으로써 돈을 벌 수 있다는 것은 일단 발을 들이면 모든 활동, 관심사, 그리고 관계가 잠재적으로 수익 창출 활동으로 인식될 수 있다는 뜻이다. 이는 역설적이게도 더러 인플루언싱이 애초에 제공하는 듯했던 바로 그 자유와 유연성을 전복하는 결과를 낳는다.

어린 시절의 가족 휴가 때 찍은 사진들을 떠올려본다. 흐릿한 사진 속에는 땀에 젖어 있고 사진발도 별로지만 행복한 사람들이 찍혀 있다. 만약 그 사진을 찍은 사람이 그 대가로 돈을 받았다면 어떻게 달라졌을까? 우리는 해변에 '브랜드가 있는지' 또는 샌드위치가 인스타그램에 올릴 만한지 같은 생각을 한 번도 해보지 않았다. 내가 처음 같이 살았던 하우스메이트들과 사이가 멀어진 것은 수익 배분이나 개인 브랜드 같은 것 때문이 아니라 쓰레기 비우기나 요란한 음악 때문이었다. 인플루언서의 과도한 정보 공유에 대한 비판은 흔히 개인의 구체적 행위에 초점을 맞추곤 하지만, 포스팅할 권리는 갈수록 광범위하게 기대되는 듯하다. 특히 온라인 콘텐츠를 가능케 하는 메커니즘이 계속해서 혁신되고 강화되면서 말이다. 우리 삶과 정체성의 모든 측면을 상업화하는 경쟁에서, 인플루언서는 나머지 우리보다 그저 한 발 앞서 있을 뿐이다.

2020년 하반기 들어 '뉴뉴NewNew'라는 이름의 플랫폼이 인플루언서 공동체 내에서 인지도를 얻기 시작했는데, 그것은 이러한 진화의 다음 단계를 알리는 듯했다. 세계 최초의 '인간 주식시장'을 표방한 뉴뉴의 이용자들은 돈을 지불하면 자신이 팔로우하는 인플루언서의 삶의 모든 면면을 투표로 결정할 수 있었다. 어떤 옷을 입을지, 어떤 노래를 틀고 어떤 음식을 먹을지, 또는 어떤 비디오 게임을 플레이할지, 문자메시지에 뭐라고 답신할지, 뭘 하면서 오후 시간을 보낼지. 위험하거나 불법적이거나 불쾌한 활동이 아닌 한, 팔로워들은 제안을 하고 투표로 결정할 수 있었다. 뉴뉴를 통해 인플루언서는 가장 높은 액수의 입찰자에 의해 결정되는 삶을 살면서 자신의 정체성을 고스란히 상업화할 수 있었다. '크리에이터에게 팔 수 없는 것은 존재하지 않는다.' 〈뉴욕 타임스〉는 그렇게 지적했다. 하지만 그걸 이용할 수 있는 건 인플루언서만이 아니었다. "유명한 인플루언서나 스타를 내 뜻대로 움직이는 건 확실히 재미있지만, 솔직히 같은 학교 학생이나 예컨대 내 남자친구의 전 여친을 내 마음대로 움직이는 것 역시 그만큼 재미있죠." 뉴뉴의 창립자는 〈뉴욕 타임스〉와의 인터뷰에서 말했다. "나 스스로 내가 아무리 지루한 사

람이라고 생각해도, 세상에는 늘 기꺼이 돈을 지불할 정도로 내 삶
에 흥미를 느끼는 사람들이 있어요." 새로 만들어진 '크리에이터 경
제'가 팔지 못하는 게 과연 존재하긴 할까?

5 크리에이터 경제학

그들은 실제로 얼마나 벌까?

"안녕, 이년들아!!"

타나 모조Tana Mongeau가 내 아이폰 카메라에 대고 비명을 지르고 있다. 스물한 살의 브이로거인 타나는 내 옆에 하도 딱 달라붙어 있어서, 우리가 프레임에 얼굴을 욱여넣으려고 서로 밀치는 사이 타나가 쓴 벙거지 모자의 올이 내 귀걸이와 엉킬 지경이다. 화면 속에서 타나 옆에 있는 나는 당황하고 허둥대는 듯 보인다. 타나에게 주도권을 넘기긴 했지만, 혹시 그러다가 선을 넘기라도 할까봐 걱정스러운 표정으로 왼쪽을 흘깃거린다. 우리 주위에서는 군중이 자리를 찾아 서로 들이받고 다투고, 아이폰을 높이 들어올린다. 모두의 눈이 자기들의 유튜브 우상에게 꽂혀 있다. 심지어 타나의 높은 목소리조차 엑스포 홀 주위에서 쩌렁쩌렁 울리는 사람들의 비명과 녹음된 팝송 비트를 꿰뚫는 건 무리다. "다들 이년을 구독해!!" 타나는 고함치며 아크릴 손톱으로 내 쪽을 가리키고 카메라에 얼굴을 바짝 갖다 댄다. 화면 속에서 얼굴이 일그러지고 연장된 속눈썹이 2000년대풍의 작은 백색 선글라스 위로 파닥거린다.

"아이고, 미안해요. 삐 처리해야 하는 거 아니에요?" 타나는 말 끝을 흐리지만 여전히 내 아이폰 화면을 뚫어져라 보고 있다. 금발로 염색한 붙임머리를 어깨 위로 넘기고 눈을 휘둥그레 뜬 채 입술을 둥그렇게 오므려 내 브이로그의 미래 청중을 향해 장난스러운 썩소를 짓는다. "진짜 100만 번은 삐 처리를 해야겠어요." 그러고는 연극적인 '무와' 소리와 함께 화면에 키스를 날리고 1초 만에 팬들에게 둘러싸여 내 뒤로 사라진다. 머리통들과 셀카 봉들 사이로 병거지 모자가 통통 튀고 있다. 난 15초짜리 영상 녹화본 및 내가 방금 '타나당했다'는 어지러운 감각과 함께 뒤에 남겨진다.

오늘은 세계 최대의 연례 인플루언스 축제인 비드콘 VidCon에서의 내 첫날이다. 이 나흘짜리 집회는, 말하자면 디지털 업계의 다보스 포럼이다. 입장권은 순식간에 매진되고 라인업을 두고 설왕설래가 벌어지며 크리에이터들은 전 세계에서 비행기를 타고 날아오고, 그들을 보려는 팬들이 이른 시간부터 줄을 선다. 자신의 영웅을 혹시 얼핏이라도 볼 수 있을까 하는 희망에서 호텔 엘리베이터를 탄다. 거대한 소셜 미디어 플랫폼의 대표들이 기업 간판을 내려놓고 폼 나는 휴게실에서 스폰서들과 어울린다. 나 같은 업계 전문가들은 경쟁자를 관찰하고 인맥을 쌓고 러브콜을 보내고 현재의 가장 큰 스타들(또는 다음번 스타면 더 좋고)에게 소개받기를 꿈꾼다.

비드콘은 단순한 협회 이상이다. 가상의 공동체, 크리에이터 문화의 축성, 그리고 거대한 팬덤 팬 미팅을 위한 독특한 현실의 순간이다. 행사 창설자는 1세대 브이로거들과 '유튜브의 빅 브라더스'인 행크Hank와 존 그린 John Green, 다른 말로 브이로그브라더스Vlogbrothers였다. 그 형제는 2007년 신년 결심으로 유튜브 경력을 시작했다. 서로와의 모든 사적 교신 대신 공개 유튜브 채널에 매일의 일기 브이로그를 업로드하겠다고 인터넷에 알린 게 그 시작이었다. 그리고 인기가 따라왔다. 그로부터 몇 년이 지나 바이럴을 탄 해리 포터 커버 영상 하나와 총 몇백 시간에 이르는 카메라 앞에서 일상 이야기 늘어놓기 이후, 브이로그브라더스는 광범위한 국제적 팬베이스와 〈포브스〉 프로필, 그리고 에미상을 손에 넣었으며 얼마 못 가 사라진 소셜 미디어 플랫폼 구글플러스에서 당시의 대통령 버락 오바마와 가상 행아웃을 하는 기회도 누렸다.

메가 크리에이터 첫 세대 중 선두에 서 있던 그린 형제는 산업이 팽창해 우리가 오늘날 아는 유튜브가 만들어진 덕분에 자신들의 명성을 이용해 수익성 높은 뉴미디어 프로젝트의 제국을 세울 수 있었다. 그들이, 그리고 산업이 성장하면서 비드콘 역시 성장했다. 첫 행사는 2010년 로스앤젤레스의 호텔에서 열렸는데, 입장권 1,400장이 팔렸다. 10년 후에는 애너하임 컨벤션 센터[1]에서 7만 5,000명의 참석자를 수용했고, 브랜드는 국제적으로 급속히 확장되었다. 인플루언서 산업의 전 지구적 출시에 발맞춰 런던, 아부다비, 싱가포르, 오스트레일리아, 그리고 멕시코에서도 개최되었다. 오늘날까지 그 페스티벌은 유튜브를 통해 자수성가한 사람이 창립하고 여전히 이끌고 있는 전통 있는 행사로서 유튜브의 자수성가 신화에 대한 산증인 역할을 한다.

런던 비드콘은 을씨년스러운 2월의 어느 주말에 동부에 위치한 엑셀 센터의 단지에서 열렸는데, 내가 준비하느라 봐야 했던 수 시간 분량의 브이로그가 약속했던 것만큼이나 모든 면에서 압도적이었다. 바깥에서는 회색 비가 도크랜즈를 때리고 있었지만, 실내는 총천연색 대안 현실 그 자체였다. 총 4층에 걸쳐 무대와 강당 및 전시 홀이 준비되어 있었으며, 내 코팅된 팸플릿에 따르면 비드콘 스케줄은 담화와 강의, 그리고 가장 중요한 메인 무대 행사로 이루어져 있었다. 키노트 연설, 최고 유튜버들과의 인터뷰, 그리고 '나이트 오브 어섬Night of Awesome'이라고 알려진 토요일 저녁 파티가 있을 터였다.

소셜 미디어 최고 스타들의 닉네임과 얼굴 사진을 담은 현수막이 성당 같은 컨벤션 센터에 마치 중세의 태피스트리처럼 걸려 있다. 10대들은 그 아래에서 셀카를 찍고 틱톡 댄스를 촬영하고 샌드위치를 먹는다. 나를 향해 환히 웃는 애비 로버츠의 거대한 얼굴은 마치 먼 옛날의 토템처럼 느껴진다. 브이로거 후드 티를 맞춰 입고 머리를 분홍과 파랑과 녹색으로 염색한 수천 명의 팬이 광적인 에너지를 발산하며 이 공간에서 저 공간으로 흘러간다. 난 그 모든 것의 한복판에 서서 식어가는 커피를 꽉 쥔 채 군중과 혼돈에 삼켜지고 있다.

회의실, 휴게실, 그리고 강당 사이를 부지런히 오가던 나는 비드콘의 강도 높은 크리에이터 커리큘럼으로 곧장 뛰어든다. 인플루인시가 되려고 시도했다 실패한 터라, 내가 무엇을 놓쳤는지 궁금하다. 틱톡의 신임 운영 총괄이 된 리치 워터워스Rich Waterworth가 틱톡이라는 플랫폼이 정확히 뭘 하는지 설명하려고 애쓰는 것을 보려고, 사람들과 밀치락달치락하며 미어터지는 홀 앞으로 나아간다. 그리고 유명한 아일랜드 키드플루언서의 아버지가 어떻게 아들의 '사소한 취미'가 가족 기업으로 발전했는지 설명해주는 것을 들으려고 주위에 모여든 걱정스러운 표정의 부모 무리에 합류한다.

메인 무대에서는 크리에이터들의 컨베이어벨트가 30분짜리 지혜를 반복적으로 배급하고 있다. 분홍 머리의 스트리머 플럼벨라Plumbella가 노동자 계급 지역인 노던 타운에서 자라던 어린 시절에 유튜브를 시작한 이야기를 들려주고 있다. 게이밍, 만화 및 영화를 리뷰하는 채널인 더 사이버 너즈The Cyber Nerds는 '흑인 영국인 크리에이터의 르네상스'에 관해 열변을 토한다. 그로스 해커인 맷 길런Matt Gielen은 자신이 '알고리즘을 깨버렸다'고 뻐긴다. 팬들은 그들의 말을 토씨 하나 놓치지 않으려 경청하고, 인스타그램 스트리밍을 하며 자신의 아이폰에 강연 내용을 끄적인다.

강당 내부의 학술적 분위기는 바깥에서 벌어지는 혼돈과 날카롭게 대조된다. 사람들은 강당 문 밖에서 어정거리며 가장 좋아하는 크리에이터를 붙잡아 그들의 브랜드가 박힌 후드 티에 사인을 받을 준비를 한다. 부스에서는 브랜드가 찍힌 셀카 봉을 나눠주고 인플루언서 회계 소프트웨어의 공짜 시험판을 주겠다고 외친다. 영상을 찍고 휴대전화를 스크롤하고 곡예를 부리고 테두리의 보드에 박힌 콘센트에서 뱀처럼 뻗어 나와 뒤엉킨 흰색 충전선에 걸려 넘어지는 참가자로 온 사방이 가득하다. 공중에서는 불꽃이 튄다. 살짝 유명한 크리에이터가 복도에서 목격되는 순간, 군중은 폭발한다. 난 휴게실에 숨어 그 열풍이 잦아들기를 기다린다.

지하의 엑스포 홀은 상품 부스, 체험 활동, 그리고 상호작용 팝업으로 가득한 북새통 시장판이다. 유튜브는 브랜드 배경막이 있는 360도 부스를 열고 있다. 스포티파이는 개인화된 3D 뮤직비디오를 찍으라며 호객을 한다. 살롱 스테이션이 늘어선 벽은 뷰티 인플루언서 지망생을 촬영에 완벽한 모습으로 꾸며주는 스타일리스트들이 장악하고 있다. 영상을 촬영하면서 지나가는 브이로거들의 독백이 헤어드라이어 소리에 묻힌다. 머리 위에 걸린 텔레비전 스크린에서 어린 게이머들이 차례로 배틀을 벌이고, 군중은 그것을 보며 환호한다.

라운지에서 난 영국에서 가장 유명한 틱톡커로 손꼽히는 홀리 H와 만나 미용 팁을 교환한다. 복도에서는 학창 시절의 친구와 우연히 마주친다. 친구는 성공적인 바디 포지티브 인플루언서로 변신해 베스트셀러 책 한 권을 내고 테드TED 강연으로 바이럴을 타기도 했다. 한 패널 앞에서, 난 스타일 스타인 스테파니 예보아Stephanie Yeboah와 대화를 시작한다. 계단에서는 로스앤젤레스를 기반으로 활동하는 뷰티 구루 매니무아MannyMUA와 만나 셀카를 찍는데, 매니는 나를 다정하게 안아주면서 내 재킷이 '역겹다'고 말한다. 신화 같은 '비드콘 경험'은 이렇게 실현되었다. 이런 만남들은 그들이 약속했던 대로 마지막 1초까지 밝고 대담하고 북적거린다. 하지만 난 뭔가 텅 비고 채워지지 않은 듯한 기분을 느낀다.

어쩌면 그냥 내 기분 탓일 수도 있고, 어쩌면 약간 공항 같은 엑셀 센터의 분위기 탓일 수도 있다. 하지만 비드콘 안에서 난 마치 기묘한 전이 체험liminal experience을 하는 듯하다. 뭔가가 시작되거나 뭔가가 끝나기를 지속적으로 기다리면서 이 층 저 층을 목적 없이 방랑한다. 현관 로비, 강당, 부스, 화장실…… 그리고 다시 처음으로 돌아와 기하학적 무늬를 이루는 카펫 타일을 동심원 회로를 그리며 밟는다. 다음번 목적지를 찾아 수많은 에스컬레이터를 오르고 또 오른다. 아는 사람과 복도 너머로 두 번쯤 눈을 마주쳤지만 주위에서 밀어닥치는 인파에 휩쓸려가느라, 눈을 크게 뜨고 어색한 표정을 지으며 입모양으로 '나중에 연락할게!'라고 말하는 게 다였다. 하지만 다시는 마주치지 못했다.

어차피 이곳은 제대로 대화를 하기엔 너무 시끄럽다. 공기는 빛과 플래시와 잡담과 칩앤핀 기계에 부딪치는 플라스틱의 탁, 탁, 탁 소리로 가득하다. 화장실 줄인 줄 알고 가 섰는데, 나중에 알고 보니 마키플라이어Markiplier나 더오드원스아웃TheOdd1sOut의 상품을 타기 위한 뱀 같은 줄의 뒤쪽이었던 것이 한두 번이 아니다. 싸구려 제품이 잔뜩 쌓인 판매 부스의 엄청난 숫자 때문에 틱톡커들은 팬들을 현관에서 만나, 보안요원의 감시하는 눈길을 받으며 회전문 옆에서 춤을 춰야 했다.

결국 난 지루한 표정을 짓는 부모들과 버려진 사륜차들이 있는 '가족 라운지' 뒤의 모퉁이에서 무너졌다. 쿵쿵 울리는 음향 시스템과 근처의 포트나이트 게임 스탠드에서 이따금 들려오는 폭발적인 환호를 배경으로 나의 단절된 인상을 브이로그에 담았다. 진이 빠진 기분이었다. 머리가 지끈거리는 것 같았다.

결국 그 주말이 끝났을 때 내 만보기는 27.3킬로미터 이상을 기록했지만 과연 내가 찾고 있던 걸 찾았는지는 모르겠다. '비드콘 마법'은 어디서 정확히 일어나고 있었나? 브랜드 팝업과 상품 가판대의 상업적 세계에서, 또는 게릴라 팬 미팅과 현관에서 이루어진 DIY 댄스 챌린지에서? 비드콘을 실제로 표상하는 것은 무엇인가, 또는 누구인가?

내가 들른 마지막 세션은 다름 아닌 행크 그린의 것이었다. 행크의 강연 제목 '협력적 크리에이팅'에 딱히 관심이 있다기보다는 이 모든 일을 시작한 그 남자에 대한 호기심 때문이었다. 일요일 오후의 공동묘지 같은 고요함 속에 난 의자들이 접혀 있는 셋째 줄로 미끄러져 들어갔다. 행크는 내 예상보다 더 나이 들고 왜소했으며, 청중은 얼마 되지 않았다. 강당 밖에서 후드 티를 입고 사인 받기를 기다리는 숨죽인 팬들은 없었다. 행크는 내가 참석했던 이전 패널들의 여유로운 농담이나 매끈한 미디어 매너는 전혀 갖추고 있지 않았다. 그리고 프로젝트를 위해 슬라이드를 세팅하는 데 기술적인 문제가 있었다. 강연 내용은 내 기억에 그다지 남아 있지 않다. 하지만 그 공간이 얼마나 바뀌었는지를 회상하면서 자신의 옛날 유튜브 영상을 재생하는 행크의 모습을, 그 떨리는 빈티지 클립과 말씨가 부드러운, 책을 좋아하는 남자를 바로 앞에서 보면서 내가 얼마나 기묘한 슬픔을 느꼈는지는 기억할 수 있다. 행크는 우리가 과거에 두고 떠나온, 고풍스러운 가내수공업이었던 콘텐츠 산업을 대표하는 브이로그 베테랑이었다.

자생적 문화가 산업으로 진화하다

2018년 2월, 비드콘은 공개되지 않은 액수에 다국적 미디어 복합기업인 비아콤 Viacom에 인수되었다. 비아콤의 역사를 감안하면 다소 아이러니한 사건이었다. 10년쯤 전, 그 회사는 저작권 위반 혐의로 유튜브에 10억 달러의 소송을 제기했다. "저는 우리 팀에 필요한 안정성과 자원을 제공하는 강력하고 성공적이고 진보적인 회사를 찾아내서 대단히 기쁩니다." 당시 공식 홍보 연설에서 행크가 한 말이었다. "그것을 우리 팀이라는 공동체와 온라인 영상 문화에 대한 깊은 관심 및 열정과 혼합함으로써 우리는 진정 독특한 뭔가를 구축하고 있습니다."[2] 그러나 공동체의 생각은 달랐다.

행크의 채널에 올려진 4분짜리 브이로그 「비드콘 업데이트 VidCon Update」 아래에는 비드콘의 진정성과 독립성의 상실을 애도하는 수백 개의 댓글이 달렸다. '난 개인적으로 이게 비아콤이 이제 모든 공짜 논란(돈)을 위해 로건 폴 같은 쇽튜버Shocktuber를 더 부추길 거라는 뜻일까봐 걱정이야.' 한 댓글 내용이다. '난…… 불편해.' 또 다른 댓글이다. '난 행크가 유튜브가 케이블이나 텔레비전과 전적으로 다르다고 말하고 거대 미디어와 유튜브 크리에이터를 사실상 서로 대척점에 놓던 걸 기억하고 있어. 그런데 이제 유튜브는 그저 거대 미디어를 위한 또 다른 플랫폼이 되었고, 내가 가장 그 반대편이라고 생각했던 사람들이 자기 기업을 팔고 있어.'[3]

풀뿌리 크리에이터 문화와 기업 이익 간의 갈등은 비드콘만이 아니라 좀 더 넓은 인플루언서 산업 전반에서 들을 수 있는 불만이다. 크리에이터들은 자신의 진정성을 함양하기 위해 열심히 노력하고, 상업적 목적은 인플루언서의 결과물의 순수성을 오염시키는 것으로 여겨진다. 확실히 광고는 진정성이 없는 것으로 받아들여지고, '셀링아웃 selling out(변절)' 또는 '실링 shilling'은 멸칭으로 쓰인다. 크리에이터 팬덤의 참여자들은 틈새시장이나 DIY로 여겨지는 공동체를 보호한다. 인플루언서들과 팔로워들 양측 모두, 그토록 많은 거대 브랜드의 관여와 스폰서십을 통해 오늘날의 수십억 달러짜리 산업으로 확장되기 전의 '옛 시절이 좋았다'는 말을 흔히 한다.

난 늘 이런 비판이 직관에 역행한다고 느꼈다. 브랜드가 없으면 인플루언서는 아예 존재하지 않을 것이다. 어떤 크리에이터가 더 많은 파트너십을 확보할수록 그들의 인플루언스는 더 합법적으로 받아들여진다(그렇지 않으면 왜 소셜 미디어 스타 워너비들이 가짜 스폰서 포스팅을 하거나 브랜드에서 받은 물품을 #선물받은 척하겠는가?). 틈새시장이나 DIY는커녕 인플루언서 생태계는 늘 인터넷에서 가장 큰 기업들이 소유하는 플랫폼에서 생겨났다. 상업화되기 전의 크리에이터 공동체를 향한 향수는 애초에 실제로 존재한 적도 없는 상상 속의 과거를 향한 것이다. 이런 그릇된 불만이 실제로 부각시키는 것은 인플루언싱 활동의 핵심에 자리한 긴장이다. 그것은 바로 자신의 정체성과 의도를 지속적으로 불투명하게 함으로써 수익을 추구하는 활동인 것이다.

2020년 2월, 구글 소유 플랫폼으로는 역사상 처음으로 유튜브는 광고가 얼마나 많은 수익을 생성했는지를 밝혔다. 이전 분기에 거의 50억 달러로, 이는 구글 수익 전체의 약 10퍼센트를 차지했다.[4] 유튜브의 크리에이터 엔진의 진정한 가치는 수량화되었다. 2021년 초의 한 블로그 포스트에서, 유튜브 최고경영자 수전 워치츠키Susan Wojcicki는 유튜브의 주된 초점은 '크리에이터 경제를 키우는 것'이라고 확언했다. '지난 3년간 우리는 크리에이터, 예술가, 그리고 미디어 회사에 300억 달러 이상을 지급했습니다.' 수전은 이렇게 썼다. '유튜브의 크리에이티브 생태계는 2019년 미국 GDP에 160억 달러가량을 기여했는데, 이는 34만 5,000개의 전업 일자리를 창출하는 것과 맞먹습니다.'[5]

처음에는 한 줌의 열렬한 취미활동가 및 온라인 콘텐츠의 열혈 팬들을 위한 자생적 공동체 행사였다가 지금은 연 수익 270억 달러 이상의 미국 매스미디어 복합기업의 자산 포트폴리오에 소속된 비드콘은 인플루언서 산업의 진화를 완벽하게 상징하며, 전체 과정을 지탱하는 문화와 상업 간의 균형 잡기를 보여준다. 이는 브이로그 「비드콘 업데이트」에 달린 댓글들에 대한 행크의 반응에서도 확인할 수 있다. "더는 오해가 없기를 바라며 확실히 밝혀두는데, 비드콘은 2011년 이래로 수많은 기업, 광고주와 굳건한 관계를 맺어왔습니다. 이는 정말이지 온라인 영상에서 중요한 부분입니다. 유튜버가 현금화의 부족과 낮은 광고비 때문에 고생하는 이때, 크리에이터의 경제적 부양을 위해 우리는 광고주와 좋은 관계를 가질 필요가 있습니다." 그리고 관심을 수익으로 거래하는 이 복잡한 시스템은 비드콘을 우려하는 팬들이 언급한 '속튜버들'이 간소화하고 완벽하게 가다듬은 것이다.

정크로드 유튜브의 알고리즘 해킹

"이 오르비즈Orbeez는 전부 5만 개입니다." 운동복을 입은 스물한 살의 남자가 카메라를 향해 말한다. 어느 흐린 날 오후, 남자는 미국 어디에서나 흔하게 볼 수 있는, 낮은 붉은 벽돌 단층집의 정원에 놓인 벤치에 앉아 있다. 남자의 본명은 지미 도널드슨Jimmy Donaldson이지만 온라인에서는 '미스터비스트'라고 불린다. 창백한 얼굴에는 사춘기 아이 같은 듬성듬성한 콧수염이 돋아 있고, 꾀죄죄한 야구 모자에 낙서 같은 상표가 새겨진 후드 티를 입고 있다. 그 모습을 보면 절대 백만장자라고 짐작하지 못할 것이다. 벤치 앞 땅에는 보통 어린아이들이 공작 시간에 쓰거나 꽃꽂이에서 장식 필러로 쓰이는, 색색의 동그란 젤 구슬이 담긴 작은 상자가 놓여 있다. 영상이 점프 컷으로 지나가고, 남자의 운동화 앞쪽 땅바닥에 상자 몇 개가 더 나타난다. "이건 20만 개입니다." 또 다른 점프 컷 이후, 상자 개수는 두 배가 된다. "이건 40만 개죠." 또 한 번의 점프 컷 이후, 상자는 갑자기 허리 높이까지 쌓여 있다. 남자는 이제 고함치고 있다. "이 오르비즈는 100만 개입니다! 그리고 이건 우리 전체 오르비즈의 겨우 1퍼센트입니다!" 남자는 잠시 생각에 잠긴 듯 말을 멈춘다. "이건 특이한 플렉스죠……."

똑같은 차림을 한 남자의 친구들이 무리를 지어 엄청난 수의 종이 상자를 트럭에서 내리기 시작한다. 더 높이, 더 높이 땅바닥에 쌓는다. "우린 이것들을 뒷마당에 가져다놓고 비가 오길 기다릴 겁니다." 미스터비스트가 기운차게 고함친다. "자, 이것들은 젖으면

30배나 더 커집니다!" 전설적인 메탈 음악이 재생되고, 남자들은 탈수된 오르비즈를 뜰에 내던진다. 상자들은 슬로모션으로 만화경처럼 폭발해, 작은 캔디색 구슬을 온 사방으로 쏟아낸다. 곧 정원 전체가 무지갯빛 카펫으로 뒤덮인다. 또 다른 점프 컷 후, 비가 왔다. 오르비즈는 밤새 팽창해, 이제는 무릎 높이의 젤라틴 같은 공이 되어 뜰 전체를 뒤덮었다.

미스터비스트와 체육복을 입은 크루는 광기를 한 단계 더 올린다. 아무거나 손에 잡히는 대로 수영장에 던져 넣고, 폭죽을 터뜨리고 완전히 옷을 입은 채로 다이빙한다. 화면 속에서 끙끙대고 고함치면서 난장판 속을 걷고 미끄러지고 차례로 서로를 생매장한다. 영상이 시작된 지 12분째, 난 이런 행위의 목적이 정확히 무엇인지 도무지 갈피를 잡지 못한다. 패거리 중 한 명이 땅바닥을 구를 때 '난 이 지점에서 무슨 일이 일어날지 모르겠어요'라는 자막이 뜨는 걸 보면 아무래도 나만 그런 건 아닌 모양이다.

기묘하고 멋진 미스터비스트의 세계에 잘 오셨다. 이 유튜브 영상 「내 친구 집 뒤뜰에 오르비즈 1억 개를 가져다놓았더니 I Put 100 Million Orbeez In My Friend's Backyard」는 9,600만 회 이상 조회되었는데, '정크로드 유튜브junklord YouTube'라고 불리는 해당 장르에서 가장 많이 조회된 영상이다. 정크로드 유튜브라는 용어는 2019년 전설적인 스모시Smosh 코미디 채널의 창립자이자 그 장르의 유명인 다수와 친분이 있는 안토니 파디야Anthony Padilla가 처음 만들었다. 파디야는 정크로드를 '조회 수를 올리는 수단으로 대량의 물량 공세를 이용하는 유튜버들'로 묘사하는데, 난 그 정의를 우스꽝스럽고 낭비가 심한 실험, 정교한 셋업, 그리고 터무니없는 장난으로 확장하고 싶다. 정크로드 영상은 표준화된 양식을 따른다. 대문자로만 써서 클릭 낚시질을 의도한 영상 제목, 노골적인 섬네일, 그리고 희한한 설정. 「친구의 차를 망가뜨리고 새 차로 놀라게 하기DESTROYING MY FRIEND'S CAR AND THEN SURPRISING HIM WITH A NEW ONE」, 「웬디스의 전체 메뉴를 몽땅 주문하기ORDERING EVERY SINGLE THING ON THE WENDY'S MENU」 또는 「피넛 버터로 채운 욕조에 24시간 들어가 있기SPENDING 24 HOURS IN A HOT TUB FILLED WITH PEANUT BUTTER」. 여러분은 이런 영상이 클릭 낚시질이라고 생각하겠지만, 실은 그렇지 않다. 정크로드 유튜버들은 자신이 광고하는 미친 콘텐츠를 실제로 제공한다. 그렇다, 콜린스 키Collins Key는 실제로 4.5톤 이상의 사탕을 주문해 자기 집을 현실의 윌리 웡카Willy Wonka 공장으로 만들었다. 구아바 주스Guava Juice는 실제로 1,000만 개의 볼핏용 공을 이삿짐 트럭 짐칸에 실었다. 미스터비스트는 실제로 바운시 캐슬bouncy castle 수백 개를 가지고 공기로 부풀리는 도시 하나를 고스란히 만들었다.

정크로드 곡예는 그 영상의 중심이 결코 그걸 실제로 해내느냐 못해내느냐가 아니라는 점에서 유튜브 챌린지나 미친 과학 실험과는 별개다. 수영장을 팟누들로 채우려다 실패하는 것(그리고 그 와중에 난장판을 만드는 것)은 그 임무를 성공적으로 완수하는 것과 똑같은 가치가 있다. 정크로드의 목표는 기네스 세계 신기록보다는 「잭애스Jackass」(출연자들이 주로 바보짓과 몸개그로 시청자를 웃기는 쇼 - 옮긴이)에 더 가깝다. 화면상의 행위는 잘못될 수밖에 없고, 뭔가가 망가지고, 그 모든 광기는 카메라에 고스란히 담긴다. 여러분이 그 영상을 클릭하는 이유는 그저 거기서 발생하는 난장판의 규모가 평범한 시청자에게는 가늠하기 불가능한 수준이기 때문이다. '난 레고 블록이 1억 개나 있다는 것 자체도 상상이 안 가! 진심으로 람보르기니를 몰고 수영장으로 돌진할 건가? 저 사람은 한 시간에 돈을 얼마나 쓰는 거야?!'

정크로드 영상은 유튜브에서 믿을 수 없을 정도로 잘나간다. 놀라울 건 전혀 없다. 그 양식은 애초에 유튜브 알고리즘을 해킹할 목적으로 만들어진 거니까. 열세 살에 데뷔한 지미는 '미스터비스트'가 되기 몇 년 전부터 자신의 채널을 크게 키우려고 노력해왔다. 그리고 전업 크리에이터가 되려고 대학까지 그만두었다. 초기에는 인플루언서로서의 다양한 가능성을 폭넓게 실험했다. 게이밍(마인크래프트에 대한 자세한 설명, 콜 오브 듀티를 플레이하기 위한 팁들), '인플루언서 티'(최고의 크리에이터들이 얼마나 버는가를 추정하고 그들의 영상 섬네일에 의혹 제기하기), 그로스 해킹(교육 영상과 작은 채널을 위한 구독자 팁들) 등등. 하지만 처음 바이럴로 대박이 난 것은 2017년 1월에 올린 23시간짜리 영상이었는데, 스트리밍 도중 최고 조회 수 10만을 달성했다. 이는 이후의 성공을 위한 본보기에 공식을 제공했다. 지미는 알고리즘이 물량 공세에 보상한다는 사실을 깨달았다. 그리고 24시간 동안 계속해서 피젯 스피너를 돌리고, '로건 폴'이라는 이름을 10만 번 말하고, 제이크 폴의 뮤직비디오를 연속 열 시간 동안 시청함으로써 곧 다시 바이럴을 탔다. 미스터비스트 현상의 탄생이었다.

미스터비스트의 급속한 인기 상승은 기록을 깨뜨렸다. 2년도 안 되는 기간에 구독자가 10만 명에서 2,500만 명으로 폭발하고 1년 넘는 기간에 올린 모든 영상이 조회 수 1,000만을 돌파했으며 구독자가 매달 평균 150만 명씩 증가한다. 현재 구독자 5,000만 명으로 전 세계 20위의 인기 채널인 미스터비스트는 크리에이터 문화에서 신화적인 지위를 차지하고 있다. 내가 파이어테크 훈련 캠프에서 만난 유튜버 지망생들은 그에게 집착했으며, 비드콘에서는 곳곳에서 'BEAST'가 새겨진 후드 티를 입은 사람들을 볼 수 있었다.

다른 정크로드들 역시 그와 비슷하게 어마어마한 프로필을 뽐낸다. 모르그즈Morgz(1,130만 구독자), 구아바 주스(1,580만), 로건 폴(2,240만), 펑크 브로스Funk Bros(611만), 마인드오브레즈MindofRez(418만), 언스피커블Unspeakable(840만), 카터 셰어러Carter Sharer(713만), 그리고 콜린스 키(2,200만)는 유튜브의 카오스 엔터테인먼트 생태계를 지배한다.

우연히 정크로드 유튜브를 직접 시청하기 전까지 난 그 장르를 생각 없는 소비주의 클릭 낚시질로 폄하했다. 뷰티 구루의 「난 세포라 메가 하울에 2,000달러를 썼다I spent $2k in Sephora mega haul」, 하이프비스트hypebeast의 「세계에서 가장 큰 슈프림 스트리트웨어 컬렉션(꼭 봐야 함!)world's largest Supreme streetwear collection(must watch!)」 같은 영상이 그런 인상을 갖게 했다. 하지만 정크로드 콘텐츠는 단순한 과잉의 스펙터클을 넘는 뭔가를 제공한다. 인터넷 연구자와 마케터들이 '관심 경제attention economy'라고 부르는 것의 완벽한 본보기다.

관심 경제의 성공 요소

1971년에 심리학자이자 경제학자인 허버트 A. 사이먼Herbert

A. Simon이 처음 만든 용어인 '관심 경제'는 정보가 넘쳐나면서 인간의 관심이 희소성 있는 상품이 되어, 구매하고 팔고 중개되는 자원이 되는 시스템을 가리킨다. '정보의 풍요는 관심의 가난을 낳는다'라고 사이먼은 썼다. 그리고 '관심을 모두 소모하려 하는 정보 자원의 과잉 풍요 사이에 관심을 효율적으로 배치할 필요'가 있다고 지적했다. 이 배치 시스템은 오늘날 소셜 플랫폼이라는 전장에서 브랜드, 광고주, 인플루언서, 출판업자, 그리고 일반 인터넷 이용자 사이에 벌어지는 전면전으로 발전했다. 그리고 전통적 경제에서 투기자가 대박을 칠 수 있는 것과 마찬가지로, 이 시스템은 수익 내는 법을 파악한 정크로드를 백만장자로 만든다. 온라인의 추정에 따르면 미스터비스트의 자산 가치는 약 1,600만 달러에 이르고[6] 로건 폴은 1,900만 달러다.[7] 둘 다 자신의 기업 제국을 가지고 있다. 앱, 재산 포트폴리오, 미디어 회사, 그리고 총 여섯 자리의 자산 가치가 있는 상품 브랜드 등등. 인플루언싱이 디지털판 아메리칸드림이라는 사실은 정크로드가 영상을 위해 선택한 활동의 유형을 보면 알 수 있다. 「상점에 있는 걸 몽땅 사버렸더니I BOUGHT EVERYTHING IN A STORE」, 「오로지 종이 상자만 이용해서 대저택을 세웠더니I BUILT A MANSION USING ONLY CARDBOARD BOXES」, 「1만 달러짜리 골든 스테이크 먹기EATING A $10,000 GOLDEN STEAK(24k)」.

관심 경제에서 과잉만 한 성공 요소는 없다. 정크로드가 영상에 더 많은 것, 즉 물건, 시간, 광고, 생산 가치, 충격 요소 등등을 욱여넣을수록 조회 수가 더 높아지고 구독자가 더 많이 딸려오고 인기는 더 올라가며 그들은 (그리고 유튜브는) 더 많은 돈을 번다. '곧 오르비즈 수랑 조회 수가 맞먹겠군.' 조회 수가 1억 회를 향해 치솟을 때 미스터비스트의 영상 아래에 적힌 댓글이다.

영상은 또한 그 자체로 상품이며, 이 개인적 증폭 과정은 더 넓은 소셜 미디어 시장에 그대로 반영된다. 올려지는 각 영상은 정크로드 네트워크에서 다른 영상들을 끌어올린다. 크리에이터들은 계속해서 대화하고, 서로의 영상에서 경쟁하듯 서로를 호명하고, 결국 추천 알고리즘에 의해 서로 상대적으로 순위를 매긴다. 인기 있는 영상 포맷은 정크로드 워너비들에 의해 복제되고 다른 크리에이터의 리액션 영상에서 끝도 없이 언급되어, 결국 전체로서 플랫폼에 더 많은 눈길을 끌어들인다.

크리에이터는 관심 거래에 참여한다. 돈을 상품과, 상품을 영상과, 영상을 조회 수와 거래하는 것이다. 이는 차례로 더 많은 자본을 생성하고, 그러는 동안 유튜브는 반대 방향으로 작동해, 이 참여를 광고주에게 팔고 애드센스 수익을 55퍼센트 삭감한 후 크리에이터에게 현금으로 돌려준다. 온라인 추정에 따르면 오르비즈 영상은 광고로만 20만 달러 넘게 벌어들였다. 크루가 입은 미스터비스트 브랜드 후드 티(지미의 쇼피파이 상점에서 45파운드를 내면 살 수 있다)는 밝혀지지 않은 추가 수입을 올렸다. 이후의 한정판 판매 행사에서 후드 티는 6만 8,337장이나 팔렸다. 그러나 가장 높은 가치를 더하는 것은 미스터비스트 브랜드에 축적된 바이럴 명성이다.

하지만 관심이 손에 잡히지 않는 재화라면, 이런 곡예에서 사용되는 소품과 제품은 지극히 물질적이다. 정크로드 유튜브 영상은 소비자 자본주의와 그것을 뒷받침하는 시스템을 완벽하게 극적으로 보여준다. 그 영상들은 아마존이나 알리바바 같은 온라인 상업 플랫폼이 중개하는 싸구려 상품의 지속적 유통과 원료 제작의 해외 아웃소싱에 의존한다. 헐값에 묶음으로 사서 로스앤젤레스의 맥맨션 뒷마당에서 터뜨릴 수 있는 바운시 캐슬, 물풍선, 낙엽 송풍기, 메가폰, 아동용 물놀이장, 슬라임, 그리고 스프레이 프린트를 누군가는 제조해야만 하니까 말이다.

인플루언서 산업은 과잉, 일시성, 그리고 일회용성의 철저한 사이클에 의해 촉진되고, 정크로드는 이를 극단으로 가져간다. 영상은 주로 「보호소에 있는 개를 몽땅 입양했더니I Adopted Every Dog at a Shelter」, 「세계에서 가장 큰 폭죽을 샀더니I Bought The World's Largest Firework(60만 달러)」, 「개인 섬을 샀더니I Bought a Private Island」처럼 과도한 양의 뭔가를 들이거나 또는 그것들을 그만큼 순식간에 제거하는 내용이다. 「남의 집에 침입해 5만 달러를 두고 나왔더니I Broke Into A House And Left $50,000」, 「4,000만 번째 구독자에게 자동차 40대를 주었더니 I Gave My 40,000,000th Subscriber 40 Cars」, 「들고 갈 수 있는 만큼 몽땅 내가 사주는 챌린지Anything You Can Carry, I'll Pay For Challenge」.

정크로드 영상은 보통 동일한 방식으로 시작된다. 튕기는 공이나 드라이아이스나 상품이나 음식이나 슬라임이나 레고나 펑코팝Funko Pop이 잔뜩 쌓여 있는, 기대감을 주는 저속 촬영 클립이다. 영상이 끝날 즈음 이런 더미는 사라지고 없다. 다 써버렸거나 줘버렸거나 잊어버렸거나 버려졌거나. 획득 과정은 영상 초반에 몇 초로 응축되고, 한 물건의 유용성은 겨우 몇 분이면 사라져, 소비자 구매 주기를 납작하고 매끈하고 직관적으로 보여준다. 눈에 보이는 낭비는 그 장르가 가진 매혹의 본질에 속한다. 「세계에서 가장 큰 시리얼 그릇World's Largest Bowl of Cereal」이라는 영상에서 미스터비스트는 동네 사람을 모두 먹이고 남을 법한 음식 속을 둥둥 떠다닌다. 「남동생의 집을 슬라임으로 채우고 새집을 사주었더니I Filled My Brother's House With Slime & Bought Him A New One」의 재미 요소는 끈적이는 액체로 집을 온통 뒤덮어 수리가 불가능하도록 망가뜨리는 것이다. 더러운 녹색 물질이 창에 문대지고 굴뚝으로 차오를 때 크루는 배를 잡고 나뒹군다.

하지만 카메라가 꺼지고, 영상이 끝나고, 소품들이 목적을 달성한 후에는 무슨 일이 일어나는가? 정크로드는 수백만 시청자에게 그것을 생각하라고 요구하지 않는다. 미스터비스트는 때로 자신의 낭비의 총계를 다루는 영상을 올린다. 효과가 없었거나 더는 할 마음이 없어진[8] 80만 달러어치 아이디어를 폐기하거나 미국 동물 입양 규제에 걸려 개 한 마리를 구조하는 데 7만 달러를 쓰거나.[9] 정크로드 영상은 순수하게 소비주의의 포르노그래피다. 자원이 급속히 고갈되고 있는 세계에서 펼치는, 끝없는 '물건들'의 판타지다.

미스터비스트의 오르비즈 영상 중간쯤에서 분위기는 침울해지고 사진은 흑백으로 바뀐다. "여러분이 제 상품을 많이 사지 않아서 전 아이들을 먹일 돈이 없습니다." 은은히 깔리는 바이올린 음악을 배경으로 지미는 카메라를 향해 애원한다. 비스트 브랜드의 상품 라인을 홍보하는 것이다. 오르비즈로 속을 채운 샌드위치가 마치 노숙인을 위한 급식인 양 건네지고, 화면 아래쪽에는 '미스터비스트닷컴MrBeast.com'으로 연결되는 커다란 애니메이션 링크가 펼쳐진다. 그 가짜 가난 공익광고 뒤편으로는 1만 6,000파운드어치의 플라스틱 공이 수영장을 가득 메우고 있다. 미스터비스트와 그 친구들이 버려도 되는 집 뒤뜰에서 제대로 된 식사를 할 돈이 없어서 오르비즈를 먹는 척하는 걸 9,800만 명이 구경하는 동안 2,350만 명의 미국인이 식품 사막에 살고 있다. 코로나바이러스는 그런 상황을 악화시켰고, 주택 대란은 갈수록 심각해지기만 한다. 다음은 오르비즈 영상 아래에 달린, 10만 개의 '좋아요'를 얻은 베스트 댓글이다. '그러니까 이게 백만장자들이 노는 방법이군.'

이런 터무니없는 부의 격차는 우리에게 소외감을 줘야 할 텐데(오르비즈 영상은 분명히 불쾌하다), 어째선지 미스터비스트는 인터넷 세상에서 계속해서 거의 보편적인 인기를 누린다. 비록 제이크 폴 같은 다른 정크로드는 그 정도로 존중받지 못하지만 말이다. 지미의 개인적 인기는 어쩌면 쾌활한 성격, 사치스러운 인플루언서 라이프스타일에 대한 노골적인 거부, 또는 #팀트리스TeamTrees 환경 프로젝트 같은, 여러 차례 입증된 인터넷 자선사업 덕분일 수도 있다. 하지만 그의 전략 역시 어느 정도는 관계가 있어 보인다.

유튜브 댓글과 트위터를 통해 구독자들은 미스터비스트가 현금을 써야 할 곳을 제의한다. '진짜 돈으로 모노폴리를 해야 해요.' 한 영상 아래에 달린 댓글이다. 이는 2,600명의 동의를 얻었고, 그리하여 2019년 2월 미스터비스트는 시청자 몇 명을 초대해 실제 현금으로 거대한 게임판에서 보드게임을 했다. 영상은 4,600만 조회 수를 올렸다. 2020년 8월, '미스터비스트가 개인 섬을 빌리는 걸 보고 싶은 사람?'이라는 또 다른 제안에 대한 반응으로 미스터비스트는 한 단계 더 나아갔다. 바하마 제도의 무인 환상 산호도인 골든 케이

Golden Cay를 매입하고 경쟁을 붙이고, 그 후 공짜로 줘버린 것이다.

시청자를 참여시킴으로써(도전과 경쟁에 참가시켜 상으로 차나 돈 따위를 주는 방식으로) 미스터비스트는 불평등을 게임화하고 시청자로 하여 금 극한의 부라는 공유된 환상에 참여하게 해준다. 미스터비스트의 바이럴을 탄 개인적 자선 행위(노숙자 한 명을 무작위로 선정해 람보르기니 한 대를 주고, 웨이트리스에게 골드바를 주고, 또는 피자를 주문한 후 배달원에게 팁으로 집 을 주고)는 시청자로 하여금 자신이 다음 순서가 될 수 있다고 느끼게 만든다. 인플루언서 산업 전체에 불을 붙이는 것은 바로 그 개인적 신분 상승이라는 철학이다. '누구든 성공할 수 있다'는 감질나는 제 안 말이다.

미스터비스트의 정교한 장난을 구경하느라 셀 수 없는 시간을 소비한 후, 문득 그 농담의 조롱 대상이 내가 아닌가 하는 생각이 들 기 시작했다. 어쩌면 그저 온라인에서 너무 많은 시간을 보낸 탓인 지도 모르지만, 영상들은 거의 의도적인 패러디처럼 느껴진다. 유 튜브의 쓰레기 경제와 폐기물 왕국에 대한 정크로드의 지배에 관한 풍자. 정크로드는 우선 인플루언서 노동의 과실을 달성하고, 그 후 에는 그것을 체계적으로 파괴한다. 미스터비스트는 지구상에서 가 장 성공한 크리에이터로 손꼽히지만, 돈을 버는 목적은 오로지 돈 을 없애기 위해서인 것처럼 보인다. 수영장으로 몰고 들어갈 목적 으로 스포츠카를 구매하는 것, 집을 망가뜨리는 것, 한 시간 안에 가 능한 한 많은 칼로리를 섭취하는 것, 상점 선반 위의 물품을 가능한 한 빨리 닥치는 대로 쓸어 담는 것……. 지구상에서 가장 성공한 크 리에이터 중 몇몇은 파괴가 전문이다. 그토록 많은 팔로워와 그토록 많은 물질적 소유를 축적한 이들이 벌이는 이런 물질적 소유물의 파괴는 새로운 유형의 플렉스가 된다.

「24시간 안에 100만 달러 쓰기Spending $1,000,000 In 24 Hours」 또는 「난 7만 달러짜리 골든 피자를 먹었다I Ate A $70,000 Golden Pizza」 같은 영상은 전반적으로는 물질주의에 대한, 그리고 구체적으로는 부르주아적 유튜버 라이프스타일에 대한 조롱처럼 느껴진다. 우리에게 투영되는 인플루언서 문화의 가장 극단적인 버전이랄까. 정크로드는 가치 그 자체의 의미를 떨어뜨리는 인플루언서 경제를 지배한다.

협찬에서 단독 기업 제국으로

비드콘 같은 행사가 국제적 규모로 확장되고 미스터비스트 같은 개인 크리에이터가 전례 없는 명성과 재산을 축적하는 바로 그 시기에 인플루언서 경제는 경이로운 속도로 성장해왔다. 미디어킥스Mediakix에 따르면 2015년에 5억 달러 가치였던 것이 2020년에는 100억 달러 가치로 상승했다.[10] 그 지평이 진화하면서 인플루언서의 역할과 수익 모델 역시 변화했다. 노동의 유형이 바뀌었고 그들을 둘러싼 기업 네트워크는 세 경제 단계를 통해 발전했다. 광고, 기업 활동, 그리고 임박한…… 금융화까지.

초기 시절에 인플루언서는 단순히 브랜드와 기업의 광고판이었다. 대가를 받고 소셜 미디어에서 그들의 제품을 #협찬했다. 크리에이터는 자신의 서비스에 대해 브랜드로부터 직접적으로 대가를 지불받거나, 유튜브 애드센스 같은 수익 공유 모델을 통해 덜 직접적으로 돈을 벌었다. 이는 소득이 브랜드 파트너십 체결이나 지속적인 참여에 달려 있다는 뜻으로서 인스타그램 협찬 콘텐츠, 클릭 낚시 섬네일, 그리고 가능한 한 많은 광고를 넣으려고 길게 잡아 늘인 브이로그의 과포화를 부추겼다.

2018년에는 인스타그램에 약 370만 개의 브랜드 스폰서 인플루언서 포스트가 올라간 것으로 추정된다. 2020년 무렵, 이는 거의 두 배인 612만 개로 뛰었다.[11] 시장이 성숙하면서 '인간 광고판' 모델은 여전히 인플루언서의 수익 기반으로 남았지만, 대안적인 파트너십 경로들 또한 열리고 있었다. 거기에 불을 댕긴 것이 '콜라보'라는 새로운 이름으로 등장한 장기적 브랜드 앰배서더 계획, 행사와 큐레이팅, 전통적 광고 캠페인에서 자문으로 활동하거나 모델로 참여하는 인플루언서였다.

내가 처음 취직했을 때 더 폭넓은 인플루언서 산업은 여전히 유아기였다. 인플루언서 마케팅은 PR이나 광고의 뒷자리를 차지했다. 과정은 느리고 고되고 대체로 수동적이었다. 주로 브랜드에서 고용한 끈질긴 인플루언서 매니저가 크리에이터의 DM에 접근해 요행과 짐작을 바탕으로 파트너십의 가치를 협상하는 방식이었다. 하지만 곧 새로운 도구들이 나타나 대규모의 캠페인을 관리하고 플랫폼 자체적으로 제공하는 것보다 더 정교한 데이터를 생성했다.

나의 이전 직장 같은 구식 광고 에이전시는 이런 변화하는 지평에 느리게 적응한 반면, 글림 같은 독립 에이전시, 왈라르Whalar 나 트라이브Tribe 같은 인플루언서 중개 플랫폼, 클리어 같은 분석 도구, 그리고 옥톨리Octoly 같은 매니지먼트나 시딩 소프트웨어seeding software는 재빨리 생겨나 성장하는 틈새시장을 자본화했다. 하지만 전통적 미디어 에이전시와 광고를 주는 기업도 벌 돈이 있다는 것을 감지하고 갈수록 투자에 민감해졌다. 인플루언서 마케팅 허브 Influencer Marketing Hub의 보고에 따르면 2015년 미국에서 운영된 인플루언서 플랫폼과 에이전시는 겨우 190개였다. 이는 1년 만에 두 배로 뛰었고 2018년 무렵에는 740개로 늘어났는데, 그중 다수는 더 큰 기업을 등에 업고 있었다.[12]

이제 진화의 다음 단계를 맞은 인플루언서들은 기업가로 활동하기 시작해, 독립적 수익 흐름을 열고 독자적 제국을 세웠다. 다수가 이전에 자기가 홍보했던 브랜드와 경쟁하는 상품(양초, 화장품, 체육관 키트, 단백질 셰이크, 장난감, 간식 등)을 팔기 시작했다. 2017년 한정판 라인을 위해 노드스트롬Nordstrom과 콜라보해 단 24시간 만에 100만 달러가 넘는 판매고를 올린 (그리고 겨우 1년 후에 다시 열린 행사에서 그 네 배를 찍은) 에리얼 차르나스Arielle Charnas는 자신의 패션 상품인 섬싱 네이비Something Navy를 2020년에 자본금 4,500만 달러로 시작했다. 뷰티 구루인 후다 카탄Huda Kattan(익스플로어 페이지 컨투어링 클릭 낚시질의 여왕)은 같은 이름의 12억 달러 가치 화장품 브랜드를 겨우 5년 조금 안 되는 기간에 구축했다.

산업의 정상에 선 인플루언서들은 법인을 설립하기 시작했다. 이제 가장 성공적인 소셜 미디어 스타들은 제작, 홍보, 행정, 운용, 재정 관리 등을 담당하는 팀과 함께 기업을 운영하고 있다. 자체적인 소셜 미디어 관리운영팀도 있다. 가장 성공적인 인플루언서 기업들은 수십억 달러 가치를 달성했다. 창립자는 최고 부자 명단에 등장하고 최고경영자로 진지한 취급을 받기 시작했다. 그들은 더 이상 그저 상품이 아니라 그들 자신이 기업이 되었다.

'크리에이터는 그저 뭔가를 창작하는 사람이 아니라 제약 없이 규모를 키우는 개인입니다.' 크리에이터 액셀러레이터인 젤리스맥Jellysmack의 부사장 휴고 앰셀럼Hugo Amsellem은 자신이 발행하는 뉴스레터 「크리에이터들을 무장시켜라Arm The Creators」에 이렇게 썼다. '그들과 개인들은 스타트업 대 조직입니다. 그들은 확장할 수 있는 기업 활동의 미래입니다. 그 결과로 새로운 경제가 그들을 둘러싸고 (그들을 관통해) 성장하고 있습니다. 바로 크리에이터 경제입니다.' 인플루언서들을 둘러싼 업계는 산업화하고 있었다. 인플루언서 기업 활동의 이 단계에서 크리에이터들은 '자신의 구체적 요구에 부합하는 구체적인 도구들이 필요하다'고 휴고는 말한다.[13]

휴고는 크리에이터 경제에 대한 폭넓은 연구 과정에서 성장 중인 업계를 구성하는, 150개가 넘는 새로운 기업에 대한 지도를 제작했다. '저는 크리에이터들에게 비즈니스를 운영할 능력과 자신감을 주는 다양한 스타트업 구축 도구를 만났습니다. 어떤 것들은 프로젝트 관리, CRM(고객 유지 관리customer retention management) 또는 대출에 초점을 맞춥니다. 또 어떤 것들은 특정한 유형의 크리에이터가 한곳에서 전체 사업을 모두 운영할 수 있게 도와주는 플랫폼을 구축하고 있습니다.' 급격히 생겨난 공급자 측 스타트업은 크리에이터가 자기 사업체를 처음부터 끝까지 운영하게 도와주는 것을 목적으로 했다. 콜라보에서 금전화까지, 프로젝트 매니지먼트에서 금융까지 크리에이터 활동의 모든 측면을 돕는 서비스와 도구가 등장했다.

인플루언서 산업이 성숙하면서 인플루언서들은 장기적 사고를 하기 시작했다. 그들을 비판하고 깎아내리는 사람들은 시청자지분, 알고리즘이나 플랫폼 업데이트에 대한 취약성, 콘텐츠와 운영 모델의 변화를 촉발하는 수입 불안정에 관한 우려를 표출하고있었다. 새로운 도구와 플랫폼을 등에 업은 크리에이터들은 투자회수 과정을 시작했다. 외부 브랜드와 광고에 대한 수입 의존, 그리고 그들이 의존하는 소셜 미디어 플랫폼의 규제로부터 독립하는 것이었다.

2015년부터 유튜브에 영상을 올리기 시작한 타나 모조를 예로들어보자. 자기 인생의 황당 실화를 공유하는 '스토리타임storytime' 브이로그 포맷은 첫 영상(「지옥에서 온 미용사? Hairdresser from Hell?」)이 수백만 조회 수를 얻으면서 엄청난 인기를 누렸다. 점차 나이가 들면서, 그리고 알고리즘 업데이트만이 아니라 자신이 빚은 여러 물의 때문에 광고 수익에 위협을 받으면서 타나는 새로운 수익 흐름을 탐색하기 시작했다. 자신의 이름을 단 상품을 판매하고 향수 라인을 출시하고 '타나콘TanaCon'이라는 이름의, 재앙으로 끝난 비드콘의 대안 행사를 주최하고 자신의 삶에 관한 MTV 리얼리티 쇼에서 주연을 맡고 독자적인 인플루언서 에이전시('타나의 엔젤들Tana's Angels')를 내놓은 것이다.

'그들의 시청자들이 미디어 네트워크에 존재하는 한, 그들은오로지 그걸 임대하고 있을 뿐이지 소유하는 건 아닙니다.' 휴고는이렇게 썼다. '미디어 네트워크 팔로워를 크리에이터가 소유하는 공동체의 일원으로 옮기는 것을 주목적으로 하는 스타트업이 다수 존재합니다. 그건 보통 시청자가 크리에이터와 상호 작용할 수 있는 새로운 공간을 만드는 데 초점을 맞춘다는 뜻입니다. 커뮤니티 플랫폼, 상호작용 라이브스트리밍 경험, 이메일 기반 뉴스레터 같은 것처럼 말입니다.' 휴고는 클래시(크리에이터가 창립한 소셜 미디어 플랫폼), 커뮤니티(다이렉트 문자메시징), 그리고 서클(크리에이터들을 위한 커뮤니티 플랫폼) 같은 앱을 강조하는데, 이것들은 인플루언서의 시청자에 대한 소유권을 강화하고 시청자를 자신이 통제하는 공간으로 옮겨갈 수 있게 해준다.

휴고는 이렇게 설명한다. '일단 크리에이터들이 주류 미디어 네트워크에서 벗어나 시청자와 상호작용을 하게 되면 금전적인 이득을 직접 뽑아낼 수 있게 됩니다.' 기존의 것들과 다른 플랫폼 및 서비스는 새로운 방식으로 시청자와 상호 작용하고 수익을 창출할 수 있게 도와준다. 카메오Cameo는 팬들이 인플루언서 샤라웃shout out(특정한 사람이나 단체 등의 이름을 공개적으로 언급하는 것 - 옮긴이) 영상을 예약하게 해주고, 캐멀롯Camelot의 시청자들은 돈을 지불하고 크리에이터가 비디오 게임을 플레이할 때 선택된 노래를 재생하거나 특정 동작을 하게 만들 수 있다. 카메오에서는 타나의 영상 샤라웃을 70달러에 예약할 수 있다("애니, 당신의 가장 친한 친구 아멜리아가 당신을 너무 너무 사랑한대요." 타나는 스타벅스에서 줄을 서서 기다리면서 카메라를 향해 게슴츠레한 눈으로 말한다). 그리고 타나는 트윗으로 자신의 커뮤니티 사용을 알렸다. '아직 타나 모조 핫라인에 문자를 보내지 않았다고? 나 지금 지루하니까 문자 보내요!!!'

플랫폼들의 치열한 경쟁과 벤처 투자 붐

2019년 12월 28일, 메가 인플루언서 에이스 가족(10대 맘플루언서인 미아 질이 내게 언급한, 최고의 가족 유튜브 채널 중 하나)의 일원인 오스틴 맥브룸 Austin McBroom은 축제 시즌에 영상을 올리겠다는 약속을 지키지 못했다며 구독자에게 좌절감을 토로했다. '어떤 사람들은 콘텐츠를 공짜로 보면서도 고마운 줄 몰라요.' 오스틴은 트위터에서 자신의 팔로워 172만 명을 대상으로 이렇게 썼다. '어떤 사람들은 남의 영상을 볼 때마다 요금을 내야 해요. 왜 다들 영상을 매일 또는 하루걸러 한 편씩 만드는 게 그렇게 쉽다고 생각하는지 모르겠어요. 그게 그렇게 쉽다면 여러분을 포함해서 모두가 그걸 하고 있겠죠……'[14]

몇 분 내에 그 트윗에는 엄청난 인용이 달렸다. 팔로워, 티 채널, 그리고 동료 인플루언서들이 최근 로스앤젤레스에 1,000만 달러에 이르는 집을 사서 개축한 스물일곱 살짜리의 재정적인 무개념을 지적하고 나섰다. 일부는 에이스 가족이 이미 그들의 유튜브 영상에 심어진 애드센스를 통해 실제로 이용자 한 명이 영상을 볼 때마다 수익을 얻고 있다는 사실을 지적했고, 일부는 오스틴이 크리에이터-소비자 역학을 잘못 이해했다고 지적했다. '당신이 우리 때문에 돈을 받는다는 걸 알고는 있죠?' 분노한 멘션 중 하나다. 하지만 오스틴의 트윗에는 선견지명이 있었으니, 팔로워들에게 포스팅을 소비하려면 돈을 내라고 요구하는 것이 온라인 인플루언스 세계가 맞이한 다음 단계였기 때문이다.

불안정한 광고 수익에 의존하고 현금화할 기회를 찾아 헤매는

데 지친 크리에이터들은 '공짜 콘텐츠' 모델에 점차 등을 돌리고 인플루언스를 위한 새로운 모델을 도입했다. NSFW 웹사이트인 온리팬스 같은 유료 포스팅 구독 서비스, 이메일 뉴스레터 플랫폼 서브스택Substack, 그리고 창작자 구독 서비스인 패트리온은 그동안 인기가 급상승했다. 심지어 2018년 '성인' 자료를 금지함으로써 커다란 고객층을 소외시켜 온리팬스에 반사이익을 제공한 텀블러조차 선택적인 유료화 기능을 시험하기 시작했다.

2020년 1월, 온리팬스 홍보팀의 보도 자료가 내 책상에 도착했는데, 그 내용에 따르면 온리팬스는 '인플루언서 참여를 혁신화하는 소셜 미디어 플랫폼'이었다. 그들은 2,000만 명의 등록된 이용자와 15만 명의 활동하는 인플루언서를 가졌다고 주장한다. 비록 거기서 다루는 콘텐츠의 압도적 다수가 외설적인 내용이라는 사실은 굳이 언급하지 않았지만 말이다. 뷰티 구루인 브렛맨 록Bretman Rock, 논란을 몰고 다니는 브이로거 트리샤 페이타스Trisha Paytas, 그리고 먹방 유튜버인 니코카도 아보카도Nikocado Avocado 모두 거기에 가입해 자극적인 사진을 공유했다. 한편 타나 모조는 자신의 공유 채널인 '타나 언센서드Tana Uncensored'의 개시를 알리면서 급작스러운 트래픽 유입으로 '그 사이트를 박살냈다'.

모두가 누드를 팔고 있는 건 아니었다. 코미디 유튜브 채널 핸비 가족의 나탈리 핸비Natalie Hanby는 가족 유튜브 채널의 새로운 장난과 자투리 영상을 온리팬스에 올리고, 「뉴욕의 진짜 주부들Real Housewives Of New York」의 스타인 소냐 모건Sonja Morgan은 패션, 여행, 그리고 비하인드 포스트를 공유했다. 그해 12월 무렵 온리팬스는 이용자가 하루에 50만 명씩 증가했고 크리에이터들에게 한 달에 2억 달러 이상을 지불했다. 정체성을 상업화하는 데서 온리팬스는 갈수록 쏠쏠한 방식과 청중의 더 내밀한 접근을 가능케 하고 있었다.

글래머존테이Glamazontay 유튜브를 운영하는, 거침없는 언변을 자랑하는 패션, 뷰티 및 라이프스타일 유튜버 옥타비아 아웃로Octavia Outlaw는 85만 7,000명의 구독자에게 챌린지, 게임, 경품 증정, 그리고 블로그 포스트를 온리팬스 계정으로 옮길 계획이라고 알리면서 또 다른 이유를 제시했다. "그냥, 유튜브를 하느니 온리팬스를 하는 게 합리적인 선택이에요." 옥타비아는 겟레디윗미GRWM 영상에서 아이섀도 브러시를 든 손을 휘저으면서 설명했다. "사업적 시각으로 말하는 거예요. 유튜브라는 플랫폼은 이전과 달라졌어요. 사람들은 유튜브에서 이전처럼 돈을 벌지 못하고 있어요." 온리팬스가 크리에이터 수익에서 20퍼센트를 떼어가는 반면 유튜브는 45퍼센트를 떼어간다. "그렇다고 전적으로 돈 때문만은 아니에요……. 유튜브는 늘 제 영상에 깃발을 달아요. 늘 레즈비언 관련 콘텐츠에 깃발을 달죠……. 수많은 흑인 콘텐츠 크리에이터가 차별당해요. 최고의 (유튜브) 크리에이터들은 전통적인 애플파이류의 백인 여자애들이에요. 난 제멋대로고 흑인이고 내가 하고 싶은 걸 하고 있어요." 옥타비아는 어깨를 으쓱하며 말했다. "유튜브에 있는 모든 크리에이터에게 거기로 옮겨가길 추천해요."[15]

인플루언서 산업의 첫 10년간 플랫폼들은, 지원하되 대체로 개입하지 않으면서 크리에이터 문화가 거의 유기적으로 자라게 했다. 그런데 2020년 무렵 틱톡의 폭발적 성장으로 인해 플랫폼들이 더욱 치열하게 경쟁하면서 변화를 맞이하게 된다. 그들은 인플루언서 프로그램 투자를 늘리고, 공동체를 배양하고, 크리에이터의 포스팅에 직접 돈을 지불해야 했다.

2020년 틱톡은 20억 달러를 들여 전 지구적 크리에이터 기금을 발표했는데, 최소 1만 명의 팔로워를 가진 사람이면 누구나 조건을 충족했다. 목표는 '혁신적 콘텐츠를 통해 생계를 꾸릴 기회를 찾고 있는 야심찬 크리에이터들을 부양하는' 것이었다. 인스타그램은 틱톡과 경쟁하기 위해 새로운 '릴스' 포맷을 내놓고 그걸 이용하는 크리에이터에게 돈을 지불함으로써 맞섰으며, 스냅챗은 개인화된 알고리즘을 기반으로 공개 포스팅을 선별해 보여주는 기능인 스포트라이트Spotlight를 출시하고 매일 가장 인기 있는 UGC(이용자 생성 콘텐츠)에 100만 달러를 지불했다. 10대 이용자들은 '스냅챗 백만장자'를 목표로 온종일 5분마다 포스팅을 200개씩 올림으로써 재빨리 시스템을 가지고 놀기 시작했다.

"틱톡은 사람들이 어떤 종류의 콘텐츠를 찾는가에 대해 선례를 보여주었고, 스냅챗은 그걸 자기 방식으로 재창조하는 일을, 즉 그걸 자기네 앱에 구축하는 걸 정말 잘해냈습니다." 스포트라이트를 통해 100만 달러 넘게 번 스물한 살의 인플루언서 조이 로고프 Joey Rogoff는 〈뉴욕 타임스〉와의 인터뷰에서 이렇게 말했다. "그들은 현재 보수가 가장 높은 플랫폼입니다. 부디 다른 플랫폼들이 그 사실을 깨닫고 그들의 뒤를 따르기를 빕니다. 왜냐하면 결국 그게 크리에이터들에게 가장 큰 만족을 줄 테니까요."[16] 갑자기, 플랫폼으로부터 직접 돈을 받는다는 것이 충분히 가능성 있고 타당한 운영 모델이 되었다. 이는 인플루언서 역사에 친숙한 모든 이에게 지극히 만족스러운 전개였다. 2015년, 세계에서 가장 유명한 바인 스타 18명이 플랫폼에 직접 지불을 요구하기 위해 회사 대표들과 회동했다. 그리고 한 명당 120만 달러를 주면 매달 열두 편의 오리지널 바인을 제작하겠으며, 그러지 않으면 다른 플랫폼으로 옮기겠다고 통고했다. 바인은 거절했고, 앱은 1년 내에 죽었다.

이전에는 인플루언서 산업을 무시했던 실리콘밸리 사업가와 벤처 캐피털리스트들이 이제 한몫 끼고 싶어 했고, 디지털 골드러시가 소셜 미디어 스타를 대상으로 하는 스타트업에 막대한 액수를 쏟아붓기 시작했다. 이는 '크리에이터 경제'라는 더 폼 나는 이름으로 재브랜딩되었다. 떠오르는 스타 벤처 캐피털리스트인 리 진 Li Jin 은 종종 개인적으로 그 붐을 시작한 인물로 여겨진다. 앤드리슨 호로비츠 벤처 캐피털의 파트너이면서 일련의 블로그 포스트를 통해 크리에이터 경제를 옹호한 그녀의 글은 바이럴을 탔고, 2020년경 대대적인 투자를 불러일으켰다. "제가 (앤드리슨 블로그에서) 글을 쓰기 시작한 전후로 본인들 기업의 벤처 캐피털에 대한 개방성이 확 달라졌다는 말을 많이 들어요." 나와의 스카이프 통화에서 그렇게 말하지만, 그녀는 겸손하게도 자신의 영향력을 온전히 자기 것으로만 돌리지 않는다. "제가 보기엔 전 그냥 이미 일어나고 있는 일을 묘사하고 있었던 것 같아요. 크리에이터들은 이미 구매에 영향을 미치고 있었고, 자체적으로 기업화하고 있었어요. 전 그저 벤처 캐피털리스트들이 이전에 하지 않았던 방식으로 관심을 갖게 한 게 다죠." 실리콘밸리 스타트업 액셀러레이터인 Y컴비네이터 Y

Combinator의 2020년 여름 모임에서 리는 이렇게 언급했다. "대략 3개사 중 하나는 뭐랄까, 크리에이터에 초점을 맞추고 있어요. 사람들이 피트니스 클래스나 오디오 강의를 통해 수익 창출하는 것을 돕거나 디지털 벤처사업가를 어떤 방식으로든 돕는 거죠."

내가 그 말이 실질적으로 벤처 캐피털리스트 공간에서 인플루언서가 하는 활동(콘텐츠를 발간하고 이름을 알리고 시청자를 설득하는 것)을 가리킨다고 지적하자 리는 깔깔 웃으며 자신을 '스스로 크리에이터로 간주한다'고 인정했다. 자신의 투자 대상과 어울리게, 리는 그 이후 앤드리슨을 떠나 부티크 아틀리에 벤처를 독립적으로 구축했다. 인플루언서 공간에만 독점적으로 투자하는 얼마 안 되는 펀드 중 하나다. "전 제 이론을 실천하고 있어요. 사람들이 자기 열정을 좇게 해주는, 제도에서 개인으로 권력을 이동하는 플랫폼을 실현하고 있죠." 현재까지 리는 패트리온, 서브스택, 스트림루츠Streamloots, 그리고 스터Stir 같은 독립적 인터넷 벤처 사업과 1세대 유튜버 케이시 니스타트Casey Neistat, 유튜브 공동 창립자 채드 헐리Chad Hurley와 공동 지원하는 기업들에 투자해왔다. "기금은 제가 가진 미래 비전을 지원하는 비밀스러운 방식이에요. 우리 모두는 사람들이 좋아하는 일을 하면서 먹고살 수 있는 세상에 살길 원하거든요. 창의력에 보상을 받을 수 있고, 그게 유효한 경력 진로로 인정받는 세상요."

2020년 12월 1일, 미스터비스트는 다음과 같은 트윗을 했다. '소셜 미디어 인플루언서에게 투자할 방법이 있으면 좋겠다! 어떤 대박 날 것 같은 채널을 보면, 그 주식을 공유하거나 뭐 그런 걸 할 수 있으면 좋겠다……. 혹시 내게 자기 채널의 10퍼센트를, 그러니까 1만 달러나 10만 달러에 주고 싶은 소규모 유튜버가 있을까? 그게 어떻게 돌아갈지 한번 실험해봅시다, 우하하.' 10만 트위터 이용자가 지지하는 목소리를 냈다.

그 요청은 주식시장의 가능성을 넘어선 것이 아니었다. 2월에 석유 1배럴의 가격은 마이너스로 급락했다. 이처럼 초현실적인 경제에서 인플루언서의 미래는 딱히 너무 나간 것처럼 보이지 않는다. 인플루언서 경제는 이미 주식시장과 매우 비슷하다. 그것은 브랜드와 기업이 생겨날 때처럼 자본 축적, 평판 거래, 그리고 투자 수익을 전제로 한다. 소셜 계량 분석 기능은 신용평가사가 제공하는 위험 등급과 다소 비슷하다. AAA 또는 10만 팔로워는 둘 다 시장 가치의 확고한 지표다.

사회적 자본과 경제적 자본의 간극이 가까워지면서 금융화는 크리에이터 경제의 다음번 생애주기인 듯하다. "자본주의 생태계를 지탱하기 위해 기업 세계에서 지금껏 일어난 모든 일이 크리에이터들에게도 일어날 겁니다."라는 확언한다. 금융화된 인플루언스의 가능성은 무한해 보인다. 크리에이터들을 투자 대상으로 한데 묶고, 미래 포스트의 권리를 판매하고, 팬들에게 총애하는 채널의 주식을 소유할 기회를 제공하고, 브랜드 콜라보를 위한 보통주 모델을 개발하고. 사람들이 인플루언서에게 투자할 때, "(그들의) 동기는 이중적입니다. 수익을 올릴 기회가 있다고 느끼는 사람들(크리에이터들이 기업이라면 투자받을 수 있고 증권처럼 거래될 수 있습니다)도 있고 총애하는 크리에이터를 후원하고 싶은 사람들도 있죠. 후자는 '내가 이 크리에이터를 제일 먼저 찾아냈어'라는 사회적 지위 요소에 투자합니다. '내가 비트코인에 언제부터 투자했는지 봐'라면서 스크린샷을 올리는 사람들처럼요."

벤처 캐피털과 크리에이터 경제 세계 사이의 경계선은 갈수록 흐려지고 있다. "크리에이터들은 투자자가, 투자자들은 크리에이터가 되어가고 있습니다. 그리 명확한 구분선은 없어요."라는 내게 말한다. "갈수록 더 많은 스타트업이 투자자만큼이나 크리에이터를 협상 테이블에 앉히는 데 관심을 가집니다. 갈수록 많은 크리에이터가 엔젤 투자에 관심을 가집니다. (한편 그와 반대로) 벤처 캐피털리스트는 모두 블로그를 하고 팟캐스트를 하고 콘텐츠 크리에이션을 통해 그들 자신을 위한 브랜드 가치를 창조하려 합니다. 브랜드 구축은 창립자에 대한 신뢰를 구축하기 위해 해야 하는 업무의 일부입니다. 그리고 인플루언서들 역시 동일한 원칙을 따르죠."

크리에이터들은 브랜드에 갈수록 요금 대신 지분을 요구하고 있다. 미스터비스트의 매니저인 나이트 미디어Night Media의 리드 두셔Reed Duchscher는 자신의 크리에이터 경제 유튜브 채널에서 자신들이 일찌감치 이 모델을 채용했다고 말한다. "우리는 그저 우리가 홍보하는 회사에서만 지분을 받는 데서 그치지 않고, 다양한 게임 스튜디오나 뭐 그런 것들에 다중으로 투자해왔습니다. 우리는 경쟁이 치열한 이런 거래를 위해 협상 테이블에 앉아봤고, 상대방은 모두 이런 식이었습니다. '잠깐, 우리가 나이트 미디어와 인플루언서를 위한 공간을 만들게. 우리는 그들을 캡 테이블cap table에 아우르고 싶거든.'"[17]

리드의 비전은 스타트업과 인플루언서가 서로의 최종 가격을 끌어올리기 위해 '시드 단계'에서 지분 공유 계획을 통해 서로에게 투자하는 시너지 모델이다. "그건 표준이 될 테고, 크리에이터들은 지속 가능한 기업을 시작하는 것만이 아니라 아마도 2~4년 후에 존재하게 될 성공적 기업의 초기 단계에서 지분을 받게 될 겁니다. 공개 상장이 이뤄지면, 뉴욕 증권거래소에서 창립자와 함께 성공의 축배를 들 사람은 어떤 대규모 유튜버나 틱톡 예술가일 겁니다. 아마 이렇게 말하겠죠. '난 시드 단계에서 투자했지.'"

그런 현실이 멀지만은 않다. 그리핀 존슨Griffin Johnson, 조시 리처즈Josh Richards, 그리고 브라이스 홀 같은 스웨이 하우스 틱톡 스타는 이제 엔젤 투자자이고 미스터비스트의 나이트 미디어와 제이크 폴 둘 다 독자적인 벤처 캐피털 펀드를 시작했다. 2020년, 로스앤젤레스에서 클럽하우스 네트워크를 운영하는 웨스트 오브 허드슨 그룹West of Hudson Group이 역합병으로 통지 헬스케어 그룹Tongji Healthcare Group에 인수된 후 상장되었을 때, 틱톡 하우스들은 공개적으로 주식 시장에서 거래하기 시작했다. 인플루언서들은 자신을 상장하지는 않았다 해도, 크게 다를 건 없었다. 틱톡커들이 WOH 그룹에 수익 일부를 제공하는 대신 고정 임대료를 지불하지 않으면서, 이 모델은 관심 시장을 금융 시장과 간접적으로 연결한다.

실험적인 새 스타트업들이 더 직접적인 방식으로 인플루언스의 금융화를 시도하고 있다. 크리에이터를 위한 새로운 뱅킹 솔루션인 카라트Karat는 인플루언서 전용 신용카드를 출시했고 신용점수 대신 크리에이터의 팔로잉과 참여율에 대한 분석을 이용한 언더라이팅underwriting 모델을 개발했다. 스타트업 랠리Rally는 인플루언서,

크리에이터, 그리고 스트리머가 자신의 다음 세대 가상 참여 경제를 운영하게 해줄 암호화폐('크리에이터 코인'이라고 불린다)를 내놓았다. 한편 팬들은 하이프에 따라 가치가 상승하거나 하락하는 인플루언서들을 표상하는, 대체 불가능한 토큰에 투자하는 디지털 시장 클라우트 마켓Clout Market에서 쇼핑을 할 수 있다. 비트코인은 잊어라. $비스트에 투자하라.

거품인가, 새로운 산업생태계인가

오르비즈 영상의 중간쯤 가면 뒤뜰은 다채로운 캔디랜드로 바뀌고, 미스터비스트는 오르비즈로 가득한 수영장 한복판에서 카메라를 향해 말한다. 이제는 몸이 거의 완전히 잠긴 채 색색의 오르비즈 위로 머리만 내놓고 까닥거린다. "이걸 촬영하는 데 며칠이나 걸렸고 돈이 무척 많이 들었어요……." 미스터비스트가 진지한 표정으로 말을 잇는다. "우리의 다른 모든 영상처럼요. 그러니 구독해주시면 감사하겠습니다. 왜냐하면, 그러니까, 제 자존감을 부풀리는 데 그게 도움이 되거든요." 카메라 밖에서 누군가가 혹시 당신의 은행 계좌를 부풀리는 데도 도움이 되느냐고 묻는다. "아뇨……. 구독자가 더 늘어날수록 전 돈을 더 쓰게 되고, 그러니 실제로 구독자가 늘어날수록 전 돈이 더 없어져요." 미스터비스트는 웃음을 터뜨린다. 솔직히 약간 재미있다. 정크로드는 영상을 만듦으로써 엄청나게 부자가 되고 있지만, 그렇게 되려면 또한 엄청난 거액을 써야 한다.

심지어 가장 부르주아적인 명품 패션 하울이나 해외여행 브이로그와 비교해도 정크로드 장르는 돈이 많이 드는 사업이다. 미스터비스트는, 보도에 따르면 한 달에 50만 달러가량을 쓰고, 손해를 감수하며 유튜브 채널을 운영하기로 악명 높다. 이는 정크로드 유튜브의 경제적 역설이다. 시청자들은 극도의 지출을 전시하는 영상에 떼 지어 몰려들어 그 크리에이터의 수익을 생성하지만, 채널이 더 성공을 거둘수록 시청자는 더 많은 경비 지출을 기대한다. 정크로드 유튜브는 다음 콘텐츠를 향해 영원히 상승하는 투자 소득을 유지해야 한다. 처음엔 비교적 덜 거창한 '같은 드라이브스루를 1,000번 지나가기' 또는 '난 세계에서 가장 큰 피자 조각을 먹었다'로 시작해, 오래지 않아 더 정교하고 값비싼 곡예로 나아간다. '1만 달러짜리 골든 아이스크림을 먹었다' 또는 '진짜 배로 배틀십하기'. 최고 등급 영상에 도달했을 즈음(「24시간 안에 100만 달러 쓰기」) 수많은 '0'은 의미를 완전히 잃고 만다.

정크로드 경제는 근본적으로 지속 불가능하고, 제한 없는 인플레이션이 따른다. 정크로드는 조회 수를 위해 상대와 자신을 계속해서 뛰어넘어야 한다. 각 영상은 이전보다 더 대담하고 더 크고 더 많은 돈을 들여야 한다. 오르비즈 유행이 정확히 어디서 유래했는지 콕 집어 말하기는 어렵지만, 전반적인 상황이 얼마나 빨리 가속화했는지는 쉽게 볼 수 있다. 2016년 2,500만 개의 오르비즈로 수영장을 채우는 마크 로버Mark Rober의 영상에서 페이즈 러그FaZe Rug의 5,000만 개, 그 후 미스터비스트의 1억 개. 애초의 수영장 양식은 창조적인 스핀오프를 낳았고, 시청자의 관심을 끌기 위해 오르비즈는 갈수록 기묘한 장소에 쏟아부어졌다. 부모님 집 뒤뜰, 부모님의 침실, 차, 여자친구의 차, 이삿짐 트럭.

정크로드 곡예가 경제적 가능성의 한계를 밀어붙이기 시작한 지금, 크리에이터와 인플루언서 시장의 끝은 어디일까? 미스터비스트의 모노폴리 영상 아래에 달린 댓글은 그것을 어느 정도 예견하고 있다.

'2019년 미스터비스트 : 우린 진짜 돈으로 모노폴리를 했다.

2029년 미스터비스트 : 우린 전체 경제를 무너뜨린 실제 경제 모노폴리를 만들고 새로운 경제로 세상을 놀라게 했다.'

이처럼 인플루언서 경제가 급속히 금융화하는 과정에서는 기회만이 아니라 위험도 따라온다. 대형 럭셔리 브랜드의 인플루언서 마케팅 팀장이자 자신도 5년 넘게 인플루언서로 활동해온 한 인터뷰이는 불안한 계량 분석과 빌려온 시간으로 운영되는 '걷잡을 수 없는 인플루언서 인플레이션'이 산업을 오염시키고 있다고 믿는다고 고백했다. "저는 그걸 양쪽 측면에서 봐왔습니다." 그는 이렇게 토로했다. "예컨대 팔로워가 10만 명인 인플루언서의 가치가 왜 1,000파운드로 추정될까요? 우리가 매기는 그런 액수를 뒷받침할 수학적이거나 논리적인 근거는 전혀 없습니다. 우리는 정말이지 그 가치가 얼마인지 모릅니다."

인터뷰이는 보통 2,000파운드를 받는 포스트에 1만 파운드를 제의받은 적이 있었다. "그냥 뭘 잘 모르는 어떤 브랜드나 에이전시가 돈을 너무 많이 주면, 그게 저의 새로운 요율이 되죠." 인터뷰이는 분개한 기색이었다. "제 팔로워의 약 50퍼센트는 활동을 하지 않습니다." 그는 말을 이었다. "그러니 엄밀히 말해 제 팔로워는 29만 명이 아닙니다. 제 팔로워는 15만 명 정도이고, 전 그 사실을 대놓고 공개합니다. 하지만 누구나 그러는 건 아니고, 남들(브랜드들)은 알지 못합니다." 그리고 이렇게 덧붙였다. "허영 지표vanity metrics는 돈으로 사거나 왜곡할 수 있습니다." 내가 참여 포드에 가입했을 때 알게 되었듯, 봇과 해킹 전략은 한 인플루언서의 가시적인 지위를 인위적으로 끌어올릴 수 있다.

전체로서 인플루언서 산업의 내부 생태계는 불황 이전의 우리 경제와 비슷한 결함과 결점을 여럿 가지고 있다. 과잉 레버리지 라이프스타일을 추구하는 급속한 팽창주의, 규제에 의한 견제와 균형이 거의 또는 전혀 없는 것, 그 빠른 가속화를 가능케 한, 기술 뒤의 산업체와 감시견의 담합, 빌려온 시간 위에 운영되는 듯한 불안정한 시스템에 쏟아져 들어오는 재정 지원. 우리가 만든 것이 버블일까? 인플루언서 경제는 터지고 말까? 우리가 크리에이터 신용 위기를 맞게 될까?

상황을 타진하기 위해 난 조지타운 대학교 보안 및 신흥기술센터의 연구교수이자 『서브프라임 관심 위기 : 광고와 인터넷 심장부의 시한폭탄The Subprime Attention Crisis: advertising and the time bomb at the heart of the internet』의 저자인 팀 황Tim Hwang에게 자문했다. 팀은 전체로서의 관심 경제가 터질 준비가 되어 있으며, 상황이 2008년의 경제 위기 이전에 견줄 만하다고 믿는다. 이는 인플루언서 경제로도 확장될 수 있다는 주장이다. 둘 다 플랫폼 기반, 참여 주도 인터넷의 산물이기 때문이다.

팀이 열거하는 버블 증상은 친숙하게 느껴진다. "최우선 조건은 시장의 불투명성입니다." 팀은 설명한다. "돌아가는 상황을 파악하기가 어려워야 해요. 프로그래매틱 광고programmatic advertising 같은 경우에는 해당 광고의 수행도에 관한 데이터가 잔뜩 있지만, 전체적으로는 한 광고의 평균 가격을 감 잡기가 무척 어렵습니다. 그게 얼마나 효과가 있는지, 업계에 얼마나 많은 거품이 있는지 같은 것들요." 인프라스트럭처, 산업체 또는 지표가 거의 없는 개인 행위자의 탈중앙적 네트워크로 이루어진 인플루언서 산업 역시 그와 비슷하게 불투명하다.

요율, 요금, 그리고 수치에 관련된 투명성은 거의 존재하지 않고 브랜드, 캠페인, 그리고 인플루언서는 전혀 규격화되어 있지 않다. (의도적으로) 혼란스럽게 만들어진 수행 데이터는 개인 계정 뒤에 숨겨져 있고 플랫폼은 크리에이터의 규모, 형태 또는 분포에 관련된 정보 접근을 허락하지 않는다. 그리하여 데이터를 긁어다가 시스템을 파악하고자 하는 제3자 사이트와 소프트웨어 같은 부수적 산업을 낳는다. 규제 기관은 인플루언서 산업의 복잡성을 이해하지 못하고, 시시각각 변화하는 지형을 따라잡지 못한다. "이런 시스템은 정말이지 심지어 산업 내에서 일하는 사람들에게조차 불투명하기 십상이에요." 팀은 말한다. "이는 인플루언서 공간 내에서도 비슷합니다."

"그다음 조건은 서브프라임 자산 가치입니다." 팀은 말을 잇는다. "우리가 정말 가치 있다고 생각하는 것은 실제로 시간이 지나면서 가치가 하락하고 있습니다." 이걸 뒷받침하기 위해 팀은 광고 사기, 광고 블로킹, 그리고 '사람들이 이전보다 광고에 훨씬 적은 관심을 기울인다'라는 단순한 사실을 거론한다. 비록 팀이 지적하듯 '인플루언서에 대한 광고 블록은 없지만', 소비자 면역성이 증가한다는 보고는 넘쳐난다. 2018년 마케팅 회사인 바자보이스Bazaarvoice가 4,000명 이상의 소셜 미디어 이용자를 대상으로 실시한 조사에서 거의 절반이 소셜 네트워크의 광고 폭격에 '피로감을 느낀다'고 대답했다.[18] 2019년 말, 그레이Grey와 유고브의 합동 조사에 따르면 영국인의 96퍼센트가 인플루언서의 말을 믿지 않았다.[19]

팀은 온라인 광고의 경우 그뿐만이 아니라고 말한다. "우리는 가치 있는 것을 측정하기보다는 측정 가능한 것을 측정하는 것을 우선시합니다." 이른바 '허영 지표'에 초점을 맞추는 것은 한 인플루언서의 가치를 모호하게 만든다. 때때로, 2019년 200만 명이나 되는 자신의 팔로워에게 티셔츠를 36장도 팔지 못한 마이애미 기반의 라이프스타일 인플루언서 @Arii의 경우에서 보듯,[20] 투사된 가치는 공허한 것으로 드러나기도 한다. "마지막으로……." 팀은 말을 잇는다. "버블이 성립하려면 그 시장을 부풀리는 데 전념하는 사람들로 이루어진 생태계가 필요합니다." 플랫폼 그 자체, 나의 예전 직장 같은 에이전시, 그리고 관심 산업 전체의 이해관계가 그것을 떠받치는 데 걸려 있다.

과연 우리에게 남은 시간이 얼마나 될지 궁금하다. "버블이 언제 터지느냐는 임금님이 벌거벗었다는 사실을 깨닫는 사람들이 결정적 다수에 도달하는 데 얼마나 걸리느냐에 전적으로 달려 있습니다." 팀은 말을 잇는다. "우리가 인플루언서와 프로그래매틱 광고를 놓고 논쟁하는 게 바로 그겁니다." 그리고 버블이 터지면 어떻게 될까? "우선, 신뢰의 위기가 발생할 겁니다. 왜냐하면 그토록 많은 금융 자본에다 아울러 문화 자본이 거기에 투자되어왔으니까요." 팀이 말한다. 그리고 그 후 그것이 관심 경제를 재조형할 인터넷 운용 모델의 변화를 촉발하리라는 것이 팀의 희망 사항이다.

"논점은 '광고 : 예 또는 아니오?'가 아닙니다. 핵심은 우리가 광고라는 단일 경작 농업 위에 구축된 인터넷에 만족하느냐입니다." 팀이 말한다. "우리의 경험을 조형하는 모든 플랫폼이 단일한 사업 모델에 의해 주도됩니다. 이는 단지 우리의 선택을 제한하는 것만이 아니라 인터넷 경제의 건강에도 해롭습니다. 제 꿈은 붕괴 이후의 웹입니다. 우리는 더 다양성 높은 비즈니스 모델을 기용하는 신경회로망을 갖게 될 겁니다. 광고는 구독 같은 것과 나란히 운용될 겁니다. 이는 더 건강한 웹으로 이어지겠죠."

적어도 아직까지 크리에이터 경제의 성장 궤도는 이대로 지속될 운명인 듯하다. 〈비즈니스 인사이더〉의 보고에 따르면 2020년에서 2022년 사이에 그 가치는 50퍼센트 증가했고,[21] 비즈니스 컨설팅 회사인 그랜드뷰리서치Grand View Research가 발표한 연구에 따르면 2025년 말에는 235억 2,000만 달러에 도달하리라고 예측된다.[22] 하지만 이런 수치는 보수적인 추정이며, 인플루언서 버블이 계속 부풀어오를 거라고 믿을 만한 근거가 있다. 결국, 다른 부문에 비하면 아직 겨우 유아기에 불과하기 때문이다. 우리가 생산하고 소비하는 방식의 거시적 수준의 변화, 예컨대 지속적인 플랫폼 지향, 오랜 자기 고용 경향, 소셜 쇼핑의 부상, 그리고 이전에는 자본화되지 않았던 삶의 영역이 갈수록 상업화되는 것 등은 인플루언서 경제의 규모와 가치가 증가할 것임을 예측하게 한다.

"자동화가 확대되면서 결국 미래에는 감정이입, 창의력 또는 상상력 같은 인간 고유의 요소를 요구하는 직업 유형만 남을 겁니다." 리의 분석이다. 인플루언서 교본은 다른 산업들에 재빨리 소개되고 있다. 참여도 측정법, 플랫폼 역학과 크리에이터 역학은 새로운 맥락에 사용되고 있다. "기존의 기업들은 이제 크리에이터를 관심을 주어야 하는 유효한 집단으로 인식하고 있습니다." 리는 말한다. "크리에이터는 이제 수많은 회사에 가치 있는 집단으로 인식되고 있습니다."

월마트는 업무 중에 틱톡 영상을 만들도록 인플루언서-직원 군단을 훈련시키는 수많은 거대 소매업체 중 하나인데, 앞으로 몇 년 안에 거의 150만 명에 이르는 미국 내 직원들에게 스포트라이트 프로그램을 배포하겠다는 목표를 세웠다. 아마존은 이미 창고 직원들이 기업 프로파간다를 트윗에 올리는 내부 크리에이터 프로그램을 운용하고 있다. 인플루언스를 위한 새로운 업무 실천이 작업장에서 매일 등장하고 있다. 미래에는 인플루언서 경제를 지금처럼 독립된 무언가로 보는 개념이 사라질지도 모른다. 인플루언서가 모든 것을 주도할 것이고, '크리에이터 경제'는 그냥 그 자체로 '경제'가 될 것이다.

6 | 차 엎지르기

모든 관심이 좋은 관심일까?

　런던의 어느 쌀쌀한 10월 저녁, 나는 1990년대의 모든 아동이 알고 있던 인터넷의 가장 중요한 원칙을 깰 참이다. 엄마에게 사랑한다고 말하고 왓츠앱으로 하우스메이트에게 내 현재 위치를 공유한 후, 온라인 포럼에서 만난 전혀 모르는 한 무리의 낯선 사람들을 만나러 혼자 집을 나선다.

　난 자칭 '안티들'의 모임에 참석하라는 초청을 수락했다. 인터넷 유명 인사를 비판하는 것이 존재 목적인, 이용자가 직접 운영하는 수많은 뒷담화 게시판 중 하나다. 안티는 관심 경제의 이면이자 인터넷 명성의 어두운 면이다. 비록 인플루언서들은 수백만 명에 이르는 팬의 누적된 지지 위에 브랜드를 구축하지만, 댓글난에 불꽃 이모티콘을 남기며 아첨하는 팔로워 한 명당 질색하며 비판 댓글을 남기는 '안티'가 한 명 있다.

인플루언서가 누리는 공적 지위 및 부와 낭비의 잦은 전시를 감안하면 그들이 받는 관심이 모두 긍정적인 것만은 아니라는 사실이 딱히 놀랍지는 않다. 하지만 꼭 람보르기니를 몰고 수영장으로 돌진하거나 개인 섬을 공짜로 줘버려서 악명을 떨치지 않더라도, 대중에게 밀착 감시를 당하는 사람은 얼마든지 있다. 내가 인터뷰한 인플루언서 대다수는 그들의 온라인상 존재의 거의 모든 측면을 해부하는 데 일생을 바치는 수많은 익명의 비판자를 거느리고 있다. 그 비판의 면면은 의상이나 인테리어 선택 같은 일상에 관해 지나가듯 한마디 던지는 것에서부터 의료 전력에 관해 추측하고 수입이나 식구에 관한 개인적 정보를 파헤치는 사생활 침해적인 것까지 다양하다.

여러분이 어떤 브이로거에 불만이 있거나 미심쩍어 보이는 #협찬콘텐츠에 관한 다른 의견을 듣고 싶다면, 인터넷은 그것을 끝도 없이 제공한다. 사악함으로 악명 높은 블로그 '내 인터넷에서 꺼져Get Off My Internets'(비공식적으로 'GOMI'라고 불리는)는 2009년 이래로 수 세대에 걸쳐 웹 유명 인사들에 관한 중계방송을 하고 있다. 구루 가십Guru Gossip이나 태틀 라이프Tattle Life 같은 악의적인 사이트는 유명한 크리에이터들을 논하는 정기적인 타래를 가지고 있는데, 매일 업데이트되는 이런 타래에는 댓글이 몇백만 개씩 달린다. '인터넷의 첫 페이지'를 자칭하는 게시판인 레딧은 경멸적인 r/인스타그램리얼리티r/InstagramReality(회원 90만 3,000명), 대체로 온화한 r/뷰티구루채터r/BeautyGuruChatter(회원 23만 명), 그리고 r/블로그스나크r/BlogSnark(회원 6만 5,000명) 같은 커뮤니티와, 아울러 구체적 개인을 논하기 위해 만

들어진 더 작은 수많은 서브레딧의 보금자리다.

스나크 트위터는 공론화 타래, 패러디 계정, 그리고 바이럴 영상을 포스팅하는 소셜 미디어 기자들로 이루어진 느슨한 연합체다. 인스타그램의 의혹 계정 - @theshaderoom(팔로워 2,160만 명)이 지배하는 - 은 현재 탐사 페이지를 달구고 있는 모든 드라마를 기록하고 @diet_prada(240만 명), @esteelaundry(18만 명) 또는 @influencersinthewild(400만 명) 같은 비판 계정은 못된 짓을 하는 크리에이터와 실패한 인플루언서 캠페인을 분노에서 유머까지 다양한 톤으로 다루는 스크린샷을 공유한다. 만약 까부는 태도와 아마추어 연극조가 여러분의 취향에 더 맞는다면 '티 채널'을 시도해보시라. 먼지를 털고 소문에 부채질을 하고 수백만 구독자에게 '요즘 인기 있는' 드라마의 '영수증'을 공유하는 유튜브의 가십 브이로거들이다. 코멘터리 채널들은 지속 가능성, 진정성, 그리고 책임감 같은 인플루언서 테마를 생생하고 세밀한 슬라이드 쇼로 분석하는 한 시간짜리 영상 에세이를 만든다.

이런 번영하는 네트워크는 인플루언서판 연예 칼럼, 파파라치, 그리고 TMZ(미국의 가십 웹사이트 - 옮긴이)다. "유명 인사 드라마는 늘 연예 뉴스에서 거대한 부분을 차지했어요. 인플루언서들의 경우에는 우리가 전통적 유명인에 관해 가진 것보다 훨씬 많은 원료가 있죠." 〈인사이더〉의 디지털 문화 담당 기자인 캣 텐바지Kat Tenbarge가 언급한다. 캣의 영역은 인플루언서 스캔들과 위법 행위에 대한 조사를 포함한다. "그들은 자기 세계를 시청자에게 가능한 한 많이 공유함으로써 경력과 브랜드의 기반을 쌓았어요. 그러니 그것은 그냥 드라마와 티tea의 가능성을 무한히 증폭시키죠."

인플루언서 지평이 발달하면서, 캣은 인플루언서 공간에 관한 '드라마와 코멘터리의 폭발'을 목격해왔다. 관련된 계정과 채널의 인기만이 아니라 그 수 역시 폭발적으로 증가했다. "시청 시간, 시청자 수, 그리고 구독자 기반의 측면에서, 그냥 계속해서 성장일로를 달리고 있죠."

인터넷에서 팬과 안티팬 사이의 선은 여러분의 생각보다 더 흐릿하다. 유명한 유튜버를 팔로워하는 사람들은 그 유튜버의 영상을 보는 것만큼이나 그 유튜버를 비판하는 영상을 볼 가능성이 높고, 가십 콘텐츠는 대상을 지지하는 동시에 헐뜯을 수 있다. 온라인 지평은 자신의 영웅에 관한 숨겨진 세밀한 부분을 간절히 알고 싶어하는 팬들부터 안티인플루언서 포럼에 길고 분석적인 비판을 올리느라 매일 수 시간을 할애하는 헌신적인 익명의 논평자 공동체까지 그 모두를 아우른다. 난 후자와 현실에서 직접 만나기 위해 자정 가까운 시간에 뒷길의 바로 향하고 있다.

안티팬덤의 토끼 굴

사실 내 여정이 시작된 것은 5년 전이었다. 그것은 인스타그램에서 별생각 없이 시작되었다. 비판 사이트들은 내 반경 언저리에 머물렀지만 난 한 번도 그들의 활동에 진지한 관심을 가져본 적이 없었다. 쉽게 분노하는 그 이용자들과, 그 전반에 관한 도덕적 찜찜

함과 모호함이 날 두렵게 했던 것이다.

2014년 내가 학생일 때, 역사적인 #게이머게이트Gamergate 파국이 온라인 코멘터리와 트롤링이라는 주제로 세계인의 이목을 끌었다. 게임업계의 중요한 여성(그중에는 여성 캐릭터의 표상을 주로 분석하는, 내가 재미있게 본 유튜브 영상을 올린 미디어 평론가도 있었다) 몇 명이 전례 없는 규모로 익명의 트롤들에게 괴롭힘을 당했다. 그 괴롭힘에는 신상 털기, 해커 공격과 강간 위협도 포함되었다. 주동자는 포챈, 레딧, 그리고 트위터 같은 사이트와 인터넷 중계 채팅의 '게이머게이터'였다.

'아마도 인터넷 역사상 최대의 상호 공격일 것이다.' 학자인 앤절라 네이글Angela Nagle은 2010년대 인터넷 문화의 발달을 연구한 자신의 저서 『인싸를 죽여라Kill All Normies』에서 그렇게 썼다. 게이머게이트는 신종 트롤 운동에 활력을 불어넣고, 디지털 괴롭힘 기술을 갈고닦고 온라인 문화전쟁을 확대했다. 이런 배경을 감안하면 인플루언서에 대한 비판은 음침하고 품위 없게 느껴진다. 어쩐지 인터넷 게시판과 무법천지인 챈chan 사이트에 도사린 채 피해자를 분석하고 욕을 먹어도 싸다고 여기는 온라인 인물에 대한 대중의 혐오를 부추기는 '10대 게이머, 스와스티카swastika(卍) 사진을 올리는 익명의 아니메 오타쿠, 역설적인 「사우스 파크South Park」 보수파, 안티페미니스트, 공격적인 너드nerd, 그리고 밈을 만드는 트롤'의 혼합물 같다. 난 오랫동안 트위터에 기죽고 레딧을 겁내고 GOMI 특유의 정신이상 근처에는 얼씬도 하지 않았다. 하지만 결국 더 사소하고 더 정곡을 찌르는 뭔가가 나로 하여금 그런 금제禁制를 극복하도록 밀어붙이고 온라인 비판이라는 어두컴컴한 세계로 날 이끌었다.

그 뭔가는 바로 논란이 많은 미국인 인플루언서 캐럴라인 캘러웨이Caroline Calloway였다.

캐럴라인은 2018년경에 문제 있는 행동으로 두루두루 마찰을 빚었지만, 나와의 인연은 그보다 몇 년쯤 전으로 거슬러 올라간다. 내가 옥스퍼드 대학교에서 공부하던 시절, 캐럴라인은 케임브리지 대학교의 학생 생활을 기록하여 유명해졌다. 그리고 우리의 사회적 서클은 서로 겹쳤다. 비록 동시대에 학교를 다녔지만, 우리의 경험은 작정한 듯 달라 보였다. 캐럴라인이 익살스러운 피크닉, 검은 타이를 매는 무도회, 그리고 동틀 녘 사슴공원에서의 낭만적인 순간 같은 인스타그램에 딱 어울리는 목가적 이상향을 신명나게 즐기는 동안 난 끈적끈적한 카펫이 깔린 바에서 요란한 색깔의 술을 마시고, 지각해서 자전거를 타고 강의실로 달려가고, 직접 자른 삐죽삐죽한 머리를 하고 다녔다.

팔로워가 30만 명인 캐럴라인은 학생의 전설과도 같은 존재가 되었다. 학생 생활의 가장 일상적인 측면조차 낭만적으로 보이게 만드는 능력이 있는 캐럴라인은 자신이 참석한 행사를 인스타그램에 올려 수만 개의 '좋아요'를 얻었다. 캐럴라인을 처음 소개받은 사람들은 얼마 후 캐럴라인의 광범위한 소셜 미디어 신화에 단역으로 등장하거나 나중에 수많은 헌신적인 팬 계정에 의해 리포스팅될 스냅챗 사진에 우연히 지나가는 배경으로 등장하곤 했다. "캐럴라인은 늘 파티에서 폰을 들고 있었어요." 한 동년배의 회상이다. "그 애가 누군지 다들 알았죠……. 하지만 그 애가 뭘 하는지는 아무도 몰랐어요."

당시는 인플루언싱의 초창기였고, 캐럴라인은 길고 수식어가 잔뜩 붙은 캡션으로 자신의 그림 같은 라이프스타일 브랜드를 구축했다. 당시 다른 사람들은, 캐럴라인의 말에 따르면 아직 '인스타그램에 발렌시아 필터를 씌운 라테 아트 사진이나 올리고 있었다'. 캐럴라인의 이미지는 호그와트와 영어덜트 문학 속 대담한 여주인공들의 이야기를 들으며 자란 세대에 인기를 얻었다. '미국인 학생들의 동화 같은 삶이 인스타그램을 매혹시키다.' 〈데일리 메일〉에 실린, 캐럴라인과의 인터뷰 기사의 한 대목이다.[1] 한편 내가 당시 학생 기고자로서 연극 감상평을 싣고 있던 학생신문 〈더 탭The Tab〉의 시선은 '케임브리지, 성들, 그리고 사람들을 억지로 친구 만들기'라는 기사 제목을 보면 알 수 있듯, 그처럼 너그럽지 않았다.[2]

아직 파이어 페스티벌이나 케임브리지 애널리티카 정보 유출 사건 이전, '캔슬 문화cancel culture'가 유행어가 되기 전인 이 시기는 오늘날 돌이켜보면 고풍스럽고 구식인 것처럼 느껴진다. 내 세계는 작았고 감시당하지 않았으며 자족적이었다. 비록 학창 시절 난 매주 페이스북 관계 상태를 충실히 업데이트하고 흐린 화질의 후회스러운 클럽 사진을 뭉텅이로 올리곤 했지만, 우리는 대체로 성인기의 초기를 브랜드명이 붙지 않고 최적화되지 않고 관찰되지 않은 상태로 지냈다.

자신의 과제 위기를 저속 촬영하고 #협찬받은 맥주잔을 들고 포즈를 취하는 공부 유튜버들의 미래 세대는 아직 대입 시험을 치기 전이었다. 학생 기자가 길거리에서 술에 취한 클러버clubber를 인터뷰하는 인기 있는 유튜브 시리즈(「내핍 상태 또는 자극 성장?Austerity or stimulus growth?」, 「해럴드 핀터 아니면 포르노그래피? Harold Pinter or pornography?」)가 그나마 우리가 소셜 미디어의 명성에 가장 가까이 다가간 사례였다. 와후 바와 그릴에서 쫓겨난 술꾼들이 카메라 앞에서 기꺼이 민망한 대화에 참여하려 한 것은, 2010년대 중반에는 아직 우리가 자신의 인터넷 발자국에 그리 민감하지 않았던 덕분이었다.

대학 환경(애초에 페이스북이 태어난 바로 그 맥락)은 단과대, 취미 활동, 클럽, 학회, 술꾼 모임, 스포츠 팀, 학습 파트너, 그리고 원나잇 스탠드를 거쳐 연결된 아날로그식 소셜 네트워크로 작동했다. 누군가를 띄우고 가라앉히는 것은 알고리즘이 아니라 도서관 가십, 위원회 자리, 그리고 학생회 선거였다. 장래가 촉망되는 캠퍼스의 유명 인사들을 실은 축약판 목록이 돌았다.

나는 이런 순위들에 익숙했다. 내가 일하고 잠자고 공부하는 동안 주위에서 일어나는 디지털 변화는 내 눈에 보이지 않았고, 캐럴라인이 하고 있는 평판 게임의 규모는 내 이해 밖이었다. 내가 남에게서 가져온 취향을 이리저리 실험적으로 섞어가며 성인기 초기를 불안하게 헤쳐나가는 동안 캐럴라인은 일관성 있는 미학을 갖추고 상품으로서 판매될 준비를 온전히 갖춘 듯했다. 그리고 거의 50만 달러의 가치가 있는 출판 계약을 따내면서, 수익성 높은 국제적 라이프스타일 브랜드가 되려는 전환점에 서 있었다. 몇 년 내에, 캐럴라인 캘러웨이는 그저 우리에게만이 아니라 온 인터넷의 캠퍼스 명사가 될 터였다.

졸업 후, 인터넷은 우리를 각자 다른 방식으로 집어삼켰다. 캐럴라인의 삶은 화면 앞에서, 내 삶은 그 뒤에서 펼쳐졌다. 내가 대학을 졸업한 광고계의 견습생으로서 디지털 배너와 브랜드 캠페인을 토해내고 있을 때, 캐럴라인은 자신의 '신나고 소중한 삶'을 인스타그램에 '건설하는' 일을 계속했다. 휘황찬란한 뉴욕 파티와 시내 중심가의 바에서 찍은 사진을 통해 팔로워 수는 거의 100만 명으로 상승했다. 캐럴라인은 새로운 종류의 인스타그램 성공담을 쓴 최초의 사람들 중 한 명이 되었다. 잇걸의 산실인 '맨 리펠러Man Repeller'는 요란스러운 이스트 빌리지 스튜디오에서 찍은 캐럴라인의 사진과 함께 '원조 인스타그램 인플루언서'라는 왕관을 씌워주었다. 스튜디오 바닥은 완전히 책으로 뒤덮여 있었고 휴대전화들이 천장에 매달려 있었다.[3]

캘러웨이 브랜드의 상품 및 유행하는 뉴욕 상표들과의 패션 콜라보로 인터넷 유명인이 된 캐럴라인은 이제 내 의식에서 흐려져, 내 피드를 점령하고 내 마케팅 예산을 먹어치우는, 다 똑같아 보이는 번쩍거리는 인스타그램 인플루언서의 동일한 집단 속으로 미끄러져 들어갔다.

나 또한 내 역할에 정신없이 몰입되어 있었다. 난 광고계의 거물과 길거리 간판과 더 큰 로고를 요구하는 FMCG(빠르게 움직이는 소비재fast moving consumer goods)의 구식 세계에 속해 있었다. 「매드맨Mad Men」 신화와 60초 텔레비전 광고의 존엄성에 집착하는 마케터들. 우리가 사이드맨(2021년 현재 약 2,000만 명의 구독자를 보유한 영국의 유튜브 그룹)의 멤버 두 명이 등장하는 킷캣Kit Kat 광고를 찍자, 당황한 아트 디렉터들은 눈썹을 치켜올렸고 텔레비전 프로듀서들은 어깨를 으쓱했다. 광고 산업에서 인플루언서는 기교와 창의성의 반대항 취급을 받았다.

난 결국 캐럴라인을 잊어버렸다.

그로부터 몇 년이 지나, 기존 태도를 수정하고 대학원에서 배운 것들을 잊을 만큼 충분히 경력을 쌓은 어느 날, 휴대전화를 들여다본 나는 캐럴라인이 트위터 트렌드 5위에 등극했음을 알게 되었다. 캐럴라인의 예전 친구이자 고스트라이터인 내털리 비치Natalie Beach가 쓴 「난 캐럴라인 캘러웨이다I am Caroline Calloway」라는 에세이가 〈뉴욕〉의 디지털판인 〈더 컷〉에 실려 폭발적인 반응을 얻은 것이다. 그 것은 한 인플루언서의 삶의 뚜껑을 들어올리고, 그 두 사람의 변덕 스러운 관계와 캐럴라인 캘러웨이라는 브랜드의 인스타그램 판타지 뒤에 숨겨진 책략을 상세히 서술했다.

그 에세이에는 군침 돌고 정신이 혼미해지는 세부 사항이 알알이 박혀 있었는데, 예컨대 캐럴라인이 이베이의 골동품 가구 경매에 수천 달러를 입찰했다는 것이나, 두 사람이 각성제인 애더럴을 왕창 복용하고서 밤새워 캐럴라인의 인스타그램 글을 짜깁기해 유명 인사 출판 에이전트인 버드 레벨Byrd Leavell에게 보낼 출간 제안서를 만들었다는 것 등이었다. 그리고 거기에 딸려 나오는 충격적인 폭로는 이전에 내가 캐럴라인에게 품었던 동경을 흔들어놓았다. 애초에 캐럴라인을 대학교의 유명 인사로 만들어준 인스타그램 팔로워들이 사실은 매수당했다는 것이었다. 눈길을 끄는 캐럴라인의 인스타그램 글귀는 실제로는 내털리가 대신 써준 것이었다. 캐럴라인의 50만 달러짜리 출간 계약은 날아가버렸다. 케임브리지 #어드벤처그램adventuregram은 가짜였다.

때가 맞아떨어졌다. 2019년이었고, 인터넷은 악명 높은 '스캠

의 여름summer of scam'을 방금 막 겪은 참이었다. 뉴욕의 상류층을 대
상으로 수천 달러를 착복한 세련된 사기꾼 애나 델비Anna Delvey의 정
체가 들통난 것도, 유튜버 올리비아 제이드가 유명인인 부모가 서
던캘리포니아 대학교에 50만 달러를 준 덕분에 대학에 합격했다는
대입 스캔들이 폭로된 것도 그때였다.[4] 허울뿐인 인플루언서들에
대한 불만이 최고조에 달했다. 「난 캐럴라인 캘러웨이다」는 하룻밤
새 널리 알려졌고, 〈더 컷〉에서 연중 가장 많이 읽은 기사로 꼽혔다.

내털리의 에세이 이후로 몇 주간 해설기사가 줄줄이 등장하고
캐럴라인을 주제로 한 대화가 일반적인 바이럴보다 훨씬 더 오래
지속되면서, 나올 수 있는 이야기는 모두 나왔고 사건은 모든 각도
에서 철저히 조사된 듯 보였다. 하지만 인터넷의 나머지와 마찬가
지로 난 그 이야기를 도저히 그냥 그렇게 흘려보낼 수 없었다. 매혹
적인 온라인 드라마와, 나와의 그 미약한 인연의 조합이 날 사로잡
은 것이다.

난 해시태그를 스크롤하고 기사를 클릭하고 새로 올라오는 논
평을 찾아 헤맸다. 대학 친구들에게 문자를 보냈다. '이거 봤어? 애
생각나? 애 출간 계약 어떻게 됐는지 알아?' 친구들은 별달리 관심
을 보이지 않았다. 하지만 '슬라이딩 도어' 같은 운명적인 느낌이 나
로 하여금 트위터에서 '캐럴라인'을 검색하는 걸 멈추지 못하게 했
다. 내가 인플루언서 안티팬덤의 토끼 굴에 굴러떨어진 것은 그때
였다.

알고 보니 트위터는 빙산의 일각에 불과했다. 캐럴라인에 관한
바이럴 타래는 나를 레딧 타래로 이끌었고, 댓글 분량이 너무 커져

서 더 이상 관리하기가 어려워지자 그 타래는 캐럴라인 캘러웨이만 전문으로 다루는 서브레딧 그룹으로 쪼개져나갔다. 캐럴라인의 삶과 역사를 거의 탐사보도급으로 상세히 토론하는 8,000명 가까운 이용자가 있었다. 캐럴라인에게 차단을 당한 사람들을 위해 캐럴라인의 사진과 영상을 리포스팅하는 핀스타finsta(사적인 인스타그램) 계정명이 개인 메시지를 통해 전파되었다. 미국에서 활동하는 셰이 셰이즈Shay Shades라는 여성이 주최한, 캐럴라인 캘러웨이 관련 팟캐스트에서는 캐럴라인의 이전 팬 계정과 언론인 및 비판자를 손님으로 초대했다.

　내가 캐럴라인을 마지막으로 생각한 지 몇 년이나 지났다는 건 중요하지 않았다. 열정적인 비판자들은 캐럴라인의 모든 움직임을 기록하고 온라인 삶의 포괄적인 '초급 독본'을 위해 빈 공간을 메우느라 바빴다. 거기엔 모든 게 있었다. 하이퍼링크와 스크린샷으로 펼쳐져 있었다. 캐럴라인은 '페미니스트' 집단 더 윙The Wing의 한 독서 모임에서 쫓겨났고, 교회에서 코카인을 했다는 내용의 포스팅을 했다. 뉴욕에서 165달러짜리 창의력 워크숍을 열었는데, 식품을 담을 유리용기는 너무 많이, 출장 음식은 너무 적게 준비했고, 지각해서는 참석자들을 맨바닥에 앉혀놓고 '자신을 위한 진실로 충만하고 진정성 있고 풍요롭고 아름답게 느껴지는 삶을 구축하는 첫걸음'을 설교했다.[5] 정리하자면, 2019년 인플루언서 문화의 잘못된 모든 것을 담은 듯한 행사였다.

　캐럴라인의 신발 취향을 비판하는 타래, 캐럴라인의 정치적 견해를 두고 갑론을박하는 댓글, 인스타그램 스토리를 캡처해서 만들어진 밈, 별명, 내부자 농담, 슬랭, 그리고 시까지 있었다. 옛 애인이나 지인이라고 주장하는 익명의 회원들이 이른바 과거의 일화를 제시했다. 악플러들은 질로Zillow(온라인 부동산 사이트)에 실린 부동산 목록, 법률 서류, 캐럴라인의 집주인의 선취특권, 옛날 신문 기사를 파헤쳤다. 〈더 탭〉 프로필과 그 오래전의 〈데일리 메일〉 기사, 무효가 된 출간 계약에 관한 문학 에이전트와의 인터뷰도 있었다. 그 모든 것을 스크롤한 나는 경악하며 몰입했다. 또한 왕성한 안티팬 커뮤니티를 우연찮게 접했는데, 그것은 캐럴라인의 인스타그램 계정의 모든 '좋아요'와 댓글이 개인 비판 게시판의 쟁점이나 캡처와 대칭을 이루는 괴상한 역우주였다.

그 후로 몇 주 동안 난 거의 매일 서브레딧을 재방문하며 새 소식을 확인하고 있었다. 새로이 눈뜬 비판에 대한 탐욕은 내 마음을 불편하게 했지만, 난 갈수록 빨려들었다. 그 커뮤니티는 어쩐지 그들이 비판하는 대상보다 더 매혹적이었다. 그 집단은 열정적인 팬덤의 에너지를 고스란히 지녔지만, 그 반대였다. 수 시간 상당의 콘텐츠, 수백 개의 계정, 그리고 수천 회의 조회 수가 매일 생성되었다. 열성적인 익명의 개인들이 전 세계 곳곳에서 이루어지는 취미 활동, 즉 캐럴라인에 대한 비판에 참여하기 위해 로그인했다. 어떤 이들은 캘러웨이에게서 영감을 받은 글 창작 프로젝트를 시작했고, 또 어떤 이들은 엣시Etsy(미국의 전자상거래 사이트)에서 '모험 사기Adventurescam' 상품을 팔았다. 캐럴라인의 초기 #어드벤처그램 브랜드를 패러디한 것이었다.

그 게시판을 통해 난 답보다 의문을 더 많이 얻었다. 이 사람들은 누구일까? 왜 한 번도 본 적 없는 사람에게 그토록 열정을 바칠까? 인터넷상의 한 인플루언서를 욕하는 것(또는 그것을 구경하는 것)은 도대체 왜 그토록 중독적일까? 한 비판자가 런던에서 '번개'를 제의하자, 난 떨리는 마음을 억누르며 가겠다고 손을 들었다. 현실에서 뭔가 대답을 찾아내고 싶은 바람에서였다.

비판하는 자, 비판당하는 자

그 만남은 캐럴라인의 가장 열성적인 안티팬 한 명이 킹스크로스 뒤편 골목의 회원제 프라이빗 클럽에서 주최한 은밀한 행사다. 난 지하철을 타고 도착한다. 습한 판석길은 보름달 아래 가로등에 빛나고 있다. 늦은 밤, 술꾼들이 술집에서 비틀대며 나온다. 시티맵퍼Citymapper 앱이 알려주는 대로 따라가니 간판 없는 통로식 입구가 나온다. 포장도로 위에서 잠시 어슬렁거리다가 문자로 받은 입장 코드를 입력한 후, 난 아무 말 없이 무거운 벨벳 커튼을 지나 실내로 안내된다. 아무리 내 인생 최초의 은밀한 인터넷 회동이라고 해도 이건 좀 너무 간 것 같다는 생각이 든다.

안에서, 창이 없는 바(흐릿한 조명, 낮은 천장, 바닥에 고정된 듯한 테이블들)는 비밀 회동에 완벽하게 걸맞은 내밀한 분위기다. 하지만 눈이 어둠에 적응하면서 점차 선명하게 드러나는 명품 램프와 풋스툴은 악플러들의 눅눅한 지하실보다는 오히려 유행을 선도하는 밀레니얼의 모임에 더 가까워 보인다. 실내를 꽉 메운 술꾼들은 자기들 사이에 숨어 있는 작은 안티팬 무리의 은밀한 의도는 전혀 모르는 눈치다.

비판 집단이 어디에 있는지 찾아내는 것은 범블Bumble(온라인 데이트 및 네트워킹 앱 - 옮긴이)에서 만난 데이트 상대를 바에서 찾으려 하는 것과 다소 비슷하다. 난 바 안을 훑어보고 목을 쭉 뽑고 휴대전화를 무기인 양 움켜쥔다. 긴장감에 위가 부글거린다. 결국 어색한 손인사로 그 집단을 찾아낸 나는 새로운 동반자들과 함께 스타일리시한 미드 센추리 양식의 소파에 앉으러 가는 길에 뜻하지 않게 어두운 구석에서 애무에 열중하는 커플을 방해하고 만다.

〈뉴욕 타임스〉의 인터넷 문화 저널리스트 테일러 로렌츠는 이 비판자들이 활동하는 게시판을 '무섭고' '나사가 빠졌다'고 묘사했지만, 이 사람들은 그걸 읽고 내가 예상한 모습과는 전혀 다르다. 다들 옷을 잘 차려입었고 사교성 있는 20~30대 여성이다. 다들 이미 몇 순배 돈 티가 역력하고, 외부자의 시각으로 보면 우리는 주말을 앞두고 즐기러 온 여자친구나 위워크에서 온 직장 동료처럼 보일지도 모른다.

새 포도주 병이 테이블에 도착하면서 들뜬, 은밀한 모의의 에너지(모두가 익명의 네티즌이라는 데서 오는 흥분의 전율)가 고양된다. 흐릿한 조명 속에서 빛나는 싸구려 백포도주를 각각의 잔에 따라주는 웨이터는 확실히 어리둥절한 눈치다. "그러니까 손님들이 전부 실제로 서로 모르는 사이라는 거예요?" 난 지각했다. 다른 사람들은 이미 자기소개를 마쳤다. 그래서 우리는 이제 밈과 런던 집세에 대한 불만을 주고받는다. 대화 중간중간에 우리 중 한 명이 잠입 취재를 온 기자일 거라거나 우리 사이에 캐럴라인이 숨어 있을 거라는 메타적인 농담들이 튀어나온다.

눈동자들이 반짝인다. 처음에는 서로서로 눈치를 보지만, 술잔이 비워지고 양초가 녹으면서 우리는 점차 대담해진다. 리얼리티 텔레비전을 욕하고 점점 개인적 속내를 드러낸다. 직장에서의 압박, 순조롭지 못한 애정 생활, 실현하지 못한 사춘기의 야망. 그 만남은 내 예상과 달리 맹렬한 험담 잔치가 아니라 밀레니얼 여성들의 지지 그룹에 더 가깝다. 난 우리의 공통 관심사로 대화의 방향을 돌리려고 안간힘을 쓰지만, 그들은 실제로 캐럴라인을 제외한 다른 모든 것에 관해 이야기하고 싶어 하는 듯하다.

비판자들은 트롤, 스토커, 찐따, 또는 인터넷에 집착하는 사람으로 보이지 않는다. 우중충한 부모님의 집 지하실이 아니라 해크니의 원룸에 살거나 햄스테드에서 하우스셰어를 한다. 고양이와 남자친구가 있고, 여가 시간에 「리얼 하우스와이브즈Real Housewives」를 본다. 내가 그 회담에서 뭘 발견할 거라고 기대했는지 잘 모르겠지만, 어쨌든 그걸 발견하지 못한 건 확실하다. 비판자들은 전문적이고 패셔너블하며 매력적이고 정상적이고 재미있다. 난 그 사람들과 함께 있는 순간을 즐기는 자신을 깨닫고 다소 실망한다.

회동 몇 달 후, 난 캐럴라인의 비판 군단에 관해 이야기하려고 캐럴라인에게 전화를 건다. 그리고 잠깐이나마 그 사람들과 자리를 함께했다는 사실을 털어놓는다. 약속한 시간이 되기를 기다리고 있는데, 내가 몇 달 동안 화면 뒤에서 읽어온 조롱으로 가득한 논의의 실제 주인공을 만난다는 사실에 갑자기 긴장된다. 캐럴라인에 대한 비판에 내가 가담한 기분이다. 그리고 캐럴라인을 마주하기가 두렵다. 아니, 어쩌면 나 자신을 마주하는 게 두려운 것일까. 기다림은 예상보다 길었다. 캐럴라인은 약속한 줌미팅 시간에 10분 늦는다고 알려왔지만, 그건 곧 20분이 되고 이어 한 시간이 된다. 똑딱똑딱 분침이 움직이는 동안 난 화면에 비친 내 모습을 멍하니 응시하며 혹시 내가 지금 캘러웨이 사기극의 피해자가 된 것인가 궁금해한다. 비판자들이 이 이야기를 들으면 좋아서 환장하겠지.

결국 실제로 화면에 나타난 캐럴라인은 플로리다의 할머니 아파트 침대에 엎드려 있다. 지나치다 싶을 정도로 반가움을 표하더니 우리가 이야기할 시간이 겨우 20분밖에 없다고 말한다. 그 후 예고도 없이 갑자기 별로 상관없는 일화를 숨도 쉬지 않고 늘어놓기 시작한다. 커다랗게 뜬 눈은 열정으로 달아오른다. '때로 난 생각에 빠져서 정신을 못 차려요'라고 시작부터 미리 귀띔한 캐럴라인은 내 '진정 아름다운 공감력'을 열정적으로 칭찬하면서 우리 대화의 민감한 성격에 대한 내 우려를 불식시킨다. 목소리는 경쾌하면서 얼이 빠진 듯한 느낌이다. 대학 시절의 그 동화의 세계에서 곧장 나온 듯하다. 심지어 화면을 통해 만났음에도 난 오래전 그 첫 팬덤이 왜 캐럴라인에게 매료되었는지 알 것 같다.

"전 비판자들을 절대 잊지 못할 거예요. 그 사람들은 내게 엄청난 영향을 미쳤어요." 캐럴라인은 자신의 이야기가 바이럴을 탔다는 것을 분명히 짚어서 말한다. 그리고 거의 1만 명이 레딧의 안티캐럴라인 공동체에서 활동했다는 사실을 알게 된 것이 '뭐랄까, 신체적인 트라우마'였다고 한다. "첫 몇 주 동안 전 정말 상처받았고, 정말 진지하게 받아들였죠." 캐럴라인은 설명한다. "정말 힘들었어요." 얼마

동안 캐럴라인은 감정의 문을 완전히 닫아버렸다. "전 피해망상에 빠졌어요. 방향감각을 완전히 잃었죠……. 더는 사회적 상호작용을 지금처럼 명확하게 인지할 수 없었어요." 시간이 지나면서, "그런 수준의 검증을 받을 만큼 유명하지 않았던 위치에서 그런 수준의 검증을 '예상할' 만큼 충분히 유명한 위치로 오르고 나면……." 캐럴라인은 어깨를 으쓱하며 말을 잇는다. "그걸 견디는 법을 배우게 돼요. 숲에서 나온 지금은 그 이야기를 하기가 훨씬 쉽죠."

난 캐럴라인에게 지금 심경은 어떤지 묻는다. "그런 사람들은 내가 흠모하거나 친구가 되고 싶어 할 만한 사람들이 아니에요. 그 사람들이 날 어떻게 생각하건 정말이지 관심 없어요." 캐럴라인은 말을 멈추고 잠시 생각에 잠겼다가 웃음을 터뜨리고 불만과 자조가 담긴 어투로 말한다. "새벽 3시에 완전히 술에 곯아떨어져 있을 때 저한테 물어보세요. 전 그럼 이럴 거예요. '왜들 그렇게 못돼먹었지 이이이이?'" 그게 캐럴라인이 자신의 온라인 존재가 전혀 강인하지도 신중하지도 않다고 내비친 최초의 순간이다. 그리고 내가 공감을 느끼는 유일한 순간이기도 하다.

비록 비판은 대체로 익명이고 물리적 존재와 유리된 활동이지만, 그 과녁이 되는 이들에 대한, 분명히 실재하는 오프라인 영향력을 가지고 있다. 영국의 뷰티 구루이자 〈가디언〉 칼럼니스트인 살리 휴스Sali Hughes가 그 사실을 깨달은 것은 2019년 9월, 태틀 라이프에 자신에 관한 타래가 몇 개나 생기고 댓글이 수백 개나 달렸을 때였다.[6] 비록 살리는 전통적 인플루언서가 아니지만, 스폰서 콘텐츠로 진입을 시도하면서 비판자들의 눈에 띄었다. '내 짐작엔 살리가 이제 밥벌이로 인플루언서를 하려나 봐.' 태틀에 처음 생긴 타래에 처음 올라온 글이다. '정말 안타까워.' 그것을 시작으로 그 포럼의 회원들은 살리의 가족과 친구들에 관한 정보를 파헤치고 '살리 휴스 #33 : 꽤 나르시시스트 같은데'나 '살리 휴스 #17 : 하도 음습해서 자외선 차단제도 필요 없을 것 같아' 같은 제목의 타래를 통해 브랜드 파트너십과 집 평면도까지 모든 걸 추측하기 시작했다. 댓글은 '새벽 5시에 시작되어 하루에 열여덟 시간씩 이어지곤' 했다.

"개인적으로 인생에 엄청난 영향을 받았죠." 살리가 내게 말한다. 런던의 첫 록다운이 끝나고 두 번째 록다운이 아직 시작되지 않은 어느 날, 우리는 햇살 가득한 소호 하우스에 앉아 있다. 살리는 지독히도 힘들었던 1년간의 경험을 회상할 때조차 완벽하게 침착한 태도를 유지한다. "전 철저히 다른 사람이 됐어요. 길을 걸으면 어디선가 누군가가 날 지켜보고 있을 것만 같아요. 아무도 못 믿어요. 늘 고도의 불안 상태예요……. 제가 내뱉는 단어, 가는 곳, 그리고 하는 일 하나하나가 모두 저를 해부하는 걸 정당화하는 빌미가 된다는 사실을 알면 못 믿을 만큼 눈치를 보게 돼요." 태틀에서의 발견 이후 살리는 혼자 있기를 두려워하게 되었고, 심지어 인터뷰를 하는 지금도 신중함을 보인다.

살리는 자신이 혼자가 아님을 확인하려고 비슷한 상황에 처한 다른 인플루언서들에게 연락을 취했다. "우리 업계에는 태틀 라이프 때문에 약물 치료 중인 사람이 많아요. 제가 아는 어떤 인플루언서는 광장공포증이 생겨서 밖에 나가 인스타그램에 올릴 사진만 찍고 집으로 들어올 정도죠……. 전 계속 이러다간 누군가가 태틀 때문에 자살하고 말 거라고 굳게 믿어요." 살리는 그 이후로 줄곧 비판 사이트를 조사하고 캠페인을 벌여왔다. IGTV(장편 영상 플랫폼이었는데, 지금은 인스타그램에 통합되었다 - 옮긴이)에 성명을 발표하고 법률가들을 관여하게 하고 칼럼을 쓰고 청원을 공유하고, 「나와 내 악플러들Me and My Trolls」이라는 BBC 라디오 4 다큐멘터리를 제작했다.

단순한 혐오의 축제는 아니라지만

'트롤'이라는 단어는 무력한 인터넷 피해자에게 독설을 뱉어내는 익명의 공격자라는 이미지를 떠올리게 한다. 하지만 현실은 늘 그렇게 딱 떨어지지 않는다. 뉘앙스가 쉽게 사라지고 증거가 삭제될 수 있는 상황에서 비판자들은 서로 상충되는 두 가지 정의의 한복판에 붙들려 있다. 인플루언서 측에서는 비판이 법적으로 대응해야 할 괴롭힘이라고 주장하지만, 비판자들은 자신의 추측이 언론의 자유라고 방어한다. 인스타그램 자막에서 캐럴라인은 자신에 관해 토론하는 레딧 타래, 인스타그램 페이지, 그리고 트위터 계정을 대놓고 '헤이터와 트롤들haters and trolls'이라고 지칭했다. 그러나 레딧 타래, 인스타그램 페이지, 그리고 트위터 계정은 단호히 반박한다.

"'헤이트 팔로잉'과 '비판 팔로잉'은 큰 차이가 있어요. 제가 그 용어를 정의할 때 쓰는 속성들 때문이죠." 팟캐스트 「내 비판을 참아줘Pardon My Snark」를 진행하는 셰이 셰이즈가 스카이프 통화로 내게 설명한다. 트롤은 '지적 담론을 창조하는 데 아무런 관심도 없는' 반면 비판자들은, 셰이의 주장에 따르면 '사려 깊고 달변인' 인터넷 평론가로서 인플루언서를 더 폭넓은 담론의 촉매로 삼는다.

다소 거창하게 들릴지도 모르지만, 인터넷 험담 게시판을 들여다보는 동안 난 캐럴라인이 어떤 식으로 인플루언서들과 정치적 양극화, 문화적 전용, 온라인 행동주의, 그리고 워크워싱wokewashing(기업이 자사의 브랜드나 상품을 홍보하기 위해 진보적 가치를 채택하거나 그런 척하는 것 - 옮긴이) 사이의 교차점에 대한 미묘한 논의를 촉발하는지 직접 목격했다. 난 그 대화들이 고무적이라고 느꼈고, 심지어 몇몇 지점에서는 직접 참여하기도 했다. 물론 거기에는 캐럴라인이 스위트그린 연어 샐러드를 먹으면서 비건이라고 주장한다는 것, 창작 프로젝트를 제공하겠다는 약속을 어긴 것 또는 단순히 보기 싫은 헤드폰을 쓴다는 것 같은 심각한 범죄에 관한 좀 더 솔직한 불만도 딸려 있다. 난 후자와 같은 쩨쩨한 비판을 온라인에서 'BEC', 그러니까 '크래커를 먹는 년Bitch eating crackers'이라고 부른다는 걸 알게 되었다. 너무 주는 것 없이 미운 나머지 그저 간식을 먹는 것처럼 무해한 행위만 봐도 짜증이 난다는 것이다.[7]

"단순히 혐오의 축제가 아니에요. 이게 왜 문제인가를 둘러싼 대화를 시작하는 거죠. 우리가 거기서 어떻게 교훈을 얻을 것인가. 캐럴라인의 행위들 중에는 제가 혐오스럽다고 묘사할 만한 것이 있지만, 제가 실제로 캐럴라인 캘러웨이를 혐오하느냐고요?" 셰이가 묻는다. "아뇨, 아니에요." 트롤링은 공격이지만 비판은 비평에 더 가깝다고 셰이는 선을 긋는다.

하지만 살리는 그렇게 확신하지 않는다. "악플러의 흥미로운 점은 악플러라는 말이 늘 남들에게만 해당된다고 생각한다는 거죠." 살리가 내게 말한다. "그게 타당하려면 어느 정도는 스스로 악플과 거리를 둘 필요가 있어요." 살리는 전통적인 악플 개념과 현대의 인플루언서 비난을 구분하는 기준을 간략히 제시한다. "양측의 분위기와 방식은 무척 달라요. 전형적인 남성 악플러는 지극히 공격적이고 험악하고, 그런 식으로 상대를 괴롭히죠." 살리는 손가락을 튕기며 말을 잇는다. "한편 여성 악플러(인플루언서 비난의 주체는 대부분 여성이다)는 복잡하고 은밀하고 정서적으로 잔인해요. 아주 깊이 파헤치기를 좋아하고, 몇 달에 걸쳐 미묘하고 체계적인 괴롭힘을 이어가죠. 그럼으로써 '난 널 강간할 거야'라고 말하는 남자보다 우월감을 느껴요. 하지만 실제로는 훨씬 나쁜 영향을 미치죠. 그런 비난은 상대의 매일의 삶의 일부가 되고, 불안 수준을 항구적으로 높여요."

'악플러는 비판자와 달라'는 155개의 붐업을 받은 레딧의 포스트 제목이다. '비판자 공동체는 그냥 여기서 어슬렁거리는 사람이 대부분이고, 비판 대상과 전혀 직접 상호 작용하지 않고, 그냥 그 대상의 잘못을 지적하는 게 옳다고 믿어. 댁이 인터넷상의 그토록 많은 사람을 열받게 만든 건 우리 잘못이 아니야. 내 테드 토크를 들어줘서 고마워.'

하지만 소셜 미디어에서는 이런 미묘함을 고민할 여지가 거의 없다. "우리는 사람들이 온라인에서 인플루언서나 유명인과 상호 작용하는 방식을 단 두 가지로 이해합니다. 팬 아니면 헤이터라는 거죠." 캣 텐바지가 말한다. 악플러든 열광적인 팬이든 둘 중 하나다. 인플루언서들은 흔히 '악플러'라는 말을 뒷담화 게시판에서 맹

목적인 찬양이 아닌 인스타그램 댓글까지 모든 것에 딱지를 붙이는 두루뭉술한 용어로 사용하면서 건설적 피드백을 무효화한다. "(그 사람들의 생각은 이런 거죠.) (어떤 인플루언서의 포스팅에) 동의 말고 다른 말을 하는 사람은 그냥 질투 때문에 그러는 것이고 딱한 사람이다. 인생이 시궁창인 외톨이다." 셰이가 말한다. "그건 너무 책임 회피적인 반응이에요."

앱의 구조 그 자체(흔히 '좋아요' 또는 '차단' 말고는 다른 선택지를 제공하지 않는)가 그런 세밀함을 더욱 불가능하게 만들고 악플러와 팬의 양극화를 부추긴다. 그리고 인플루언서가 청중에게 자주 말하는 '상냥하게 굴라'는 요구가 때때로 냉소를 맞닥뜨리는 것은 이해할 만하다. 예컨대 인스타그램 스타인 셰리던 모듀Sheridan Mordew가 팬데믹 기간에 두바이로 '출장' 간 것을 변명하려고 ITV의 「오늘 아침This Morning」에 나왔을 때처럼 말이다. 그 토막 영상은 바이럴을 타고 금세 밈이 되었다. 인플루언서가 어떻게 책임을 회피하려고 '상냥함'과 정신 건강의 수사를 써먹는지를 보여주는 주요한 예시가 된 것이다.

"변동요금제 같은 거죠." 캐럴라인은 악플러와 비판자의 구분에 동의하느냐는 내 질문에 수긍한다. "저를 사기꾼으로 모는 기사를 클릭하는 사람들이 레딧 타래에 하루 열두 시간을 쏟아붓는 사람들과 같은 무리로 묶여야 한다고는 생각지 않아요." 하지만 캐럴라인은 후자를 일컬어 '진정 역겹다'고 하는 데 망설임이 없다. "만약 당신의 지인이 익명으로 어떤 인플루언서에게 혐오 메시지를 보내거나, 심지어 레딧 계정에서 알지도 못하는 사람들을 사이버 불링Cyber Bullying(사이버 공간에서 특정인을 집단적으로 괴롭히는 행위 – 옮긴이)하고 있다면 무슨 생각이 들겠어요?" 캐럴라인은 내게 묻는다. "전 그 사람이 빌어먹을 또라이라고 생각하겠어요!"

레딧 포스트의 댓글에서 또 한 사람이 덧붙인다. '캐럴라인 비판자들은 성자와 거리가 멀지만, 우리는 누가 너무 멀리 갔다 싶으면 서로 지적해주곤 해. 또한 우리는 (대체로) 캘러웨이를 위협하고 신변의 위험을 느끼게 하는 게 역겹고 부적절하다고 생각해.' 캐럴라인은 그러나 확실히 신변의 위험을 느낀다. 내가 오프라인 모임에 갔다고 말하자 캐럴라인은 눈을 확 치켜뜨며, 내가 납치되지 않은 게 놀랍다고 농담을 던진다. "제가 밤에 문단속에 신경 쓰는 건 어느 정도는 레딧의 존재 때문이에요." 비록 아직은 아무런 사건도 없었지만, 캐럴라인은 그렇게 말한다. "1주일에 한 번씩 제 비서를 시켜서 레딧을 모니터하게 해요. 뭔가 위험한 일이 진행되고 있지 않은지 보려고요. 그냥 어떤 미친 사람이 살짝만 더 미치면, 그걸로 끝이에요. 그러면 너무 멀리 가버리죠."

레딧의 비판자들은 캐럴라인의 스토킹 우려를 '드라마 퀸'이라고 무시하지만, 그 우려에는 근거가 있다. 2018년 라이프스타일 및 뷰티 인플루언서인 안드레아 크리스티나 볼베아Andreea Cristina Bolbea는 〈바이스〉에서 자신이 겪은 수많은 온라인 스토킹과 끔찍한 괴롭힘을 묘사했다. 심지어 어떤 열성적인 팔로워가 안드레아의 집 부근 호텔에 묵으면서 안드레아의 부모님에게 편지를 남긴 적도 있었다. 결국 안드레아는 사립탐정을 고용해야 했다. "제가 정말 수입이 없는지 확인하려 하고 제 결혼 생활을 망치려 하는 사람들 앞에서 전 전적으로 무력해요. 그 사람들은 말 그대로 그냥 아무 때나 불쑥

제 앞에 나타날 수 있어요." 안드레아는 기자인 시린 케일Sirin Kale에게 말했다. "정말 끔찍한 심정이에요."⁸ 2021년에는 스물아홉 살의 남성이 샌안토니오의 소셜 미디어 피트니스 인플루언서를 대상으로 스토킹과 살해 협박을 한 혐의로 체포되었다. 남성은 2년 전 해당 인플루언서의 유튜브 채널을 처음 구독하면서 괴롭힘을 시작했다.⁹

"전 그냥 냄비를 휘젓는 게 좋아요"

온라인 논평에서 상황이 '너무 멀리 가는' 문제는 뜨거운 논쟁의 대상이다. 그 오래전, 나를 겁먹게 한 악플 게시판의 자유방임주의적 접근(포챈의 게시판 /b/는 '규칙 없음' 정책으로 운영되기로 악명 높다)과 달리, 나는 공유된 공동체 기준과 윤리적 행동강령으로 통치되는 레딧 집단을 찾아내고 놀랐다. 그들은 외모, 정신 건강, 가족, 미성년자에 대한 토론과 개인 정보 공유, 문제의 인플루언서 및 그들과 관련된 사람들과의 직접적인 접촉을 금지하고, 접촉 시도에 대한 언급조차 금지하는 열다섯 가지 규칙을 두고 있었다.

이 자율경찰 시스템은 대체로 잘 작동하는 듯 보인다. 세심한 관리와 활발한 활동 덕분에 질서를 교란하는 이들은 곧장 방출되거나 붐따를 받는다. 난 타래를 읽으면서 질서 교란자의 흔적이 지워진 빈 공간, 취소되거나 삭제된 댓글을 자주 마주한다. 그러나 살리는 재빨리 내 말을 바로잡는다. "그들이 가진 모든 행동강령은 지속적으로 깨져요. (우선) 그건 인터넷의 어떤 작은 구석이 아니에요."

살리가 지적한다. "그건 구글 첫 페이지에 뜬다고요." 논평이 인플루언서가 자발적으로 제공한 정보에만 제한되지도 않는다. 살리의 비판자들은 개인 정보를 파헤치고 살리의 비서와, 비서의 개인 페이스북 그룹의 관리자를 과녁으로 삼는다. "오로지 공인들의 뒤만 캔다는 그 사람들의 규칙? 헛소리 그 자체죠!"

심지어 처음에는 책임감 있고 좋은 방식으로 시작된 비판이라고 하더라도, 온라인 비판은 재빨리 확대될 수 있다. 조지 레시George Resch('탱크 시나트라Tank Sinatra'라고도 불리는, 비판 계정 @influencersinthewild를 운영하는 남성)는 그것을 이렇게 묘사한다. '요즘은 어디를 보든 사람들이 콘텐츠를 캡처하고 있어요.' 조지는 왜 그 계정을 만들었느냐는 내 질문에 이메일로 이렇게 설명한다. '보통 모든 편집이 끝나고 온갖 필터가 적용되기 전에는 그 결과물에 비해 매력이 90퍼센트는 부족하거든요……. 그 계정은 그런 느낌을 포착하기 위해 만든 거죠. 비웃는 느낌보다는 함께 웃는 것에 더 가까워요. (그러나) 'BLM('흑인의 목숨도 소중하다Black Lives Matter') 시위가 일어난 시기(2020년 6월)에 오로지 콘텐츠를 얻을 목적으로만 시위를 하는 사람들이 있었어요. 적어도 보기엔 그랬죠.' 팔로워들은 연출된 시위 사진과 팔로워 모으기를 목적으로 하는 거짓 시도로 보이는 영상을 보내왔다. '저는 그 영상들 중 몇 편을 올렸는데, 어떤 개인이 아니라 그런 행동 자체를 폭로할 목적이었어요. 그런데 일이 너무 커졌죠.'

@influencersinthewild의 포스팅은 바이럴을 탔고 국제 뉴스사들도 그것을 덥석 물었다. 분노한 인터넷 이용자들은 거기에 등장하는 인플루언서들을 사냥하고 몰아가고, 살해 협박하고 신상을

털었다.[10] 조지는 자신의 트위터 페이지에 성명문을 올리고, 디지털 자경단원들에게 자기 영상의 등장인물이 아무리 '끔찍한' 짓을 했어도 그들을 '실제 물리적 위험'에 빠뜨리는 행위는 그만두라고 호소했다. '전 그럴 목적으로 이 페이지를 시작한 게 아닙니다. 제 직업은 누군가의 인생을 망치는 게 아니에요.'[11] 조지는 이메일에 이렇게 썼다. '전 그 영상들을 올린 걸 후회합니다. 군중심리가 통제를 벗어났는데, 군중 심리가 원래 그렇긴 하지만, 아마도 인터넷이 그걸 더 즉각적이고 더 뜨겁게 만든 것 같아요.' 그 이후로 @influencersinthewild는 좀 더 가벼운 포스팅으로 옮겨갔다. 눈 속에서 찍은 비키니 사진, 망한 해변 사진, 가짜 개인 제트기 사진 등. 그리고 다른 포스트에서는 '실제 인플루언서들'의 애쓰는 모습에 대한 지지를 보냈다. 사진 안에 보이는, 아이폰을 들고 쭈그려 앉은 인스타그램 남편들을 포함해서 말이다.

　　모든 비판자가 공통된 행동강령에 동의하지는 않는데, 이는 다양한 커뮤니티 내에서 마찰과 내분을 초래한다. 각 사이트의 기준은 제각각이다. 독립적으로 운영되고 관리가 엉망인 태틀은 가혹한 평론과 인정사정없는 독설의 온상인 반면, 유튜브의 공동체 가이드라인을 따르는 티 채널은 한결 가족 친화적이다. 레딧에서 내가 처음 방문한 캐럴라인 캘러웨이 서브레딧은 서로 다른 철학에 따라 두 개의 하위 그룹으로 나뉘어 있다. 전자는 도덕관념에 구애받지 않는, 뭐든 허용하는 접근법을 우선시하여 규칙을 버렸으며, 후자는 '더 상냥한, 더 점잖은' 공간을 만들기 위해 한층 엄격히 관리된다(하지만 방문자 수는 훨씬 적다). 한편 규제를 덜 받는 게시판의 댓글은 비교적 더 어둡고, 이용자들은 서로를 '두꺼비'라고 부르며 그 공동체를 '늪'이라고 부른다. '인기 없는 의견'에 속한 한 타래는 도덕적 변명의 필요성을 '솔직하지 못한 사회정의 쇼윈도 장식'이라고 부른다. '난 실제로 캐럴라인이 하는 일을 가능하게 하기 위해 얼마나 다양한 특권이 개입하는지에 관한 흥미로운 대화를 좋아해.' 한 이용자는 말한다. '하지만 모든 비판이 유효하려면 거기에 기반해야 하는 것처럼 행동하는 건 너무 가식적이야.' 정당화를 포기하고 '비판은 본질적으로 혐오와 옹졸함에서 나오며, 그건 나쁘지 않다'는 것을 인정하는 편이 낫다고 그들은 주장한다.

로스앤젤레스 기반의 프로페셔널 리얼리티 TV 제작자인 애비Abby는 유명 인사 비판에서 자신의 온라인 틈새시장을 찾아냈다. 애비는 자신이 트롤러라고는 인정하지 않지만, 캐럴라인을 트롤링한 것은 인정한다. 팬 아트로 위장한, 못된 캐리커처에 캐럴라인을 태그함으로써 의도적으로 '낚시질'을 했다고. 애비가 선호하는 비판 플랫폼은 트위터다. 이른바 '240자짜리 험담'을 위한 '그놈의 조류 웹사이트'. 애비의 트위터 바이오에는 '난 그냥 드라마가 좋아, 됐냐'라고 쓰여 있다. 애비는 캐럴라인의 포스트에 실시간 평론으로 응답한다. '캐럴라인 캘러웨이가 오늘 발표한 에세이는 캐럴라인이 얼마나 이기적이고 끔찍하며 망상에 차 있고 교활한 인간인지를 대놓고 보여줌'('좋아요' 33개, 댓글 3개). "어디 절 한번 질리게 만들어보시죠!" 애비는 우리 인터뷰에 관해 내게 도전한다. "전 너무 좋아요."

"사람들은 내가 무슨 악의 천재라도 되는 양 굴어요." 애비는 스카이프 통화로 내게 말한다. "전 그냥 냄비를 휘젓는 게 좋을 뿐인

데." 애비가 물고 늘어지는 대상은 단순히 캐럴라인 한 사람이 아니라 자신이 '테러리스트'라는 범주로 묶는 인플루언서의 무리다. 확실히 사람들을 열받게 하는 게 애비의 수익 모델이다. "전 대형 사고와 드라마와 난장판에 끌려요. 원래 그렇게 생겨먹었어요……. 무슨 말을 할까요? ×년의 DNA를 가지고 태어난 거죠." 애비의 말투에는 희미하게 연극적으로 들리는 뭔가가 있다. 난 심지어 애비가 이 인터뷰에 동의한 게 날 트롤링하려는 의도였지 않을까 하는 생각이 든다.

영상 채팅으로 전해지는 쾌활한 말투와 기운 넘치는 성품 때문에, 애비가 '캐럴라인의 아빠가 죽었을 때 전 그냥 그게 좀 지나치게 편리하다고 느꼈어요'라고 가볍게 말했을 때 난 그 의미를 곧장 이해하지 못했다. 캐럴라인이 인터넷 영향력을 위해 아버지의 자살을 날조했다는 의미라는 것을 말이다. "몇 달이나 지나서 집이 넘어갔고 실제 증거가 있죠." 애비는 동요 없이 말을 잇는다. "짜잔, 그분은 실제로 돌아가셨어요! 전 이랬죠, 아…… 미안, 여러분!"

캐럴라인더러 '나르시시스트적인 에고 자위'를 한다며 '빌어먹을 인간 똥 덩어리'라고 욕하는 애비의 트윗을 읽으면 애비가 왜 CC 비판 공동체에서 논란이 많은 인물인지 쉽게 알 수 있다. 많은 사람이 애비와 재빨리 거리를 두고, 애비 같은 몇몇 나쁜 행동을 하는 사람들 때문에 외부인들이 이 일 전체를 불링으로 낙인찍게 되었다고 말한다. 하지만 애비는 전혀 개의치 않는다. "전 저를 욕하는 이 모든 사람을 너무 사랑해요. 뭐가 어떻게 되건, 전 계속 캐럴라인에 대한 멍청하고 못되고 손쉬운 농담을 쓸 거예요."

인플루언서 감시견의 역할

비록 인플루언서 비판의 많은 것이 '멍청하고 못되고 손쉬운' 오락거리로 일축될 수 있지만, 한편으로 그것은 단순히 공표되지 않은 파트너 관계나 과소비에 관한 금세 잊히는 가십을 넘어설 수도 있다. 그건 소셜 인터넷의 권리와 규칙에 대한 더 폭넓은 타협의 일부이다. 공적 공간과 사적 공간의 정의, 플랫폼 관리의 역할, 그리고 온라인에서 책임성 대 익명성을 둘러싼 논쟁이다.

비판자들, 티 채널, 그리고 뒷담화 게시판은 종종 인플루언서에게 책임을 추궁한다고 주장한다. 인터넷이 유동적이고 끊임없이 변화하기 때문에 그들은 디지털 기록 보관 담당자 역할을 한다. 단명하는 소셜 미디어 포스팅을 캡처해 파일링하고, 순서가 뒤엉킨 타임라인을 풀어내고, 다루는 대상에 관한 철저한 '증거 타래'를 구축한다. 인플루언서 산업에 대한 규제가 너무나 형편없다 보니, 그들은 디지털 감시견을 자청할 수 있다. 그들이 사회 통념에 어긋나는 행위를 발견한 수많은 예시는 그들이 공익과 투명성을 목적으로 신중하고 의도적으로 허위를 폭로하고 수상한 행동을 폭로한다는 증거가 된다.

최고의 유튜버들이 그루밍, 가스라이팅과 비윤리적 사업 실천에 참여한 내막이 바로 이런 방법으로 밝혀져 왔다. 비밀 파트너십과 아마추어적인 포토샵 참사에서 가짜 결혼, 인종차별 트윗, 훔친 물품, 조세 회피, 그리고 가정 폭력까지, 인플루언서 업계에서 오늘날까지 가장 큰 몇몇 스캔들의 폭로 뒤에 있었던 것이 온라인 평론 공동체였다. 뷰티 구루인 제프리 스타가 성폭력과 육체적 폭력을 일삼았음을 뒷받침하는 증거들은 수년간 인터넷에서 가십 계정들 사이를 떠돌다가 2020년 10월 캣 텐바지의 조사를 통해 사실로 확인되었다.[12] 캣은 그런 작업으로 인해 '인플루언서 감시견'이라는 직함을 얻었다.

비판자들은 또한 인터넷 문화에 대한 정밀 조사가 부족하다는 사실을 재빨리 지적하면서, 자신들이 관련 보도의 공백을 채운다고 주장한다. 우리가 보아왔듯, 인플루언서들은 주류 언론에서 그다지 다루어지지 않는다. 팔로워와 팬들은 인플루언서 공간을 다루는 자신들의 내부 미디어를 발전시켜왔다. 일종의 크라우드소싱 뉴스 네트워크인 셈이다. 티 채널들은 주류 텔레비전 프로그램과 다수의 잡지에 손색이 없는 수치들을 뽑낸다. 최고의 가십 채널인, 킴 스타Keemstar가 운영하는 #DramaAlert(554만 명)와 필 드프랑코Phil DeFranco(641만 명)는 각각 「굿모닝 아메리카Good Morning America」나 「BBC 브렉퍼스트BBC Breakfast」보다 많은 시청자를 자랑한다. 티 스필Tea Spill(154만 명), 스필Spill(131만 명), 히어 포 더 티Here for the Tea(42만 7,000명), 스필 세시Spill Sesh(40만 9,000명), 댄젤로 월리스D'Angelo Wallace(140만 명), 그리고 스모키 글로Smokey Glow(36만 4,000명)는 며칠에 한 번씩 새 영상을 쏟아낸다. 루퍼트 머독에 가히 필적할 자수성가 언론 제국이다. "저널리스트와 티 채널이 (어떻게) 다른가, 또는 무엇이 그들을 똑같이 만드는가를 구분하는 담론이 진화하고 있어요. 언론인이 TV 채널에서 못하는 무엇을 할 수 있는가와 그 반대되는 질문도 있죠." 캣이 말한다. "그리고 저는 건강한 경쟁 정신이 있다고 생각해요."

"제가 이 팟캐스트를 한 중요한 이유는 언론에서 캐럴라인을 다루는 방식에 너무 좌절했기 때문이에요. 전체 시스템을 전혀 다루고 있지 않아요. 그게 우리가 끼어들어서 이렇게 말해야 한다고 느끼는 이유죠. '이런 일이 일어나고 있어요.'" 셰이는 자신의 팟캐스트에 관해 그렇게 말한다. (심지어 주류 미디어가 실제로 그 이야기를 다뤄도) "깊이 뛰어들어 직접 연구하는 언론 플랫폼이 단 한 군데도 없었어요." 티 채널은 자기들 작업의 탐사적 성격을 유달리 강조한다. 지루할 정도로 상세한, 몇 시간에 걸친 영상과 몇 년에 걸친 대하소설로 가득하다. 호스트들은 대단히 연극적인 영상 '재판'에서 여론이라는 법정 앞에 증거를 제시하는 탐정과 검시 전문가의 자세를 취한다.

"저널리즘의 많은 부분은 영수증을 모으는 건데, 그게 티 채널이 하는 일이죠. 이 사람이 누굴 팔로우하는지? 누굴 팔로우 취소했는지? 언제? 이 사람이 자기 인스타그램 스토리에 뭘 올렸는지? 우리에게 그것의 캡처본이 있는지?" 캣이 말한다. "그 영역을 다루는 많은 언론인이 인플루언서가 하는 모든 일을 포스팅하는 티와 드라마 채널에 의존해요. 왜냐하면 어떤 이야기에서 결국 중요한 것으로 밝혀지는 사실은 피드에 있는 메인 포스트가 아닌 경우가 많거든요."

하지만 살리는 언론 플랫폼과 공조하는 인플루언서 가십 계정에 경고한다. 인스타그램 콜아웃 계정인 @esteelaundry와 다투고 있는 살리는 익명을 유지하는 그 페이지의 운영자들이 자신에게

'만약 당신네 같은 전통적 미디어에서 할 일을 제대로 했다면, 우리 같은 사람들은 존재할 필요가 없었을 거다'라고 말한 것을 회고한다. 그리고 인상을 찌푸리며 말한다. "전 아니, 잠깐, 내가 이걸 보도할 거라면 난 출처를 확인하고 내용을 입증할 거고, 철저히 근거 없는 이야기를 쓰지 않겠지, 하고 생각했어요." 살리는 웃음을 터뜨린다. "만약 내가 기사를 발표하면 거기엔 내 이름이 박혀 있을 테니까!" 전통적 언론과 그 대안으로 제시된 풀뿌리 뉴미디어에 대해 살리는 이렇게 말한다. "무척 핵심적인 차이점이 있어요. 하나는 규제되고 법적 책임에 제약을 받는 반면, 하나는 그렇지 않다는 거죠."

캣도 동의한다. "그건 단일한 존재가 아니에요. 채널은 다양하고 저마다 급격히 다른 접근법을 가지고 있거든요. 하지만 확실히 자신들이 옳다고 믿고 엄청난 언론적 위법 행위를 저지르는 채널이 적지 않아요." 살리와 달리 캣은 비방과 언론의 관계를 꼭 대립되는 것으로 보지 않는다. "개인적으로 전 제가 하는 일이 드라마 공동체 사람들과의 관계를 확립함으로써 훨씬 개선되었다고 생각해요." 캣은 뉴미디어와 올드미디어가 대립하는 모델보다는 협력하는 모델을 제시한다. 티 채널들은 캣 같은 이들이 스스로 조사하기엔 역부족이라고 느끼는 팁과 실마리를 제공한다.

"탐사보도를 하려면 보통 주류 뉴스 미디어를 등에 업을 필요가 있어요……. 변호사들이 필요하죠." 캣은 설명한다. "대다수 채널은 그게 없어서 새로운 정보를 내놓을 수 없어요. 왜냐하면…… 심지어 '추정'이라는 단서를 달아도, 흔히 그렇듯 법적 문제를 맞닥뜨릴 수 있거든요." 〈인사이더〉의 뒷배가 있는 캣은 티 채널과 인스타그램 가십 네트워크를 이용해 특종을 따고, 유튜브 공간에서 벌어지는 일에 대한 관점을 묻기 위해 그 계정들 뒤의 사람들을 정기적으로 인터뷰한다. "우리의 차이점은 보도 절차예요." 캣이 말한다. "결국 가장 중요한 건, 우리가 같은 서사를 다루려 애쓰고 있다는 거죠."

비판자들은 또한 인플루언서들이 수익을 위해 인터넷에 자신의 삶을 자발적으로 올리는 공인임을 지적한다. 태틀 라이프는 그들의 자료 출처가 자발적이고 공적임을 지적한다. 자신들은 '자신의 사생활을 사업으로 현금화하기를 택해 그것을 공적 영역에 내놓는 이들을 평론하고 비판하는' 사람이라는 것이다.

"인터넷에서 사적 공간 따윈 존재하지 않아요. 공적 공간이죠." 셰이가 주장한다. "당신은 대중의 시야 속에서 살고 더 잘 행동해야 해요. 난 당신에게 더 잘할 것을 요구해요." 지지자들의 주장에 따르면 비방은 온라인에서 자신을 드러내는 것에 불가피하게 따르는 결과이다. "리얼리티 TV가 처음 폭발했을 때, 사람들은 자신이 어디에 발을 들여놓았는지 몰랐어요." 셰이가 말을 잇는다. "오늘날 이 시대에, 당신이 계약서에 서명을 하면, 그건 앞으로 무슨 일이 일어날지 알고 그게 괜찮다는 뜻이에요." 애비도 동의한다. "인플루언서는 사진을 한 장 올릴 때마다 인터넷과의 계약서에 다시 서명을 하는 것과 다름없어요."

"많은 사람이 인플루언서에 대한 비방을 유명 인사에 대한 비방보다 나쁘다고 생각해요." 셰이가 말한다. "전 그렇게 보지 않아요. 만약 내가 나 자신을 세간에 내놓는다면, 나의 일부분을 포기하고 비판 앞에 나를 열어놓는 거예요." 인플루언서의 과도한 정보 공유는 어디에 선을 그어야 할지에 대한 청중의 이해를 복잡하게 만든다. 정치인이나 유명 인사와 달리 인플루언서들은 고도로 내밀한 순간을 전략적으로 드러냄으로써 자신의 프로필을 구축해왔다. 눈물 셀카 올리기, 성생활 논하기, 출산, 결혼, 이혼, 그리고 죽음에 팔로워들을 데려오는 것은 팬과 안티팬 양측에 그 경계를 흐리게 만든다. 상황을 더한층 복잡하게 만드는 것은 인플루언서들 자신의 과잉 공유가 늘 그 참여자들의 동의를 수반하지 않는다는 것이다. r/블로그스나크 게시판에서는 친구, 가족과 미성년자에 대한 논의가 엄밀히 말해 금지된 반면, 미아 질이 맘플루언싱 공간 내에서 지적했듯, 수많은 인플루언서가 동의 없이 계속해서 자기 아이의 사진을 올린다. 이런 위선은 비방 동아리에서 단골로 다뤄지고 있다.

좀 더 넓게 보면, 비방과 인플루언서 가십은 개인의 정체성을 프로페셔널 프로필로 주저앉히는 결과를 부른다. 개인으로서의 인플루언서와 상업적 제의로서의 인플루언서 사이의 선이 흐려지기 때문에, 그들의 작업에 대한 피드백은 재빨리 인신공격과 뒤엉킨다. "당신의 명성이 개인성에 의존한다면, (그러면) 그들은 당신에 대한 개인적 공격을 통해 당신의 작업을 비판하는 거죠." 살리는 언급한다. "어쨌든 제 경우에는, 누군가가 제가 쓴 뭔가에 동의하지 않으면 그들은 제 업무를 비판하고 있어요." 현재 구글에서 살리의 이름을 검색하면 첫 페이지에 살리의 태틀 타래가 뜬다. 문제는 당신이 인플루언서인가, 아니면 프로페셔널 온라인 칼럼니스트인가이다.

안티도 분노도 모두 수익으로 연결된다

비록 살리처럼 온라인 콘텐츠를 만드는 다수의 사람들은 온라인 가십 네트워크와 거리를 두려고 애써 노력하지만, 다른 인플루언서들은 정확히 그와 반대되는 일을 한다. 부정적 관심은 자신의 개인 브랜드를 구축하는 유효한 방법이 될 수 있다. 청중에게서 흠모가 아닌 반발을 삼으로써 상당한 프로필을 구축할 수 있다. 타나 모조, 제이크와 로건 폴, 트리샤 페이타스, 그리고 제프리 스타 같은 '논란적인 브이로거'는 충격적인 행동, 낚시용 영상 제목, 그리고 틱톡과 트위터를 통한 다른 인플루언서들과의 공개적 다툼으로 수백만 명의 유튜브 구독자를 축적해왔다. 그것들은 다시 티 채널과 가십 게시판에 전해져, 청중을 부풀리고 그들의 친근함을 더욱 키운다. 그들은 결국 가짜 연애와 날조된 드라마로 인터넷을 트롤링한다.

"그 전체 생태계는 마치 상어 등에서 사는 물고기들 같아요. 먹이사슬 꼭대기에 있는 훨씬 큰 동물들이죠." 캐럴라인은 내가 그녀의 커리어 경로를 그들과 비교하자 열을 올리며 반박한다. (논란 인플루언서들은) "최상위 포식자이고, 그럼에도 자기에게 빌붙어 사는 기생충들이 있고, 그건 어떻게든 그 동물에게 이득을 줘요. 청소를 해주거나 먹잇감을 유인하는 식으로요. 드라마 공동체는 온라인 명성 경제 내에서 그 기생·공생관계의 정말 좋은 예시죠."

그 생태계는 캔슬 문화의 역학에 역행한다. 공분을 사는 것은 커리어를 망치는 게 아니라 오히려 가속화한다. 로건 폴은 일본에서 시신을 촬영한 영상으로 8만 구독자를 얻었다.[13] 제임스 찰스는 다른 인플루언서와 스폰서십을 두고 논쟁을 벌이는 과정에서 200만 구독자를 잃었지만, 6개월 만에 원상회복하고 1년 내에 200만 명을 더 늘렸다. 비판을 가지고 노는 것은 캔슬을 무력화하는 효과적인 방법으로 입증되었다. 가장 논란이 많은 유튜버들은 '캔슬이 불가능하다'. 그저 이전보다 더 강해져서 돌아올 뿐이다.

이 인플루언서의 분노 모델은 또한 수익성이 고도로 높다. 이는 조회 수를 바탕으로 광고 수익의 포상을 제공하는 유튜브에서 가장 인기 있는 수법이다. 타나 모조의 가장 악명 높은 트롤 짓은 제이크 폴과의 가짜 결혼식이었는데, 그 커플은 6만 5,000명도 넘는 팔로워에게 그것을 생중계로 볼 수 있는 표를 50달러에 팔았다. 〈인사이더〉는 타나와 폴이 결국 결별한 것이 대략 6억 달러에 맞먹는 미디어 가치가 있었을 것으로 추정한다. 한편 타나의 개인적 가치는 가짜 결혼 기간에 25퍼센트 상승했다.[14] 이제 타나는 자신의 삶을 추적하는 MTV 다큐멘터리 「필터 없음No Filter」을 자랑한다.

"전 타나와 트리샤를 사랑해요." 캐럴라인이 말한다. "두 사람은 제게 너무나 영감을 줘요. 전 두 사람을 팔로우하고 그 사람들을 다루는 티 영상을 봐요." 캐럴라인은 이렇게 회고한다. "(처음 시작했을 때) 전 비방 공동체를 가지고 놀 생각은 없었어요. 왜냐하면 아직 그럴 준비가 안 되었거든요." 하지만 일단 흥분이 가라앉자 캐럴라인은 그것을 자신에게 유리하게 이용할 수 있음을 깨달았다. "전 항상 팬들을 최우선시하지만, 어차피 비방 공동체가 없어지지 않는 이상 그걸 조종해서 제게 득이 되도록 이용할 수도 있는 거죠."

캐럴라인은 그 이후로 자신이 영웅시하는 이들의 본보기를 따라 인터넷 비판을 자신의 개인 브랜드로 흡수했다. 다르게 말하자면, 캐럴라인의 말을 그대로 빌리자면 '사람들이 날 중심으로 하는 혐오 커뮤니티를 결집하기 위해 이용하는 나의 이미지를 받아들이고(내게 그건 신용 사기예요) 그것을 소비하는 것, 그걸 내 온라인 왕국의 또 다른 일부로 만드는 것'이다. 캐럴라인은 '혼돈은 내 브랜드다'라는 의미로 해석할 수 있는 다양한 문장을 자주 트윗하고, 자신의 유튜브 채널과 인스타그램 계정에 레딧의 비방 게시판을 홍보한다. 그리고 '사기꾼Scammer'이라는 제목으로 자서전을 출간할 거라고 말한다. 가격은 25달러를 매길 것이다.

"자신을 스스로 그렇게 부르면 정말이지 욕설을 무해하게 만들 수 있어요." 캐럴라인이 말한다. "그러면 다른 사람이 무슨 수로 날 다치게 하겠어요?" 캐럴라인은 2019년 『사기꾼』의 선주문을 받았지만 출간 일정이 발표되지 않아서(2023년 6월에 출간되었다 - 옮긴이) 많은 팬들은 자신이 사기당한 건 아닌지 궁금해했다. 어쩌면 그게 핵심인지도 모른다.

거의 100만 명에 이르는 캐럴라인의 팔로워 중에서 과연 친구가 얼마나 되고 적은 얼마나 되는지 난 궁금하다. 그리고 캐럴라인도 궁금해할지 궁금하다. "제가 거기서 원하는 건 오로지 참여뿐이에요. 리트윗은 여전히 리트윗이고, 여전히 공짜 노출이죠." 캐럴라인이 말한다. 참여는 차별하지 않는다. 혐오 클릭이라 해도 플랫폼 지표에서는 그저 클릭일 뿐이다. "전 정말이지 이런 새 기사를 읽는 사람들이 누군지는 관심 없어요. 이런 조회 수의 출처가 어딘지도 관심 없고요……." 캐럴라인은 어깨를 으쓱하며 말을 맺는다. "전 그냥 유명한 게 좋아요."

판이 뒤집힐 수도 있다

인플루언서에 관한 가십을 퍼뜨리는 것은 비난꾼에게도 브랜
드를 구축하는 유효한 방편이 될 수 있다. 그렇게 해서 너무나 유명
해지면 자신이 메타 인플루언서로 진화할 수도 있다. 특히 티 채널
은 인터넷 유명 인사를 낳은 실적이 있다. 스물한 살의 존 쿠키안John
Kuckian은 뷰티 유튜브의 루이스 세럭스Louis Theroux(다수의 언론상을 받은 유
명 다큐멘터리 작가이자 언론인, 방송인 및 작가 - 옮긴이)로, 그 플랫폼에서 가장
큰 뷰티 계정을 운영하는 원조 티 채널 개척자 중 한 명이었다.

한때 글로시에 핑크색의 헤더는 존을 '원조 뷰티 조사관'이라
고 선언하고 '뷰티 협찬 없음. 빨아주기 없음. 그냥 진짜 티'라고 내
세우면서 '독점적인 조사, 성명, 인터뷰와 그것을 한참 넘어서는 것
들'을 약속했다. '재클린 힐이 메이크업 긱&아나스타샤 콜랩스에
서 잘리다Jaclyn Hill Fired from Makeup Geek & Anastasia Collabs', '니키 튜토리
얼이 취해서 제프리 스타를 차다NikkieTutorials Drunk Dumps Jeffree Star' 또
는 '제임스 찰스가 모프를 위해 견본을 위조한 게 들키다James Charles
Caught Faking Swatches For Morphe(영상 증거)'[15] 같은 제목의 특종에서 존은 차
한 잔을 연극적으로 홀짝이며 편파적인 논평, 뻐딱한 발언, 그리고
'증거들'을 공유하고 능숙한 스토리텔링과 음모론적 방백이 뒤섞인
자신의 서사를 청중에게 제공한다.

존의 모든 작업은 '수상한' 영상들의 조합이다. 거기서는 최고 크리에이터들 사이의 '불화'를 겉보기에는 악의 없는 트윗을 통해 읽는다. 이는 더 큰 인플루언서 스캔들로 이어지는 다큐멘터리풍의 탐사다. "몇 년간 제가 밝혀낸 몇몇 엄청난 이야기가 있었어요." 존은 내게 말한다. "막후에서, 틀어진 사업 거래 같은 것들이요." 이런 것들을 조사하는 과정은 제법 고되다. "때로는 그냥 일련의 트윗을 제시하고 역사적 맥락을 제공하는 식으로, 간단해요. 다른 때는 며칠간 사업 기록이니 법률 서류니 수입 자료 같은 것을 깊숙이 파헤쳐야 하죠. 전체 상황을 하나로 짜 맞추는 건 마지막 부분이에요. 전 보통 토끼 굴을 따라가고 해당 논쟁의 양측을 대표하기 위해 필요한 모든 걸 확보해요."

존이 명성을 얻기까지는 오래 걸리지 않았다. "전 그냥 괴상한 뷰티 조사 영상을 올렸는데 그게 며칠 만에 100만 조회 수를 얻었고 그 후 두 번째, 세 번째 영상으로 이어졌죠." 존은 자기 명성의 도약대가 된 타티Tati 뷰티 조사를 돌이켜보며 말한다. "겨우 한 달 만에 10만 명이 넘는 구독자를 얻었어요." 원조 티 채널 개척자 중 한 명인 존이 명성을 얻은 것은 놀라움을 불러일으켰다. "그 틈새시장은 제가 시작하기 이전에는 정말이지 그런 식으로 존재하지 않았어요……. 전 전혀 준비되지 않았고, 조금도 유명해지고 싶지 않았어요." 심지어 지금도 그 영상들은 조회 수가 7,300만 회를 넘는다. "전 아직도 동네 식당에서 같이 사진 찍자는 요청을 받으면 이게 현실인가 싶어요." 그 이후로 몇 년간, 티 채널 공동체는 폭발했다.

이 도발은 수익성이 지극히 높다. "사람들은 이런 유형의 영상 제작을 직업 기회로 포착하고, 이런 유형의 콘텐츠를 만듭니다." 캣은 확언한다. "사람들은 (티 채널을 운영하는 게) 안정적인 수입을 얻는 방법임을 인지하고 있어요." 유튜브의 클릭당 과금 광고 모델은 조회 수를 기반으로 보수를 지불한다(2020년 티 채널 영상 중 조회 수가 가장 높은, 댄젤로 월리스의 바이럴 폭로 영상인 「셰인 도슨의 경력이 끝장난 바로 그 순간The Exact Moment Shane Dawson's Career Ended」은 조회 수가 1,700만으로, 2만 3,000~6만 8,000달러의 소득을 올렸을 것이다). 비록 '논쟁적 콘텐츠'의 광고에 대한 일관성 없는 정책 때문에 보상은 불규칙할 수 있지만 티 채널은 또한 브랜드와 광고주를 위한 새로운 영역임이 좀 더 명확해지고 있다.

존은 영상에서 이야기하는 브랜드의 80퍼센트가 자신에게 접촉해왔다고 주장한다. 그리고 과거에 피지워터Fiji Water와 파트너십을 맺은 바 있다. 존은 또한 브랜드가 자기네 제품을 나쁘게 평한 인플루언서의 신용을, 그들을 공격하는 티 채널을 이용해 미묘하게 깎으려 노력한다고 분석한다. "전 거기에 뭔가 무척 비윤리적인 점이 있다고 느끼지만, 그건 그 공동체 내의 수많은 거래에 해당하는 일반적 성격이에요."

존은 이런 광고의 궁극적 대상이 어쩌면 시청자가 아니라 티 채널 소유자들 자신일 거라고도 지적한다. "(대중의 인식은) 부수 효과일 수 있는 반면, 어떤 드라마 채널을 공개적으로 협찬하는 것은 주로 다른 드라마 채널들에 충성과 편견을 고취하려는 목적일 겁니다. 그런 채널들 또한 미래에 협찬받기를 희망하겠죠."

티 채널의 스폰서십은 다른 도덕적 모호함을 촉발한다. 존은 자신이 뷰티 산업과 관련된 파트너십, 행사, 그리고 스폰서십 제안을 거절했다고 말한다. "제 진정성을 타협하는 것으로 보일 테니까요……. 전 단순히 제게 잘해준다는 이유로 제 조사 대상을 좋게 보는 가식이 싫어요." 이는 역설적으로 티 채널이 인플루언서들을 비방하는 바로 그 문제다. 존의 응답은? 그것을 비판함으로써 자신의 커리어를 구축한 메가 유튜버를 흉내 내어 브랜드를 론칭하라. 논란이 많은(하지만 그건 당연하지!) 쿠키안 코스메틱 Kuckian Cosmetics.

유튜브에서는 티 채널, 팬, 헤이터, 그리고 인플루언서가 모두 근친상간적인 거미줄에 밀접하게 엮여 있다. 비방 영상은 종종 자동 재생에서 그 크리에이터 자신의 영상이 끝난 후 다음 영상으로 뜬다. 이는 타나 모조를 보다가 '타나 모조의 모든 문제점'으로 손가락 하나 까딱하지 않고도 매끈하게 옮겨갈 수 있다는 뜻이다. 크리에이터들은 종종 거기에 대응해 직접 영상을 만들고, 티 채널을 실명으로 언급하고 그들을 비판하고 그들의 트래픽을 늘린다. 오스트레일리아의 뷰티 구루인 클로이 모렐로Chloe Morello의 「존 쿠키안이 나에 관한 영상을 만들었어요: 내 반응 영상 : John Kuckian Made A Video About Me: My React Video :」(조회 수가 105만 1,126회인 유튜브 드라마)을 보라.

논란이 많은 뷰티 인플루언서 재클린 힐은 제품을 출시했다가 재앙을 맞은 후 '나를 사랑하든가 미워해'라는 테마로 로스앤젤레스에서 핼러윈 파티를 열었다. 그리고 '취소됨CANCELLED'이라는 단어가 선명히 새겨진 드레스를 입고 참석했다. 재클린은 자신을 캔슬한 티 채널들을 그 행사에 초대했고 드라마 채널들을 자기 브랜드의 홍보 목록에 올렸으며 자신이 출시한 새 제품이 자신을 비난하는 이들의 손에 들어가도록 직접 신경 써서 확인했다.

유튜버와 티 채널이 막후에서 좀 더 공식적으로 협력한다는 존의 주장은 2020년 드라마 채널인 애슐리 카일Ashlye Kyle, 샌더스 케네디Sanders Kennedy, 그리고 더 뷰어스 보이스The Viewer's Voice(닉 스나이더Nick Snider)가 각각 제프리 스타가 그들이 애드센스 수익을 긁어들이도록 도와준 내부자 정보를 그들에게 보냈음을 인정하는 영상을 올리면서 확인되었다.[16] '전 제프리 스타의 급여 대상자 명단에 있었어요I WAS ON JEFFREE STAR'S PAYROLL 💀'. 애슐리의 영상 제목이었다. 인플루언서들은 티 채널을 구식 홍보 체제를 흉내 내는 방식으로 귀띔과 가십을 전략적으로 공유함으로써 '(그들의) 프로파간다를 관리할' 냉소적 '기회'로 본다. 자신의 B급 고객들의 시의적절하고 자연스러운 스냅사진을 위해 게티Getty가 출동하도록 하는 유명 인사 팀들 대신에, 인플루언서들은 특종을 공유하고 호의적으로 다루어지도록 티 계정에 DM을 보내고 있다. 하지만 결국, 제프리가 말했듯, 이건 역발화한다.

"유통을 늘리고 이미지를 관리하는 것은 인플루언서에게 이롭지만, 드라마 채널을 이용해 그걸 하려고 하면 보통은 실망하죠." 존이 말한다. "그런 프로젝트에 기꺼이 협력하려 하는, 언론 윤리가 부족한 측은 또한 보통 도중에 마음을 바꾸고 인플루언서의 등에 칼을 꽂죠." 결국 그건 중요하지 않다. 심지어 날조된 드라마도 클릭을 부르고 가치를 생성하며, 모두가 윈윈이다.

논쟁과 클릭 낚시질을 목적으로 하는 시스템에서는 비난자들 또한 불가피하게 비난을 받는다. '인플루언서가 더 비난하기 쉬울수록, 그 인플루언서의 비난할 만한 미친 짓을 지적하는 이용자들에게 더 큰 블로그 비방 공동체가 등을 돌릴 가능성이 더 높다는 게 재미있다(그리고 무척 메타적이다).' 한 레딧 댓글러가 지적한다. '자신이 당하기 싫은 일을 남들에게 하지 마라'라는 존의 개인적 철학은 2018년에 돌아와 주인을 물어뜯었다. 널리 사랑받는 브이로거에 대한 아동 성추행 혐의와 쿠키안 코스메틱스의 '화이트 라벨링White Labeling(다른 제품을 자사의 브랜드로 리브랜딩하는 것 - 옮긴이) 사기' 같은 역발화, 그리고 다른 유튜버들에 대한 근거 없는 공격과 관련된 일련의 사건 이후로 존 쿠키안은 결국 캔슬되었는데, 쿠키안을 비판하는 더 새롭고 더 굶주린 티 채널들이 내놓은 일련의 영상이 그 신호탄이었다. 「쿠키안 코스메틱은 끝났다KUCKIAN COSMETICS IS OVER」, 「당신의 유튜브 경력을 말아먹는 법How To Ruin Your YT Career」, 그리고 「존 쿠키안의 몰락The Fall of John Kuckian」. 쿠키안은 계속해서 정기적으로 콘텐츠를 올리지만, 비난 사이트를 비롯한 티 채널은 정기적으로 쿠키안의 영상을 갈기갈기 찢어발기면서 평균 6,000회의 조회 수를 올린다.

비난을 받는 이들 또한 기꺼이 비난자가 된다. 살리는 자신이 어떻게 판을 뒤집었는지를 내게 들려준다. 자신의 소셜 미디어 탐정이 되어, 자신의 공격자들을 사냥하고 그들과 상호 교류한 것이다. "우리는 그들 중 약 25명의 신상을 캤어요. 전 그들의 인스타그램 프로필을 찾아내어 제가 자기들을 안다는 걸 알려주려고 사진에 '좋아요'를 누른 후 차단하곤 했죠." 태틀에서 이용자들은 자기들이 살리의 역'스토킹' 피해자라고 주장하면서 살리가 선을 넘었다고 주장했다. '그 위선은 정말이지 대단하다.' 그들의 타래에 달린 댓글이다.

하지만 살리의 행위는 엄마 블로거인 클레미 후퍼Clemmie Hooper에 비하면 아무것도 아니다. 공적 닉네임은 '딸들의 엄마Mother of Daughters'이고 태틀의 닉네임은 '앨리스인원더러스트AliceInWanderLust'인 후퍼가 2019년 말에 그 사이트에서 자기 친구들과 남편(그리고 자신)을 비판해왔다는 사실이 폭로되었다. 후퍼는 가명을 이용해 자기 남편인 '딸들의 아버지'를 'A급 등신'이라고 불렀고 다른 인플루언서 친구들이 '안쓰럽다'라고 했다. 태틀 이용자들이 IP 주소를 이용해 그 내막을 밝혀낸 후 발표한 성명서「죄송합니다mea culpa」에서 클레미는 이제는 내게 익숙해진 방식으로 자기 행동을 설명했다. 비방의 유혹적인 세계에 굴복해서 참여하게 되었고, 결국 '모든 걸 집어삼켰다'는 것이다. '확실히 저는 이 온라인 세계에서 길을 잃었고, 제가 부정적 논의에 더 몰두할수록 상황은 더 악화되었습니다.'

빈 공간에서 느끼는 외로움과 즐거움

나는 뒷골목 바에서, 인터넷에서 만난 생면부지의 사람들과 한 탁자에 앉아 있다. 우리가 왜 여기에 있는지 감이 잘 잡히지 않는다. 그냥 단순한 신기함을 넘어, 무엇이 다수의 개인으로 하여금 가족, 친구들, 그리고 배우자를 두고 춥고 어두운 금요일 밤에 다른 비난자들을 만나러 나오게 하는가? 우리를 하나로 묶어준 것은 확실히 캐럴라인이지만, 그 외에 다른 뭔가가 있다. 질투? 좌절? 외로움? 비난은 고독한 활동인 모양이다. 아무도 친구들과 함께 오지 않았다.

사람들이 왜 비난에 이끌리는 것 같으냐는 내 질문에, 캐럴라인은 줌 연결이 끊어졌나 싶을 만큼 오랫동안 침묵에 잠긴다. "우리가 왜 인플루언서들을 미워하는가 하는 더 큰 문화적 질문에 대해서라면, 거시적 답은 미시적 답과 달라요……." 캐럴라인은 느린 말투로 말을 잇는다. "왜 어떤 사람들은 자기 삶을 살기보다는 남들의 삶에 집착할까요? 전 그 사람들을 어느 정도까지만 이해해요. 그리고 그 외로움에 질려버리죠."

비록 좀 더 허무주의적이지만, 애비의 답 역시 이와 같은 맥락이다. "이 점을 이해해야 해요. 제게 트위터는 그저 텅 빈 공간이고, 전 그냥 그 빈 공간을 향해 비명을 내지르고 있는 거예요." 애비가 내게 말한다. "하지만 그 빈 공간은 제게 마주 소리칠 때가 너무나 많고, 전 막, 제가 몇 년 동안 고함쳤는데 아무도 관심을 기울이지 않은 이 빈 공간에서 누군가가 제 목소리를 듣는다는 게 기분이 좋아요!" 비록 드라마틱하지만, 이 논리는 관심 경제에서 인플루언서와 트롤 양측에 똑같이 말이 된다. 그리고 그 점에서 애비는 캐럴라인과 평행선을 그린다. 상호작용의 성격보다는 참여 그 자체를 우선시하는 것. 애비가 고립을 말한 것은 로젝 교수의 말을 떠올리게 한다. 비난은 원자화된 청중과 직업적 인플루언서가 정서적 기반의 대안으로서 준사회적 관계를 맺는 데서 비롯된다는 것이다. 모든 상황이 끔찍할 때, 비난은 어쩌면 하나의 배출구가 된다.

셰이에게 비난은 현재 세계의 상태와 셰이 및 셰이의 세대가 처해 있는 상황으로부터 한눈을 팔 기회를 준다. "비난을 하는 동안에는 도널드 트럼프가 우리나라 대통령이라는 사실을 잊을 수 있어요!" 셰이가 불쑥 내뱉는다. 그 모임에서 비난꾼들은 인플루언서와 인플루언서 문화가 표상하는 것에 대한, 번지수가 틀린 어떤 정의 감을 추구하는 듯 보인다. "전 그 여자가 망하는 걸 꼭 봐야겠어요." 내 옆에 앉은 비난꾼이 불쑥 내뱉는다. "세계가 공정한 곳이 되려면, 전 캐럴라인이 처벌받는 걸 꼭 봐야만 해요." 잠시 침묵이 흐른다. "내가 캐럴라인인가?" 내 맞은편의 비난꾼이 포도주와 촛불을 받아 빛나는, 이제는 무표정한 좌중을 둘러보며 묻는다. "아뇨." 내 오른편에 앉은 여자가 말한다. "우리 모두 캐럴라인이에요. 캐럴라인은 말 그대로 모든 밀레니얼 여성이죠."

어쩌면, 셰이가 제시하듯, 비난은 카타르시스다. 셰이가 비난하는 대상은 사실 캐럴라인이 아니다. 그보다 훨씬 큰 무언가다. 셰이와, 트럼프(캐럴라인과 같은 출판 대리인을 공유하는) 같은, 다른 인플루언서들이 잘나가게 해주는 구조. 이는 캐럴라인이 말한 바와도 일맥상통한다. 캐럴라인은 인플루언서들에 대한 온라인 혐오를 '집단적 사혈瀉血'로 묘사한 바 있다.

"저도 캐럴라인처럼 살고 싶어요. 뒷감당 걱정 없이요." 한 비판자가 말한다. "우리는 모두 노력을 하고 안간힘을 쓰고 근근이 버티고 뭔가가 되어보려고 필사적으로 뛰어들어요." 또 다른 비판자의 말이다. "그냥 그 모든 걸 거부하고 잘나가는 사람을 보는 건 뭐랄까, 매혹적이죠." 셰이도 같은 생각이다. "사람들은 자신의 감정을 인플루언서에게 100퍼센트 투사하고 있어요." 셰이가 말한다. "그들은 하나의 전형이에요." 캐럴라인을 팔로우하면서 셰이는 "거의 내 최악의 부분들이 펼쳐지는 걸 구경하는 기분이에요. 자신이 꽁꽁 감추고 억누르는 부분들. 그런 면에서⋯⋯." 셰이가 말을 잇는다. "캐럴라인은 정말이지 궁극의 인플루언서죠."

2020년 2월, 내가 비난의 세계에 경악해 사로잡힌 지 대략 1년 후, 캐럴라인은 트위터에 재가입했다. 2015년의 잠재적인 팔로워 2만 7,000명을 되찾고 헤더header(비난꾼들을 처음 자극한, 날아간 출간 계약의 홍보 이미지)를 이제 곧 비난꾼들 덕분에 바이럴을 타게 될 자비 출판 예정작의 팸플릿 사진으로 교체했다. 그다음에는 몇 시간 동안 이름을 검색해 바로 그 순간까지 캐럴라인을 씹어대는 비난꾼들이 몇 달 전부터 나누고 있는 대화를 포함해 자신을 언급하는 트윗 수천 개를 리트윗했다. 자기들이 씹고 있는 대상 앞에 노출된 비난꾼들은 즉각 혼돈에 빠졌다. 안티팬들에게서 바로 가져온 패러디 같은 자기비판들 때문에 캐럴라인의 피드는 자기 풍자 봇처럼 보인다. '제가 선호하는 운동은 필라테스, 스핀, 그리고 사회적 신분 상승이에요.' 캐럴라인은 이렇게 썼다. '엘리트주의자가 되는 것만큼 달콤한 기분은 없죠.'

캐럴라인은 자신이 확립한 인터넷 정체성과 자신을 철저히 분리하면서 자신을 3인칭으로 언급하기 시작했다. '캐럴라인은 정기적으로 자기 이름을 검색하는 사기꾼이야.' 캐럴라인은 자신의 트윗의 리트윗을 다시 리트윗하기 전에 자신에 관해 그런 트윗을 썼다. 몇몇 사람은 비난 커뮤니티의 회원들이 몰래 캐럴라인의 트윗을 고스트라이팅하고 있다고 의심했다. '확실히 내 트위터는 고스트라이터가 운영하고 있어.' 캐럴라인은 그렇게 반응했다. '진짜 캐럴라인 캘러웨이가 이렇게 재미있거나 영리하거나 자각이 있을까?'

포스트모던 행위 예술이건, 아니면 그저 장난이건 뭔가가 바뀐 것처럼 느껴졌다. 비난은 마침내 자신을 집어삼키고 인플루언서와 트롤 사이, 비난자와 팬 사이에 남아 있었을지도 모르는 극도로 미약한 구분선을 무너뜨렸다. 캐럴라인은 난데없이 한 가지를 발표했다. '지난 24시간 동안 난 자신에 관한 수많은 비난을 읽었어.' 캐럴라인은 썼다. '그리고 그거 알아? 난 실제로 캐럴라인 캘러웨이에 관해 풍자 트윗을 하는 트롤들의 열광적인 팬이 됐어. 그래서! 그리하여 내 트위터는 나인 척하는, 헤이터인 척하는 내가 될 거야. 인터넷 쓰레기의 황금시대에 잘 왔어요!'

여러모로, 온라인 비난 게시판이라는 어두컴컴한 세계에 내가 초기에 느낀 두려움은 오늘의 담론에서 현실임이 입증되어왔다. 온라인 가십의 시장과 저명한 인터넷 인물들의 '캔슬'은 그 오래전에 내가 목격했던 원조 문화전쟁의 진화 형태다. 오늘날의 비난꾼, 티채널, 그리고 가십 브이로거는 게이머게이트에 속한, 괴롭힘 전쟁을 이끌었던 개인들과 그저 얼핏 닮은 정도가 아니다. 둘 다 지도자 없는, 대중의 여론재판에 참여하는 자경단원으로 이루어진, 진실을 찾는다고 자처하는 군단이다. 포챈 트롤들의 유산은 알고리즘을 해킹하고 온라인에서 대규모의 청중을 모으기 위한 충격 팩터 '에지로드edgelord' 유머와 역설의 방어를 이용하는 논란 인플루언서들을 통해 반영되고 상업화된다. 현대의 인플루언서 가십 지평은 아무런 사상적 의제도 없다. 온라인 평판이 상승하고 추락하는 것을 구경하는 것은 순전한 오락이 되었다. 시청자들은 심지어 팔로워 수가 오르내리는 것을 실시간으로 지켜보려고 소셜 블레이드Social Blade(미국의 소셜 미디어 분석 웹사이트 - 옮긴이)에 접속하기까지 한다.

인플루언서 드라마와 캐럴라인 양측에 과연 종반전은 뭘까, 난 궁금하다. 인플루언서들은 논쟁을 통해 상승하고, 자경단들에 의해 끌어내려지고, 그 후 자경단들 또한 끌어내려진다. 드라마는 드라마를 낳고 스캔들은 스캔들을 부른다. 사기는 더 많은 사기를 낳고 인터넷은 끝나지 않는 문화전쟁으로 제 꼬리를 문다. 누가 이기는가? 어디서 끝나는가? 우리는 여기서 어디로 가는가?

난 캐럴라인에게서 그 답을 구한다. "무슨 일이 일어날지는 내가 정확히 말해줄 수 있어요." 캐럴라인이 말한다. "난 결국 (내 자서전) 『사기꾼』을 출간할 것이고, 당분간은 '사기꾼'과 관련해서 활동할 것이고, 그 단어를 온전히 내 브랜드로 가져온 후 내 구글 검색 엔진 최적화 정도를 재평가할 거예요. 내 이전 챕터는 동화였고, 이제 우리는 이 사기꾼 챕터에 있어요. 그 이후, 내게는 분명히 새로운 챕터들이 있을 거예요. 난 문화 아이콘이 될 계획이고, 오랫동안 자리를 지킬 거예요. 분명히 말해두는데, 난 나 자신을 100만 번은 더 재발명할 거예요."

7 | 플랫폼 대 사람

인플루언서에게 누가 영향을 미치는가?

검은 타이를 맨 태닝한 남자가 머리 위로 거대한 크리스털 해시태그 같은 모양의 커다란 트로피를 들어올린다. 그 아래에서는 한껏 꾸며 입은 군중이 휘파람을 불고 환호성을 올린다. 리비에라의 파노라마 뷰를 등지고 검은 헬리콥터가 태양빛에 바랜 착륙장으로 내려와 루이비통 여행 가방과 셀카 봉을 든 시끌벅적한 승객 무리를 내려놓는다. 우아한 게스트들이 번쩍거리는 슈퍼요트의 조명이 휘황한 중이층에서 칵테일을 홀짝인다. 거품 같은 오간자 야회복을 입은 젊은 여성이 카메라를 향해 수줍은 입맞춤을 날리고, 카메라는 갑자기 줌아웃해서 반짝이는 조명과 스트리머들이 있는, 환히 빛나는 캐노피를 보여준다. 그 아래에서는 술에 취해 흥청망청하는 손님들이 라이브 밴드의 음악에 맞춰 몸을 흔든다. '인플루언서의 세계에 잘 오셨습니다. 꿈은 현실이 됩니다.' 자막에는 일련의 샴페인 잔 이모티콘이 뜬다.

인스타그램 스토리에 의한 인스타그램 스토리, 난 2019년 모나코 인플루언서 어워즈를 돌이켜보고 있다. 비공식적으로 '인플루언스의 오스카'라고 불리는 그 시상식은 현재 3회 차로, 상징적인 장소인 살 데 에투알Salle des Etoiles에서 열리는 시상식 겸 만찬이다. 매년 최고의 세계적 인플루언서들이 떼를 지어 파티를 하고 사진을 찍고 '올해의 인플루언서'라는 명망 높은 직함을 놓고 경쟁하기 위해 그 공국에 강림한다. 유튜브 스타와 인스타그래머들이 에르미타주Hermitage나 오텔 드 파리Hôtel de Paris의 스위트룸을 향해 싱가포르, 로스앤젤레스, 그리고 발리에서 출발한다. 사흘간의 쇼핑과 음주는 알제리 래퍼들, 거대한 칵테일 잔 속에서 몸을 배배 꼬는 비키니 입은 댄서들과 함께하는 호화로운 레드카펫 행사인 시상식으로 막을 내린다. 참석자는 모델, 슈퍼카 수집가, 패션 디자이너, 하급 프랑스 귀족, 그리고 인스타그램에서 유명한 주술사들이다.

2019년에 참석한 300명의 인플루언서는 모두 합해 10억 이상의 조회 수를 올렸다.[1] 2020년(내 팔로워 500명과 내가 거기에 합류하기로 정해졌을 때)에는 팬데믹 때문에 행사가 취소되었고, 나는 소셜 미디어를 통해 2019년 행사의 조각을 한데 엮어야 하는 처지가 되었다. 정치적 불안, 돌림병, 그리고 저만치에서 어슬렁대는 어렴풋한 불황의 위협과 더불어 난 집 안에서 소파에 앉아 호화로운 자동차들, 티아라들, 그리고 완벽해 보이는 낯선 이들이 흩뿌리는 샴페인 분수에 빠져 나 자신을 잊었다.

인플루언스의 오스카 시상식

모나코는 여러모로 인스타그램 위주의 부를 축하하기에 완벽한 장소다. 면적이 2.1제곱킬로미터에 불과한, 세계에서 두 번째로 작은 이 나라는 지위, 호화로움, 그리고 구경거리를 햇볕에 바짝 말린 응축물이다. 세 명 중 한 명은 확실히 백만장자다.[2] 그곳은 세계 최고 수준의 집값과 인구밀도를 뽐낸다. 우선 원룸을 하나 찾을 수 있다면, 그리고 집세를 낼 수 있다면 당신은 상속녀들, 포뮬러 1 운전자들, 그리고 은퇴 생활을 즐기고 있는 전직 제임스 본드를 우연히 마주칠 수 있을 것이다. 카지노 앞에 주차된 눈에 띄는 슈퍼카에서 지나치게 빼입고 산책로를 어슬렁대는 군중까지, 모나코는 유달리 과시적인 부를 뿜어낸다. 이 악명 높은 조세 회피처는 '구린 데 있는 사람들을 위한 양지'라는 별명이 붙어 있는데, 인플루언서들의 이중적인 삶과 아주 잘 맞아떨어지는 이름이다.

이 지중해 지역은 늘 자기 홍보와 복잡다단한 관계를 맺고 있었다. 1950년대에 그레이스 켈리Grace Kelly 덕분에 유명 인사들과 대중의 눈을 끌고, 그러는 한편 찾기 힘든 해외 계좌들에 숨겨진 수십억 달러를 수용했다. 인스타그램에서 모나코 지오태그geotag를 스크롤하면, 그곳이 그 이후로 인스타그램 기회주의자들에게 핫스팟이 되었음을 확인할 수 있다. 딱 붙는 바지를 입고 로퍼를 신은 남자들이 스포츠카를 배경으로 어슬렁대고, 여자들은 카지노 앞에서 셀카를 찍는다.

과거에 모나코는 프라이버시와 자유를 원하는 기득권층의 도피처였다. 오늘날 그곳은 남들 눈에 띄고 싶은 기득권층 지망생이 즐겨 찾는 장소다. 인플루언서 시상식이 자리를 잡으면서, 그 공국은 유구했던 파파라치에 대한 싸늘한 태도를 공식적으로 폐기했다. 모나코 주민들은 세금이라면 여전히 회피할지 몰라도, 확실히 카메라 앞에서 수줍어하지는 않는다.

인플루언서 시상식은 모험사업가들과 생트로페St Tropez 토박이인 롤리타 아브람스Lolita Abraham에 의해 설립되었는데, 그 목적은 웹사이트의 문구에 적혀 있듯 '인플루언서들의 직업을 홍보하고 인식하기 위해서'만이 아니라 2019년 BBC 다큐멘터리에 따르면 확실히 그 공국 자체를 #협찬하기 위해서이기도 하다. 모나코는 현재 궁극의 제1세계 문제를 맞닥뜨렸다. 점점 고령화되는 억만장자 인구가 사멸을 앞두고 있는 것이다.[3] 전 지구적 권력과 돈의 배치가 변화하면서 모나코는 두바이, 싱가포르, 그리고 실리콘밸리 같은 새로운 호화 핫스팟과 경쟁하는 처지가 되었다. 유통되는 부의 유형 또한 변화하고 있으니, 인터넷 관련 모험사업의 유입 덕분이다. 테크 플랫폼, 소셜 미디어, 그리고 스타트업은 극도로 높은 순가치를 지닌 새로운 개인의 무리를 만들어냈다. 인플루언서들은 이 신세대 엘리트를 모나코로 끌어들일 매력적인 마케팅 기회이다. 인플루언서 어워즈의 2019년판은 5억 명에게 가닿았고, 3,000만 조회 수를 달성했다.[4]

모나코 행정부와 하급 귀족들이 그 시상식을 공식적으로 지원하고 있다. 메리 드 모나코Mairie de Monaco(시청)가 시상식 웹사이트에 공식 파트너로 올라가 있고, 모나코 국왕 알베르 2세의 친구인 부르

봉 양시칠리아Bourbon Two Sicilies의 카밀라Camilla 공주가 2019년의 심사위원장과 홍보 대사를 맡고 있다. BBC 다큐멘터리에서 모나코 귀족들은 인플루언서들을 이용해 자신들의 명맥을 유지할 수 있으리라는 희망을 드러낸다. 유서 깊은 모나코 기득권층은 소셜 미디어판이라고 할 이들에게 의존해 지위 강화를 시도하는 중이다.

전통적 군주제와 그 온라인 등가물의 간극은 최근 몇 년간 좁아지기 시작했으니, 특히 영국의 귀족 가문 일원들은 왕조의 권력 대신 소셜 미디어의 권력을 지향하며 온라인 스타로서 자신들이 가진 잠재력을 끌어안기 시작했다. 해리와 메건이 2019년 4월 영국 군주제와 결별하고 '서섹스 브랜드'를 차린 것이 그 예다. 부부의 인스타그램 계정인 @SussexRoyal은 여섯 시간도 안 되어 100만 팔로워를 달성함으로써 기록을 경신했다.[5] 한편 기존의 지위를 강화하는 수단으로 이용하는 사람들도 있다. 케이트와 윌리엄은 2021년에 가족 유튜브 채널을 시작했다. 세계에서 가장 어울리지 않는 육아 브이로거들이다.

"미래의 수요를 예측하려 노력할 필요가 있습니다. 무엇이 트렌드가 될지 예측할 필요가 있죠." 알베르 2세는 다큐멘터리 감독인 마이클 왈드먼Michael Waldman에게 그렇게 말했다.[6] 인플루언서들과의 동맹관계는 또한 상당한 태도 변화를 뜻한다. 현금으로 넘쳐나는 도시에서 온라인 관심은 아직 사람들의 손이 닿지 않은 유형의 통화를 제공한다. "그건 다른 세계예요. 다른 접근법이죠." 카밀라 공주도 동의한다. "모나코는 다른 모든 곳과 마찬가지로 움직여야 합니다. 선택지가 없어요. 그저 후퇴할 수만은 없습니다." 어쩌면 장래에 수백만 팔로워는 현재 모나코 사회에서 한자리를 확보하는 데 필요한 수백만 유로의 대체물이 될지도 모른다.

후보들의 소셜 프로필을 훑어보니 버즈 알 아랍 호텔 앞에서 버킨백을 든 패션 인플루언서들, 부가티를 타고 아우토반을 질주하는 슈퍼카 테스트 드라이버들, 바이오에 '구글에서 날 찾아보세요, 그게 더 쉬움'이라고 적어놓은, 다이아몬드가 박힌 50만 달러짜리 시계 수집가, 그리고 몰디브에서 똑같은 5성 호텔 리조트 네 곳을 돌며 소일하는 듯한 여행 인플루언서 한 명이 눈에 띈다.

가장 영향력 있는 인플루언서에게 왕관을 수여하려 하는 시상식에서, #IAM의 목록에는 호화로운 라이프스타일과 시계의 감정가가 너무 많아 보이고, 인기 있지만 덜 화려한 카테고리는 빠져 있는 게 눈에 띈다. 작년 도전자들은 확실히 내 뉴스피드에 보이는 포괄성이나 다양성을 반영하지 않는다. #IAM 웹사이트는 후보들을 숫자와 '전반적인 외양과 느낌, 일관성, 감정을 유발하고 팔로워들에게 영감을 주고 권능을 부여하는 능력'을 기반으로 심사한다고 말한다. 행간에 숨어 있는 기준은 엄청난 재산이나 엄청나게 조각 같은 외모, 또는 둘 다인 듯하다.

#IAM의 배경인 모나코가 인스타그램에 적합하다는 것은 부정할 여지가 없지만, 그 공국의 인플루언서 선정에는 모순이 따른다. 인플루언서들이 전통적 게이트키퍼들과 결별하고 평범한 사람들이 인기를 얻는 변화를 표상한다면, 그들은 모나코의 역사적 입헌군주제와 그다지 어울려 보이지 않는다. 모나코는 1297년 이래로 그리말디 가문 House of Grimaldi이라는 단일한 가문의 통치를 받아왔고,

국가 정부 역시 그 가문에서 임명된다. 세계에서 두 번째로 작은 이 국가의 상류층 진입 기준을 감안하면, 이른바 인터넷의 민주화를 치하하기에 썩 어울리는 장소는 아닌 듯하다.

각 부문의 수상자가 크리스털 해시태그 트로피를 받는 것을 온라인으로 구경하면서 나는 인플루언서 시상식이라는 개념에 위화감을 느낀다. 누가 '베스트 인플루언서'상을 받았는지, 누가 인터넷을 진정으로 뒤집어놓았는지 알고 싶다면 숫자들은 이미 다 나와 있다. 팬과 팔로워와 브랜드 계약을 통해 수량화되어 있다. 승자에게 왕관을 주는 것은 심사위원단의 몫이 아니다. 특히 그 심사위원단이 패션 디자이너, 잡지 편집자, 그리고 하급 귀족층으로 이루어져 있다면 말이다. 그들은 인플루언서들이 무너뜨리는 바로 그 제도들의 대표이기 때문이다.

소셜 미디어 이용자 100만 명이 독립적으로 표를, 그리고 '좋아요'를 이미 던졌는데 왜 자기네끼리 뽑은 패널의 의견에 귀를 기울여야 하는가? 시상식이라는 형식은 뭔가 군더더기처럼 느껴진다. 물론 모나코 인플루언서 어워즈에서 선택된 승자들은 반드시 인터넷에서 가장 강력한 인플루언서들을 대표할 필요는 없다. 그보다는 어떤 매우 특정한 유형의 철학을 떠받치는 이들일 것이다. 국제 제트족 상류층이 인플루언서로 진화한 형태. 놀랍지 않게도, 세계의 '톱 인플루언서들'에 대한 군주국의 지원과 축하는 단순히 현 상황을 강화한다.

그 시상식은 '세계 최고의 인플루언서'에게 왕관을 씌워주려는 의도라기보다는 모나코 정권을 수호하기 위한 새로운 방안의 유용한 지렛대에 더 가깝다. 콘텐츠 크리에이터가 단순히 좁은 범위의 라이프스타일만이 아니라 전체 사회 시스템에 영향을 미치는 잠재력을 승인하는 것이다. 비록 전 세계의 인플루언서들이 모나코를 찾아오는 표면적인 이유는 패션, 코미디 또는 요리 분야에 대한 기여로 상을 받는 것이지만, 그들 모두는 사실 궁극적으로 모나코 그 자체에 봉사하고 있다. 그리고 그 점에서 인플루언서 시상식은 전혀 퇴보가 아니다.

정치 인플루언스 실험

자국의 소프트파워를 확장하기 위해 인플루언서를 이용하는 실험을 공식적으로 처음 시도한 국가는 모나코가 아니다. 2019년 사우디아라비아는 리야드 외곽 사막에서 MDL이라는 음악 축제를 처음 열면서 소셜 미디어 스타들을 초대했다. 진행 비용은 27억 달러가 투입된 그 국가의 비전 2030 기금으로 충당되었다. 이는 더 광범위한 지정학적 이미지 재활 프로그램의 일환이었다.[7] 휴먼라이츠워치Human Rights Watch는 그것을 '해당 국가가 만년 인권 침해국이라는 이미지를 탈피하고자 내세운 의도적 전략'이라고 불렀다.[8]

"사우디아라비아는 제가 지도에서 찾아보고 '거기에 꼭 가보고 싶어'라고 말할 만한 곳이 아닙니다." 가제츠보이GadgetsBoy라는 이름으로 활동하는 테크 인플루언서 토미 아데바요Tomi Adebayo가 내게 말했다. "……그들은 그저 오라고, 와서 어떤 느낌인지 직접 보라고 말했죠." 유럽과 아메리카의 인플루언서들은 개인 제트기를 타고 날아와 세계 자유 지수에서 끝에서 7위를 차지한 국가를 새 라이프스타일의 명소로 바꿔놓기 위한 지오태그 포스트를 올리는 대가로 여섯 자리의 거액을 받았다고 한다.[9] 토미는 사진을 올리는 대가로 돈을 받거나 뭔가 계약을 하지는 않았지만 항공편, 관광 여행, 그리고 호화로운 호텔을 포함한 전체 비용을 정부에서 무료 제공받았다. "아마도 거기에 있어서는 안 될 수많은 사람을 초대했어요. 사우디아라비아의 행태를 지지해서는 안 될 사람들을요."

토미가 참석하겠다고 결정한 건 미디어를 통해 알고 있었던 것을 넘어 실제로 그 나라가 어떠한지 알고 싶은 욕구에서였다고 한다. "저는 호의적인 콘텐츠를 올렸지만, 자막을 통해 생각할 여지가 많다는 걸 표현했어요……. 사우디아라비아가 멋진 곳이라고 말하는 것처럼 들리고 싶지 않았어요. 그보다는 '거기에 가서 실제로 직접 보니 좋았다' 쪽이죠. 축제에 관해서는 전혀 안 다뤘어요." MDL은 코첼라와 큰 거리가 있고("알코올이 없는 축제였어요. 나흘 동안 사람들은 그저 레드불과 커피만 마셨죠") 리야드는 엄밀히 말해 인플루언서 라이프스타일에 봉사할 준비가 되어 있지 않았다. 토미가 길거리에서 여성 패션 인플루언서 친구를 촬영하려 하자 행인들의 이목이 집중되었고, 토미의 인플루언서 친구들은 '안절부절못했다'.

MDL 실험은 역효과를 낳았다. 스토리와 브이로그가 올려지자, 댓글난과 언론 헤드라인을 통해 재빨리 사우디아라비아 정권과 그들에게 초대받은 인플루언서들 양측에 대한 비판이 확산되었다. '몽땅 백인인 @revolve 인플루언서 여행보다 더 나쁜 게 뭐게?' 인스타그램의 @dietprada는 그렇게 물었다. '#콘텐츠 크리에이션(다른 말로 프로파간다)을 대가로 커다랗고 두꺼운 수표 뭉치를 긁어들이는 거지.'

2020년 러시아 정부 관료들은 푸틴 정부를 2036년까지 연장하는 데 힘이 될 국민투표를 앞두고 잘나가는 자국 내 인플루언서들을 접촉했다. 아마도 자신이 러시아에서 가장 인기 있는 인플루언서라고 해야 할 푸틴(푸틴은 인스타그램에 딱 어울리는, 웃통을 벗고 낚시하고 말을 달리는 사진을 전략적으로 올린다)은 확실히 다른 인플루언서들과 기꺼이 손을 잡으려 했다. 〈뉴욕 타임스〉 보도에 따르면 러시아의 가장 인기 있는 뷰티 구루들, 브이로거들, 그리고 자동차 인플루언서들이 구독자에게 헌법 수정에 찬성표를 던지도록 조언하는 포스트를 올리는 대가로 최고 10만 파운드를 제안받았지만 많은 이들이 장래의 파트너십 기회, 진정성, 그리고 브랜드 이미지 손상을 이유로 거절했다.[10]

거침없는 발언으로 잘 알려진 러시아의 인플루언서 카티야 코나소바Katya Konasova(인스타그램 바이오에는 러시아어로 '난 다른 사람들이 침묵하는 것을 말한다'라고 적혀 있다)는 110만 명의 유튜브 구독자를 대상으로 올린 16분짜리 브이로그에서 이렇게 상세히 보고했다. "누구나 이해할 수 있는 쉬운 말로, 법 개정은 나쁜 게 아니라 사실은 좋은 거라고 설명하라고 하더군요. 바로 거절했어요. 그건 제 원칙에 어긋나니까요. 그러자 저쪽에서는 이러더군요. '흠, 유감이군요. 하지만 이미 동의한 사람들이 있어요.'" 그 영상은 70만 회 이상 조회되었다. "왜 내가 개정 광고에 동의하지 않았냐고요?" 코나소바는 말을 이었다.

"가장 중요한 건 헌법, 우리 국가의 기본적인 법은 인플루언서들과 스타들이 광고할 게 아니기 때문이죠. 그건 인스타그램 엉덩이 붓이나 로션처럼 사고파는 게 아니에요. 상품이나 서비스가 아니에요. 이건 우리의 미래를 파는 겁니다."

이런 정치 인플루언서 실험은 단순히 서구에서 이미 작동 중인 시스템의 더 나아간 버전일 뿐이다. 봇, 트롤, 꼭두각시 계정, 그리고 뒷광고에 이어 정부가 콘텐츠 크리에이터를 이용해 자신들의 의제를 밀어붙이는 것은 디지털 영향력과 정치적 영향력의 융합의 논리적인 다음 수순이다. 정치가들은 이미 인플루언서처럼 행동하고 있으며 플랫폼은 갈수록 정치화된다. 대통령 지망생들은 밈으로 선거 유세를 하고 하원의원인 알렉산드리아 오카시오 코르테스는 트위치에서 스트리밍을 한다. 결국 인플루언서와 정치가는 공통점이 많다. 브랜드 프로파간다를 대량 생산하고 팔로워를 모으고 여론을 들쑤시고, 동맹을 만들고 깨고, 정상을 차지하기 위해 무자비한 순위 매기기의 계단을 올라간다.

트럼프는 아마도 정치적 인플루언서의 궁극적 본보기일 것이다. 트위터를 이용해 자신의 성격을 추종하는 컬트를 양성하고 선거 유세 기간에 온라인 인플루언서의 문화적 권력을 현실 세계의 권력으로 바꿔놓았다. 그리고 당선된 후에는 자신의 제도적 권력을 역으로 이용해 온라인 영향력을 계속 축적했다. 개인 계정(@realDonaldTrump)을 대통령 계정(@POTUS)보다 즐겨 이용하면서, 잦은 포스팅을 통해 임기 첫해에 600만 명 이상의 팔로워를 확보했다.

'트럼프는 정당정치를 넘어서 행위하는 인플루언서다. 기업 소통과 마케팅 기법을 적용하고, 소셜 네트워크에서 활동적인 커뮤니티의 관심을 끄는 효율적 포맷과 효과적 담론을 찾아냈다.' 2018년 〈소통과 사회Communication and Society〉에 실린 연구 논문 내용이다. 논문은 '스펙터클의 담론…… 새로운 정치적 전략가들에게 권능 주기 : 인플루언서들'을 다룬다.[11]

정치가들이 인플루언서가 된 것을 넘어, 그들이 존재하는 플랫폼은 이제 엄청난 영향력을 축적해 그 자체로 핵심적인 정치 참여자가 되었다. 그들의 데이터 뱅크, 정보 흐름에 미치는 영향력, 그리고 전 지구의 수백만 시민이 이용하는 공적 인프라스트럭처로서의 역할은 페이스북, 틱톡, 유튜브, 그리고 트위터를 심지어 가장 노련한 정치적 인플루언서들조차 맞서 싸워야 하는 권력으로 만든다. 2020년 8월 트럼프는 국가 사이버 보안 문제를 내세워 틱톡의 중국의 모 회사가 45일 안에 미국 협력사를 찾아내지 않는 한 앱을 금지하겠다는 대통령 행정명령을 발동했다. 비록 그 행위는 표면상으로 미국 시민의 이용자 데이터를 보호하려는 수단이었지만(공직자들은 중국 정부에 데이터가 넘어갈 것을 우려했다), 한편으로는 글로벌 플랫폼을 차지하려는 국가 간의 전투를 상징했다.

트럼프의 대통령 시절 자문이었던 켈리앤 콘웨이Kellyanne Conway의 딸인 클로디아Claudia는 그 전에 140만 명에 이르는 자신의 팔로워에게 반공화당 틱톡을 올림으로써 정치적 폭풍을 일으켰는데, 그 명령에 대한 저항으로 이렇게 트윗했다. '어이 @realDonaldTrump, 내 틱톡 계정을 없애고 싶으면 그냥 그렇게 말하지 그래요.' 소셜 플랫폼의 주요 참여자로서 인플루언서들은 구석구석 스며든 엄청난 규모의 권력 시스템에 붙들려 있다.

하지만 인플루언싱은 또한 그 자체로 권력 시스템이다. 참여하는 모든 이에게 지위를 매기고 보상하는 사회적 언론 위계질서다. 이 디지털 계급제도의 계층화는 오프라인 계급제도와 다소 유사성을 가진다. 어떤 주어진 플랫폼의 지배적인 상류층(공인, 미디어 아울렛, 그리고 국내파 소셜 미디어 유명 인사를 통해 플랫폼 밖의 신뢰도를 수입하는 브랜드들)은 수백만 팔로워를 자랑하며 유행하는 화제와 담론에 명확한 영향력을 가진다. 팔로워 수가 더 적을수록 시스템 내 가시성은 더 낮아지고, 정보 흐름에 영향을 미치는 능력 역시 떨어진다. 가장 낮은 계급에 속한, 가장 적은 팔로워를 가진 이들은 대체로 허공에 포스팅한다.

소셜 미디어 계급 체제의 존재는 트위터에서 정기적인 마찰을 야기하는데, 거기서 이용자들은 플랫폼 에티켓과 '조리돌림'에 관해 결론을 내리지 못한 채 논쟁을 계속한다. 작은 계정들은 더 큰 계정들이 자기들을 비판적으로 리트윗하는 것이 '두들겨 패는' 것이라고 주장하고, 더 큰 계정들은 팔로워 수가 더 적다고 해서 정확히 보호받아야 할 대상은 아니라고 주장한다.

비록 창작자 지평이 위계질서를 보여주긴 하지만, 설득력 있는 한 가지 약속이 그것을 뒷받침하고 있으니, 누구든 인플루언서가 될 수 있다는 것이다. 필요한 것은 그저 휴대전화와 올바른 마음가짐이 전부다. 최고의 창작자들이 그 위치에 오른 것은 오로지 대중이 '좋아요'와 '구독'을 눌렀기 때문이며, 대중은 언제고 자유롭게 팔로우와 팔로우 취소를 할 수 있다. '플랫폼'이라는 단어는 본질적으로 평등을 함의한다. 그것은 디지털 계층 이동의 기회를 공평하게 제공하는 편평한 조직적 구조다. 이 산업(그리고 그 안에서의 내 위치)은 체제가 문을 열어주고, 기회를 만들고, 창작자와 청중 양측의 삶을 더 낫게 만들어준다는 생각에 근거를 둔다. 인플루언싱은 자유, 유연성, 그리고 개인 권능 부여의 철학으로 팔린다. '가능한 한 최고의 삶을 살아라, 자신의 보스가 되어라, 사랑하는 일을 하면서 돈을 벌어라, 해시태그 목표들, 해시태그는 오로지 좋은 분위기만.' 인플루언서들은 추정컨대 제도로부터 개인으로의 권력 이동, 기존 체제를 흔드는 민주화 과정, 그리고 정보 문화 기술의 혁명을 표상한다.

하지만 미래가 아니라 과거를, 기술의 역사를 살펴보면 어쩌면 그건 사실이 아닐지도 모른다. "권력이 다른 측의 손에 넘어가는 게 아닐 때, 전 그걸 선뜻 혁명이라고 부르고 싶지 않습니다." 기술에 회의적인 패리스 막스Paris Marx의 팟캐스트 「기술은 우리를 구하지 않을 거야Tech Won't Save Us」에서 기술사 교수인 마르 힉스Mar Hicks는 그렇게 말한다.[12] 힉스는 컴퓨터과학자이자 'AI의 아버지'인 조지프 와이젠바움Joseph Weizenbaum이 1976년에 처음 제시한 이론을 설명한다. 컴퓨터는 기본적으로 보수적인 힘이다. 기술은 현 상태를 보존하는 역할을 한다. 그리고 그 폭넓은 보급은 비록 표면적으로 진보의 외양을 보여주지만 사회적 진보를 돕는 게 아니라 가로막는 경향이 있다. 기술은 산업을 변화시키는 게 아니라 망가진 제도가 더한층 견고해지게 해주고, 그것 없이는 불가능했을 방식으로 규모를 키우고 중앙집권화하게 해준다.

힉스는 1980년대와 1990년대에 컴퓨터가 사회에 도입된 것에 관해 이렇게 이야기한다. "만약 컴퓨팅 혁명이 실제로 일어났다면 미국을 비롯한 국가들의 컴퓨터화로 인해 통제권자가 바뀌었어야 합니다. 사실은 그렇지 않았죠. 오히려 그건 억만장자 계층을 더 부자로 만들고 이미 권력을 쥔 사람들이 권력을 더 굳게 다지게 했어요. 그리고 솔직히 말해 그 덕분에 그토록 큰 성공을 거둔 거죠." 인플루언서에 관해서도 같은 말을 할 수 있다. 트럼프가 트위터를 지배하는 것, 소셜 미디어 플랫폼들의 단일 구조적 부상, 그리고 모나코, 러시아, 아랍에미리트 등이 인플루언서를 이용해 그들의 권력을 건설하는 현실은 기술의 민주화가 평범한 사람들의 손에 권력을 쥐어주는 게 아니라 최상위 권력을 얼마나 쉽게 강화할 수 있는가를 보여주는 또 다른 본보기일 뿐이다. 인플루언서의 부상으로 이득을 보는 것은 결국 누구인가? 그리고 이 시스템은 실로 얼마나 능력중심주의인가?

기회의 평등은 없다

비록 인플루언서 산업이 이론적으로는 인터넷에 연결되는 모든 이에게 열려 있다고 하지만, 현실적으로 창작자가 되는 것은 동등한 기회 활동이 아니다. 기본적 수준에서 특정 자원에 대한 접근이 필요하다. 인터넷 연결, 디지털 문해력, 편집을 위한 장비와 소프트웨어, 여가 시간, 에너지, 그리고 투자금. 인플루언서 지망생들은 소셜 미디어 학자 브룩 에린 더피Brooke Erin Duffy 박사가 말하는, 이른 바 '출세 지향적 노동aspirational labour'을 수행할 수 있어야 한다. 미래 보상에 대한 확신이 거의 없는 상태에서의 무보수 노동은 자연히 안전망을 갖춘 이들에게 유리할 수밖에 없다. '실천이자 노동자 이 데올로기 양측으로서 출세 지향적 노동은 콘텐츠 창작자의 초점을 현재에서 미래로 옮긴다. 그들은 노동과 여가가 공존하는 커리어의 전망에 간절히 매달린다.' 더피는 『사랑하는 일을 하면서 돈 (못) 벌 기(Not) Getting Paid to Do What You Love』에서 이렇게 쓴다. '출세 지향적 노동 자들은 언젠가 자기 생산성에 물질적 보상이든 사회적 자본이든 보 상을 받기를 예상한다. 하지만 그러는 동안, 그들은 브랜드 제품의 소비와 홍보에 매달려야 한다.'[13]

업계 종사자들은 그 사실을 인지하고 있다. "인터넷이 모두에게 동일한 수준의 접근성을 제공한다는 생각은 종종 실제 경험을 담아 내지 못합니다." 2020년 업계 내부 고발 계정 @influencerpaygap 을 운영하는 탤런트 매니저 아데수와 아자이Adesuwa Ajayi는 그렇게 지 적한다. "그것은 경기장을 평평하게 만드는 데는 보탬이 되었지만, 누가 뭐래도 불평등과 불공평함을 완전히 해결하지는 못했습니다." 인플루언서 지망생들이 맞닥뜨리는 다양한 장벽과 장애물이 있다. "예컨대 인종차별은 오프라인에만 존재하지 않습니다." 아데수와 는 말을 잇는다. 뚱뚱한 흑인 패션 인플루언서들은 같은 일을 하는 날씬한 백인들보다 더 심한 트롤링과 괴롭힘을 당한다고 스테파니 예보아는 지적한다. "인플루언싱은 정말이지 소수자들에게 예전에 우리가 목소리를 갖지 못했던 곳에서 목소리를 내게 해주었어요."

그녀는 소셜 미디어가 퀴어, 플러스사이즈, 신경다양성, 장애인, 그리고 흑인 공동체를 위한 공간을 만드는 데 힘을 보탰다고 말한다. "(그러나) 여전히 기준은 매력적이고 시스젠더이고 건장한 사람들입니다." 소셜 블레이드나 페이머스 버스데이즈Famous Birthdays 같은 업계 애그리게이터 사이트의 '톱 10' 순위표는 전체적으로 가장 성공적인 소셜 미디어 스타들이 표준에 들어맞는 이들임을 확인해준다.

"시간이 지나면서 점점 더 많은 진입 장벽이 나타납니다. 특히 돈이 관련될 때는 더 그렇죠." 아데수와가 말을 잇는다. "특권을 가진 이들은 다른 이들에겐 불가능한 방식으로 현금화할 능력이 있습니다. 특권층에 의해 통제될 때, 그 공간의 특정 측면의 상업화는 자연히 진입 장벽의 증가를 뜻합니다." 디지털 에이전시인 마그네틱 노스Magnetic North의 연구에 따르면 2019년 백인 인플루언서는 전체 협찬 기회의 61퍼센트를 차지했다(이전 5년간의 73퍼센트에서 하락했다).[14]

유색인종 창작자는 흔히 백인 창작자보다 훨씬 더 적은 돈을 번다. 심지어 상품과 지표가 동일하고 같은 캠페인을 하고 있을 때도 그러하다. 아데수와의 @influencerpaygap 프로젝트는 창작자로부터 익명의 제보와 요율을 접수해 인플루언서에게 그들의 가치를 더 잘 알려주는 것이 목적이다. 스테파니는 자신의 인스타그램 페이지에서 백인들만 대상으로 하는 인플루언서 브랜드 여행을 지적했는데, 그 이유를 어느 정도는 뒤편에서 활동하는 이들 간의 다양성 부족으로 돌린다. "마케팅과 홍보 담당자는 여전히 압도적으로 백인과 비장애인이에요." 스테파니가 말한다. "전 3년째 홍보 일을 하고 있는데, 거기서 흑인은 저 혼자였어요. 뚱뚱한 사람도 저 혼자였죠."

소수자 특성을 가진 인플루언서들은 흔히 특정한 틈새시장에만 갇혀 있는 반면, 표준에 부합하는 이들은 다양한 범주 사이를 유연하게 오가고, 새로운 관심사를 개발하고, 새로운 수익원을 열 수 있다. "확실히 분류되고 있어요." 스테파니가 말한다. "저는 이전에 플러스사이즈 뷰티 블로거로 불렸어요. 전 이러죠. '아니, 그런 건 없어요. 전 그냥 뷰티 블로거예요. 그건 말도 안 돼요.'라고요."

2019년 인플루언서 마케팅 요금 보고서에서, 클리어는 여성 인플루언서의 요율이 남성 인플루언서보다 33퍼센트 떨어진다고 보고했다. 그 차이는 포스트당 평균 108달러였다. 2020년에는 그 격차가 128달러로 벌어졌다. '요율은 종종 인플루언서들에 의해 정해지고, 그 후 협상이 이루어집니다.' 클리어는 블로그 포스트에서 그렇게 설명했다. '이는 전형적으로 남성에게 유리한 과정입니다. 남성들은 흔히 높은 요율을 설정하고 더 공격적으로 협상합니다.'[15] 팬들은 남성 인플루언서를 위한 '유리 엘리베이터'가 있다며 투덜댄다. 전통적으로 여성에게 속했던 직업 분야에 남자들이 들어와 더 높이, 그리고 더 빨리 승진하는 현상이다. 유튜브 뷰티 인플루언서 중 조회 수가 가장 높은 최상위 두 명은 10대 '커버보이Coverboy' 제임스 찰스와 논란이 많은 글램 구루 제프리 스타다.

r/뷰티구루채터 게시판에 실린 '메이크업계의 남성들에 대한 불만frustrated at men in makeup'이라는 제목의 포스트에서 한 레딧 이용자는 이렇게 불만을 토로했다. '뷰티 분야 여성들이 같은 분야의 남

자들보다 더 가혹한 비판을 받는 것 같아. 예컨대 난 만약 j*(제프리스 타)가 여성이었다면 순식간에 캔슬되었을 거라는 확신이 있어.' (스 타는 인종차별적 발언을 한 전력이 있고 〈인사이더〉의 보고에 따르면 성폭력, 육체적 폭력을 저지르고 돈으로 무마한 혐의가 여러 건 있다.[16]) 거기엔 '맨트리피케이션Mentrification이지 :('라는 공감 댓글이 달렸다.

불평등은 종종 플랫폼 자체에 태생적으로 존재한다. 소셜 미디어 네트워크는 캘리포니아 대학교 정보연구학과 교수인 사피야 노블Safiya Noble 박사가 '억압의 알고리즘'이라고 명명한 것을 운용한다. 그것은 인간 운영자의 편견 및 종종 제한된 데이터를 반영하고 증폭하며, 이는 '인종과 젠더 프로파일링, 잘못된 표상, 그리고 심지어 경제적 차별'로까지 이어진다. '성인용' 또는 '성적'으로 인지되는 자료는 종종 퀴어 인플루언서들에게 불리하게 작용한다. 꼭 구체적으로 성인용 테마를 다루지 않더라도 말이다.

2019년 캘리포니아의 LGBTQ(성소수자인 레즈비언Lesbian, 게이Gay, 양성애자Bisexual, 트랜스젠더Transgender, 퀴어Queer를 지칭하는 말 - 옮긴이) 유튜버들이 모여 유튜브를 고소했다. 유튜브의 자체 검열에 대한 집단소송은 유튜브 플랫폼의 '불법 콘텐츠 규제, 유통 및 수익 창출 관행이 LGBT 원고들과 더 큰 LGBT 공동체에 낙인을 찍고 제약하고 차단하고 수익 창출을 막고 재정적 손해를 끼친다'라고 주장했다. 소송 제기자들의 주장에 따르면 LGBTQ에 속하지 않는 창작자들이 올린 것은 그러지 않았는데, LGBTQ 창작자들이 올린 무해한 영상은 수익 창출이 금지되거나 제한되었다.[17] 청구인 대표인 샐 바르도Sal

Bardo는 자신의 수입이 75퍼센트 하락했고 조회 수는 매일 6만 회에서 5,000회로 떨어졌다고 주장했다.[18]

다른 규제들은 그보다 덜 가시화된다. 억양(젠더, 계급, 그리고 지역 인구구조와 관련된)은 유튜브 색인 내에서 어떤 창작자의 가시성을 저해할 수 있다. 2017년, 워싱턴 대학교 언어학과는 유튜브의 자막 시스템 내의 방언 편견에 대한 연구를 통해 그 플랫폼의 자동 발화 인식 소프트웨어, ASR(올라오는 모든 영상에 대한 트랜스크립트와 자막을 생성하는 데 이용되는 기술)이 '방언'이거나 표준에서 벗어난 발음과 억양을 해석할 때는 정확성이 떨어진다는 것을 보여주었다. 그리고 여성의 음조를 더 처리하기 힘들어하는 경향도 있었다. 스코틀랜드 여성들은 가장 심하게 영향을 받는 집단으로, 그들의 대화를 이해할 수 없는 웅얼거림으로 처리하는 '단어 실수 확률'이 상당히 높았다.[19]

유튜브는 검색 결과에 뜨는 영상의 순위를 결정하는 데 트랜스크립트와 자막을 사용하므로, 표준 발음을 하는 사람들에 비해 그렇지 못한 사람들은 믿을 수 없는 ASR로 인해 덜 노출된다. 그것은 또한 이런 자막이 필요한 청각 장애가 있는 청중을 배제한다. '만약…… ASR 시스템이 특권층 출신 이용자에 비해 사회적 약자 집단 출신 이용자에게 지속적으로 불리하게 작용한다면, 이는 기존의 불평등을 심화시킨다.' 이것이 보고서의 결론이다.[20]

스테파니는 인스타그램의 규제에 직접 맞섰다. "비만 용인/BoPo(보디포지티브body positivity) 포스트를 올릴 때, 우리는 수영복 입은 몸을 보여주었다는 이유로 노상 금지나 차단을 당하고 있어요." 스테파니가 말한다. "우리는 영상이 삭제되거나 차단당한 지 이틀쯤

후에 그 사실을 알게 되곤 해요. 이유는 모르겠지만, 더 큰 몸은 더 노골적으로 보이나 봐요." 스테파니는 이런 불평등에 관해 여러 차례 플랫폼에 맞섰고, 드디어 2020년에 인스타그램이 반나체 정책을 재검토하게 만드는 데 성공했다.

일관적이지 못한 공동체 기준 적용은 때때로 더 큰 시스템적 불평등의 부산물일 수도 있다. 다른 표준시간대에서 일하는 아웃소싱 하도급 업자들은 종종 빨간 깃발이 뜬 이른바 '테러 큐terror queue' 를 대상으로 모호하고 특정 문화에 구체적일 수 있는 관리 가이드라인을 겨우 몇 초 만에 해석하고 적용해야 한다. 2019년 〈더 버지The Verge〉는 인스타그램 모회사인 메타Meta의 콘텐츠 관리에 관해 탐사보도를 발표했는데, 그곳의 조건들을 스웻숍sweatshop에 비견했다. 노동자들은 제대로 된 보수와 훈련을 받지 못하며 아동 포르노그래피와 동물 학대 영상을 꼼꼼하게 살펴 추려내야 하는 가혹하고 과도한 업무 부담을 지고 있다. 또한 유두를 드러낸 인물이 '남성'인지 '여성'인지를 순식간에 판단하는 것 역시 거기에 포함된다.[21]

다른 플랫폼 정책들은 더 노골적이다. 2019년 틱톡은 자사의 관리팀이 장애가 있거나 머리색이 빨갛거나 과체중인 이용자가 등장하는 영상에 의도적으로 깃발을 달고 억압했다는 사실을 인정하면서, 그 정책이 자사를 보호하기 위한 반불링反Bullying 수단이었다고 주장했다.[22] #포유 페이지에서 성공하기 위한 '공식'을 해킹하는 것은 그 자체로 틱톡의 게임이었다. 2019년 말, 한 무리의 알고리즘 낚시 영상이 '#알고리즘실험algorithmexperiment'이라는 해시태그하에 바이럴을 타기 시작했다. 거기서 창작자들은 콘텐츠는 비슷하지만(춤,

노래, 밈) 시각적으로 차이가 나는(웃음, 의상, 화장, 필터, 배경, 휠체어) 영상 두 편을 올림으로써 각자 실험을 했다. 자신의 어떤 '버전'을 플랫폼이 더 인기 있다고 여기는지를 확인하려는 의도였다.

2020년 〈더 인터셉트The Intercept〉는 이런 발견을 몇 단계 더 진척시킨 두 편의 내부 관리 문서를 발행했다. 첫 문서에는 바이트댄스ByteDance(틱톡을 서비스하는 기업 - 옮긴이)가 매력적이지 않다고 여긴 영상에 대한 검열을 상세히 서술했다. 관리자들은 '비정상적 체형', '못생긴 얼굴', '튀어나온 뱃살', '너무 많은 주름', '눈 장애'를 비롯한 수많은 다른 '질 떨어지는' 특성을 포함한 일련의 흠결을 담은 영상을 규제하도록 지시를 받았다. 거기에는 '슬럼, 시골 밭', 그리고 '무너져가는 집'처럼 '촬영 배경이 누추하고 허물어져가는' 영상들도 포함되었다. 두 번째 문서는 이념적인 면에서 라이브스트림에 대한 규제를 상세히 서술했다. 중국 정부, 군 또는 정치에 맞서는 것 같은 특정한 종류의 정치적 발언은 위험하거나 명예훼손의 소지가 있는 것으로 분류되었다.[23]

'이런 문서에는 반불링에 관련된 사유가 전혀 담겨 있지 않다.' 〈더 인터셉트〉는 그렇게 지적했다. '그와는 전혀 다른 사유를 명시적으로 인용하고 있다. 새 이용자들을 유지하고 앱을 키울 필요성이다.'[24] 비록 이런 사실이 뉴스에서 잔물결을 일으켰고 틱톡은 그 정책들이 더는 적용되지 않는다고, 또는 애초에 적용된 적이 없다고 주장했지만[25] 창작자들은 그저 오래전부터 품어온 의심을 확인했을 뿐이다. 시스템은 조작되었으며, 그 원인은 실수가 아니라 이윤 추구와 의도적인 제품 디자인이라는 것이다.

모든 게 바뀌었다

'이건 내 이야기다.' 레딧의 한 좌파 그룹에서 몇백 개의 붐업을 얻은 5,000단어 길이의 고백 포스트는 그렇게 시작한다. '2015년 6월, 도널드 트럼프는 미국 대통령 출마를 알렸다. 난 2016년 11월 8일 트럼프에게 투표했다. 그로부터 거의 3년이 지난 지금, 내 입장은 끝없는 열광에서 깊은 후회로 뒤집혔다. 젠장, 이게 무슨 일이지?'

그 뒤로 이어지는 길고 묘사적인 글에서, u/FmrTrumpist Throwaway는 극보수주의 파이프라인을 타고 내려온 자신의 10대 시절 경험을 회고한다. 우선 음모이론을 퍼뜨리는 보수주의자 부모 밑에서 자라던 어린 시절에 밈과 게임에 열중했던 것, 나중에 자의식과 현실 부적응을 느끼면서 갈수록 더 많은 시간을 아무런 감독도 없이 온라인에서 보낸 것. 그 후 게이머게이트가 왔다. 10대였던 날 겁먹고 인터넷 게시판을 떠나게 만든 그 사건 말이다.

'게이밍 공동체 곳곳에서 일어나던 거대한, 분열을 일으키는 스캔들에서 나는 눈을 뗄 수 없었다.' 글쓴이는 회고한다. '난 매일 에잇챈에 도사린 채 이번에는 어떤 분홍 머리의 페미니스트가 괴롭힘을 당하는지에 대한 최신 소식을 접했다. 그리고 이 모든 것의 불가피한 결론은 게이밍 언론을 털끝만치도 믿을 수 없다는 것이었다. 그리고 그 연장선으로, 주류 언론 역시 마찬가지였다……. 그러나 내가 의심하지 않은 것은 유튜브를 비롯한 플랫폼들의, 실제로 우리 대다수와 마찬가지로 이 세상을 살아가는 보통 사람들의 의견이었다.'

글쓴이가 묘사하는 것은 훗날 극보수라고 알려지게 되는, 새로운 종류의 온라인 인플루언서의 등장이다. 2010년대 내내 갈수록 극단주의적인 인물이 소셜 미디어에서 득세하기 시작했다. '유혈 스포츠' 논쟁, 호모포비아적이고 반페미니즘적 논란거리, 그리고 얇은 가면 뒤에 숨은 과학적 인종주의 주장을 퍼뜨리는 그 지지자들은 자칭 '지적인 다크 웹Intellectual Dark Web'의 권력자인 데이브 루빈Dave Rubin, 조던 피터슨Jordan Peterson, 그리고 벤 샤피로Ben Shapiro, 인터넷 토크 쇼 호스트 스테판 몰리뉴, '인포워스InfoWars' 음모이론가 폴 조지프 왓슨, LGBTQ 행동주의를 비난하는 트랜스젠더 브이로거 블레어 화이트Blaire White, 그리고 자신의 구독자들에게 피부 관리 루틴, 육아 팁, 그리고 백인 인종 말살 음모이론을 공유하는 현모양처 라이프스타일 인플루언서 아일라 스튜어트Ayla Stewart, 이른바 '목적 있는 아내Wife with A Purpose'를 아우른다.

이 불쾌한 유튜버들의 명단은 2018년 데이터&소사이어티Data & Society의 연구자 레베카 루이스Rebecca Lewis가 내놓은 「대안 인플루언스 네트워크Alternative Influence Network」에 공식적으로 실려 있다. 루이스는 그들을 '주류에 속하는 자유주의와 보수주의로부터 더 나아가 노골적인 백인 민족주의까지 다양한 반동적인 정치적 입장을 홍보하기 위해 유튜브를 이용하는' 81채널 출신의 65명의 '학자, 미디어 전문가, 그리고 인터넷 유명 인사'로 묘사했다.[26] 그리고 그들은 미국에서 신우익의 부상에 불을 붙이고 있었다. '난 스티븐 크라우더와 스테판 몰리뉴와 인터넷 귀족(미스터 메토커Mister Metokur)을 가끔 봤다.' u/FmrTrumpistThrowaway는 회고했다. '내가 멍청한 SJW(사회정의 전사들Social Justice Warriors)를 비웃으려고 보는 잡다한 채널

이 여럿 있었다.'

극보수주의 이념이 매혹적이긴 했지만 '그 모든 것의 가장 중요한 핵심은 솔직히 재미였다'. 글쓴이는 말한다. '밈, 농담, 헛소리 포스트, 그리고 포복절도할 영상이 있었다……. 극보수주의는 그냥 내게 희망만 준 게 아니라 고향도 줬다.' 시간이 지나면서 '이런 공간에 중단 없이 몰두하다 보니 이런 똑같은 사상이 계속해서 끊임없이 반복되어 진실로 느껴지는 지점에 이르렀다'. 주류 언론과 기성 서사를 거부하고 갈수록 더 많은 시간을 화면 앞에서 보낸 글쓴이는, 인터넷 용어에 따르면 '빨간 약을 먹었다'. '난 내가 기백 넘치는 자유사상가라고 생각하는 노리개였다.' 글쓴이는 그렇게 회고한다. '하지만 현실에서, 한 인간으로서 내 불안은 정치적 이득을 위해 착취당하고 네오나치들이 날 극보수주의 파이프라인에 밀어 넣으려고 만든 객관적으로 틀린 세계관으로 가공되었다.' 2016년 트럼프의 궁극적인 선출은 '정당한 승리처럼 느껴졌다……. 내가 진보주의자들에게 이겼어! 내가 SJW를 엿 먹였어!' 잠시 동안은 성취감을 느꼈다. '그 후 난 콘트라포인트ContraPoint를 발견했다.' u/FmrTrumpistThrowaway는 말한다. '모든 게 바뀌었다.'

그 일은 어느 날 저녁 내게도 일어났다.

노트북 위로 구부정하니 허리를 숙인 채 유튜브 드라마 영상과 큐어넌 음모 브이로그(코로나로 인한 록다운 시절 나의 수많은 밤을 책임진, 자기 고문적인 콘텐츠의 소용돌이)에 몇 시간째 깊숙이 빠져 인사불성 상태로 느려져 있던 내 뇌를 퍼뜩 깨운 것은 자동 재생 영상이었다. 요란한 조명에 중세의 합창 음악이 깔린 화면에서, 반짝이는 야회복 드레스를 입고 벨벳 긴 의자에 누운 매력적인 젊은 금발의 여성이 날 손 짓해 부르고 있었다. 귀와 목에는 모조 장신구가 잔뜩 달려 있었다. 크레셴도로 치닫는 음악 속에서 여자는 시청자를 향해 연극하듯 연설을 이어갔다. 일부는 설교, 일부는 루폴RuPaul(미국의 드래그 퍼포머이자 예능인 — 옮긴이) 식이었다. "동지들, 패배자들, 그리고 헤이터들!" 화면이 뚝 끊기더니 여자는 갑자기 가발과 징 박힌 개목걸이만 빼면 알몸으로 누워 있었다. 값싼 장신구를 주렁주렁 단 채 가장자리까지 물이 채워진 황금 욕조에 누워 아크릴 손톱으로 움켜쥔 샴페인 잔을 홀짝였다. 여자는 유혹하듯 웃었다. "우리가 가진 문화적 신화의 핵심 서사는 무일푼에서 거부가 되는 거죠⋯⋯."

욕조 안에 누운 채로, 여자는 얼핏 이질적으로 보이는 각각의 점을 잇달아 어지럽게 연결하는 하나의 서사를 엮어나가기 시작한다. 맥맨션, 칸트, 니키 미나즈Nicki Minaj, 분수 효과, 호피 무늬, 니체, 무도회장, 그리고 베드 배스 앤드 비욘드Bed Bath & Beyond. "부유하고 강력한 이들에게 풍요는 과시flex입니다. 자기네가 가진 부와 권력을 전시하는 거죠." 여자는 말을 잇는다. "하지만 주변화되고 빈곤한 이들에게 풍요는 그들이 박탈당한 부와 권력의 복제품simulacrum 입니다⋯⋯." 화면은 뮤직비디오, 트윗 캡처, 그리고 도나텔라 베르사체Donatella Versace의 얼굴을 하고 크리스털 병을 쥔 자유의 여신상 포토샵으로 매끄럽게 넘어가고, 뷰티 구루인 지지 고저스Gigi Gorgeous의 2017년 브이로그 「1주일 동안 월마트 옷만 입었어요I Wear Walmart For A Week」와 제프리 스타의 「개인 제트기 버거킹 먹방Private Jet Burger King Mukbang」의 클립들을 삽입하면서 계급과 지위가 어떻게 열망 및 미학과 상호 작용하는지를 설명한다.

그 독백을 깨고 다른 유명한 유튜버들이 목소리로만 출연해 수전 손택, 존 워터스, 그리고 오스카 와일드의 문구를 인용한다. 여자는 그 인용을 멈추고 다음과 같은 시급한 질문을 던진다. "도널드 트럼프의 아파트는 왜 리버라치Liberace가 투르크메니스탄의 독재자와 결혼해 치즈케이크 공장에 입주한 것처럼 보일까?" 그리고 유튜버들이 마르크스주의 계급투쟁에서 어디에 속하는가 하는 질문을 던지기 위해, 뷰티 브이로거들이 흔히 쓰는 공허하고 상업적인, 끝을 올리는 말투를 사용해 자신의 요점을 전달한다. "그니까, 부르주아 & 프롤레타리아 - 뉴규? 그 여자는 누구지? 그 여자의 서머 컬렉션은 어디 있지?"

그리고 유튜브의 토끼 굴로 빠져든 난 브이로거 내털리 윈Natalie Wynn의 '풍요 : 모든 것을 소유함의 미학'이라는 제목의 영상 에세이를 마주쳤다. 130만 명의 헌신적인 팔로워는 내털리를 콘트라포인트라고 부른다. 조회 수가 150만 회에 이르는 49분 6초짜리 영상은 소셜 미디어 속어로 번역된, 시각 효과와 비평 이론의 강력한 혼합물이다. 내털리는 자신의 채널에 대중문화 분석, 만화경 같은 무대 세트, 인터넷의 내부자 농담, 그리고 자본주의 평론을 능수능란하게 혼합한 패러디 브이로그를 올린다. 니콜라스 빈딩 레픈Nicolas Winding Refn(미장센으로 유명한 덴마크 출신의 영화감독 - 옮긴이)을 만난 애덤 커티스Adam Curtis(영국 출신의 다큐멘터리 감독 - 옮긴이)가 알고리즘을 만난 거라고나 할까. 한참 시간이 지난 후, 난 감전된 듯한 짜릿함 속에서 시간도 잊은 채 타는 듯한 눈으로 「자본주의의 문제점들What's

Wrong With Capitalism」(2부작),「캔슬링, 서구, 인셀, 미학, 아포칼립스, 남자들 Canceling, The West, Incels, The Aesthetic, The Apocalypse, Men」, 그리고「젠더 크리티컬 Gender Critical」을 게걸스럽게 시청했다.

난 곧 비슷한 선상에 있는 창작자들의 네트워크를 발견했다. 그들 다수는 원과 콜라보하고 원의 영상에 찬조 출연했다. 구독자가 100만 명에 이르는 강력한 채널인 애비게일 손 Abigail Thorn의 필로소피 튜브는 카뮈, 버크, 그리고 칸트의 작업을 극화한 일련의 초현실적 다크 코미디 콩트를 올린다. 80만 명의 구독자를 뽐내는 해리 브루이스 Harry Brewis, 다른 말로 에이치바머가이 hbomberguy는 영화 리뷰, 게임 스트리밍, 그리고「고스트버스터즈 Ghostbusters」에서 지구 온난화까지 모든 걸 다루는 영상 에세이를 올린다.

영상은 실제 삶의 경험에 영향을 미치는 의제를 더 깊이 파고들수록 현실로부터 더 멀어지는 듯 보인다. 원은 팬덤에 관한 이야기를 하려고 케이팝 K-Pop 열혈 팬으로 코스프레한 후 미학과 트랜스 정체성을 탐사하기 위해 드래그 퀸과 뷰티 구루로 코스프레하고 캣 걸, 파시스트, 그리고 경계와 합의에 관한 대화를 펼치기 위해 BDSM 관계의 도미넌트와 서브미시브(각각 지배자와 피지배자를 뜻한다-옮긴이) 역할을 동시에 한다. 손은 말을 타고 돌아다니며 영국 군주제를 자세히 설명하는가 하면, 우주복을 입은 채 자살과 정신 건강을 논하고, 스팽글로 장식된 긴 의자에 몸을 뻗고 누워서 예술과 팬덤에 관해 깊은 고찰을 펼치기도 한다. 난 흠뻑 빠져든다. 간신히 정신을 차렸을 즈음엔 정치적 이념과 인터넷 밈담의 넓은 들판을 지나온 후다. 난 '브레드필 breadpill'을 당했다.

브레드튜브를 아시나요?

브레드튜브BreadTube(내부자들이 '유튜브인데 좋은 거'라고 부르는)는 자본주의, 신자유주의, 소비주의, 정체성 정치학, 대중문화, 그리고 철학을 탐사하기 위해 유튜브라는 플랫폼을 이용하는 좌파 인플루언서들을 대충 뭉뚱그려 부르는 용어다. 이용자가 운영하는 애그리게이터 웹사이트인 'BreadTube.tv'는 그 장르를 가볍게 뭉뚱그려 '좌파 프로파간다' 또는 '인터넷의 주류에 맞서가는 품질 좋은 콘텐츠'라고 부른다. '우리는 사람들에게 이 세상이 돌아가는 방식, 그리고 우리의 미래에 대해 가능한 대안과 우리가 거기에 도달하려면 어떻게 스스로를 조직해야 하는가를 알려주고 싶다.' 그들의 색인에 올라 있는 영상을 보면 내가 앞서 본 것 같은 다채롭고 드라마틱한 영상 에세이 형태를 취한 것이 많다. 하지만 게임 스트리밍, 브이로그, 영화 리뷰, 코미디 스케치, 뷰티 튜토리얼, 티 영상을 비롯한 다른 대중적인 유튜브 포맷들 역시 정치적 담론을 위한 매개로 이용된다.

'브레드튜브'라는 용어는 무정부주의자이자 공산주의자였던 표트르 크로폿킨Peter Kropotkin이 1892년에 제시한, 이른바『빵의 정복The Conquest of Bread』이라는 정치 논쟁에서 빌려온 것인데, 크로폿킨은 그 논쟁에서 혁명 후 러시아의 조직에 대한 자신의 비전을 펼쳤다. 2018년 '브레드튜브'라는 용어를 레딧에서 처음 만든 창작자는 그 용어의 모호성이 결과적으로 유용했다고 지적했다. 예컨대 '레프트튜브LeftTube'처럼 좀 더 노골적으로 정치적인 이름에 따라붙을 거부감을 피하면서, 같은 정치적 입장을 가진 사람들을 결집하는 동시에 특정한 사람들에게 보내는 신호 역할을 할 수 있는 것이다.[27] 브레드튜브 팬들이 유튜브 댓글난의 혼돈에서 벗어나 채팅할 수 있는 플랫폼 바깥의 피난처인 커뮤니티 디스코드 서버에서는 '아나르코 공산주의자/자유지상주의적 사회주의자'로 자기 정체화한 이들이 '진보적인 사민주의'를 논의하고, '무정부주의-노동조합주의 신봉자들'은 지극히 평범한 마르크스주의자들과 윙짤을 주고받는다.

모두가 브레드튜브라는 딱지나 그 공동체와 연계하지는 않는다는 점을 반드시 지적할 필요가 있다. 그건 창작자들이 스스로 정체화한다기보다는 시청자들에 의해 외부에서 적용되는 경향이 있다. '윽, 전 브레드튜브라는 용어가 역겨워요!' 애비게일은 이메일로 내게 말한다. '어떤 사람들은 스스로 그렇게 부르기도 하지만 전 좀 거리를 두고 싶네요…… 심지어 레프트튜브도 이제는 살짝 짜증나요.' 그 용어가 가리키는 유튜브 그룹은 비공식적이고 탈중앙화된 창작자들의 네트워크로, 어떤 정치 정당이나 서로에게 공식적으로 충성하지 않으며, 종종 그것의 정체성에 대한 상충하는 정의에 관해 대화하고, 그 목적을 토론하고, 그 명칭에 관해 투덜댄다. 그럼에도 시청자들은 유튜브의 정체성 그 자체인 협찬받는 브이로그와 소비주의적 장난 영상의 미궁 속에서 좌파적 콘텐츠와 서로를 발견하기 위한 편리한 약칭으로 '브레드튜브'와 '레프트튜브'를 계속해서 이용한다.

여러분이 특정한 용어를 선호하건, 아니면 마음에 드는 게 전혀 없건 대중적인 브이로거와 스트리머의 명확한 네트워크는 실제로 존재하며 필로소피 튜브, 에이치바머가이, 그리고 콘트라포인트 같은 예는 빙산의 일각에 불과하다. 내 유튜브 추천 바는 '안락의자 무정부주의자'이자 게이밍 스트리머인 바우시Vaush, 자칭 '오그라듬 옹호자/좌파 영상 변태' 피터 코핀Peter Coffin, 지적 대중문화 평론가 빅 조엘Big Joel과 린지 엘리스Lindsay Ellis, '좌파의 공주' 조던 테레사Jordan Theresa, 코미디언이자 영화평론가인 매기 메이 피시Maggie Mae Fish, 그리고 인어 머리를 한 오피니언 브이로거 겸 일러스트레이터 겸 활동가인 캣 블라크Kat Blaque를 보여주는데, 난 분석 영상「레프트튜브는 왜 백인 일색인가? Why Is LeftTube So White?」(조회 수 40만 5,000회)를 통해 캣 블라크를 발견했다. 이외에도 더 적은 팔로워나 더 구체적인 주제를 가진 훨씬 더 많은 이들이 있다.

브레드튜브 공동체는 하나의 대척점을 중심으로 연합하고 있다. 그것은 최근 몇 년간 유튜브 창작자와 동의어가 된 우파 이념이다. 공동체의 핵심 인물 다수가 특정한 갈등의 순간에, 다른 온라인 창작자나 정치 시스템에 맞서서 깨어난다. 피터 코핀은 2007년 초부터 유튜브에서 기성 체제에 맞서는 코미디 영상을 만들고 있었지만, 그것은 그 플랫폼에서 브랜드 협찬의 성장에 대한 비판에 화가 난, 새로이 떠오른 '기업 계급'의 창작자들과 여러 면에서 부딪혔다. 그것은 그들이 권력 구조를 탐사하는 원동력이 되었다. "그게 저를 좌파 정치학으로 이끌었고, 다시 마르크스로 이끌었고, 지금 우리가 있는 곳에 저를 데려다놓았죠." 스카이프 인터뷰에서 피터는 그렇게 간단히 요약한다.

애비게일은 영국에서 보수당이 주도하는 연립정부가 2012년에 등록금을 세 배 올리기로 결정한 이후 채널을 열었다. '왜냐하면

제 철학 학위를 공짜로 나눠주고 싶었거든요.' 애비게일은 회고한다. '그건 무정치적 기원이 아니죠.' 비록 온라인에서 반자본주의적 이념을 퍼뜨린다는 평판을 얻었음을 알고 있지만, 애비게일은 또한 자신의 작업이 좌파적인 것 못지않게 철학, 예술, 그리고 학습을 중점적으로 다룬다는 사실을 힘주어 지적한다. 하지만 '그건 확실히 불가피하게 영상에 영향을 미쳐요. 모든 다른 예술가의 작업에서 정치적 이념이 드러나는 것처럼요'. 유튜브 극보수주의의 부상에 좀 더 직접적으로 반응하기 위해 영상을 업로드한 창작자들도 있다. 대안적 시각을 제공하고 정치적 과격화에 대한 대안적 도구 역할을 하기 위해서였다. 내털리 윈은 콘트라포인트 채널을 2016년에 시작했는데, 게이머게이트와 그 대참사가 직접적인 영감이 되었다고 한다.

'내가 극보수주의를 벗어난 건 솔직히 (내털리 윈) 때문이다.' u/FmrTrumpistThrowaway는 말한다. '내털리는 그때까지 내가 본 누구와도 달랐다. 그 영상들이 적대적이지 않다는 점에서 말이다. 내털리는 소음과 혼돈의 바다 위로 솟아오른 이성의 목소리다. 우파가 가진 건 오로지 사이비 지성인 도그마와 밈뿐이었고, 그들의 유일한 목적은 요란하고 공격적으로 구는 것이었고, 가장 중요한 건 사람들에게 영합하는 것이었다……. 콘트라포인트는 온라인 인종차별주의자, 편견 소유자들이 실제로 인종차별주의자이고 편견 소유자임을 입증하는 데서 주류 미디어가 못한 일을 해냈다.'

이제 급진주의와 결별한 그 레딧 유저는 오랜 세월에 걸쳐 이루어진 세뇌에서 벗어나는 데 핵심 역할을 한 공을 브레드튜브에

돌린다. '콘트라포인트, 필로소피 튜브, 그리고 에이치바머가이를 보고 있을 때 난 대립하는 의견과 사고가 허용되며 대화와 비판적 사고가 독려되는 환경에 참여하고 있다. 극보수주의에게는 전혀 해당되지 않는 것들이다.' 이것은 매혹적인 이야기지만, 내가 브레드튜브에 그토록 호기심을 갖는 이유는 아니다.

첫눈에 보기에, 브레드튜브는 다른 모든 성공적 창작자와 유사하다. 브이로그, 스트리밍, 콜라보를 하고 매주 수백만 명의 헌신적인 팬을 위해 영상을 올린다. 브랜드 상품을 판매한다. 비드콘에 참석한다. 트위터에서 인증을 받는다. 밈을 올리고 알고리즘 업데이트에 관해 투덜댄다. 잠시 업로드가 뜸했던 데 대한 사과 영상을 올리고 '좋아요', 댓글, 구독을 잊지 말라는 말로 마무리한다. 시청자들과의 사이에 다른 모든 인플루언서가 하는 동일한 유사 사회적 관계를 형성한다. 그리고 그럼에도, 주류 인플루언서가 우리에게 피트니스 루틴이나 필요도 없는 추가적인 피부 관리를 판매하기 위해 그 관계를 이용하는 반면, 브레드튜버는 우리에게 그것에 대한 전복을 판매하고 있다. 브레드튜브는 그냥 우파만 들이받는 게 아니라 인플루언스 자체를 들이받는다.

젊고 생기 넘치는 얼굴에 픽시 컷 pixie cut (여성의 짧은 헤어스타일 – 옮긴이)을 하고 뷰티 인플루언서를 생각나게 하는 대담한 형광 핑크 아이섀도를 칠한, 외향적인 매기 메이 피시는 자기 방에서 브이로거 스타일로 카메라 앞에 앉아서 뷰티 구루 재클린 힐의 오염된 립스틱 출시 대참사를 둘러싼 드라마를 파고드는 티 영상을 올린다. "재생산권을 강제로 빼앗김으로써 기분 전환이 필요했던, 뜨거운 피를 가진 모든 다른 사람과 마찬가지로, 최근 전 재클린 힐과 립스틱 게이트에 홀딱 빠졌어요." 매기는 말한다. "여기서 재클린 힐에게 무슨 일이 일어나고 있는지 잠깐 살펴보죠. 그리고 무엇이 그 대참사를 이끌었는지를요."

그녀의 영상은 다른 모든 드라마 채널처럼 당신을 끌어들인다. 고소해하는 투의 상세한 설명과 의심스러운 립스틱을 언박싱하며 비명을 지르는 소비자들의 관례적인 스크린캡처가 이어진다. 현재까지는 너무나 드라마 유튜브다. 하지만 매기가 제공하는 것은 단순히 흔한 가십 이상이다. 재클린과 팬들의 조종적인 관계를 해설한 후("재클린은 소셜 미디어 자본주의자의 완벽한 표본이에요." 그녀는 시청자들에게 선언한다) 그녀는 인플루언서 티 공동체가 그동안 놓치고 있었던 새롭고 충격적인 정보 몇 가지를 시청자에게 소개한다. 재클린의 아버지가 조세제도의 허점을 이용하는 어느 기독교 비영리재단과 줄이 닿아 있다는 것이다. 이어서 그녀는 재클린 역시 정확히 같은 일을 하고 있다고 추론한다.

"수치심이 없는 부자들은 로비스트를 이용해 주와 연방 정치인들에게 영향을 미쳐요. 구체적으로 이런 법이 그들이 이용할 수 있는 방향으로 입안되도록요. 그건 자본주의의 고유한 특징이지 버그가 아닙니다." 매기는 말한다. "이런 유형의 조세 회피는 도널드 트럼프가 미국 대중을 속이고 수십 년간 납세를 피할 수 있었던 핵심 방법 중 하나입니다." 재클린의 신경질적인 사과 영상과 명품 핸드백 컬렉션을 다루는 녹화 화면은 국세청 웹사이트의 501(c)(3) 면세 정책과 트럼프 재단의 파국에 대한 화면으로 넘어간다. 18분 만에 매기는 #립스틱게이트를 자본주의 착취의 더 넓은 패턴들과 연결하고 있다. "재클린은 그냥 하나의 표본, 단순히 훨씬 더 큰 문제의 한 증상에 불과합니다."

구체적인 사례에서 시스템으로 넘어가는 과정이 어찌나 유연하고 매끈한지 유기적으로까지 느껴진다. "유명 인사들, 기업들, 그리고 수상쩍은 비영리재단들은 늘 이런 수법을 씁니다. 말하자면 립스틱 속의 플라스틱 조각이 어느 곳에나 있다고 할 수 있겠죠." 매기는 시청자를 자신의 정치적 결론으로 이끈다. "이런 전 세계의 초자본주의자들, 제프 베이조스, 트위터의 잭 도시에게 그들이 시스템을 계속 착취할 수 있도록 더 많은 영향력을 주고 싶은가요?" 영상의 마지막 부분에서, 매기는 정치체제와 우리가 아는 현 상태에 대한 급진적 수정을 요구했다. 그리고 '좋아요'를 누른 2만 2,000명은 겨우 25분 만에 가십꾼에서 변화의 옹호자로 바뀌었다. 댓글난은 '브레드튜브의 빨간 약을 먹은' 게 분명해 보이는 시청자로 가득하다. '내가 메이크업 드라마를 보면서 동시에 조세 회피에 관해 배우게 되다니, 믿기질 않아.' 영상 아래에 달린 댓글이다. '아이고 맙소사. 이건 정말 무척 교육적이야.' 또 다른 댓글이다. '뷰티 산업 드라마에 관해 이야기하면서 사람들에게 자본주의의 착취적 본질을 가르치다니, 정말 신의 한 수야. 난 이 영상이 너무 좋아!'

20만 회 넘게 시청된 필로소피 튜브의 한 영상에서, 애비게일은 화면 중앙에 앉아 눈을 감고 다리를 포개고 있다. 컬러 조명이 뒤편으로 두 개의 대칭적 그림자를 드리운다. 화면은 평온하다. "여러분이 편안하게 앉을 수 있는 장소를 찾으세요. 양손을 무릎에 얹으세요. 바닥에 앉아 책상다리를 해도 되고, 너무 피곤하지 않으면 등을 대고 누워도 좋습니다." 애비게일은 온라인 가이드 명상에서 흔히 그러듯 내밀한 속삭임으로 최면을 걸듯 읊조린다. 난 눈꺼풀이 무거워지는 걸 느낀다. "이 흐릿한 인지의 상태로 더욱더 깊이 가라 앉을수록 여러분은 자기 몸의 위치를 인식하기 시작합니다." 애비게일의 말이 이어진다. "여러분은 또한 전 지구적 자본주의 체제 안에서 자기 몸의 위치를 알아차릴 수도 있을 겁니다."

우리는 호흡 연습을 시작한다. "들이쉬세요……. 정치 개혁……. 그리고 내쉬세요." ASMR 양식으로 전달되는 24분간의 이완과 교육 이후, 애비게일은 우리를 '현재 순간으로 돌아오도록' 부드럽게 인도한다. "……그리고 계급 체제를 폐지하려는 욕망으로." 조롱조일 수도 있겠지만, 이 필로소피 튜브에 올려진 「개혁인가 혁명인가? ASMR 가이드 명상Reform or Revolution? An ASMR Guided Meditation」은 앞서 매기의 영상처럼, 알고리즘 해킹의 고전적 표본이다. 유튜브의 가장 대중적인 영상 장르에 좌파의 가르침을 심어 넣는 것이다. 이는 소셜 미디어의 미끼와 바꿔치기의 교활한 게임이다. '난 좋은 ASMR을 찾다가 이 영상에 들어왔어.' 농담조의 댓글이다. '그리고 공산주의자가 되어서 나갔어.'

궁극의 반인플루언서 무리

많은 브레드튜버가 대중적인 유튜브 장르에 들어맞는 영상을 올린다. 린지 엘리스는 영화 리뷰에, 앤지 스피크스Angie Speaks는 역사 영상에, 에이치바머가이는 비디오 게임 리뷰에, 캣 블라크는 성교육 Q&A에 좌파 논쟁거리를 포함시키고 조던 테레사는 화장을 하면서 잡담처럼 계급 이론을 다룬다. 사업가 인플루언서들 사이에 보이지 않게 미끄러져 들어가, 이윤 주도적 알고리즘을 이용해 그들에 맞서는 세력의 조직을 꾀한다. 그리고 좌파 신앙을 전파하기 위해 유튜브의 정보 인프라스트럭처를 해킹함에 있어, 브레드튜브는 자본주의를 그 자신에 맞서도록 무기화한다. 브레드튜버는 아마도 궁극의 반인플루언서일 것이다. 내가 알기로 이들은 자신의 존재를 가능케 하는 구조를 뒤흔드는 데 적극적으로 참여하는 유일한 콘텐츠 창작자이다.

"전 무척 의도적으로 사람들을 설득하는 역할을 떠맡았어요." 피터 코핀이 내게 말한다. "전 플랫폼의 역학을 날카롭게 인지하고 있으며, 실제로 그걸 이용하려고 노력합니다." 그들의 목표는 '설득, 인지, 사람들을 행동하게 만드는 것, 조직을 결성하고 지역 내에서 동지를 찾고 함께 손잡게 만드는 것'이다. 영상 에세이와 수다스러운 브이로그 시리즈인 '무척 중요한 다큐멘터리들Very Important Documentaries'('만약 이념에 대한 물질주의적 비판과 화장실 유머 사이에 아기가 태어난다면')을 통해 피터는 개인 브랜딩에서 로건 폴, 마블 시네마틱 유니버스, 그리고 줌미팅 피로까지 모든 주제를 정면으로 다루고 사회제도가 어떻게 운용되는지에 질문을 던지고 인플루언싱의 도구와 기법을 해체하는 동시에 창작자와 플랫폼 간의 숨겨진 역학을 논한다.

"제 채널의 목적은 청중이 생각하게 만드는 겁니다." 애비게일은 그렇게 말한다. 아니, 특유의 웅변적이고 연극적인 방식으로 그렇게 표현한다. "이게 과연 다수의 이익에 봉사하는가? 사람들이 자신의 삶을 스스로 통제할 수 있고 정부가 피통치자들의 합의를 바탕으로 한 진정한 민주주의에 봉사하는가, 아니면 우리가 가진 선택권이 우리를 노예처럼 부리는 자의 타이 색깔을 고르는 것이 전부인 민주주의라는 환상에 봉사하는가?" 필로소피 튜브는 종종 극적인 독백, 연극적 콩트, 그리고 유튜버 팬 사이의 역학에 질문을 던지고, 신랄하고 짤막한 농담을 이용해 창작자의 노동 조건에 대한 관심을 끌어낸다. 그 과정에서 때로는 인플루언서 문화를 패러디한다.

애비게일은 유독한 남성성과 트라우마를 다룬, 100만 조회 수를 넘긴 30분짜리 인기 영상에서 자신이 어떻게 브이로거의 진정성에 관한 유튜브의 비유를 의도적으로 갖다 썼는지를 내게 설명한다. "전 연구를 목적으로, 사람들이 비슷한 경험을 말하는 유튜브 영상을 잔뜩 봤어요." 인플루언서 사과 영상들, '스토리 타임' 브이로그들, 그리고 삶의 중요한 새 소식 알림은 "모두 공통 요소가 된 시각 언어를 가지고 있어요. 화자는 화면 중앙에, 보통 아무런 무늬가 없는 벽 앞에 놓인 지저분한 소파에 앉아 있어요. 물 빠진 색조에, 컷을 많이 사용하고, 침묵을 남겨두죠⋯⋯. 그 양식은 즉시 이렇게 말하는 거예요. '난 정말 진지해, 얘들아!'" 애비게일의 경우 "저는 그 시각언어를 극단까지 가져갔어요. 거의 패러디였던 셈이죠. 꾸밈없는 흰색 배경에 배경음악도 없이, 의상 교체는 딱 한 번만, 아주 간단하게 갔고, 심지어 편집도 안 했어요. 30분 테이크로 전체를 한번에 갔죠."

다른 영상들은 개인 인플루언서를 더 직접적으로 풍자한다. 애비게일이 반복해서 사용하는 캐릭터인 이안 N. 드리블Ian N. Drivel은 "말만 번드르르하고 정치적으로 올바르지 않은 오스트레일리아 유튜버로, 제 쇼에서 팩트적으로는 올바르지만 사상이 잘못된 논란꾼 역할을 맡고 있죠." 이안 N. 드리블은 다른 유튜버가 아니라 '이미 오래전에 죽은 철학자들'에 맞서 티 채널풍 멜로드라마식 호출을 하기 위해 등장한다. "어떤 실제 브이로거한테 영감을 받아 만든 캐릭터인데, 실명은 밝히지 않을게요." 애비게일은 짓궂은 투로 덧붙인다.

반복적으로 제4의 벽을 깨뜨리고 인위성 및 상업화로 주의를 끄는, 표현적 시각 효과와 예술적 기법과 메타텍스트적 유머를 결합하는 이런 기법들은 브레드튜브의 주된 반인플루언스 도구이다. "유튜브 영상을 수동적으로 보고 예쁜 의상과 조명에 그저 휩쓸려 가는 건 너무 쉬운 일이지만, 전 제 청중이 그러지 않았으면 좋겠어요." 애비게일은 내게 말한다. "그들이 쇼를 보고 있다는 걸, 이 모든 게 만들어진 것임을 일깨워주는 건 뇌의 합리를 담당하는 부분이 꺼지지 않게 해주는 아주 좋은 방법이에요." 또한 디지털 인플루언스의 고도로 연출된 본성을 강조하는 방법이기도 하다.

피터 코핀은 좀 더 단도직입적인 접근법을 이용한다. "(인플루언서 전략과 기법들은) 모든 것에 침투해요. 그래서 청중에게는 전혀 보이지 않죠. 그런 것들은 주로 사람들을 조종하는 데 이용돼요." 피터는 말한다. "그것을 해체해서 문외한조차 이해할 수 있는 방식으로 보여주는 건 정말 중요한 일이에요." 그의 영상은 인플루언서 교본(유사 사회관계, 셀프브랜딩, 수익 모델, 청중 유지, 배양된 정체성, 알고리즘, 자기 최적화, 그리고 인플루언서와 그들이 사용하는 플랫폼의 관계)을 전형적인 브이로거 스타일을 이용한 직접적 말하기를 통해 비평적으로 해부한다. 거기서 시각적 속임수는 아주 효과적인 대화와 자신을 향한 농담으로 대체된다. "어이 당신!" 셀프브랜딩과 최적화된 정체성에 대한 피터의 브이로그는 그렇게 시작된다. 피터는 카메라를 장난스러운 시선으로 보면서 말한다. "난 개인 브랜드화된 피터야!"

시스템을 내부에서 가지고 노는 브레드튜버는 곧장 모순, 갈등과 충돌한다. 그 가장 현저한 양상은 금전적 소득과의 복잡한 관계다. "저는 3년간 광고를 비판하는 시리즈를 올렸어요. 왜 이걸 하는 사람이 아무도 없나 싶었죠." 피터는 말한다. "음······." 그리고 어깨를 으쓱하며 말을 잇는다. "왜냐하면 모든 광고는 시청자를 조종하려 한다고 말하는 영상에 광고를 주고 싶어 하는 광고주는 없으니까요." 브레드튜브 중에는 자기 브랜딩과 광고 의제에 맞서 투쟁하는 안티인플루언서를 흔히 찾아볼 수 있다. 유튜브의 수익 중심 모델과 결별하려는 의지에서 다수가 브랜드 계약과 영상 내 광고를 피하고 구독 플랜이나 상품 판매를 지향한다.

유튜브 드롭다운 바의 링크에서는 피터가 파는 전자책, 티셔츠, 그리고 '자유주의는 거지같아Liberalism Sucks'라고 적힌 양말과 카메오 영상 출연 예약 링크를 확인할 수 있다. "저는 상품이 된다는 생각이 딱히 마음에 들지 않아요. 그 개념은 비인간적이죠. 그게 제가 저항하는 이유의 일부예요." 피터는 내게 말한다. "하지만 전 내야 할 요금이 있으니까요. 제가 불편하지 않은 방식으로 돈을 벌려고 노력해야 하죠." 팔로워들은 지지를 보낸다. '난 그저 수동적으로 유튜브 같은 기업과 그들의 초극비 알고리즘이 기업으로부터 누가 어떤 이득을 배당받는지 결정하게 놔두는 것보다 크리에이터들에게 직접 기부하는 데서 훨씬 더 사회주의적 에너지를 느낌.' 피터의 영상 「좌파 대 펀딩Leftist vs Funding」 아래에 달린 댓글이다. 해당 영상은 그 주제를 다룬다. '여러분이 사랑하는 크리에이터들을 펀딩하는 것은 좋은 방법입니다.' 영상에 달린 또 다른 댓글이다.

필로소피 튜브는 그와 비슷하게 공동체 구독 플랫폼인 패트리온을 통해 매달 기부 방식으로 크라우드 펀딩을 받고 있다. 하지만 애비게일은 심지어 이것조차 여전히 '사기업이고, 거기에 투자한 벤처 캐피털 기업들에 의지한다'고 지적한다. 애비게일은 브랜드와 실제로 협력할 마음이 있지만, 먼저 브랜드가 자신의 예술적이고 윤리적인 시각에 동의한다는 전제가 있어야 한다는 입장이다. 애비게일은 자신이 스폰서십에 '매우 조심스럽게' 접근한다고 말한다. 브레드튜버의 경우 브랜드 계약의 수익은 자신이 지지하는 대의를 위해 이용될 수 있다. "조지 플로이드 사건으로 한창 뜨거웠을 때, 저는 스폰서십 계약을 수락하고 영상에서 이렇게 설명했어요. '저는 흑인 LGBT 조직에 수익금을 기부하기 위해 이 계약을 수락했습니다.'" 애비게일은 그렇게 말한다.

브랜드 계약은 또한 스폰서십의 기법과 전략에 청중의 관심을 끄는 기회가 될 수 있다. 가짜 진보 마케팅과 스폰서 콘텐츠의 성장을 해부한 에이치바머가이의 영상 「워크 브랜드들WOKE BRANDS」은 거의 200만 회나 조회되었는데, 그 자체가 협찬 영상이다. "큐리오시티스트림CuriosityStream의 협찬에 감사드립니다." 해리스는 단백질

파우더나 할인 코드를 판매하는 브이로거의 활기찬 말투로 그렇게 말한 후 웃음을 터뜨린다. "전 완전 망했어요." 영상은 정신이 번쩍 들게 하는 신랄함으로 끝난다. "음, 네, 건강하시고요, 좋은 밤 보내세요, 브랜드는 여러분의 친구가 아닙니다……." 영상이 흐려지면서 해리스는 실수인 척 의도적으로 자신의 광고를 끊어버린다. "아, 그리고 전 패트리온……!"

가장 용감한 브레드튜버들에게 브랜드 계약은 심지어 스폰서를 역으로 전복하는 기회가 될 수도 있다. 애비게일은 예전에 어느 영국 대학과 맺었던 파트너십을 회고한다. "전 그곳이 얼마나 좋은 재단인지 말하고 몇몇 강의를 칭찬하기도 했어요. 그리고 그 영상을 올린 후 후속편에서 이렇게 말했죠. '제가 그 영상에서 말한 건 모두 진실이지만, 말하도록 허락받지 못한 게 있어요. 그곳 환경미화원들이 파업 중인데, 아웃소싱 방식으로 고용됐기 때문이에요. 그리고 교직원들은 임금을 제대로 받지 못해서 파업 중이죠…….' 저는 대학이 더 나은 데 쓸 수 있는 돈을 인플루언서 마케팅에 쓰고 있다는 게 얼마나 부적절한지를 강조했어요. 그리고 제가 받은 돈을 학생연합에 공개적으로 기부했죠. 그 브랜드와 에이전시가 못마땅해했다는 건 말할 필요도 없겠죠!" 애비게일은 그 일로 인해 마케팅 에이전시의 블랙리스트에 올랐다고 믿지만, 어차피 목표는 달성되었다. 수십만 명에 이르는 대상 청중에게 광고주의 비윤리적인 사업 관행을 알린 것이었다. 이런 디지털 광고 폭로 기법은 브레드튜버로 하여금 스폰서십 메커니즘을 역이용해 자신의 메시지를 퍼뜨리게 해준다.

개인 수익 모델은 안티인플루언싱이 야기하는 긴장 중 그저 하나일 뿐이다. 브레드튜버는 좀 더 폭넓게 호스트 플랫폼의 의제와 맞서 싸우고 있다. "전 광고에 비판적인, 권력 집중에 비판적인 콘텐츠를 만들어요. 기본적으로 구글의 본모습에 안티테제인 사상이 대부분이죠." 피터가 말한다. "전 제가 아웃사이더라고 느껴요." 브레드튜버가 자신의 메시지를 저 바깥에 전달하려면 유튜브 시스템의 요구에 순응해야 한다. 피터가 '외부의 구경꾼에게는 절대로 넘어설 수 없는 인센티브들'이라고 묘사하는 그 요구들은 개인 브랜드를 구축하고 유튜브의 구체적인 요구사항에 맞게 자신의 영상을 최적화하는 것부터 광고주를 비판하거나, 심지어 욕설을 하는 것처럼 공격적으로 여겨지는 것을 피하는 것까지 포함한다. 그러지 않으면 알고리즘 순위 시스템에서 강등되거나 차단되는 위험을 감수해야 한다.

"그 플랫폼의 기전은 우리로 하여금 실제로 우리가 하고 싶은 것보다 플랫폼의 요구사항을 우선시하도록 강요해요." 피터는 그렇게 지적한다. "저 바깥에 우리의 메시지를 전하려면 이런 역학에 가담해야 해요. (안티인플루언서로서) 우리는 내 작업과 메시지가 플랫폼을 전복하기보다는 어쩌면 역으로 전복당할 위험이 있는 곳에 몸담고 있어요……. 실질적으로 비판적인 시각을 유지하기가 정말 어렵죠."

브레드튜버는 자신의 시각과 반대로 작동하도록 설계된 플랫폼에서 대중성을 얻기 위해 고된 노력을 해야 한다. 우파 콘텐츠는 청중의 세계관을 긍정하는 경향이 있어서 청중으로 하여금 편안함을 느끼게 해준다고 피터는 논평한다. 이는 붐업과 조회 수 같은 지표에 기반하는, 유튜브가 영상에 가치를 매기는 측정 가능성 인덱스와 아주 잘 맞아떨어진다. "시스템을 비판하는 콘텐츠는 (청중을) 긍정하지 않아요. 그런 콘텐츠는 여러분을 불안하게 만들죠." 피터가 말한다. "제 영상에는 '내 재미를 망쳐줘서 고마워요'라는 댓글이 자주 달려요……. 참여율과 반복 시청 횟수가 더 적고, 팬베이스를 구축하기가 더 어렵죠." 비록 유튜브 알고리즘이 틱톡처럼 의도적으로 전복적 시각과 반자본주의적 사상을 억압한다는 증거는 없을지 몰라도, 피터는 크리에이터들이 시스템의 압박 때문에 자기검열을 할 위험이 있다고 믿는다. 그리고 시간이 지나면서 그들의 메시지가 플랫폼의 패러다임에 포섭될 위험도 있다. "알고리즘은 정말이지 주변화된 사연들, 계급투쟁, 클릭베이트가 아닌 것들과 공분을 원하지 않아요……. 라이프스타일 콘텐츠를 원하죠."

엔터테인먼트 업계의 우버

2020년, 인플루언서 마케팅 플랫폼 'inzpire.me'에서 발표되어 널리 공유된 보고서에 따르면 인플루언서가 영국인 평균 월급에 해당하는 돈을 벌려면 겨우 4만 2,575명의 팔로워만 있으면 충분했다.[28] 하지만 인플루언서들에게 직접 듣는 이야기는 흔히 그와 다르다. 유튜버 개비 던Gaby Dunn은 오래전인 2015년에 인터넷 명성과 수입의 큰 간극이라는 문제를 처음으로 들고 나온 사람들 중 한 명이다. 바이럴을 탄 블로그 포스트 「부자가 되거나 브이로깅을 하다가 죽거나 : 인터넷 명성의 서글픈 경제학Get Rich or Die Vlogging: the sad economics of internet fame」을 통해서였다. 그녀는 흔한 패러독스를 서술했다. '수많은 유명 소셜 미디어 스타는 실제 직업을 가지기엔 인지도가 너무 높았지만 그러지 않기엔 너무 가난했다'라고. 개비의 콩트 채널인 '그냥 우리끼리만Just Between Us'은 구독자가 50만 명이었지만, '이런 성공에도 불구하고 (……) 우리는 간신히 연명했다'.

개비의 수입은 '먹고살기에는 부족하고, 그 유입은 예측 불가하다. 우리 채널은 유튜브의 중간 지대에 존재한다. 우리는 브랜드가 후원하기엔 너무 작아 보이지만 팬들이 후원하기엔 너무 커 보인다. 난 계좌에 한번에 2,000달러 이상 있었던 적이 없다'. 다음은 인스타그램 대 현실의 고전적 사례다. '내 인스타그램 계정 팔로워는 34만 명이지만 내가 살면서 번 돈을 다 합쳐도 34만 달러가 안 된다. 난 로스앤젤레스 시내에서 만화책을 훑어보다가 1주일에 여섯 번이나 함께 사진을 찍자는 요청을 받았다. 그리고 다음 주에는 배달 일자리를 놓고 경쟁하는 40명과 한 공간에 익명으로 앉아 있었다.' 개비는 토로했다. '통장 계좌에 80달러밖에 없는 채로 레드카펫을 걸은 적도 있다.'[29] 유튜브에서는 최고 3퍼센트의 창작자들이 조회 수의 90퍼센트를 차지한다.[30] 2017년 패트리온에서는 창작자들 중 겨우 2퍼센트만 연방 최소 임금에 해당하는 월 1,160달러 이상의 소득을 올렸다.[31]

2020년 〈하버드 비즈니스 리뷰〉에 실린 에세이 「크리에이터 경제는 중류층이 필요하다The Creator Economy Needs a Middle Class」에서, 리진은 민주화니 혁명이니 하는 주장에도 불구하고 현재 크리에이터 지평은 부가 최상위층에 집중되는 시스템과 더 닮았다고 고찰했다. 리는 이것을 플랫폼들이 시정해야 할 문제로 본다. 자족적인 '중류층' 크리에이터들을 양성하기 위해 더 노력해야 하는 것이 유튜브의 임무라고 리는 주장한다. 플랫폼의 위험을 단계적으로 감소시키려면 부의 재분배와 크리에이터 계급제도의 균형 재확립이 필요하며, 그것이 그들의 사업 모델을 지키는 방법이라는 것이다. '크리에이터 플랫폼은 모든 이에게 성장하고 성공할 기회를 제공할 때 번창한다.' 리는 이렇게 쓴다. '아메리칸드림이 단순한 꿈에 불과할 때, 플랫폼들의 운명은 위태로워진다.' 그러나 리 자신도 인정하듯, 개인 크리에이터들에 관한 한 '어느 정도의 불평등은 열정 경제의 고유한 특성이다'.[32]

하지만 시스템 내의 모순을 다림질로 펴는 건 답이 아닐지도 모른다. 어쩌면 잘못된 것은 열정 경제의 개념 그 자체가 아닐까. 스냅챗에서 재정을 지원하는 온라인 기술 전문지인 〈리얼 라이프 맥 Real Life Mag〉의 편집자 롭 호닝Rob Horning은 전체 콘셉트에 대해 비판적이다. 창작자들은 서로에 맞서 경쟁하는 반면, 그들의 열정을 '지지한다'고 주장하는(호닝의 말을 빌리자면 '예컨대 크리에이터들이 자신의 생계를 위해 의존하는 창작과 유통의 수단을 소유함으로써') 플랫폼은 기생충처럼 이 노동자 군단으로부터 양분을 빨아들여, 갈수록 더 힘을 키운다는 것이다. '잊지 말라. 여러분이 열정을 갖고 하는 일이라면 착취가 아니다!' 호닝은 자신의 뉴스레터 「내적 망명Internal exile」에 그렇게 썼다. 이른바 '열정 경제'에서, '경제적 자기 착취는 예술적 추구가 되고,

가치는 사람들이 그것을 믿는 한 수확이 가능하다'.

피터는 크리에이터들의 지위에 대한 이런 분석에 동의하며, 인플루언서들이 인지하는 방식과 그들이 실제로 일하는 방식 사이의 이중 기준을 지적한다. "인플루언서들은 플랫폼을 이용해 자신을 승격시키며 자신의 목소리에 힘을 얻는 어떤 놀라운 독립적 사업 소유주가 아닙니다"라고 피터는 말한다. "우리는 피고용인이 아닌 계약자, 즉 노동자입니다……. 유튜브는 엔터테인먼트 업계의 우버입니다." 인플루언서들은 플랫폼을 위해 노동을 하지만 예전의 고용이 제공했던 노동자의 권리나 보호는 전혀 받지 못한다. 다른 좀 더 실질적인 직업 경력과 달리, 인플루언싱은 안정적인 직업이 아니다. 주관적이고 경쟁하는 정체성이다. 지속적인 여정으로만 그 존재를 유지할 수 있다. 다음번 '좋아요', 다음번 포스팅, 다음번 브랜드 계약.

"입문 단계에서는 정말 힘들게 일해야 합니다." 피터가 단언한다. "여러분은 자리를 잡지 못했고, 자원이 없고 어떤 청중과도 연결되지 않았어요. 어떤 다른 크리에이터의 눈에 들어서 그들이 여러분을 자발적으로 홍보해주지 않는 한 말이죠." 심지어 구독자 몇십만 명의, 예컨대 피터의 채널 같은 중량급 채널들도 안전하지 않다. "그런 창작자들도 플랫폼이 보기엔 여전히 일회용이에요." 피터가 말한다. "그중 하나가 사라진대도 아직 수십만이 남아 있죠."

크리에이터 경제는 끝없는 시장이다. 인플루언서는 만인에 대한 투쟁을 벌이고, 모든 일자리가 경쟁 대상이고, 브랜드 계약이나 광고 수익은 모두 미약한 수준이다. "상존하는 위기의식을 바탕으로 엄청난 권력이 발생하죠. 막대한 노동 예비군이 있어요. 내가 안 하면, 그걸 할 다른 사람들이 있죠." 인플루언서는 다른 인플루언서 들뿐만 아니라 플랫폼과도 투쟁해야 한다. "엄밀히 말해 인플루언 서는 자기가 원하는 일을 하는 개인의 집합이 아니에요." 피터가 말 을 잇는다. "인센티브와 지표와 보상이 있고, 결과가 존재하죠."

더 공정한 고용제도를 확립하고 불공정함에 맞서 싸우기 위해 인플루언서들은 노조를 설립하기 시작했다. 할리우드의 가장 큰 조 합인 SAG-AFTRA는 2020년에 새로운 '인플루언서 협약'을 승인 했는데, 이는 틱톡, 인스타그램, 페이스북, 트위치, 그리고 다른 플랫 폼의 창작자들을 아우른다. 독립적인 노조 단체 두 곳, 영국의 크리 에이터 유니언Creator Union과 미국의 비영리 회원제 동업 조합인 인플 루언서 카운슬AIC이 2020년에 설립되었다. 목적은 적절한 노동 인 식, 로비 권력, 그리고 AIC의 창립자 키아나 스미스 브루네토Qianna Smith Bruneteau에 따르면 '소기업 소유주이자 미디어 혁신자인…… 직 업 인플루언서들을 위한 입법의 새로운 시대를 이끄는' 것이다.[33]

인플루언서들이 노조를 결성하려 한 것은 이번이 처음은 아니 었다. 브이로그브라더스와 비드콘 창립자 행크 그린은 인플루언서 를 보호하고 지원하기 위한 초기 노조를 창립하고 자금을 댔는데, 2016년의 '인터넷 크리에이터스 길드Internet Creators Guild'가 그 결과물 이었다. 그러나 조직은 겨우 3년 만에 문을 닫았다. '지원금 액수가 너무 낮아져서 더는 활동하기 어려운 수준에 이르렀습니다. 새 회 원을 유치하는 데도 어려움이 발생하고 있습니다.' 폐쇄 공지 내용 이다. '시청자가 많은 크리에이터들은 종종 집단적 지원의 필요성

을 느끼지 않습니다.'[34]

그 어떤 노동운동도 끝내 인플루언서-플랫폼 체제의 본질적 불균형과 맞서 싸우지는 않을 것이다. 인플루언서는 호스트와 위험한 상호 의존 상태에 영원히 갇혀 있다. 그들은 자신의 시청자를 소유하지 않는다. 그저 플랫폼에서 임대할 뿐이다. 그리고 그들이 존재하는 크리에이터 지평은 변덕스럽고 끊임없이 변화한다. 플랫폼 업데이트, 특정 양식 띄우기, 제3자 도구 및 앱 사용을 방해하는 플랫폼 프로그래밍 인터페이스의 변화.

플랫폼은 보이지 않는 당근과 채찍 시스템의 형태로 인플루언서들에게 권력을 행사한다. 그들은 징벌하는 힘을 가지고 있다. 영상을 목록에서 무더기로 빼거나 수익 창출을 금지하고(예고 없이 계정을 블록하거나 금지하거나 유예하는 이런 것들은 반복되는 행사로, 크리에이터들에게는 '애드포칼립스adpocalypse'로 알려져 있다), 수익을 뜬금없이 삭감하고,[35] 심지어 2020년 11월에 유튜브가 발표했듯 창작자에게 대가를 지불하지 않고도 플랫폼에 있는 모든 콘텐츠를 '수익화할 권리'를 포함하도록 서비스 조건을 개정한다. 인플루언서 시스템은 그 주체들에게 권력을 행사한다고 피터는 분석한다. 크리에이터들은 '플랫폼에 의해 편입된다'. 플랫폼에 올라가는 모든 안티인플루언서 브레드튜브 영상과 누적되는 100만 조회 수는 결국 유튜브라는 야수의 먹이가 된다. 이는 브레드튜브의 후기 자본주의에 대한 비판의 핵심과 일맥상통한다. 후기 자본주의가 자신에 대한 모든 형태의 저항을 상업화한다는 것이다. 저항은 결국 역으로 이용되고, 이는 그 패권에 대한 모든 위협을 약화시킨다.

궁극의 인플루언서는 알고리즘 그 자체다. 플랫폼은 순위 시스템에 관한 정보를 의도적으로 숨기고, 인플루언서로 하여금 업데이트에 의지하게 만든다. 이 관계에서 작동하는 권력 역학은 인플루언서와 알고리즘의 관계에 심어져 있다. 알고리즘에 관해 말할 때는 강제와 감시의 언어가 드물지 않게 이용된다. "너무나 은밀해요." 완전한 이해를 꿈도 꿀 수 없는 기술 속을 항해하며 생계를 잇는 기분이 어떠냐는 내 질문에 스테파니가 대답한다. "그건 어느 정도 통제가 핵심이에요. 그들은 이제 너무 대중적이라서, 우리가 이 모든 것을 하게 만들어도 된다고 여기죠. 우리의 콘텐츠를 숨기는 건 확실히 경력을 쌓기 위해 자기네 플랫폼을 이용한 우리를 처벌하는 한 방편이에요. 그래서 결국 브랜드와 개인이 특정한 포스트를 가시화하려면 돈을 내야 하거나 하는 식이죠……. 우리는 모두 이 기계로 빨려들었어요. 우리는 인스타그램의 요구를 충족시켜야 하는 이 이상한 사이클에 갇혀 있죠. 전혀 마음에 들지 않아요."

크리에이터 문화 내에서 알고리즘은 강력한, 신과 같은 독립체로 여겨진다. 전지전능하고 불가해하며, 그 신민들을 통치한다. 알고리즘 신화는 그 자체로 하나의 장르로 발전했다. 인플루언서들은 그걸 이해하려 애쓰는 데 수많은 시간을 할애한다. 이제는 하나의 가내공업을 형성한 그로스 해커들이 그것을 '해체했다'고 주장하면서 유튜브 영상을 통해 크리에이터들에게 조언을 제공한다. "저는 어느 정도 플랫폼이 그걸 사랑한다고 생각해요." 스테파니는 말한다. "알고리즘에 관해, 그리고 그걸 어떻게 극복하는지에 관해 콘텐츠를 만드는 인플루언서와 블로거가 그토록 많다는 게 너무 좋은 거죠. 그건 우리 모두가 인스타그램에 더한층 몰두하게 만들거든요." 알고리즘이 정확히 어떻게 작동하는지는 정말이지 중요하지 않다. 크리에이터들은 어쨌거나 각자가 생각하는 알고리즘의 선호도를 중심으로 자신의 포스트, 자아, 그리고 수행을 조건화한다.

알고리즘은 소셜 미디어 이용자에게 이롭게 작용한다고들 한다. '좋아요', 중지, 음 소거, 스킵을 누르거나 소셜 미디어 포스트를 하나 저장할 때마다 알고리즘은 이론적으로 여러분이 뭘 좋아하고 안 좋아하는지를 '배운다'. 그 목적은 미래의 포스트들이 이른바 여러분의 취향에 부합하기 위해서다. 이 맞춤 재단이 표방하는 목표는 우리의 인지된 욕망과 '관련해' 콘텐츠를 큐레이트하고 창조하고 제거하기 위한 것이라고 한다. 간단히 말해 이용자들의 취향을 중심으로 플랫폼을 재설계하기 위한 것이다. 그러나 현실에서는 그 반대 또한 참이다. 우리는 알고리즘이 우리 취향을 좌우하도록 특정 행동과 의견으로 자신을 조건 지워, 그 결과물을 우리의 것으로 채택하게 한다.

'알고리즘은 기존의 필요나 바람을 반영하지 않는다. 그것은 새로운 것을 주입하는 시스템이다.' 〈리얼 라이프〉에서 롭 호닝은 그렇게 썼다. 그들은 '자신을 닮은 소비자들을 만들어내고 그들이 재생산을 통해 소득을 올릴 수 있는 표준화된 문화에 대한 욕망을 그 소비자들에게 주입하는 자본주의 과정에 복무한다'. 알고리즘은 종국적으로 오로지 그들이 작동하는 플랫폼의 목적을 충족시킨다. "알고리즘이 가진 유일한 진짜 목표는 사람들을 그 웹사이트에 가능한 한 오래 붙잡아두는 것입니다." 피터는 알고리즘이 진정으로

추천하는 것은 오로지 그 자신의 다른 모습들일 뿐이라고 말한다.[36]

알고리즘과 자본주의

　이런 새로운 시각에서, 나로서는 내 역할을 아무리 작더라도 산업 내에 조화시키기가 어렵다. 크리에이터들과 직접 대화하고 브레드튜브 영상을 발견하기 전까지 나는 그것의 체제가 갖는 함의나 참여자들 사이의 비대칭성을 제대로 생각해본 적이 없었다. 대다수 인플루언서의 시청자들이 플랫폼과 크리에이터 간의 권력 투쟁에 관한 대화를 인지하지 못하거나 거기에 참여하지 않는다는 사실은 그다지 놀랍지 않다. 인플루언싱이 그토록 성공적인 이유는 어느 정도는 그것이 우리에게 자신을 파는 능력 때문이다. 자기 브랜드화라는 썰매를 타고, 자신의 미학적 능력을 이용해 주의를 돌리고 즐거움을 주는 것이다. 그것은 개인적 성취와 사업적 성공이라는 영웅 서사를 밀어붙이면서 훨씬 광범위한 노동자들의 조건을 흐린다. 그 노동자들은 산업 내에서 가장 눈에 띄는 이들이 받아가는 여섯 자리의 월급 수표나 천문학적 구독자 수에 절대 도달하지 못할 것이다.

　브레드튜버가 현재의 시스템이 망가졌다고 믿는다면, 대안적 소셜 미디어 시스템은 어떤 모습일까? 브레드튜버는 그걸 현실화하는 데 도움이 될 수 있을까? 인플루언서들이 밀어붙이는 반자본주의 운동은 얼마나 성공할 수 있을까? "우리는 운동을 창조한 게 아니라 시장을 만들었습니다." 피터는 브레드튜브의 상태를 비판하는 30분짜리 영상에서 그렇게 말한다. "좌파 콘텐츠 그 자체는 혁명을 가져오지 못할 것입니다." 난 그들에게 좀 더 설명해달라고 부탁했다. 그들의 설명에 따르면 일부 브레드튜버는 '반자본주의를 과시하는 생활 콘텐츠…… 현 상태를 영속화하는 것에 그냥 급진적 미학을 더한 것'을 만듦으로써 큰 청중을 모으는 데 성공했다고 한다. "물질적인 변화보다는 그저 상징적인 변화에 불과하죠." 브레드튜버가 하는 일은 적극적으로 인플루언스를 약화시키는 듯 보일지도 모르지만, 결국 그들의 영향력에는 한계가 있다. "특히 유튜브에서 성공하려면 반자본주의적 메시지의 핵심 장치는 버려야 합니다. 전 '넌 유튜브에서 시간을 너무 낭비하면 안 돼'라고 말해서 수백만 조회 수를 달성한 사람은 한 명도 못 봤습니다."

"전 모순을 헤치고 나가면서 제 사명에 진실할 수 있어요." 애비게일이 말한다. 인플루언싱은 좌파 크리에이터와 교육자들이 사용하기엔 불완전한 방식일지 몰라도, 명백한 이득 또한 존재한다. 새로운 청중에게 접근하고, 저항이나 구조를 위한 노력을 조직하고, 대의명분과 목소리를 증폭하고, 집합적인 연대 형태를 제공할 수 있으며, 애비게일의 말을 빌리자면 단순히 '저 같은 괴짜와 잔소리꾼'을 위한 공간을 제공할 수도 있다. 비록 유튜브에서 인지도가 올라가는 데 따르는 신변의 위험 때문에 애비게일은 '더 강력한 활동가 작업'에 참여할 수 없게 되었지만, 그 후 자신의 활동을 온라인으로 옮겨서 트위치에서 5일간의 청중 대상 셰익스피어 연극 공연 생중계를 통해 모금한 13만 달러를 사마리탄즈Samaritans(우울증과 자살

충동에 시달리는 사람들의 고민을 전화로 상담해주는 영국의 자선단체 – 옮긴이)에 기부했다. "전 그런 종류의 '인플루언스'라면 사양하지 않아요."

자신들이 의존하는 플랫폼과 시스템을 해체함으로써든, 아니면 인플루언서 산업의 내적 구조를 조정함으로써든 브레드튜버와 모든 장르 및 규모에 걸친 인플루언서들은 명확히 변화를 요구하고 있다. 더 나은 노동 조건, 더 호혜적인 지급 제도, 더 공정하고 더 투명한 플랫폼, 그리고 규모에 상관없이 모든 이가 단순히 살아남는 것을 넘어 번창할 수 있는 환경을 요구한다. 그 산업은 오랫동안 민주화와 혼란의 도구로 보여왔지만, 사실 그 자체에 민주화가 필요했다. 하지만 그때 우리가 미처 몰랐던 것은 우리가 인플루언스 너머의 세계를 그려보는 데는 상상력이 필요하지 않았다는 것이다. 그리고 혁명을 일으키는 데 브레드튜브에 의존할 필요도 없었다. 2020년에, 그리고 코로나바이러스의 도래로 내 업계(파괴에 그토록 익숙했던)는 갑자기 자신이 파괴되었음을 깨달았다. 인플루언스의 시스템은 도전받고 해체되기 직전이었다. 전체적 심판이 다가오고 있었다.

8 로그오프

이게 인플루언스의 끝일까?

BBC '월드 뉴스'의 기사로 첫 등장한 코로나19는 이후 밈이 되었고 텅 빈 상점 진열대를 찍은 사진들, 격리된 채 발코니에서 디스코를 트는 이탈리아인들의 인스타그램 스토리, 웸블리 스타디움에서 정부 지원하에 라자냐가 만들어지고 있다고 주장하는 왓츠앱 녹음 유포, 트위터의 정치적 추측들을 거쳐 결국 록다운이 되었다.

소셜 미디어를 통해 번지고 공유된 그것은 최초의 진정한 인터넷 팬데믹이었다. 바이러스가 작동하는 방식은 내가 연구해온 바로 그 바이럴리티와 다르지 않았다. 전 지구적 정보의 혈맥을 타고 빠르고 유동적으로 번지는 그 신호는, 얽히고설킨 수신기와 송신기의 기하급수적 네트워크를 타고 나선을 그리며 뻗어나갔다. 코로나바이러스가 다른 모든 것을 덮어 가린 정확한 시점을 콕 집어 말하기란 어렵다. 남편인 카니예 웨스트Kanye West와 테일러 스위프트Taylor

Swift 사이의 지속적인 불화에 관해 트윗 아홉 개를 잇달아 올린 킴 카다시안이 닥치라는 말을 들은 시점('킴, 사람들이 죽어가고 있어요')에서 부모님이 내게 페이스타임 통화로 친구가 호흡기로 연명하고 있다는 우울한 이야기를 들려준 시점 사이의 어딘가였을까. 시간 그 자체가 무너져버렸다.

비록 내 가족은 일찌감치 바이러스에 걸렸지만, 코로나가 아직 그저 신종 유행병이었던 짧은 시기에 난 내가 실제로 그 병에 걸릴 거라고는 생각지 않았다. 아니, 생각했다 해도 그저 지나가는 가벼운 생각이었다. 재택근무를 택할 수 있는 젊은 단독 마케팅 전문가로서 난 통계적으로 말해서 모든 이에게 동등한 기회를 주지 않는 그 병으로부터 보호되어 있었다. 유명 인사들이 아무리 '우리는 모두 이 일을 함께 겪고 있다'고 말했어도 말이다. 카나리 워프Canary Wharf의 고층 건물들과 더 시티The City 사이에, 동부 런던의 단독주택 단지에 자리 잡은 내 아파트 건물은 감염률이 수도 내 최고 수준으로 치솟기 시작하면서 금세 재택 노동자로 채워지기 시작했다.

내가 5년간 갈고닦아온 무기력한 광고 언어를 사용하자면, 난 '붉은 실'을 못 본 척할 수 없었다. 다이슨 브랜드의 응급 호흡기로 힘겹게 숨을 몰아쉬는 필수 노동자들을 자본주의의 더 넓은 위기와 연결하는 그 실을 말이다. 내가 차지한 작은 구석, 즉 소비주의, 브랜드, 광고는 비록 작아도 거기에 중요한 역할을 했다. 잽싸고 약삭빠른 내 업계는 유일하게 할 줄 아는 일을 했다. 팬데믹을 위기가 아니라 기폭제로, 세상의 종말이 아니라 자각으로 재브랜딩한 것이다. 내 일, 그러니까 갈수록 화려한 미사여구로 수식되는 '전례 없는 시기' 어쩌고 하는 메일을 보내고 받고, 웃는 표정의 움짤이 담긴 메시지들의 폭격에 응대하고, 브랜드 포지셔닝을 위한 열정을 끌어내려 애쓰는 것은 갈수록 연극적으로 느껴지기 시작했다. 마치 아이가 사무적인 일을 하는 어른을 연기하는 것처럼 말이다.

난 코로나바이러스에 감염되지 않았지만 다른 문제들을 겪긴 했다. 몇 달간 혼자 살면서 느낀 고립감 탓인지, 현실에서 갈수록 유리되어 보이는 뉴스 사이클 탓인지, 아니면 그 모든 사태에도 아랑곳없이 많은 이들이 '평시 영업'을 지속하기로 결심한 듯 보였던 탓인지 2020년의 어느 시점에서 나 자신이 마치 일종의 시뮬레이션 속에서 살고 있다는 느낌을 받기 시작했다. 그 무엇도 현실감이 없었다. 내가 미쳐가는 건 아니었다. 날 뒷받침해줄 사실들이 있었다. 25만 명의 미국인이 죽었는데 디즈니랜드는 여전히 문을 열었다. 옳지 않은 축에서 일정해진 감염률. 바나드 성Barnard Castle까지 이어진 록다운. 테크 업계의 억만장자와 팝 스타가 아기 이름을 '엑스 애시 에이 투엘브X Æ A-Xii'라고 지은 것. 김정은의 죽음이 위장이라는 소문들. 대통령의 승인을 받은 클로락스 칵테일Clorox cocktails. 살인 장수말벌 떼. 멕시트Megxit(영국의 유럽연합으로부터의 독립을 의미하는 브렉시트에서 유래한 단어로, 영국 왕실로부터 독립을 선언한 해리 왕자와 메건 부부의 행보를 지칭한다 - 옮긴이). 퀴비Quibi(모바일 장치에서 볼 수 있는 콘텐츠를 생성하는 미국의 스트리밍 플랫폼으로, 곧 사라졌다 - 옮긴이). 큐어넌. 5G 음모론. 포시즌스 토털 랜드스케이핑Four Seasons Total Landscaping.

록다운 기간에 버니Bunny라는 반려견을 키우는 주인이 인간과 소통하려는 법을 가르치려고 버니에게 언어 치료용 매트를 주었고,

버니는 500만 팔로워를 달성하고 '말하는 틱톡 개'라는 타이틀을 얻었다. 하지만 겨우 몇 주 후 버니는 그걸 이용해 자신의 의식에 관해 질문하기 시작했다. 단 하나의 버튼, 즉 '왜'를 반복적으로 발로 누름으로써 말이다. 난 버니를 탓하지 않는다. 나도 같은 의문을 품고 내 키보드를 계속해서 두드리니까.

12월 무렵 난 심드렁해졌다. 딥페이크 퀸이 텔레비전에서 틱톡 댄스를 춘다? 덴마크에서 코로나에 감염되어 생매장된 밍크 1,700마리의 사체가 무덤 위로 떠올랐다? 세계의 야생 지역에서 수수께끼의 금속 기둥이 연달아 모습을 드러냈다? 아무렴! 왜 아니겠어! 시간이 지나면서, 아파트에 굴을 파고 오로지 휴대전화, 노트북과 함께하면서 내 격리는 일상이 되었다. 가족과 친구들로부터는 물리적으로, 필수 노동자라는 지위로부터는 이론적으로 격리되었으며 모든 종류의 기능적 현실로부터의 소외로 인해 본격적인 신경증을 일으키기 직전이었다. 유튜브는 심지어 그해의 최다 조회 수 영상을 발표하지 않겠다고 알렸다. 공식적으로 선포되었다. 2020년은 버그였다.

집에 갇힌 채 뉴스만 들여다보고 있는 내게 세계는 한 화면의 차원으로 축소되었다. 전 지구적 역사의 중요한 시기를 살아간다는 것은 알고 보니 기묘하게 수동적인 경험이었다. 난 나쁜 뉴스만 강박적으로 확인하는 연옥에 갇혀 감각이 마비되고 있었다. 소셜 미디어 접속률은 전 세계적으로 치솟고 있었다. 인터넷 접속은 2월에서 4월 사이에 40퍼센트 치솟았고 최대 단일 트래픽 출처는 유튜브였다.[1] 10대들이 가상공간에서 어울리는, 이전에는 그다지 유명하지 않은 영상 앱이었던 하우스 파티가 하룻밤 사이에 신드롬을 일으켰고, 해킹 공포 때문에 처음 유행한 것만큼이나 재빨리 가라앉기 전까지 4주 동안 2,800만 회나 다운로드되었다. 인스타그램 라이브는 300퍼센트 증가했다.

트위치 고유의 월례 스트리머는 620만 명으로 두 배 이상 늘어났다. 소비자들은 4월에서 6월까지 콘텐츠를 50억 시간 소비했다. 난 주기적으로 로그온하기 시작했고, 내가 플레이하지도 않는 비디오 게임의 라이브스트리밍과 내가 이해할 수 없는 스페인어 팟캐스트 사이를 무심히 떠돌았다. 그냥 내 욕실과 냉장고와 부엌 식탁 사이를 발을 질질 끌며 오갈 때 인간의 목소리가 배경으로 필요해서였다. 내 불안한 내적 서사로 가득 차지 않도록, 침묵을 메워야만 했다. 틱톡은 2020년 3월, 단 한 달간 미국에서만 방문객이 1,200만 명 이상 증가했다.[2] 그리고 4월에는 설치 횟수가 20억 회를 넘어, 세계에서 가장 빨리 성장하는 소셜 미디어 플랫폼이 되었다.[3] '록다운의 다운로드' 왕좌에 오른 틱톡은 격리 속의 삶이라는 끝없는 광고 시간을 채울 짧은 영상들을 공급했다. 내 스크린 타임 기록은 하루에 열 시간, 열한 시간, 그리고 열다섯 시간까지 치솟았다. 매일 저녁 잠자리에 들 때 내 손은 보이지 않는 아이폰을 쥔 것처럼 웅크린 형태였고, 매일 아침 깨어나 의식을 되찾을 때도 여전히 그 형태였다.

이 상태에서는 코로나바이러스 콘텐츠 소용돌이에 빨려들지 않기가 불가능했다. 사설과 웨비나webinar('웹Web'과 '세미나seminar'의 합성어로, 웹상에서 행해지는 세미나를 말한다 - 옮긴이)와 신문 기사와 브랜드 소셜 포스트는 동일하고 반복되는 불확실성을 컨베이어벨트처럼 계속 쏟아내어 히스테리를 상승시켰다. 절박한 고펀드미GoFundMe 청원, 허무주의적 밈, 기회주의적 타깃 광고, 정신 건강 관련 인포그래픽, 그리고 진부한 브랜드 광고는 나로 하여금 이 끝없이 이어지는 낯섦의 상태를 '뉴노멀new normal'로 얼싸안으라고 종용했다.

내가 트위터에서 팔로우한 〈뉴요커〉 기자는 주기적으로 '팬데믹 인스타그램 지름신' 타래를 올렸는데, 운 좋게도 여전히 안정적인 수입원이 있는 팔로워들은 종말을 앞둔 인류의 발작적인 사치 심리로 온라인에서 구매한 가장 뜬금없는 것들을 공유했다. 아무데도 입고 갈 수 없는 빈티지 구슬 달린 플래퍼 드레스, 웹캠상으로는 거의 보이지도 않을 값비싼 화장품, 절대 읽지 못할 책들, 20개의 형광 가발, 두 개의 공기 주입 카약, 물고기처럼 생긴 고무 플립플랍, 반짝이가 박힌 플랫폼 힐, 100달러짜리 주사위 세트, 레몬나무 한 그루, 살아 있는 아홀로틀(도롱뇽의 일종 - 옮긴이).

'팬데믹 기간에 도대체 누가 튜브톱을 산담?' 현대의 노예제도를 조사한 〈가디언〉 기사에서 바이러스 '배양터'로 묘사된 창고에서 시급 3.5파운드를 받고 부후Boohoo(영국의 온라인 패션업체 - 옮긴이)의 주문건을 처리하는 레스터의 공장 노동자는 그렇게 물었다.[4] 부후의 매출이 그 분기에서 5월 말까지 45퍼센트 치솟은 걸 보면 확실히 많은 사람이 산 모양이다. 영국의 온라인 쇼핑몰 아소스ASOS는 300만 명의 신규 고객을 유치했고 팬데믹 기간에 19퍼센트의 매출 증가를 보고했다.[5] 2020년 2/4분기 말에 아마존은 전년 대비 총수익이 두 배로 뛴 52억 달러에 도달했다고 보고했다. 그리고 주식 가치는 97퍼센트 증가했다.

온라인, 스크롤링, 그리고 스와이핑과 쇼핑에 세계가 어찌나 열을 올렸는지, 유튜브는 '인터넷이 실제로 망가지는 것을' 막으려고 일시적으로 영상 품질을 떨어뜨려야 했다. 비록 팬데믹 때문에 내 연구는 중단되었지만(인터뷰와 업계 행사가 취소되고 연구 목적 출장은 영구적으로 미뤄졌다) 팬데믹은 의도치 않게 특정한 유형의 사람들이 번영할 완벽한 조건을 형성했다. 인스타그래머, 유튜버, 틱톡커, 그리고 트위치 스트리머(바이러스로 인한 세계 종말의 말을 탄 네 기수)가 우리의 새로운 온라인 생활의 중심에 올라선 것이다.

크리에이터들은 유입된 관심을 재빨리 자본화했다. 록다운 브이로그와 재택 헤어 루틴과 쉬운 바나나 빵 레시피와 재택 패션 및 거실 운동 영상이 유튜브의 내 추천 목록을 점령하기 시작했다. 디지털 에이전시 A&E의 연구에 따르면 모든 플랫폼상에서 인플루언서 콘텐츠에 대한 참여율은 평균 51퍼센트 상승했고 3월에 팬데믹이 선포된 시점에서 6월까지 '좋아요'는 67퍼센트 증가했다.[6] 여행, 생활, 그리고 식당 인플루언서들은 가장 큰 타격을 입은 반면(여행과 관광 브랜드를 위한 스폰서 콘텐츠는 4월에 기록적인 수준으로 추락했다) 인테리어, 피트니스, 음식, 게임, 그리고 가족 같은 다른 장르는 꽤 잘 버텼다.[7] 트렌드 플랫폼인 토킹 인플루언스Talking Influence는 육아 부문 마이크로 인플루언서의 참여율이 3월에서 5월 사이에 평균 130퍼센트 상승했다고 주장했으며, 가족들이 한 지붕 아래의 새로운 삶의 배치에 적응하면서 유튜브 채널은 전월 대비 평균 304퍼센트 성장했다.[8]

팬데믹이 낳은 스타들

'록다운 인플루언서들'(팬데믹 생활양식에 적응한, 새롭고 편안한 가정생활을 상업화하고 재택 장비를 홍보하는)은 몇 주 안 되어 대박을 쳤다. 피트니스 인플루언서인 클로이 팅Chloe Ting은 가내 운동으로 바이럴을 탄 덕분에 3월에서 5월까지 유튜브 채널 구독자가 473만 명까지 치솟으면서 미국에서 가장 인기 있는 유튜브 크리에이터 순위 6위에 올랐다. 뉴욕 기반의 식물 인플루언서 크리스토퍼 그리핀Christopher Griffin의 인스타그램 계정 @PlantKween에는 3월에서 9월까지 15만 명의 새로운 식물 열혈 팬이 추가되었다. 틱톡에서는 버터처럼 매끄러운 남부 억양으로 팔로워들에게 '릴랙스하고' '잘 자라고' 격려하고 위로하는 1인칭 시점 영상을 공유함으로써 4주 만에 팔로워 200만 명을 달성해 '세계에서 가장 인기 있는 엄마'라는 칭호를 얻은 마흔한 살의 태비사 브라운Tabitha Brown과, 정원에서 손녀딸이 찍은 코미디 콩트로 바이럴을 타 250만 명의 팔로워를 얻은 여든일곱 살의 은퇴한 탱크트럭 운전사 조 앨링턴Joe Allington의 @grandadjoe1933이 신흥 스타로 등극했다.

내가 인플루언서 산업이 얼마나 팽창했는지를 몸으로 깨달은 건 1차 록다운과 2차 록다운 사이의 어느 여름날 오후, 주말을 이용해 다시 재사회화를 해보려고 내 아파트에서 나와 엄마를 만나러 갔을 때였다. 엄마는 노트북 위로 허리를 숙인 채 폐경을 맞은 미용 브이로거인 '핫 앤드 플래시Hot and Flashy'의 튜토리얼 영상 「줌 통화 때 예뻐 보이는 법How To Look Good on a Zoom Call」을 보고 있었다. 엄마가 화면을 몸으로 가리키며 말했다. "봐, 저 여자는 그냥 화장하는 법을 알려주는 보통 사람이야. 그런데 조회 수가 300만이야!" 2020년 말, 그 영상은 유튜브에서 그해 업로드된 미용 튜토리얼 중 최다 조회 수 영상으로 등극한다.[9]

팬데믹은 인플루언서들에게 단지 클릭 기회만 준 것이 아니었다. 내 메일함에 쇄도한 마케팅 산업 뉴스레터들이 열정적으로 주장하듯이 말이다. 위기는 그들의 영향력 방향을 생활양식 구루로서 하던 역할을 넘어 공공선으로 돌릴 기회였다. 많은 이들이 자신의 플랫폼을 이용해 #재택StayHome, 마스크 착용, 사회적 거리두기의 메시지를 퍼뜨리거나 필수 노동자들에 대한 지지 선언을 올렸다. 인플루언서 자선 캠페인들이 있었는데, 거기서 크리에이터들은 자신이 가진 대중적 인기를 이용해 과부하된 국가 시스템의 간극을 메웠다. 패션 인플루언서인 키아라 페라그니Chiara Ferragni는 밀라노의 병원들을 위한 새 응급 병동을 설립하기 위해 300만 달러를 모금했고, 영국의 유튜버 플레어 드 포스Fleur De Force는 미용 분야의 구루를 집결시켜 최전선의 의료 노동자들에게 정신 건강 서비스를 제공하기 위한 #블로거스4국민의료보험Bloggers4NHS 경매를 열었다. 그리고 393만 8,325명이 크리에이터들에게 유튜브 애드센스 수익을 기부하도록 독려하는 라이프스타일 크리에이터 새프론 바커Saffron Barker의 #유튜버스4국민의료보험영웅들YouTubers4NHSHeroes 캠페인을 시청했다.

정치가들이 흔들리고 지도력이 약화되면서, 인플루언서들은 보통 더 전통적인 형태의 리더십에 맡겨져 있던 역할을 자임하고 나섰다. 영국에서는 필수 노동자의 자녀를 제외한 모든 아동에게 휴교령이 내려졌고, 조 윅스Joe Wicks의 @thebodycoach(팔로워 330만 명)는 아이들의 건강을 유지하는 임무를 스스로 맡아 '영국의 국민 체육 교사'를 자처하며 유튜브에서 아침 체육 수업을 운영하여 구독자가 1주일 만에 두 배로 늘어났다. 미국 정부가 일회성으로 1,500달러의 지원금을 발표할 때, 미용 유튜버 칼리 바이블Carli Bybel은 팔로워들의 주택담보대출금을 감당하기 위한 대회를 열었고, 제프리 스타는 캐시앱으로 3만 달러를 증정한다는 트윗을 올렸는데, 이는 100만 회 넘게 리트윗되었다.

공식 조직들이 디지털 영향력을 채용하기 시작하면서 정치적 리더십과 상업적 리더십 사이의 경계선은 지속적으로 흐려졌다. 영국 정부는 「러브 아일랜드」 스타들에게 인스타그램에서 국민의료보험 검사와 추적 해시태그 후원을 조건으로 공개되지 않은 액수의 금액을 지불했다. 그 캠페인은 700만 명 이상의 청중에게 가닿았고, 영국 국제개발부는 아시아와 아프리카에서 바이러스에 관한 잘못된 정보의 전파를 막는 데 도움이 될 브이로거 기금에 50만 파운드의 지원을 약속했다. 갈수록 제도 그 자체가 인플루언서가 되었다. 세계보건기구who는 CGI 인플루언서인 @KnoxFrost(팔로워 93만 명)와 손을 잡고 일련의 스폰서 포스트를 제작했으며, 그 후 틱톡에 가입해 순식간에 100만 명 이상의 팔로워를 확보하고 〈포브스〉에서 '지구상에서 가장 중요한 소셜 미디어 인플루언서'라는 찬사를 들었다.[10] 업계 내부자들(브랜드와 나 같은 에이전시들)에게 이 모든 활동은 디지털 영향력을 합법화하고 크리에이터의 지위를 키우고 그들의 리더십 가능성을 인식하는 행위로 보였다.

다른 이들에게, 소셜 미디어 스타와 공공 서비스의 결합은 재난 자본주의가 작동하기 시작했다는 증거였다. 기회주의적인 브랜드와 개인들이 위기를 약삭빠르게 이용하고 있었다. 온라인(댓글난과 메시지 포럼과 티 채널과 가십 계정들)에서는 크리에이터에게 불리한 방향으로 조류가 바뀌고 있었다. 많은 팔로워가 인플루언서들이 위기를 이용하는 것과, 지속적으로 팬데믹 라이프스타일 콘텐츠를 만드는 것을 혐오스럽게 여겼다. 콘텐츠 창작이라는 직업은 필수 노동자들의 헌신에 비하면 진부하게 느껴졌고, 인플루언서들의 여가 노동labour of leisure은 일을 쉬고 있거나 갑자기 실직한 팔로워들의 신경을 건드렸다. 록다운으로 인해 인플루언서 특유의 라이프스타일이 해체되면서 댓글난에는 고소해하는 반응이 넘쳐났다. 여행도, 파티도, 공유하거나 판매할 식당도 없었다.

코로나 게시판에 매일 올릴 가장 손쉬운 쟁점과 클릭 미끼를 찾아 헤매는 뉴스 아울렛은 마스크를 패션의 일환으로 만들었다는 이유로 크리에이터들을 첫 과녁으로 삼았다. 다음 순서로 총살대에 오른 것은 눈치도 없이 여행이 취소되었다며 투덜대거나 발리의 열대 해변으로 '피난을 온' 여행 인플루언서들이었다. 그다음으로는 이런저런 상상의 병균을 제거하거나 자기네의 독점적 할인 코드(스와이프 업 하세요!)를 이용해 질병 예방 식단 보조제를 구매하면 바이러스를 피할 수 있다고 주장한 웰빙 인플루언서들이 있었다. 오스트레일리아의 맘플루언서들은 '#노마스크셀카NoMaskSelfie'라는 해시태그를 공유함으로써 마스크 반대 운동을 전파하기 시작했다. 어떤 유튜버들은 5G 음모이론을 퍼뜨리거나 백신과 관련하여 잘못된 정보를 퍼뜨렸다. 제이크 폴은 로스앤젤레스의 BLM 시위에서 약탈에 가담했다. 유튜버인 니키타 드래건Nikita Dragun, 타나 모조, 그리고 제임스 찰스는 베벌리힐스의 틱톡 맨션 몇 곳에서 열린 '팬데믹 파티'에서 브이로그를 찍었다. 그리고 스물한 살의 어느 틱톡 스타는 '코로나바이러스 챌린지'를 하겠다며 개인 제트기의 변기 의자를 핥았다. 우리가 12월에 도달하여 업계 전반이 두바이(지금은 비공식적으로 '아랍에미리트의 런던 구區'로 불리는)로 엑소더스하는 걸 목격했을 때쯤, 소셜 미디어 엘리트들이 보틀 서비스(주로 나이트클럽이나 바에서 VIP에게 제공하는 다양한 특전 - 옮긴이)와 솔트배 스테이크를 찾아 전염병에 오염된 도시를 도피하는 것은 팬데믹 아래서 할 수 있는 가장 나쁜 행동의 표본이 되었다.

미래의 어느 시점에, 2020년을 다루는 역사가들은 명품 작업복을 잔뜩 구비한 뉴욕 인플루언서이며 4,500만 달러 패션 제국 섬싱 네이비의 창립자이자 630달러짜리 무지개 우정 팔찌의 조달업자인 에리얼 차르나스를 터무니없는 팬데믹 가식의 극치로 볼 것이다. 뉴욕에서 코로나바이러스의 확진 사례가 처음 발생한 지 보름 후인 3월 16일, 에리얼은 인스타그램에서 130만 명의 팔로워에게 자기 몸이 이상하다고 알렸다. "처음에는 열이 나고 오한이 들고 목이 심하게 아프고 말랐고 두통이 있었어요." 에리얼은 이제 시청자들에게는 익숙해진 전형적인 의식의 흐름 형식으로 잔뜩 하소연했다. 금세 걱정하는 팔로워들과 팬들의 DM이 쇄도했다. 주지사 앤드루 쿠오모Andrew Cuomo는 바로 그날 뉴욕의 식당과 바, 그리고 체육관에 대한 규제를 선포했고, 그 도시는 미국의 나머지 지역들과 더불어 우려와 예측 속에서 다가오는 발병률의 급상승을 기다리고 있었다.

비록 코로나 검사가 아직 '평범한' 미국인들에게 폭넓게 상용화되지 않았지만, 에리얼은 어찌어찌 인맥을 동원해 검사를 받았고 그 과정을 팔로워들에게 공개했다. 볼보 차창 너머로 면봉으로 콧속을 문지르는 과정을 기록한 것이다. 다른 모든 브랜드 콜라보에서도 그랬듯, 에리얼은 검사를 받게 해준 의사 친구의 인스타그램 계정을 태그했다. '@drjakedeutsch @cureurgentcare 양쪽에 테스트 받음 🍴🙏 너무 고마워요.' 팔로워들이 숨죽인 채 결과를 기다리는 동안 에리얼은 우편으로 받은 루이비통 가방을 언박싱하며 시간을 보냈다.

이틀 후 에리얼은 진정한 인플루언서라면 당연히 따라야 하는 공지 방식에 따라, 아이폰 메모앱을 캡처한 이미지를 연달아 올렸다. 여러 개의 긴 문단으로 이루어진 그 글에서 에리얼은 양성 확진된 사실을 밝히고 의사들이 제시한 치료 계획을 상세히 공유했다. '휴식을 왕창 취하고 음료를 마실 것…… 격리 상태를 유지할 것.' 에리얼은 '내 가족과…… 주위 사람들의 건강성[원문 그대로]과 안전을 보호(하는)' 데 헌신했다고 썼다. 하지만 포스팅을 한 지 열흘도 안 되어 에리얼은 햄프턴에서 찍은 자기 사진을 태그했다.

'신선한 공기 🌱' 환히 웃는 에리얼이 태양 아래 명품 무지개 운동복을 입고 스트레칭을 하는 인스타그램 사진 밑에 달린 자막이었다. 딸과 손을 잡고 거리를 산책하는 또 다른 사진도 있었다. 치명적인 바이러스가 아직도 몸 안을 돌아다니고 있을 텐데 말이다. 근심이 가득한 아이폰 메모앱 캡처를 올린 시점에서 야외 사진을 올린 시점 사이에, 에리얼은 정부의 지침을 어기고 다른 곳으로 떠났다. 뉴욕의 다른 부자 상류층이 그랬듯, 주민들이 제발 오지 말라고 애원하는 곳으로 도피한 것이다. 매의 눈을 가진 팔로워들이 인스타그램 라이브의 배경에서 포착한 바, 에리얼은 심지어 딸의 보모까지 데려갔다. 보모도 곧 확진되었다.

'저 사람들은 부끄러운 줄 알아야 하고, 다들 수치를 알아야 해.' 수천 개의 분노한 댓글 중 하나다. '#이건위기야 #집에있어×발.' '사람들은 엄청 화를 냈어요.' 언론인인 소피 로스Sophie Ross는 트위터 타래에서 그렇게 설명했다. 소피의 타래는 바이럴을 타서, 더욱 다양한 미디어가 에리얼에게 관심을 갖게 했다. '말 그대로 사람들의 목숨을 위태롭게 만들고 있을 뿐만 아니라 130만 명이나 되는 자기 팔로워(비록 그 대부분이 봇이라고 해도)에게 안 좋은 모범을 보여주고 있죠.'[11] 하지만 에리얼은 잘못을 사과하기는커녕 심지어 인정하지도 않고 홀치기염색 운동복을 팔기 위한 스와이프 업 링크를 인스타그램 스토리에 올렸다. '에리얼은 이제 마치 아무 일도 없었다는 듯 포스팅을 다시 시작했어요(당연히 샤넬 포스팅이었죠!).' 소피는 말을 이었다. '사과는 없었어요. 응답을 요구하는 수천 명의 이전 팬을 무시했죠. 책임감은 전혀 보여주지 않았어요.'

비록 에리얼의 전설은 짤짤한 인터넷 드라마의 고전적인 단편의 특징(자수성가한 여성 보스! 우아함으로부터의 극적인 추락! 햄프턴!)을 모두 가졌지만, 거기서 멈추지 않고 더 근본적인 무언가를 건드린다. 인플루언스 자체의 실패다. 크리에이터들은 우리와 같아야 한다. 보통 사람과 상류층 사이의 어딘가를 표류하면서(또는 적어도 그런 척하면서) 목표와 실제 사이에 계산된 균형을 유지해야 한다.

하지만 갈등과 계급의식이 갈수록 커지는 상황에서 각자가 지닌 특권에 따라 팬데믹 경험이 달라질 때, 인플루언서들은 갈수록 문제적인 지점에 섰다. 의사의 단축번호와, 가사 도우미와 잠시 떠나 있을 햄프턴에 집이 있다는 사실은 에리얼의 지위를 명확히 보여주었다. 에리얼은 우리 중 하나가 아니라 저들 중 하나였다. 그리고 그것은 몇 주 후 에리얼이 자신의 브랜드인 섬싱 네이비를 통해 미국 정부가 제공하는 코로나바이러스 급여 보호 프로그램에서 최고 35만 달러를 수령했음이 밝혀지면서 기정사실이 되었다.[12] (다른 유명한 인플루언서 수급자들 중에는 미스터비스트, 제프리 스타, 그리고 페이즈 클랜이 있다.) 인플루언스를 지탱하는 공감대의 환상은 무너졌다.

에리얼의 이야기는 소셜 미디어로부터 소용돌이를 그리며 뻗어나가 미국 텔레비전 방송에서 프랑스의 뉴스 네트워크와 타블로이드, 그리고 멀리 오스트레일리아까지 모든 곳의 헤드라인을 장식했다. 모두가 같은 말을 하고 있었다. '인플루언싱? 이런 경제 상황에서?' 〈뉴욕 타임스〉는 그렇게 물었다. '코로나바이러스가 인플루언서 문화를 죽일 수 있을까?' 〈와이어드〉의 질문이었다. '이것이 인플루언서의 끝인가?' 〈마리끌레르〉 역시 질문을 던졌다. 끝나지 않을 것만 같았던 2020년은 지나갔다. 피처럼 붉은 하늘, 산불, 그리고 경찰의 가혹 행위가 그 한 해에 방점을 찍었다. 인류 멸종을 향한 경주는 카니예의 대통령 출마 전망과 임박한 운석 사이에서 끝에

다다르는 듯 보였다. 계속 커지기만 하는 균열을 보면서 나는 같은 질문으로 돌아갔다.

그들의 번영 조건

"2020년 4월쯤 내게 '인플루언서는 곧 사멸할 것이다'와 비슷한 걸 써달라는 편집자가 최소 다섯 명은 있었을 거예요." 인플루언서 문화 전문 기자인 아멜리아 타이트Amelia Tait가 전화로 내게 말했다. "난 누구의 요청도 받아들이지 않았어요. 그냥, 그렇게 생각하지 않았거든요." 인플루언서 비판은 인플루언서의 끝을 알리지 않는다고 아멜리아는 설명한다. "그것은 오히려 야수에게 먹이를 주죠. 관심은 인플루언서의 힘이 나오는 곳이에요……. 그 힘은 사라지지 않아요." 사라지기는커녕 인플루언스는 가속화하고 있다. 노멀normal이 되어가고 있다. "모두의 삶이 온라인으로 옮겨갔죠. 집에 있는 것, 콘텐츠를 만드는 것, 그리고 그렇게 만든 것을 세상에 내놓는 건 더 일상이 됐어요." 아멜리아가 말한다. "이렇게 생각하는 사람은 많지 않을 거예요. '난 링 라이트를 샀어. 이 더 넓은 문화적 현상에 이제 나도 탑승했어.' 하지만 당연히 그게 사실이죠." 인플루언싱의 의례는 이제 어디에나 존재한다.

지금의 인플루언서들의 파도가 2008년 위기 이후에 (크리에이티브 산업의 진통, 긱 경제의 창조, 그리고 그 이후 노동자와 청중의 원자화를 통해) 등장했음을 감안하면 2020년 위기는 그들의 존재를 더한층 증폭하기만 할 가능성이 더 높아 보인다. 나는 크리스 로젝과 인플루언스의 이상적 조건에 관한 묘사를 다시 떠올렸다. 크리에이터들은 인간의 상호작용이 화면을 통해 중재되는, 원자화되고 파편화된 존재 상태에 걸맞다. 대안적인 출처에서 나오는 권위가 제도적 인물들에 대한 불신을 대처하는, 공포와 불확실성이 지배하는 상황은 그들의 번영 조건이다. 친구, 가족, 그리고 공동체로부터 동떨어진 상태로 집에서 혼자 노동할 때는 그 어느 때보다도 더 대안적인 감정적 지지 시스템의 필요성이 강력해진다. "외로워서든, 아니면 그저 다른 할 일이 없어서든 사람들은 갈수록 더 기꺼이 카메라 앞에서 자신의 하루에 관해 떠들고 싶어 합니다. 요즘엔 뭘 하는지, 뭘 샀는지 하는 이야기를요." 아멜리아는 동의한다. "전부 우리가 보통 인플루언서 문화와 결부시키는 것들이죠."

경제 불황과 불안한 시국에서, 특유의 유연성과 적응성을 가진 크리에이터들은 노동 사냥꾼이 되기에 이상적이다. 변화하는 요구에 잘 따르고 열심히 일하고 기회를 찾는 데 노련하다. 줄어든 일자리 시장에 잘 적응한다. 그런 시장에서는 이전에 상업화되지 않았던 공간에서 새로운 수입을 창출하는 능력이 매력적이면서 필수적인 요소가 된다. "만연한 실직 상황에서, 사람들은 거기서 경제적 해법을 찾고 있었을 겁니다." 아멜리아는 인플루언싱에 대한 관심 증가를 긴축재정 시기 동안 다단계 마케팅에의 참여 증가와 비교한다. "다단계 마케팅 홍보 대사는 인플루언서들이에요. 그런 자기 상업화와 대안적 수입원 탐색은 갈수록 증가하기만 할 겁니다." 인플루언서들은 우리 모두가 인터넷에서 개인적으로 노동하게 될 새로운 10년에 딱 때맞춰 등장했다. 그 세계에서 우리는 모두 인플루언서가 될 것이다. 2020년은 인플루언스라는 제도를 무너뜨리는 것이 아니라 오히려 그것이 더욱 확고해지도록 촉매 작용을 할 것이다.

인플루언서 문화는 어쩌면 사멸하는 게 아니라 어느 한편에서 빼앗은 기회를 다른 이들에게 넘겨주는 유동의 시기를 겪고 있었는지도 모른다. 위기에서 발생한 혼란은 인플루언서 시스템을 포함한 인터넷 전체를 휘감아, 그 위계질서를 파괴하고 그것이 의존한 기존 패턴을 해체했다. 친구, 가족, 팔로워, 정치가, 공인, 직장 동료, 그리고 내 뉴스피드를 채우고 한밤중에 열이 오른 내 머릿속을 빙빙 도는 크리에이터와 함께 난 무슨 일이 일어난대도 놀랍지 않은 탄력적인 시대에 들어섰다. 비록 인플루언스 종말의 시대는 아니라 해도, 내가 아는 형태의 인플루언스는 종말을 맞을 터였다.

코로나19가 인플루언싱에 미친 가장 즉각적인 영향은 기존 상태의 소셜 미디어를 급작스럽게 개편한 것이었다. 먼저 일거리가 떨어진 할리우드 배우들이 소셜 미디어에 손을 뻗으면서, 소셜 미디어 스타들은 상부로부터의 위협에 직면했다. 영 그레이비Yung Gravy의 노래 가사에 맞춰 몸을 들썩이는 주디 덴치Judi Dench가 내 틱톡 #포유 페이지에 등장했을 때(「얼음, 손목, 약간의 플렉싱ice, wrist, little bit of flexing」은 조회 수 110만 회를 기록했다), 제도권의 유명 인사들에 의한 소셜 미디어 플랫폼의 젠트리피케이션gentrification(외부인이 유입되면서 원주민이 밀려나는 현상 – 옮긴이)이 어느 정도에 도달했는지가 명확해졌다.

그 후 인플루언서들은 또한 아래로부터의 도전을 맞이했으니, 대체로 9시부터 5시까지 일하느라 바빴던 대중이 시간과 아이폰을 손에 넣은 것이다. 알고 보니 괴짜와 평범한 사람들은 큐레이트된 라이프스타일 콘텐츠보다 더 매력적인 존재였다. 우리의 새 인플루언서들은 탄산음료 중독을 극복하려는 노력을 매일 단위로 기록하는 오스트레일리아의 남성(팔로워 24만 6,000명), 깡통에 든 유화액 섞는 업무를 하면서 진지한 표정으로 해설하는 페인트 가게의 파트타임 직원(팔로워 140만 명), 또는 뒤뜰에 놓인 아동용 수영장에서 올챙이 3만 7,000마리를 키우는, 데리Derry에 사는 10대 여자아이(팔로워 160만 명)이다. 2020년은 단순히 인플루언서의 범위만이 아니라 영향력 있는 인물이 되기 위한 조건도 해체된 해였다.

BLM의 에너지와, 실내에 갇혀 보내는 무더운 여름의 지글지글 끓는 기온을 등에 업고 인터넷은 약속했던 원칙을 달성하지 못한 개인과 제도를 비판하고 있었다. 여성 권능 부여를 표방하면서 백인이 아닌 여성을 배제한 더 윙과 '맨 리펠러' 같은 걸보스 제국들, 글로시에, 리포메이션Reformation, 그리고 어웨이 같은 미학적 표면 뒤에 유독한 직장 문화를 숨기고 있던 트렌디한 인스타그램 브랜드들, 그리고 흑인 직원의 고용과 승진 및 적절한 급여를 등한시한 리파이너리29Refinery29와 콘데나스트 같은 배타적 매체들…… 그 모두는 인플루언서 문화 및 출세 지향적 라이프스타일 콘텐츠 산업과 긴밀히 얽혀 있다. 온라인 책임 추궁이라는 새로운 정신은 곧 인접한 크리에이터 산업으로도 넘어가, 일상적인 인플루언서 가십이 전례 없는 히스테리 수준으로 치솟고 오랫동안 부글거린 원한이 한계점에 이르면서 장장 한 시간의 심판을 낳았다.

드라마게돈 3(뷰티 구루인 제임스 찰스와 타티 웨스트브룩Tati Westbrook이 벌인 긴 논란의 연장 형태)가 새로이 발발했고, 최고의 소셜 미디어 스타들 (셰인 도슨, 개비 드마르티노Gabi DeMartino, 그리고 이전의 '캔슬이 불가능한' 뷰티 구루 제프리 스타를 포함해서)이 스물한 살의 '코멘터리의 왕' 디안젤로 윌리스D'Angelo Wallace로 대표되는 새로운 무리의 코멘터리 블로거들에 의해 축출되었다. 디안젤로는 이전의 그 어떤 세대보다도 섬세한 비평을 제공했다.[13] 디안젤로(첫 유튜브 영상을 2020년 1월에야 처음 올린, 매스컴 학사학위를 가진 진지하고 지적인 텍사스 사람)가 올린 영상 「셰인 도슨의 경력이 끝장난 정확한 순간The exact moment Shane Dawson's career ended」은 조회 수 1,700만 회를 기록했고 채널은 7일 만에 구독자가 40만 명이나 늘어났다.

캔슬 문화는 1세대 유튜브 전설인 제나 마블스Jenna Marbles가 선제적으로 자신을 캔슬하면서 변곡점에 도달했다. 1월 25일에 올린 '메시지A Message'라는 제목의 눈물 가득한 사과 영상에서, 마블스는 자신의 모든 문제적 콘텐츠(「여자들이 섹스하는 동안 하는 생각What Girls Think About During Sex」 같은 인터넷에서 인기를 끈 영상)를 '비공개'로 돌리고 채널을 완전히 버리겠다고 말했다.[14] "내 예전 콘텐츠가 인터넷에 전부 존재하는 게 내가 자랑스러운 한 인간으로서 얼마나 성장했는지를 보여준다고 생각했던 때도 있었어요." 제나는 말했다. "하지만 이제는 그 콘텐츠가 존재하는 것 자체가 힘들어요."

2020년 여름은 인플루언서의 림보 상태였다. 상승과 하락이 요동쳤고, 크리에이터들은 실각했고, 인터넷의 지지는 몇 분 차이로 변화했다. 틱톡 여왕인 찰리 다멜리오가 제임스 찰스에게 1년 안에 1억 팔로워를 달성하지 못한 것에 대해 농담조로 투덜대는 유튜브 영상은 바이럴을 타서 '버릇없고' '배은망덕한' 열여섯 살짜리를 캔슬하라는 요구로 이어졌다. 찰리는 겨우 48시간 이내에 50만 명의 팔로워를 잃는 (틱톡) 기록을 세웠지만, 사과 영상이 올라오자 여론의 물결은 뒤바뀐 정도가 아니었다. 겨우 몇 주 후에 찰리는 원래의 수준을 넘어 1억 200만 팔로워에 도달했고, 훌루Hulu(미국의 비디오 스트리밍 서비스 - 옮긴이)에서 '다멜리오 쇼'가 방송될 거라는 소식을 의기양양하게 알렸다.

온라인 캔슬 문화와 구체적인 개인의 행위 밑에서는 더 폭넓은 심판이 일어나고 있었다. 팔로워들은 유명 인사와 인플루언서 문화가 기반한 근본 원칙에 질문을 던지기 시작했다. 몇 주 지나지 않아서 〈뉴욕 타임스〉는 '자본주의는 망가졌다'라고 선포하고, 세계경제포럼은 '그레이트 리셋Great Reset'(코로나19로 촉발된 변화를 바탕으로 경제와 사회를 재건하자는 움직임 - 옮긴이)을 요청했다. BLM 시위를 둘러싼 정치적 충격요법은 인종차별 반대나 경찰 자금 공급 중단 같은 핵심적인 행동주의 의제를 공적 담론의 전면으로 가져와, 공권력의 제도와 현 상태에 의문을 제기했다. 팬데믹의 불평등은 정치적 불안정과 들끓는 계급의식으로 이어지고 있었다. 필수 노동자들의 임금 인상이 거부되고, 정부의 구제 수표 지급이 지연되고, 수백만 명이 직업을 잃는 위기의 정점에서 억만장자들의 집합적 부는 25퍼센트 이상 증가했다.[15] 눈에 보이는 소비주의와 소셜 미디어 '상류층'의 표현으로서 인플루언서는 이런 문제에 연루되었다.

이와 같은 정서는 소셜 미디어에 반영되었다. '유명 인사는 이제 그만No more celebrities'이라는 트위터 밈이 바이럴을 탔다. 뒷부분은

이랬다. '사회가 진보해서 이제 유명 인사는 필요 없다.' 단두대 밈
Guillotine meme이 트렌드를 타기 시작했다. 마르크스주의 해설가들이
틱톡의 내 #포유 페이지를 채우기 시작했다. 테네시의 한 공동체가
바이럴을 탔다. 시골 생활의 미학 트렌드(공예와 채소를 직접 키워 먹는 것
을 강조하는)가 소셜 미디어 및 소비주의와 거리를 두고 공공설비를 사
용하지 않는, 환경에 영향을 덜 미치는 삶에 대한 새로운 관심과 만
났다. 유명 인사 문화가 전 지구적 팬데믹에서 그 짝을 만났다면, 인
플루언서들(이제 자신이 서 있는 지점에 확신이 없는)은 불확실한 지대에 남
겨졌다.

　　이처럼 유명 인사 문화에 대해 여론의 재판이 열리고 있을 때,
플랫폼들 자체는 공식적인 재판을 받고 있었다. 2020년 7월, 의회의
독과점 금지 청문회가 기술 산업의 CEO들을 한데 모아 세우고 그
들 회사의 윤리와 독점 규제법 준수를 심판대에 올리는 역사적 사
건이 있었다. 그 청문회는 대체로 미결로 끝났지만(국회의원들이 각자에
게 주어진 2분의 질문 시간을 이용해 기술 산업의 가장 강력한 인물 네 명에게 물어본 것은
왜 선거 유세 메일이 아버지의 스팸 폴더에 들어가느냐였다[16]), 바깥에서는 그들에
대한 판결이 내려지고 있었다. 소셜 미디어는 고쳐 쓸 수 있는 지점
을 넘어섰다. 아무도 환영하지 않는 플랫폼의 여러 업데이트 및 큐
어넌과 팬데믹을 둘러싼 허위 정보의 관리 불찰, 무정치성과 온건
함에 대한 논란, 그리고 공동체에 봉사하는 능력의 부족함에 대한
인식이 플랫폼과 그들 공동체 사이의 긴장에 불을 댕겼다.

　　소셜 미디어의 역할이 전 지구적 위기에 반응해 바뀌고 플랫폼
이 공동체 조직, 활동가 캠페인, 그리고 상호 원조를 위해 동원되고

있을 때 이런 결점들은 증폭되었다. 소셜 미디어 플랫폼의 한계와 제약을 극복하기 위해 새로운 포맷과 기능이 등장해야 했다. 자유롭게 열람할 수 있는 구글 독이 유포되고 업데이트되었으며, 링크 목록이 왓츠앱에서 전달되었고, 암호화된 메시지 앱이 공공 피드를 대체했는가 하면 화상 회의실은 가상 시위로 터져나갔다.

링크트리LinkTree나 카드Carrd 같은 링크인바이오 툴(원래는 브랜드와 출판인들에게 사이트와 상품 페이지를 링크할 수 있게 해주는 마케팅 기능인데, 인종차별 반대 캠페인을 위한 자원과 자선 기부 및 시위자 보석금 모금을 공유할 수 있도록 전용되었다)이 폭넓게 부상하면서 평범한 사용자들이 인스타그램의 팔로워 1만 명 이상인 사람들에게만 스와이프 업 기능을 주던 제약에서 벗어날 수 있게 해주었다. '@인스타그램이 스토리의 링크 기능을 인플루언서만이 아니라 모든 이용자에게 개방한다'라는 내용의 트윗은 '좋아요'를 2만 개나 얻었다. '사용자들이 그걸 어떻게 쓰는지, 그리고 한 단계만 더 깊이 관여해도 플랫폼을 떠나기가 더 어려워진다는 걸 우리는 이미 알고 있죠(그야 당연히 그렇겠죠). 지금 당장 돕는 걸 더 효과적으로 만드세요.' 〈뉴욕 타임스〉는 보도했다. '소셜 미디어 거물들은 인종 정의를 지지하고, 그들의 상품은 그걸 위태롭게 한다.'[17]

얼마 동안은 소셜 미디어가 정말로 공동체에 봉사하는 공간이 되어가는 것처럼 느껴졌다. 주류 상업 인플루언서들에게 쏠려 있던 관심이 온라인 교육자들에게로 향했다. 활동가, 작가, 운동가, 인종 학자, 그리고 의료 전문가에게로. 비흑인 인플루언서들은 집단 침묵이나 '#유색인종의목소리를증폭하라' 같은 해시태그에 참여했다. 그리고 인플루언서들은 #마이크를공유했다. 팬데믹 내내 지원

서비스를 제공하려 지칠 줄 모르고 노력해온 공동체들에 24시간 동안 소셜 미디어 계정의 비밀번호를 넘김으로써 그들에게 조명을 비추는 방법이었다. 우리 피드의 식민지화를 멈추라는 요구와 함께 팔로우할 '대안적 인플루언서들'을 수집 분석하는, 공유할 수 있는 가이드가 온라인에서 폭넓게 유포되었다.[18] 덕분에 데이터 시각화 전문가인 모나 찰라비Mona Chalabi, 작가인 라일라 F. 사드Layla F. Saad, 그리고 인종학자인 이브람 X. 켄디Ibram X. Kendi 같은 창작자와 교육자가 부상했다. 켄디는 5월에 3만 명이었던 팔로워가 9월에 100만 명으로 확 뛰어올랐다.

인스타그램 인포그래픽의 해였다. 끝도 없는 시각적인 마이크로 가이드들이 우리의 가장 시급한 정치적 의제를 알고리즘에 최적화된, 실행할 수 있는 조각으로 분해했다. 경찰에 자금을 끊는 법을 알려주는 10페이지짜리 가이드, 베이루트 폭발 사고의 충격에 대한 핵심 요점 정리, 유권자 억압을 삽화로 설명하는 헬베티카Helvetica 서체의 회전목마, 그리고 마음이 편안해지는 베이지톤으로 이루어진, 비시각적인 연합non-optical allyship에 관한 이념적 설명서는 100만 회가 넘는 참여를 이끌어내기도 했다. 인스타그램 계정인 @soyouwanttotalkabout은 2020년 2월 11일에 처음 개설되었고 10월까지 200만 팔로워를 얻었는데, 이는 2020년의 신품종 인플루언서를 뜻했다. 기피되는 가을 패션이나 「그래서 당신은 이야기하고 싶군요 : 쿠데타를 준비하는 법을So You Want to Talk About: Preparing for a Coup」 같은 포스트를 위한 홈 데코 가이드를 다루었다.

인스타그램 인포그래픽 계정 @shityoushouldcareabout을 운영하는 세 사람의 뉴질랜드 출신 밀레니얼 중 한 명인 루시는 나와 이메일로 대화했는데, 그 계정은 '접근 가능한 정보의 공평한 경기장'을 만들려는 시도에서 '헛소리를 배제한 세계 소식 1일 업데이트'를 제공한다. 원래는 '우리에게 디톡스 차와 치아 미백 제품을 팔려고 하는 사람들의 물결'에 전 세계 소식, 문화, 그리고 정신 건강 관점으로 맞서기 위해 2018년에 만들어진 계정이었다. 하지만 2020년에는 팔로워들이 알아야 하고 이해하고 싶어 하는 정보가 너무 많아서 새로운 팔로워와 참여가 밀려들었다. BLM 시위 당시, 그들은 미국에 기반을 둔 활동가들에게 자신의 계정을 빌려주었다. '한 달에 팔로워가 80만 명이나 늘어났어요.' 2020년 이후로 루시는 '인플루언스를 지닌 사람들은 이제 갈수록 자기 플랫폼을 이용해 불의에 관해 이야기하고자 한다'고 생각하지만, 그들은 개인적으로 그 용어와 거리를 두고 싶어 한다.

하지만 2020년은 그저 소셜 미디어 플랫폼이 행동을 위해 만들어진 게 아니라 광고를 위해 만들어졌으며 공동체보다는 비판 문화를, 그리고 연대보다는 개인주의를 촉진한다는 것이 입증된 해였다. 인스타그램 인포그래픽 산업체는 사회문제를 미학화했고 자신이 반대한다는 시각적인 활동주의를 오히려 키웠다. 흑인 크리에이터들의 팔로우 수 급증은 그들의 참여율에 흠집을 내고 상업적 기회를 위협하기 시작했다. 지지자들이 시위자와 연대하기 위해 소셜 미디어에 검은 사각형 그림을 올리는 '블랙아웃 화요일Blackout Tuesday'은 결국 알고리즘을 막아서 귀중한 BLM 자원에 대한 접근을 방해했다. 소셜 미디어의 공동체 조직화를 위한 잠재력이 명백해지던 바로 그때, 핵심 플랫폼은 더 심오한 수익 창출 형태에 무게를 실었고, 그 결과로 갈등이 치솟았다. 인스타그램은 공지 버튼을 몰래 쇼핑 기능으로 바꿔치웠고, 유튜브는 말도 없이 약관을 개정해 모든 크리에이터의 영상에 그들에게 일부를 제공하지 않고 '수익을 창출할 권리'를 포함시켰다.

'소셜' 네트워크는 죽어가는가

난 분기점에 도달한 기분이었다. 트위터에는 우려와 냉소가 넘쳐났다. 다단계 마케팅 훈족, 큐어넌 음모론자, 그리고 화질이 떨어지는 미니언 밈으로 소통하는 연로한 인구층의 오랜 터전이었던 페이스북은 문화의 황무지로 완전히 추락했다. 유튜브는 상업적 클릭 낚시질로 부풀려졌고 알고리즘으로 인한 급진화를 촉진하고 있었다. 화려한 쇼핑몰이라는 본질을 이제 더는 감출 생각이 없는 인스타그램은 자기 관리, 브랜드 비위 맞추기, 그리고 수행적 워크니스wokeness(정치적 올바름 같은 사회적 기준에 민감한 경향 - 옮긴이)라는 마취제의 담요를 제공할 수 있을 뿐이다. 링크드인과 트위터에도 스토리 기능이 도입되었으니, 이제 모든 주요 소셜 미디어 앱은 거의 똑같은 기능을 제공했다. 한때 독특한 경험의 스펙트럼이었던 인터넷은 이제 갈수록 서로 구분하기 어려워지는, 브랜드와 알고리즘에 의해 순찰과 감시를 받고 있는 한 줌의 단일한 플랫폼에 의해 지배받았다.

어쩌면 플랫폼은 최종 형태에 도달했을 뿐인지도 모른다. '전소셜 네트워크가 죽어가고 있거나 위축되어가고 있다는 신호를 찾아보는 걸 좋아해요.' 2020년 12월 기술 전문 기자인 라이언 브로데릭Ryan Broderick은 자신의 뉴스레터인 「쓰레기의 날Garbage Day」에 그렇게 썼다. 그런 증후군으로는 다음과 같은 것들이 있다. '강력한 이용자들이 사이트의 토론을 공격적으로 지배하고…… 더는 어떤 내적인 문화적 기억도 없고…… 이용자들이 공동체의 세부 사항에 너무 집착한 나머지 해당 사이트는 이제 그것이 처음 의도한 어떤 목적이 아니라 자신에 대한 메타 토론으로 기능합니다.' 트위터에서 트렌딩하는 화제의 대부분이 이제는 트위터 자체에 관한 것이며, 그처럼 갈수록 재귀적인 담론은 트위터의 종말이 머지않았다는 조짐이라고 브로데릭은 주장한다. '트위터는 죽어가는 웹사이트예요. 심지어 드문드문 이용자가 증가한다 해도, 그리고 아직 문화를 이끌고 있다고 해도, 앞으로 10년은 간다고 해도 진지한 개입과 핵심 구조의 변화가 없으면 그 사이트에서 일어나는 일을 이해하기가 점점 어려워지기만 할 겁니다.'

6월 들어 일련의 이모티콘(🦇🐀🦇)이 테크 업계 내부자들의 바이오와 수수께끼의 트윗들에서 불쑥불쑥 등장하기 시작했다. 하룻밤 사이에 어떤 엘리트의 새로운 초청장이 있어야 가입할 수 있는 소셜 미디어 플랫폼이 곧 등장할 거라는 소문과 함께 '그건 그대로야it is what it is'라는 문장이 나돌기 시작했다. 그 구문은 프로덕트 헌트Product Hunt(새로운 제품을 공유하고 발견하는 미국의 웹사이트 - 옮긴이)에서 최다 검색어가 되었고, 가입 양식 하나만 덜렁 있는 'it is what it is'

웹사이트에서는 BLM에 기부함으로써 대기 순위가 확 올라갈 수 있다고 주장했다. 추측의 광풍이 몰아친 며칠 후, 이제는 수만 팔로워를 달성한 그 익명의 계정이 공지를 올렸다. 'it is what it is'는 존재하지 않았다. 수수께끼의 새 플랫폼은 사기였다. '테크 산업의 현 상태에 진력이 난 젊은 기술 전문가들이 삼삼오오 모여서' 소셜 미디어의 과잉에 조명을 비추고 사회적 대의를 위한 모금을 하기 위해 실리콘밸리의 과대광고 주기를 이용한 것이다. 이 쇼는 '다음번 대박'에 대한 집단적인 간절함을 폭로했을 뿐만 아니라 브로데릭의 주장을 입증했다. 소셜 미디어가 자신을 잡아먹기 시작했다는 것이다.

심지어 그와 같은 행위 예술이 아니었던 새 플랫폼들도 즉시 내분과 유독성으로 추락하고 있었다. 모든 면에서 그들이 도전했던 앱들처럼 당파 싸움에 사로잡혔다. 트위터가 처음으로 잘못된 정보 태그를 도입하면서(선거 다음 날 트럼프의 트윗 중 3분의 1 이상에 잘못된 정보 태그가 달렸다), 플랫폼에서 차단당한 이들을 위한 플랫폼으로 알려진 대안적 '자유 언론' 소셜 네트워크인 팔러Parler는 11월 7일로부터 이틀 만에 다운로드 증가율이 2,000퍼센트나 상승해 애플 앱스토어에서 1위로 올라섰다. 오디오 기반 스타트업 소셜 네트워크인 클럽하우스는 아직 베타 모드 상태에서 가치가 1억 달러로 상승했는데, 지적인 토론과 문화적 교류를 양성하겠다고 약속했지만 론칭한 지 겨우 몇 달도 안 되어 재빨리 반유대주의, 여성혐오, 그리고 사이버 불링의 진흙탕이 되었다. 원래는 도시 지역사회의 연계를 강화할 목적으로 만들어진 공동체 네트워크인 넥스트도어Nextdoor는 지역의 자기감시와 독선적 이웃 감시의 시스템으로 전락했다. 그 앱은 빈집을 엿보는 자들, 사기꾼, 그리고 통행 금지령의 제도화를 주장하는 전투적인 자경단에 점령당했다. 그리고 UFO를 보았다는 목격담도 쇄도했다.

2020년에 만성적 온라인 접속Extremely Online(온라인에서 너무 많은 시간을 보내는 것, 또는 그러한 사람을 가리키는 말 - 옮긴이)은 곧 만성 피로를 뜻하기도 했다. 그해의 행사들은 제정신으로 일관적인 대화를 할 수 있는 공간이 없다는 사실을 부각했다. 넷플릭스에서 2020년 9월에 공개되어 4주 만에 3,800만 회가 시청된 다큐멘터리 「소셜 딜레마The Social Dilemma」는 우리가 이미 알고 있는 사실을 확인해주었을 뿐이다. 우리의 플랫폼들이 망가졌고, 우리 역시 그렇다는 사실이었다.

바이럴 인간을 요구하는 '미친' 알고리즘

틱톡은 어쩔 수 없이 이 시기에 그야말로 완벽한 상품으로 보인다. 현실 도피처라는 틱톡은 사실 현실과 똑같이 불합리하고 뒤죽박죽인 공간이다. 다음은 틱톡을 보고 있을 때 당신의 머릿속 상태다. '파타고니아 파이낸스 브로스Patagonia finance bros, 테스코Tesco 대기 줄, 중세 버전 WAP, 시골풍 생활, 빈츠beanz 🐛🐞🐛, 춤추는 퓨렐 병들Purell bottles, 심즈 캐릭터인데 현실, 내 폰트 만들기, 성인식, 런던에서 해야 할 가장 비밀스러운 일 7편, 창으로 기어 올라온 스토커에게 맞서기(320만 조회 수). 당신의 캐릭터를 고르세요 : e-girl 🧍, 얼간이 🌭, 약한 남자 🌭😳, 길 잃은 밀레니얼(여기에 서른 살 넘은 사람 있어요?

도와주세요!), 자는 모습이 줌에 포착된 거대한 퍼시피그, 미스터 샌드맨Mr Sandman에 맞춰 노래하는 고양이들, 사립학교 체크, 할아버지 만나러 갈 때 입기 좋은 y2k 의상들, 당신이 회계사라고 하면 아무도 질문하지 않는다 🪶, 내 뉴욕 아파트에서 👍 그냥 말이 되는 👍 여섯 가지. 비셉 글루Bicep glue와 지금은 새벽 6시인데 당신은 전등에 대해 이야기하고 있고, 무지개 섬광등 효과, POV : 당신은 드레이코 말포이Draco Malfoy이고 난 포션Potions에 늦었어요!!! 이 인스타그램 스토리를 확인하세요, 진저를 만날 때의 이점, 영국 사람들은 '추스데이chewsday'라고 말하는 것처럼 들리지 않아요? 아무도 모를 걸(알걸) 어떻게 알지? 희귀한 미학 : 2000년대 초반 시월드 올랜도SeaWorld Orlando 아니면 6학년 스페인어 수업, 가십 걸 스포일러, 가장 상징적인 듀엣의 이름 대기 : 플리트우드 맥Fleetwood Mac의 드림스Dreams와 오션 스프레이 크랜베리 주스, 생각은 말고 분위기만 🙏. 우리가 데이트해야 하는 유명 인사들 파워포인트 프레젠테이션 파티, 글리의 매슈 모리슨Matthew Morrison은 왜 관타나모 만으로 보내져야 하고 마르크스는 훈남인가, 자라Zara 하울 2부, uwu 🐌🐮🐷. 난 언니의 살인자를 잡으려고 틱톡을 이용하고 있어요 – 난 언니의 살인자를 잡으려고 틱톡을 이용했어요! 당신은 자기 삶을 미화하기 시작해야 하죠 : 난 남자들에게 잘 보이려고 옷을 입지 않아요, 길에서 어린 여자애들이 날 보고 멋있다고 생각하도록 입죠, 난 주인공이에요 👊. 맙소사 저게 뭐지이이이? 🐷'

처음으로 그 앱을 열면, 설명도 없이 우리는 그 유명한 틱톡 알고리즘이 선택한 자동 재생 영상에 풍덩 빠져든다. 밝은 색채, 번쩍이는 조명, 그리고 인앱 필터, 텍스트, 스티커, 그리고 음향효과, 보이스오버 또는 잘린 음악으로 강조된 활기 넘치는 영상. 아마 방금 본 게 뭔지 거의 이해하지도 못할 테지만, 그때는 이미 늦었을 것이다. 앱은 이미 다음 영상으로 넘어갔다. 왜냐하면 틱톡은 절대 가만히 멈춰 있지 않으니까. 휴대전화 화면 꼭대기에서 수직 컨베이어 벨트가 15~60초 길이의 영상을 이어서, 그리고 또 이어서 폭포처럼 쏟아낸다.

틱톡을 항해하다 보면 방향감각을 잃고 만다. 틱톡은 쉬지 않고 움직이는 시계 소리에서 그 이름을 땄지만, 어떤 안정적인 시간이나 공간 감각도 제공하지 않고 그 어떤 기초적인 기표도 전혀 없다. 어떤 포스트가 언제 올려졌거나 어떤 계정이 언제 만들어졌는지를 알기가 어렵고, 트렌드가 어디서 유래했는지를 추적하기가 불가능하다. 각 포스트 사이의 어떤 지속적인 서사를 구축하려는 시도는 포기하라. 콘텐츠는 끝도 없는 고리를 그리며 순환하고 영상은 급작스럽고 독립적인, 어떤 지속성이나 맥락도 없는 정보 단위다. 연대기순이 아니고 오래된 콘텐츠가 올린 지 몇 주나 지나서 바이럴을 타기도 한다. 틱톡에서는 누구도 개인 브랜드를 유지하는 데 신경 쓰지 않는다. 알고리즘 내에서 이리저리 부유하는 기표로 순환하는, 맥락 없는 콘텐츠 조각을 뱉어낼 뿐이다.

틱톡은 말이 되지 않는다. 심지어 찰리 다멜리오(지구상에서 가장 유명한 10대 틱톡 이용자)와 홀리 H(영국 최대의 틱톡 스타)도 자기가 왜 그렇게 유명하거나 알고리즘이 어떻게 작동하는지 모른다고 인정했다. "전 제가 뭘 하고 있는 건지 아직도 전혀 몰라요." 크리에이터인 코너 달링턴Connor Darlington(팬 450만 명)은 비드콘에서 그렇게 털어놓았다. "플랫폼에 신참인 사람들과 여기에 오랫동안 있었던 우리 사이에는 (이해하는 데) 아무런 차이도 없어요." 소외는 그 앱 구조의 고유한 기능이다. 틱톡은 절대 쉴 수 없는, 압도적인 감각을 제공한다. 이용자는 절대 무엇에든 오랫동안 정착하지 않는다. 플랫폼에는 중심이 없고, 화면은 지속적으로 움직인다. 심지어 영상 섬네일도 글리치glitch의 부메랑으로 만들어진다.

비록 캡션이 우리가 앱의 어느 지점에 와 있다는 걸 알려주지만('이걸 읽고 있다면 당신은 돈 버는 틱톡finance TikTok에 도달했습니다') 절대 어떤 현실감이나 실재감은 없다. 전체 경험은 불안정함으로 가득하고, 콘텐츠는 똑같이 반복적이고 덧없이 느껴진다. 그것은 그 어떤 진보의 전망도 없이 변함없는 존재 속에 갇혀 매일 자신을 반복하는 듯 보이는 존재에 완벽하게 들어맞는 앱이다. 록다운 경험을 보여주기에 그보다 더 나은 방법이 있겠는가?

사샤 모건 에반스Sascha Morgan-Evans는 영국 최초의 틱톡 탤런트 관리 에이전시인 바이트사이즈드 탤런트Bytesized Talent의 인재 개발 이사로, 틱톡의 최고 스타 39명을 관리하고 있다. 브랜드 파트너십을 중개하면서 상업 전략과 인재 전략을 자신이 담당하는 인물들과 함께 개발하는데, 크리에이터 시장의 현 상황과 조건에 관한 자신의 독특한 통찰을 제공한다. 사샤가 내게 말해준 바에 따르면 틱톡은 그 시장의 지평을 변화시켰다고 한다. 크리에이터들이 어떻게 행동해야 하는가에 관한 기대를 재설정하고 상업적 거래의 형태를 재조형했다는 것이다. "틱톡은 새로운 유형의 인플루언서와 새로운 인플루언스의 물결을 제시하고 있어요." 사샤는 자신 있게 말한다. 그것은 '더 많은 콘텐츠, 더 많은 경쟁, 그리고 더 많은 결과물'을 뜻한다.

틱톡이라는 플랫폼의 구조는 인플루언스를 강화하는 동시에 약화한다. 이용자들은 즐거움을 얻기 위해 어떤 한 크리에이터를 구독할 필요가 없는데, 궁극의 인플루언서가 있기 때문이다. 그것은 알고리즘이다. 그리고 #포유 페이지도 있다. 하지만 그 중독성과 폭넓은 전파는 그것이 인플루언싱이라는 제도 자체를 강화해왔다는 뜻이다. 그것의 도래는 인플루언서 산업에 대한 주류의 관심을 증가시켰고, 기사 제목과 화려한 프로필이 마구 쏟아졌다. 인터넷 문화 전문 기자인 아멜리아는 그것을 이렇게 단언한다. "이전에 인터넷에 관심이 없었던 걸 과잉 보상하는 편집자가 많아 보여요. 거기서 쌓을 수 있는 명성과, 인플루언서가 된다는 게 무슨 의미냐에 관한 진정한 관심이 새롭게 등장했어요."

틱톡은 이전의 그 어떤 앱보다 더 빠르고 더 많은 걸 요구한다. 가속화된 트렌드 사이클은 따라잡기가 그 어느 때보다도 힘들고, 인플루언서들이 이전보다 더 오래 갇혀 있게 만들 수 있다. 바이럴을 타는 것으로는 이제 부족하다고 사샤는 설명한다. "예전에는 영상 하나만 바이럴을 타면 그걸로 끝이었어요. 적어도 앞으로 몇 년간의 커리어는 보장되었죠." 사샤는 레베카 블랙Rebecca Black을 예로 드는데, 레베카는 2011년에 싱글 「프라이데이Friday」로 대박을 친 초기 바이럴 스타로, 그것을 바탕으로 10년 후 100만 팔로워를 가진 인스타그램 인플루언서로의 경력을 다졌다. "더는 그렇게 쉽지 않아요. 그저 바이럴 콘텐츠(를 생산하는 것)만이 아니라 자신이 바이럴 인간이 되어야 해요. 미친 거죠." 틱톡의 초기 바이럴은 경쟁을 폭넓게 만들어, 모든 이를 잠재적인 인플루언서로 만들었다. 비록 조회 수를 얻는 건 더 쉬워졌을지 몰라도 이들을 팔로워로 전환하는 것, 프로필을 키우고 궤도를 유지하는 건 훨씬 어렵다. 견인력은 더 무작위적이고, 일관적이지 않다. "장기적인 그래프는 없어요. 그냥 찌르고 보는 거죠. 경험이란 게 존재하지 않고, 산업이 작동하는 방식에 관해 깊은 이해라는 게 존재하지 않아요."

바이럴을 타는 것의 용이함은 바이럴이라는 성격 그 자체의 가치를 깎아내리고, 인플루언서 경제의 가치를 떨어뜨리고 있다. 틱톡의 300만 구독자는 다른 플랫폼의 같은 수보다 '가치가 떨어진다'. 그것은 더 낮은 수익금 지급에서 드러난다. 이미 틱톡은 인플루언서 경제를 약화시키고 있다. 최고의 크리에이터들과, 그 자리로 올라가는 이들은 다른 플랫폼에 비해 포스트당 더 적은 돈을 번다. "틱톡에서는 기회가 훨씬 더 넘쳐나지만 가치가 더 낮죠." 그 근거는 인플루언서 플랫폼인 팔로체인Followchain이다. 팔로체인에 따르면 '틱톡의 CPM(조회 수 1,000회당 비용)은 다른 소셜 미디어 플랫폼에 비해 한참 낮다……. 조회 수 100만 회를 달성한 일부 틱톡커는 스폰서 포스트당 1,000달러도 못 받는다'.

그리고 틱톡의 명성은 이전 플랫폼에 비해 덜 안정적이다. "틱톡은 더 많은 영상을 대량으로 내놓고 있어요. 크리에이터들이 더 빨리 흥했다 쇠하는 게 보이죠." 사샤가 지적한다. "유튜버는 한번 뜨면 몇 년은 가요. 틱톡커는 훅 뛰어올랐다가 허공으로 사라지죠."

틱톡은 또한 크리에이터들이 장기적으로 머물고 싶어 하는 장소도 아니다. "틱톡의 창고 안에만 머무르는 데 관심 있는 사람은 많지 않아요." 사샤가 말한다. "그들 중 다수는 틱톡을 장래 경력을 위한 도약대로 여기죠." 난 애비를, 플랫폼을 벗어나려는 애비의 야심을 다시 떠올렸다.

틱톡에서 뭔가를 해서 바이럴을 탈 수 있다는 생각은 무엇이든, 그리고 모든 것을 콘텐츠의 잠재적인 원천으로 만든다. 이는 이전에는 라이프스타일 인플루언서로 정의되었던 범주를 인생의 피드 그 자체로 무너뜨리고 있다. 틱톡이라는 플랫폼에는 이용자로 하여금 이제껏 내보이지 않은 인간 경험의 양상을 상업화해야 한다고 느끼게 만드는 뭔가가 있는 듯하다. 내 #포유 페이지가 바이럴 콘텐츠를 위해 전례 없는 감정적 깊이를 파고드는, 갈수록 심화되는 고백 영상을 나날이 더 많이 보여주기 때문이다. 어떤 여자애가 카메라를 정면으로 보면서 방금 노숙자가 되었다고 흐느끼는 영상, 점점 전개되는 가정 폭력의 끔찍한 몽타주, 600만 명의 낯선 이에게 공유되는, 더없이 민망한 내밀한 일화를 위한 손발이 오그라드는 경쟁.

인플루언서 효과에 활용될 수 없는 화제나 주제 또는 경험은 존재하지 않는 듯하다. 틱톡은 전환점이다. 한계선은 없다. 틱톡은 인플루언싱의 조건을 근본적으로 변화시켰다. 알고리즘으로부터의 해방을 제공함으로써가 아니라 오히려 그걸 더 강화함으로써, 그리고 크리에이터 문화의 조건을 더 위태롭고 더 빠르고 더 극단적으로 몰아감으로써 말이다.

"여러분! 돼지들이 상원에 도달했습니다!"

2021년 1월 6일, 우리가 그동안 내내 문제의 원인으로 돌렸던 해가 지난 지 겨우 며칠 후, 혁명은 트위치로 생중계되고 있었다. 22만 5,000명의 다른 시청자와 함께 나는 @HasanAbi, 본명 하산 파이커Hasan Piker가 보내주는 미국 국회의사당 쿠데타 시도에 관한 보도를 시청했다. 주로 비디오 게임을 생중계하는 데 이용되었던 플랫폼에서, 하산은 100만 명 이상의 시청자를 대상으로 자신의 정치평론 채널을 키웠다. 2020년 한 해 동안 하산은 하원의원인 알렉산드리아 오카시오 코르테스와 어몽어스Among Us 게임을 하면서 명성을 얻고 주류로 올라섰다. 그 과정에서 트위치의 시청 기록을 깨고 언론의 주목을 끌었다.

대통령 선거 그 자체에 관해서, 하산은 열 시간 교대로 80시간이 넘는 평론을 생중계했고 각 주의 성명을 실시간으로 읽고 반응했다. 하산의 무성한 턱수염, '버니Bernie 2020' 맨투맨, 그리고 욕설 가득한 분석은 깔끔하게 단장된, 번쩍이는 정장을 입은 전통적 텔레비전 뉴스 앵커들의 대안이 되었다. '하산 파이커의 의식의 흐름이 미국을 구할 수 있을까?' 〈하이스노바이어티Highsnobiety〉는 2020년 8월 프로필에서 그런 질문을 던졌다. 거기서 하산은 떡 벌어진 어깨에 가죽 항공 재킷을 입고 나이키 하이탑 운동화를 신은 채 포즈를 취했다. 그리고 2021년 1월이 되자, 그 답은 '너무 늦었다'인 듯했다.

국회의사당 시위자들이 창문을 깨고 개인 사무실로 들이닥쳤을 때, 이제는 검은 맨투맨을 입고 렌즈에 컴퓨터 셋업이 반사되는 철테 안경을 낀 하산은 팟캐스트 마이크 위로 몸을 숙인 채 자신의 공유 컴퓨터 화면을 통해 실시간 해설을 방송했다. 우파 생중계, 공식 뉴스 네트워크, 바이럴 트윗들, 그리고 공식 @POTUS 계정 사이를 쉴 새 없이 오갔다. 그러는 동안 채팅창은 밈, 정치적 쟁점, 뉴스 링크, 포그챔프PogChamp 이모티콘, 그리고 우리 인플루언서 전문가들에 대한 직업적 존경으로 넘쳐났다.

"여러분!" 하산은 외쳤다. "돼지들이 상원에 도달했습니다!" 시위가 폭동이 되었을 때 런던은 이미 어두웠다. 급작스럽게 밀려드는 온라인 공포를 처리하려 인터넷 연결이 버벅거리면서, 소파에 퍼질러 앉아 있는 내 노트북 화면은 붉은색과 파란색으로 빛났다. 음향이 충돌하고 영상이 버벅댔다. 업데이트는 15초짜리 아이폰 클립과 '속보' 트윗을 통해 전해지고 있었다. 멀쩡하게 돌아가고 있는 정부 컴퓨터들이 버려졌다. 총이 등장했고, 누군가가 총에 맞았다.

하산의 뒤섞인 인터넷 멀티미디어는 나와, 디스코드 서버와 트위터 피드, BBC 리얼리티 체크 논평가들, 그리고 당황한 친구 및 동료들과의 왓츠앱 그룹 채팅 사이를 오가느라 과부하된 내 뇌와 궤를 같이한다. 마인크래프트를 하며 보이스오버 코멘터리를 하는 게이머처럼 하산은 정치가들, 트윗들, 그리고 토킹 헤드들에게 특유의 신랄한 분석으로 반응하고 있었다. "정말이지, 여러분, 이게 미국적인 거 아닌가요?" 하산은 CBS에서 인터뷰를 하고 있는 하원 소수당 리더 케빈 매카시Kevin McCarthy에게 공감하는 척 이마에 고랑을 지으며 쏘아붙인다. "×발 당신들은 무슨 일이 일어날 거라고 생각했어요? 이건 전부 당신들이 한 짓이에요!" 트위치 채팅 알림이 뜨고 CBS의 스튜디오 조명 아래서 매카시의 표정에 긴장감이 드러날 때, 하산의 언성이 높아지고 지직거리며 갈라진다. "아 안 돼, 우리의 그 수많은 인종적 소요가 결국 그 망할 돼지들이 자기들의 욕망을 실행하는 것으로 끝나다니, 믿을 수가 없어!"

폭도들이 낸시 펠로시Nancy Pelosi에게 쪽지를 남기고 청동 조상에 MAGA 모자를 씌울 때, 하산의 시청자 25만 명은 실시간으로 정보를 수집한다. 밈을 모으고, 링크를 공유하고, 댓글과 쟁점을 제공한다. 이제 우리가 100번은 본 소셜 미디어 영상 속에 등장했던 MSNBC와 CNN의 뉴스 앵커들은 시위자들에게 혀를 내두른다. 얼굴을 드러내고 폭동을 생중계하거나 정치가의 사무실에 발을 올린 셀카를 공유하는 그 대담함에 말이다.

"바깥에서 군중이 더 늘어나는 것 같습니다." 이른바 쿠데타가 비뚤어진 혁명적 팬터마임처럼 보이기 시작할 때, 하산이 경고한다. 종반전은 뭘까, 케이블 TV의 정치 전문가들은 궁금해한다. 확실히 시위자들과 공격자들은 오합지졸인 자신들이 국회의사당을 오래 점령할 수 없다는 사실을 모르지 않을 텐데? 하산이 게티 사진 언론인들에게 손을 흔들고 바이킹 의상을 입은('문화적 전용이야!'라고 채팅방의 누군가가 농담한다) 폭도들의 이미지를 계속 끌어올릴 때, 왜 이른바 혁명가들이 이 모든 일을 재미 삼아 하는 것처럼 느껴질까? 트위치에서 하산을 보고 있는 사람들에게, 답은 명백하다. 디지털 인플루언스.

쿠데타는 우파 인플루언서 회동이다. 군중 속에는 유튜브에서 축출된 닉 푸엔테스Nick Fuentes, '베이크드 알래스카Baked Alaska'로 알려진 스트리머 팀 지오넷Tim Gionet, 그리고 '큐 샤먼Q Shaman'으로 알려진 큐어넌 측 유명 인사인 제이크 앤젤리Jake Angeli(마치 미국 상원이 아니라 발할라를 포위하는 것이 임무인 양 모피와 두개골로 자신을 꾸민)가 있지만, 이제 시작하는 채널이 자리를 잡고 시청자를 모으길 바라는 더 작은 스트리머들도 있다. 많은 이들이 브랜드 상품을 내놓았다. 소셜 미디어 계정명이 박힌, '2021년 1월 6일 : 내전'을 선포하는 후드 티, 페페 밈 기념품, 신체 강화용 장비, 눈앞에서 펼쳐지는 대혼란을 기록하기 위한 셀카 봉. 폭도들은 경찰과 함께 셀카를 찍고 대변인 사무실 안에서 생중계를 하고 유튜브, 트위치, 그리고 블록체인 스트리밍 사이트인 디라이브DLive에 직통으로 업로드하면서 시청자들에게 '좋아요와 구독 잊지 마세요!' 하고 일깨운다. 일부 생중계는 심지어 수익 창출도 한다.

폭도들은 쿠데타를 콜라보 기회로 이용하고 있다. 다른 이들의 채널과 네트워킹하고 홍보하는 것이다. 디라이브 스트리머인 자이코틱Zykotic(전문 제작진의 망가진 녹음 장비 앞에 서서 자신이 '진정한 뉴스 미디어'라고 선포하는)은 자기 근처에서 촬영하고 있는 사람들에게서 샤라웃을 이끌어낸다. "다들 저 사람을 팔로우하세요!" 한 유튜버가 자신의 이름과 계정명을 밝히자 자이코틱이 고함친다. "3,000명의 제 시청자가 보고 있어요. 저 사람을 팔로우하세요!" 폭도들은 '하울'을 챙겨 튀고(편지들, 목제 명판들, 1.5미터의 목제 연단이 상원에서 도난당했다) 포즈를 취하고 사진을 찍었다. 쿠데타는 집합적인 콘텐츠 창작 활동이자 파시스트를 위한 파이어 페스티벌이자 참여와 조회를 생성하기 위한 소셜 미디어 공연이었다.

나중에, 유튜브의 추천 목록을 서핑하던 중에 난 유튜버 스티븐 이그노라무스Stephen Ignoramus의 국회의사당 쿠데타 영상을 클릭한다. 제목은 그저 'DC'라고만 되어 있다. 총 33만 1,493명의 시청자에게 생중계된, 여덟 시간에 달하는 마라톤 영상이다. "다들 안녕하세요, 저는 스티븐 이그노라무스입니다!" 스티븐은 국회의사당을 향해 조경이 잘된 부지를 걸어가면서 스트리밍을 시작한다. 마치 브랜드 출장을 기록하는 여행 블로거처럼 가슴에 중계용 카메라가 매달려 있다. "우린 국회의사당에 가서 마인크래프트를 좀 할 겁니다."

스티븐과 동료가 시위대를 향해 터덜터덜 걸어갈 때, 서바이버Survivor의 「호랑이의 눈Eye of the Tiger」이 뒤편 어딘가에 있는 스피커에서 꽝꽝 울려 나온다. "경고 받는 거 아닌지 모르겠네요." 스티븐이 큰 소리로 말한다. 유튜브 업로드 영상에서 나오는, 라이선스 없는 음악에 대한 자동식별 프로그램을 말하는 것이다. 아무래도 자신이 생중계하려는 폭동 행위보다 저작권 경고에 더 관심 있어 보인다. "아니야, 수익 창출을 금지할 거야." 친구가 카메라 밖에서 끼어든다. "유튜브 놈들은 다 호모새끼들이야, 젠장." 스티븐이 투덜댄다.

난 타임스탬프를 앞으로 끈다. 스티븐과 친구는 2배속으로 국회의사당 건물에 접근한다. 군중 속의 인물들이 버벅거리며 빙빙 돌고, 직접 만든 배너들이 더 빨라진 속도로 획획 움직이고 덜덜 떨린다. 세 시간 반(몇 초) 후, 난 커서를 놓고 재생을 누른다. 그러자 갑자기 카메라가 앞으로 확 쏠린다. 군중이 국회의사당 계단으로 밀려 올라오며 함성을 지른다. 스티븐은 비명과 함께 서로 부대끼는 육체들과 흔들리는 깃발들과 붉은색, 흰색, 파란색의 바다를 보여준다. '우리는 나라를 되찾을 것이다'라는 함성과 '우리는 트럼프를 원한다'라는 함성이 지직거리는 고함으로 납작해진다. "이걸 공유하세요. 제 영상을 링크하세요, 사랑합니다!" 스티븐이 고함친다. 몇 초 후, 총이 발사된다. 난 탭을 닫는다.

애초부터 핵심은 조회 수였다

내가 소파에 웅크려 누운 채 노트북 키보드를 두드리면서 국회의사당 습격 기사를 끝도 없이 반복해 되감기하고 리플레이하는 동안, 소셜 미디어 플랫폼들은 쿠데타 콘텐츠를 제한하고 트럼프의 '아주 특별한' 시위자들에게 '집에 가라'고 독려하는 선동적인 영상을 처리하려고 애쓰느라 긴급 사태를 맞고 있었다. 유튜브는 스티븐의 영상을 삭제하지 않았지만 많은 DC 생중계 영상에 콘텐츠 경고문을 붙이고, 무기가 등장하고 폭력을 선동하는 영상을 내렸다. 트위터는 재빨리 새로운 플랫폼 규제를 잇달아 발표해 트럼프의 포스트와의 상호작용을 제한했다. 한편 페이스북은 긴급 사태를 선포하고 @POTUS 계정들을 잠그고 시위와 관련된 영상 및 사진을 삭제하기 시작했다.

결말을 찾고 있던 내게는 이것이 결말처럼 느껴졌다. 쿠데타가 4년간의 진보 정치 상승작용의 결과라면, 한편으로는 10년간의 소셜 미디어와 인플루언서 문화의 정점이기도 했다. 그 10년은 2010년 〈포브스〉 인터넷 부자 목록에 든 최초의 유튜버로부터 시작되어 소셜 미디어 대통령과 인플루언서 반란자들이 권력의 전당에 오르는 것으로 끝났다. 정치적·경제적·디지털·문화적 영향력의 얽히고설킨 타래는 모두 한 장소에서 응집되어 전례 없는 규모의 장관을 연출했다. 인플루언싱은 단순히 소셜 미디어 스타들에게만이 아니라 나머지 모두에게도 그 특이점에 도달했다. 인스타그램 스타들의 살균 처리된 환경에 있는 내 동료, 동시대인들과 함께 난 이제 진실을 무시할 수 없었다. 매끄럽고 윤나는 상업적 인플루언서들과 '파시스트 생중계 돼지들'은 같은 알고리즘이라는 동전의 이면이다.

성급한 뉴스 헤드라인들은 재빨리 쿠데타를 '실패한 시도'라고 선포했지만, 난 그렇게 확신하지 않는다. 애초부터 문제는 투표가 아니었다. 핵심은 조회 수였다. 권력의 진정한 보금자리는 상원 건물의 벽들 안에 있지 않았다. 온라인에, 청중에, 참여에, 알고리즘에 있었다. 쿠데타는 순수한 행위였다. 아이폰을 통해 인생을 무대 위에 전시하는 데 익숙한 인플루언서라면 누구나 익히 아는, 중앙집권적이지 않은 행사였다. 그 몇 개월 전 런던 중심부의 베이브 행사에 참여했던 기억이 떠오른다. 난 무한의 거울에 비친 내 모습을 응시하면서, 파티가 실제로 이루어지는 장소가 어디인지 궁금해했다. 장관과 투사의 분열적인 감각은 당시 날 어리둥절하게 만들었지만, 이제는 불안감이 훨씬 더 크다.

몇 달 만에 처음으로 노트북 전원을 껐다. 열린 탭 37개가 차례차례 닫히고 브라우저 창이 자신을 거두어들이고 무한으로 사라지는 것을 지켜보았다. 알림창이 멈추고 포스트가 사라지자, 난 혼자 남아 검게 꺼진 화면이 날 향해 되비치는 흐릿한 내 모습을 보고 있었다.

| 감사의 말 |

가장 먼저, 가장 감사드리고 싶은 분은 애비타스 크리에이티브 매니지먼트Aevitas Creative Management 소속의 내 담당 에이전트인 맥스 에드워즈Max Edwards다. 해크니의 커피 타임에서 팬데믹 와중에 패닉 상태인 내 전화를 받아준 것까지, 맥스는 집필 과정 내내 격려와 열정과 조언을 보내주었다. 가치를 헤아릴 수 없는 당신의 지지에 감사해요.

트위터 팔로워 100명도 안 되는 작가가 디지털 영향력에 관해 쓴 책에 기회를 주고 책의 얼개를 사려 깊게 잡아준, 믿을 수 없을 만큼 굉장한 에디터인 몰리 슬라이트Molly Slight와 세라 브레이브룩Sarah Braybrooke에게 영원한 감사를. 두 분과 함께 일할 수 있어서 즐거웠고, 맘플루언서에서 브레드튜버까지 모든 걸 함께 논의해주서서 감사합니다. 스크라이브Scribe의 전체 팀에게도 감사드린다. 첫 출간 경험을 여러분 같은 전문가와 함께하게 돼서 얼마나 감사한지 모르겠어요.

이 책을 위한 조사와 집필 과정에 지지를 보내준, 창업자이자 업계 전문가인 이브 리Eve Lee와 마케팅 에이전시인 디지털 페어리The Digital Fairy의 놀라운 팀에 큰 빚을 지고 있다. 동향 보고서인 〈인플루언서 2025〉의 자료를 책에 사용하게 해주신 데에도 감사드린다. 혹시 인플루언서 서비스가 필요한 분이 있다면 이분들을 찾아가시길 진심으로 권한다.

이 책에 시간과 혜안과 조언을 아낌없이 베풀어주신 크리에이터 공동체와 모든 분께 거듭거듭 감사드린다. 직접 인용으로 실은 분도 일부 있지만 그러지 못한 분이 훨씬 더 많다. 나와 직접 대화해주신 분들, 다리를 놓아주신 분들, 아니면 그저 내 이야기를 가만히 들어주신 분들, 다들 책의 완성에 기여해주었다.

인플루언서 산업은 너무 복잡하고 행보가 빨라서, 이 분야에서 현장 보도를 맡고 있는 분들의 필수적인 작업이 없었다면 이 책은 존재할 수 없었을 것이다. 〈비즈니스 인사이더〉, 〈뉴욕 타임스〉, 〈튜브필터〉, 〈매셔블〉, 〈더 버지〉, 〈버즈피드〉, 〈노 필터〉, 〈와이어드〉, 〈리얼 라이프〉를 비롯해 수많은 곳에 감사드린다.

개별 언론인으로는 테일러 로렌츠Taylor Lorenz, 크리스 스토클워커Chris Stokel-Walker, 모건 성Morgan Sung, 테리 응우옌Terry Nguyen, 타냐 첸Tanya Chen과 스테파니 맥닐Stephanie McNeal, 아멜리아 타이트Amelia Tait, 세라 매너비스Sarah Manavis, 캣 텐바지Kat Tenbarge, 라이언 브로데릭Ryan Broderick, 로렌 오닐Lauren O'Neill, 케이트 린지Kate Lindsay, 그리고

소피 로스Sophie Ross 같은 분을 각별히 언급하고 싶지만, 빠뜨린 분이 너무 많다! 이 분야에 관심 있는 모든 분은 이분들의 작업을 찾아보시길 권한다.

또한 브룩 에린 더피Brooke Erin Duffy 박사, 크리스털 아비딘Crystal Abidin 박사, 소피 비숍Sophie Bishop 박사, 앨리스 E. 마릭Alice E. Marwick 박사, 베카 루이스Becca Lewis, 그리고 조 글라트Zoe Glatt 같은 소셜 미디어 연구자와 학자들의 작업 또한 큰 도움이 되었다. 비즈니스적 관점에서는 개인 단위로 크리에이터 경제 연구와 저술을 지속적으로 내놓고 있는 조 스캐먼Zoe Scaman, 렉스 우드버리Rex Woodbury, 리 진Li Jin, 피터 양Peter Yang, 그리고 하이 티High Tea의 앨리스Alice와 페이Faye 같은 분을 꼭 언급하고 싶다.

나와 연락을 주고받은 모든 매니저, 에이전트, 그리고 현장 뒤의 팀들에 크게 감사드린다. 그리고 WHE 에이전시의 트레이시 윌리스Tracy Willis, 카이라 미디어Kyra Media의 조지아 오브리Giorgia Aubrey, 인터탤런트 그룹InterTalent Group의 마사 어택Martha Atack, 부킹 프로젝트The Booking Project의 밤비 헤인스Bambi Haines, 볼트 하우스 팀Vault House team과 식스 디그리스 오브 인플루언스Six Degrees of Influence, 코모도Komodo의 프레디 스트레인지Freddie Strange, 그리고 이프 낫 나우 디지털If Not Now Digital의 해나 헨셜Hannah Henshall을 포함해 인플루언서 산업의 이름 없는 영웅들을 대표하는 이들께도 감사드린다. 인플루언서 캠프에 날 받아준 파이어 테크Fire Tech에 감사드린다. 그리고 내가 촬영을 위해 승합차 뒤에서 옷을 홀딱 벗을 때 내 존엄성을 지켜준 미카엘라 에퍼드Michaela Efford에게 감사드린다.

개인적으로는 이 책이 탄생하는 과정에서 묵묵히 지켜봐준 친구와 가족에게 감사하고 싶다. 특히 집필을 직접적으로 도와준 제인 맥팔레인Jane Macfarlane, 한니발 놀스Hannibal Knowles, 그리고 엘리너 멧카프Eleanor Metcalf에게 감사하고 싶다. 그리고 마지막으로 잰더 샤프Zander Sharp에게 감사를. 잰더가 없었다면 이 책은 여전히 내 아이폰 노트앱 속의 요점 정리 단계를 벗어나지 못했을 것이다.

| 옮긴이의 말 |

기억하는 사람이 얼마나 될지 모르겠지만, 한때는 '유명한 것으로 유명한 사람'이라거나 '유명해지면 똥을 싸도(양해를 부탁드린다) 사람들이 박수를 보낼 것이다' 같은 말이 단순히 삐딱하고 과장된 농담이었던 시절이 있었다. 아마도 불행한 일이겠지만, 그 시절은 이제 지나갔고 농담은 현실이 된 듯하다. 그래서 농담은 함부로 하는 게 아니라고들 하나 보다.

어쩌다 이런 시절이 되었는지, 우리가 어떤 세상에 살고 있는지 나처럼 어리둥절해하고 있는 사람이 또 있다면 디지털 전략가라는 다소 모호하게 들릴 수 있는 직함을 가진 올리비아 얄롭의 이 책이 어쩌면 조금은 도움이 될지도 모르겠다. 그리고 어쩌면 실수로, 어쩌면 오히려 반감 때문에 이 책을 집어 들었을 일부 독자들에게 얄롭이 이 책에서 펼쳐놓는 것은 현대 사회의 모든 밉살맞고 잘못된 것의 표상일 수도 있을 것이다. 실제로 어쩌면 그게 어떤 사람들에게는 '인플루언서'의 정의 그 자체가 아닐까.

하지만 인플루언서에 관해 어떤 생각을 가지고 이 책을 집어 들었든, 그리고 이 책을 통해 그 생각이 변했든 변하지 않았든, 저자의 야심과 기동력에는 누구라도 탄복할 수밖에 없을 듯하다. 얄롭은 인플루언서라는 하나의 키워드로 현대의 산업 및 노동 구조, 사회 정치와 관심을 받고 주고자 하는 인간의 욕망까지 두루 살펴본다. 현대인의 인간관계 단절, 가짜 인간관계에 대한 의존, 허영 또는 경제적 가치 및 그 허와 실 같은 식으로 각각 별개로 다루어졌던 인플루언서 현상의 주제들을 종합적으로 다룬다. 이 책은 인플루언서 경제 개괄에서 미국 국회의사당의 폭동 사건과 그것을 생중계한 스트리머에 이르기까지, 직접 발로 뛰어 다양한 사건을 아우르며 독자들을 현장으로 데려가는, 피상적이지 않은 탐사보도의 결과물이다. 거기다 인플루언서가 되려 했던 얄롭 자신의 눈물겨운 실패담이나 인터넷 악플러들과의 오싹한 한밤중 회동 같은 구미 당기는 에피소드들은 이 책에 인간적인 측면을 한층 더해준다.

거물 유튜버나 인플루언서로 책에 등장하는 인물들이 주로 낯선 영미권 인물이라 흥미가 떨어질 수도 있지만, 사건들의 내용을 보면 대체로 한국의 비슷한 사례가 자동으로 떠오르는 독자들도 있을 것이다. 예컨대 케임브리지 대학생을 사칭한 캐럴라인 캘러웨이 사건에서는 그리 멀지 않은 과거에 있었던, 수능성적표를 조작한 것이 폭로되고 비싼 과외비 때문에 문제가 가중된 한국의 어느 명

문대생 유튜버의 사건이 자연히 떠오르기도 했다.

사실 소셜 미디어와 인플루언스와 인플루언서에 관한 책은 이제 드물지 않다. 하지만 어떻게 하면 빨리 인플루언서가 되어 자신의 브랜드를 만들고 높은 소득을 올리는가 하는 책만 즐비한 와중에 얼핏 얄팍하고 속물적으로 보이기 쉬운 현상을 경멸하거나 젠체하지 않으면서 깊이 있게 분석하는 것이 얄롭의 두드러지는 강점이다. 비록 기술 발전에 따라 삶의 모습이 변화하고 그 속도가 갈수록 빨라지는 것 같지만, 유독 많은 사람의 관심을 끄는 사건들을 들여다보면 동일한 인간 드라마가 계속 반복되는 것을 발견할 수 있다.

아울러 확실히 소셜 미디어의 급속히 변화하는 세계에 관한 통찰뿐만 아니라 알지 못하는 타인을 쉽게 얄팍한 존재로 치부해 치워버리는 우리에게 '화면 뒤에 사람 있어요'라고 일깨워주는 듯한, 동료 인간을 대하는 얄롭의 태도를 꼭 짚고 넘어가고 싶다.

야심 넘치는 책이라는 것은 번역자에게 곧 난관을 뜻하기도 한다. 수많은 사람들과의 인터뷰 사이사이에 저자의 사고를 엮어내는 것도 쉽지 않았지만 낯선 고유명사와 약어, 인터넷 속어와 밈은 물론이고 심지어 한국에서 쓰이지 않는 이모티콘들 또한 결코 사소하지 않은 난관이었다. 그런 것들을 마주할 때마다 흥미로운 주제에 끌려 이 작업을 덥석 맡게 된 것을 얼마나 후회했는지 모른다. 하지만 그때마다 이 책으로 나를 다시 끌어당긴 것은 곳곳에서 보이는 얄롭의 인간에 대한 깊은 흥미와 애정, 그리고 유머 감각이었다.

어느덧 번역가로서 연차가 20년이 넘어가지만, 작가와 독자 사이를 매끄럽게 이어주는 다리가 되어야 한다는 무게감에 이렇게 짓

눌렸던 적도 드물지 않을까 싶다. 부디 너그럽게 보아주시길 빌 따름이지만, 도저히 보아 넘기기 힘든 미흡한 점이 있다면 오롯이 번역자의 탓이다. 오랫동안 인내심 있게 기다려주신 소소의책 편집부에 감사하고 죄송한 마음을 전한다.

ASMR(Autonomous Sensory Meridian Response)

　　자율 감각 쾌락 반응. 두피와 뒤통수 위쪽에 느껴지는, 진정시키고 간질거리는 감각으로서 속삭임, 불꽃이 타닥거리는 소리, 그리고 두드리는 소리 같은 것으로 자극된다. 이 반응을 자극하는 영상은 유튜브와 트위치에서 인기 있는 장르가 되었다.

DM(Direct Message)

　　소셜 미디어 플랫폼에서 개인 간에 직접 보내는 메시지.

IRL(In Real Life)

　　'실생활에서'('온라인에서'와 반대되는)를 일컫는 말로, 보통 디지털 맥락에서 쓰인다.

NFT(Non-Fungible Token)

　　대체 불가능한 토큰. 예술 작품 같은 특정 오브젝트를 표상하는, 블록체인에 저장되는 데이터 단위. 복제가 불가능하여, 그것이 표상하는 자산이 진품임을 입증하며 소유권을 보장한다.

NSFW(Not Safe For Work)

　　직장에서 부적절함. 공개적 장소에서 보다가 남에게 들키고 싶지 않을 법한 노골적인 내용을 나타내는 인터넷 속어.

공방(gongbang)

　　「같이 공부해요 study with me」 영상으로, 다른 사람들에게 동기를 주고 공부의 동반자를 제공하기 위해 공부하는 자신의 모습을 촬영하는 영상. 한국에서 기원한 이름이다.

그래밍(gramming)

　　인스타그램하기, 인스타그램에 뭔가를 공유하기.

꼭두각시 계정(sock puppet accounts)

　　온라인에서 익명으로 다른 사람을 속이거나 조종하려고 만든 계정.

다단계 마케팅(Multi-Level-Marketing, MLM)

다단계 마케팅 전략은 피라미드 방식과 유사하다. 판매 인력이 제품을 판매하고 더 많은 판매원을 모으는 데서 소득을 얻는다. 판매원은 보통 자신이 파는 제품을 직접 사야 한다. 판매원이 재고를 팔지 못하더라도 조직은 손해를 보지 않는다. 다단계 마케팅은 유연한 노동시간과 높은 소득을 약속하며 사람들을 끌어들이기로 유명하지만 노동자는 손해를 볼 가능성이 더 높다.

둠스크롤링(doomscrolling)

정신 건강에 해로울 정도로 부정적인 온라인 뉴스를 끝도 없이 스크롤하는 데 지나치게 많은 시간을 보내는 것.

드라마 커뮤니티/채널(drama community/channel)

인터넷 뉴스를 발표하거나 평론하는 영상을 만드는 크리에이터들.

딥페이크(deepfake)

딥러닝Deep learning과 가짜Fake의 결합어로, 인공지능과 머신 러닝을 이용해 진짜같이 생성하거나 조작한 사진과 영상을 의미한다.

레딧/서브레딧(reddit/subreddit)

소셜 뉴스 웹사이트와 포럼. 콘텐츠는 사이트에 포스트를 올리고 마음에 드는 콘텐츠에 투표할 수 있는 사이트 회원들에 의해 만들어지고 선별된다. 표를 더 많이 얻은 포스트가 상단에 표시된다. 'r/'을 치고 레딧의 URL 뒤에 이름을 입력해서 찾을 수 있는 서브레딧(관심사 기반 서브포럼)으로 이루어진다. 'r/all'은 전체 웹사이트에 걸친 콘텐츠를 선별한다.

만리장성(The Great Firewall/Firewall)

중국에서 국민들이 특정 웹사이트에 접속하지 못하게 막는 다양한 기술을 가리키는 용어.

메타태그(metatags)

웹페이지 자체에는 실제로 표시되지 않는, 웹사이트의 콘텐츠를 묘사하는 단편적 텍스트. 검색엔진이 어떤 페이지의 내용이 무엇이고 누가 관심 있을지를 판단하는 데 도움을 준다.

바인(vine)

최고 6초까지 루핑 영상looping videos을 올리게 해주는, 지금은 사라진 영상 공유 앱. 한때 놀라운 성공을 거두었고 수많은 유명 크리에이터의 도약대가 되었지만 오래가지 못했고 2016년에 서비스가 중단되었다.

부머(boomer)

1946~1964년의 베이비붐 세대를 가리키는 속어. '오케이 부머Ok boomer'는 젊은 세대가 베이비붐 세대와 연관되는 반동적 반응을 조롱하는 밈으로 쓰이게 되었다.

부메랑(boomerang)

앞뒤로 지속적으로 돌아가는 짧은 영상을 찍게 해주는 인스타그램 기능.

브레드튜브(breadtube)

유튜브의 좌파 인플루언서를 통칭하는 개념. 무정부주의자이자 공산주의자였던 표트르 크로폿킨의 저작 『빵의 정복 The Conquest of Bread』(1892년)에서 착안되었다.

브레드필(breadpill)

우파의 '빨간 약'에 대한 말장난으로 만들어진 용어로, 좌파 사상으로 전향하는 것을 일컫는다.

빨간 약, 파란 약(red pill, blue pill)

영화 「매트릭스」의 한 장면에서 나온 이 표현은 두렵거나 인생을 바꿔놓는 진실을 기꺼이 알려 하느냐(빨간 약 먹기), 모르는 채로 남느냐(파란 약 먹기) 하는 선택을 가리킨다. 이 개념은 극보수주의 인터넷 사용자에게 채택되어 온라인 급진화 과정을 가리키게 되었다.

섀도우밴(shadowban)

소셜 미디어 플랫폼이 어떤 이용자를 당사자 모르게 전반적으로, 또는 부분적으로 차단하는 것. 포스트를 올릴 수는 있지만 다른 사람들에게 보이지 않거나 참여율이 떨어질 수 있다.

셸 어카운트(shell accunts)

개인이 아니라 컴퓨터에 의해 운영되는 계정을 가리킨다.

수익 창출 금지(demonetisation)

콘텐츠 크리에이터가 자신의 유튜브 영상을 보는 시청자들로부터 얻어야 할 수익을 거부당하는 것. 유튜브는 영상의 부적절한 언어나 외설, 성적인 표현, 폭력 또는 노골적인 내용 같은 다양한 이유로 특정한 창작자의 수익 창출을 거부할 수 있다. 그러나 많은 사람이 이런 가이드라인에 해당되지 않는데도 영상의 수익 창출을 정지당했다는 불만을 토로해왔다.

스와이프 업(swipe-up)

인스타그램에서 특정 팔로워 수를 달성한 이용자에게만 허용된 기능으로, 다른 웹사이트로 연결되거나 제품을 구매하기 위한 링크를 달 수 있다.

스탠(stan)

극도로 헌신적이고 집착적인 팬. 자기 정체화한 집단이나 팬덤을 일컫기도 한다.

스트리밍(streaming)

라이브 시청을 목적으로 영상을 촬영하는 동시에 방송하는 것.

스폰콘/#스폰/#스포닝(sponcon/#spon/#sponning)

포스트에 유료 광고 내용이 있음을 알리는 표시.

슬랙(slack)

주로 기업이 직원들 간의 가상 채팅을 위해 이용하는 소통 플랫폼.

언박싱 영상(unboxing videos)

유튜브의 인기 장르로, 포장 제품을 개봉하는 모습을 찍은 영상. 흔히 리뷰도 같이 이루어지는데, 특히 테크 제품과 장난감이 인기 있다.

에지로드(edgelord)

충격을 줄 의도로 도발적이거나 극단적인 온라인 페르소나를 유지하는 사람.

위탁판매(dropshipping)

한 상점이 제품 주문을 받으면 제3자 공급업체에 배송을 위탁하는 주문 소화 방식. 기업이 자체적으로 재고를 유지하지 않고도 제품을 팔게 해주는 방식이다.

젠지(Gen Z)

1990년대 중후반에서 2010년대 초반에 태어난 세대.

준사회적 관계(parasocial relationship)

유명 인사, 인터넷 개인들과의 간접적 상호작용을 통해 시청자가 경험하는 심리적 관계. 시청자는 유명 인사의 삶에 애착을 느끼고 몰입할 수 있다. 유명 인사는 그들의 존재조차 모르지만 그들은 유명 인사를 아는 사람처럼, 친구처럼 느낀다.

참여(engagement)

소셜 미디어의 포스트와 상호 작용하는 이용자가 영상에 '좋아요'를 누르거나 댓글을 다는 것. 마케터들이 어떤 포스트나 캠페인의 인기를 측정하는 데 이용된다.

챈 사이트(chan sites)

관심사를 기반으로 형성된, 관리가 느슨한 익명의 인터넷 서브포럼 또는 '게시판'. 포챈4chan, 에잇챈8chan, 에잇쿤8kun, 그리고 엔드챈endchan은 트롤링, 인종차별, 그리고 괴롭힘의 동의어가 되었다.

캡 테이블(cap table)

스타트업이나 초기 기업의 주주와 소유 주식 수 및 지분율을 분석한 목록. 그 기업에 지분을 가진 사람들을 비공식적으로 가리킬 때 '캡 테이블에' 또는 '주변에' 있다고 한다.

티(tea)

뒷담. 흑인 LGBTQ+ 공동체에서 유래한 용어.

팬덤(fandom)

어떤 개인이나 창작물, 밴드, 스포츠 팀 등의 팬으로 이루어진 공동체나 서브컬처.

팬 캠(fan cams)

팬이 자신이 좋아하는 유명인의 클립이나 사진을 편집해 만든 비디오 몽타주. 흔히 배경음악이 사용된다.

퍼리(furries)

의인화된 동물을 주제로 하는 서브컬처에 속한 사람들. 의인화된 동물 의상을 입거나 자신이 동일시하는 '퍼소나fursona'라는 털 달린 캐릭터나 아바타를 만들기도 한다.

포그챔프 이모티콘(PogChamp emotes)

스트리머인 라이언 '구테크스' 구티에레즈Ryan 'Gootecks' Gutierrez에게서 유래한, 트위치에서 흥분이나 충격을 나타내기 위해 사용하는 이모티콘.

포챈의 /B/(4chan's /B/)

2003년에 최초로 설립된 포챈의 게시판.

플랫레이(flatlay)

인스타그램 같은 소셜 미디어 포스트에서 유행하는 스타일. 예컨대 옷, 액세서리, 음식 또는 미용 제품 등을 늘어놓고 위에서 내려다보며 찍은 정물화 샷.

핀스타(finsta)

인스타그램 이용자들이 공개 계정에서 공유하고 싶지 않은 것들을 친구 및 가족과만 공유하기 위해 만든 부계정.

하이프비스트(hypebeast)

패셔너블한 옷, 특히 스트리트웨어를 열정적으로 모으는 사람. 유행에 집착하는 사람을 경멸적으로 이르는 말이기도 하다.

허영 지표(vanity metrics)

표면적으로는 한 인플루언서가 잘나가는 것처럼 보이게 하지만 조작이나, 예컨대 조회 수나 '좋아요'를 돈으로 사서 왜곡할 수 있으므로 결국은 믿을 수 없는 소셜 미디어 통계.

헨타이(hentai)

애니메이션과 만화의 포르노를 뜻하게 된 일본어.

서문

1   Kevin Roose, 'Don't Scoff at Influencers. They're Taking Over the World', *The New York Times*(16 July 2019), https://www.nytimes.com/2019/07/16/technology/vidcon-social-media-influencers.html

1 | 100만 팔로워 정책

1   Christina Newberry, '44 Instagram Stats That Matter to Marketers in 2021', *Hootsuite*(6 January 2021), https://blog.hootsuite.com/instagram-statistics/

2   Paris Martineau, 'Inside the Weird, and Booming, Industry of Online Influence', *WIRED*(22 April 2019), https://www.wired.com/story/inside-the-industry-social-media-influence/

3   A. Guttmann, 'Number of brand sponsored influencer posts on Instagram from 2016 to 2020', *Statista*(30 June 2020), https://www.statista.com/statistics/693775/instagram-sponsored-influencer-content/

4   'Instagram SHOPPING', *Instagram*, https://business.instagram.com/shopping

5   Yuanling Yuan and Josh Constine, 'SignalFire's Economy Market Map', *SignalFire*, https://www.signalfire.com/blog/creator-economy

6   'Followers', *Mention*, https://mention.com/en/reports/instagram/followers/

7   'How much does Kylie Jenner earn on Instagram?', *BBC*(26 July 2019), https://www.bbc.co.uk/newsround/49124484

8   Matt Perez, 'Top-Earning Video Gamers: The Ten Highest-Paid Players Pocketed More Than $120 Million In 2019', *Forbes*(29 January 2020), https://www.forbes.com/sites/mattperez/2020/01/29/top-earning-video-gamers-the-ten-highest-paid-players-pocketed-more-than-120-million-in-2019/

9   @JeffreeStar, *Twitter*(1 November 2019), https://twitter.com/JeffreeStar/status/1190314552757374976

10 Daniel McIntyre, 'Move over Kylie! YouTube star Shane Dawson breaks the internet and earns $35 million in seconds as he launches Conspiracy Collection makeup range with pal Jeffree Star', *Daily Mail*(14 November 2019), https://www.dailymail.co.uk/femail/article-7682541/Shane-Dawson-Jeffree-Star-makeup-collaboration-earns-35-million-seconds.html

11 'Nine-year-old earns €24m as the highest-paid YouTuber of 2020', *The Irish Times*(28 December 2020), https://www.irishtimes.com/culture/tv-radio-web/nine-year-old-earns-24m-as-the-highest-paid-youtuber-of-2020-1.4446443

12 Natalie Mortimer, 'Oreo Youtube ad banned after BBC raises concerns over native ad transparency', *The Drum*(26 November 2014), https://www.thedrum.com/news/2014/11/26/oreo-youtube-ad-banned-after-bbc-raises-concerns-over-native-ad-transparency

13 'FTC Staff Reminds Influencers and Brands to Clearly Disclose Relationship', *Federal Trade Commission*(19 April 2017), https://www.ftc.gov/news-events/press-releases/2017/04/ftc-staff-reminds-influencers-brands-clearly-disclose

14 James Purtill, 'Instafamous must reveal #ads under new transparency rules', *ABC News*(1 March 2017), https://www.abc.net.au/triplej/programs/hack/social-influencers-must-reveal-ad-under-new-transparency-rules/8315962

15 Sarah Perez, 'U. S. Consumers Now Spend More Time In Apps Than Watching TV', *Tech Crunch*(10 September 2015), https://techcrunch.com/2015/09/10/u-s-consumers-now-spend-more-time-in-apps-than-watching-tv/

16 John B. Horrigan and Maeve Duggan, 'Home Broadband 2015', *PEW Research Center*(21 December 2015), https://www.pewresearch.org/

internet/2015/12/21/home-broadband-2015/

17 'Internet Advertising', *PwC*, https://www.pwc.com/gx/en/
entertainment-media/pdf/outlook-internet-advertising-2016.pdf

18 'Newspapers and Magazines', *PwC*, https://www.pwc.com/gx/en/
entertainment-media/pdf/newspapers-and-magazines-outlook-
article.pdf

19 Anna Collinson, 'Zoella's book Girl Online outsells JK Rowling', *BBC* (3
December 2014), https://www.bbc.co.uk/news/newsbeat-30305855

20 Ewan Moore, 'KSI Reminds Fans To Vote, Causing Massive Surge In
Young Voter Registration', *Gaming Bible* (26 November 2019), https://
www.gamingbible.co.uk/news/games-politics-ksi-reminds-fans-to-
vote-causing-massive-surge-in-voter-registration-20191126

21 Yuanling Yuan and Josh Constine, 'SignalFire's Creative Economy
Market Map', *SignalFire*, www.signalfire.com/blog/creator-economy

22 Alicia Adejobi, 'Government "spent £63k" on Love Island reality stars
and celebrities on promote NHS Test and Trace', *Metro* (14 January 2021),
https://metro.co.uk/2021/01/14/government-spent-63k-on-celebrities-
promoting-nhs-test-and-trace-13903482/

23 Li Jin, 'The Passion Economy and the Future of Work', *Andreesseen
Horowitz*, https://a16z.com/2019/10/08/passion-economy/

24 Lena Young, 'Woman Dominate Influencer Marketing But Still Earn
Less Than Men', *Klear* (5 March 2020), https://klear.com/blog/paygap-
influencer-marketing/

25 Yuanling Yuan and Josh Constine, SignalFire's Creative Economy Market
Map, *SignalFire*, www.signalfire.com/blog/creator-economy

26 eMarketer Editors, 'What's the Difference Between a KOL and a
Wanghong?', *eMarketer* (2 August 2018), https://www.emarketer.com/
content/what-s-the-difference-between-a-kol-and-a-wanghong

27 Haneen Dajani, 'UAE's paid social media influencers will need licence
under new media rules', *The National News* (8 March 2018), www.
thenational.ae/uae/uae-s-paid-social-media-influencers-will-need-
licence-under-new-media-rules-1.710664

28 Bryan Burrough, 'FYRE FESTIVAL: ANATOMY OF A MILLENNIAL
MARKETING FIASCO WAITING TO HAPPEN', *Vanity Fair* (29 July
2017), https://www.vanityfair.com/news/2017/06/fyre-festival-billy-
mcfarland-millennial-marketing-fiasco

1   Marcello Mari, 'What has Yahoo! Actually Acquired: A Snapshot of Tumblr in Q1 2013', *GWI* (21 May 2013), https://blog.globalwebindex. com/chart-of-the-day/what-has-yahoo-actually-acquired-a-snapshot-of-tumblr-in-q1-2013

2   Anthony Cuthbertson, 'TUMBLR PORN BAD: ONE-FIFTH OF USERS HAVE DESERTED SITE SINCE IT REMOVED ALL ADULT CONTENT', *Independent* (11 March 2019), https://www.independent.co.uk/life-style/ gadgets-and-tech/news/tumblr-porn-ban-nsfw-verizon-yahoo-adult-content-a8817546.html

3   Rachel Sklar, '"Fuck Yeah" on Tumblr', *Medium* (22 May 2013), https:// medium.com/@rachelsklar/fuck-yeah-on-tumblr-d41546137466

4   'X Factor final ratings at 10-year low', *BBC* (14 December 2014), https:// www.bbc.co.uk/news/entertainment-arts-30470600

5   'More votes in reality TV than the general election?', *Good Morning Britain* (23 February 2015), https://www.itv.com/goodmorningbritain/ articles/more-votes-in-reality-tv-than-the-general-election

6   Julia Stoll, 'Average time per day spent watching Broadcast TV in the United Kingdom (UK) from 2010 to 2019, by age', *Statista* (12 January 2021), https://www.statista.com/statistics/269918/daily-tv-viewing-time-in-the-uk-by-age/

7   'Adults' media use and attitudes', *Ofcom* (June 2017), https://www. ofcom.org.uk/__data/assets/pdf_file/0020/102755/adults-media-use-attitudes-2017.pdf

8   'Online Nation', *Ofcom* (30 May 2019), https://www.ofcom.org.uk/__data/ assets/pdf_file/0024/149253/online-nation-summary.pdf

9   Bryony Jewell, 'Love Island's Molly-Mae Hague "can rake in £13K and Dani Dyer could charge £8K PER Instagram post as they lead the villa stars making a fortune on social media"', *Daily Mail* (9 June 2021), https:// www.dailymail.co.uk/tvshowbiz/article-9668675/Love-Island-Molly-Mae-Hague-rake-13K-Instagram-post-villa-stars-make-fortune-online.html

10 MollyMae, 'ANSWERING YOUR JUICY ASSUMPTIONS! PLANNING A BABY? BROKEN FRIENDSHIPS? MONEY £ £ £? | MOLLY-MAE, *YouTube* (17 May 2020), https://www.youtube.com/watch?v=wvSiw-ZxBww

11   'Ratings! The Wall Beats The X Factor Celebrity as first live show
      hits new low', *TellyMix* (27 October 2019), https://tellymix.co.uk/
      ratings/421858-ratings-the-wall-beats-the-x-factor-celebrity-as-first-
      live-show-hits-new-low.html

12   Carla Marshall, 'How-to Make a Living From YouTube's Partner
      Earnings', *Tubular Insights* (23 October 2013), https://tubularinsights.
      com/youtube-partner-earnings/

13   H. Tankovska, 'Facebook's advertising revenue worldwide from
      2009 to 2020', *Statista* (5 February 2021), https://www.statista.com/
      statistics/271258/facebooks-advertising-revenue-worldwide/

14   Emily Bell, 'Facebook is eating the world', *Columbia Journalism Review* (7
      March 2016), https://www.cjr.org/analysis/facebook_and_media.php

15   'Youtuber James Charles Speaks Out After Being Trolled Over
      'Influencer Representation' Comment After Met Gala Debut', *Capital
      FM* (8 May 2019), https://www.capitalfm.com/news/james-charles-met-
      gala-2019/

16   jamescharles, *Instagram* (1 November 2020), https://www.instagram.
      com/p/CHDuavQpCAT/

17   'Vogue Portugal', *Condé Nast*, https://www.condenast.com/brands/
      vogue#Portugal

18   'Millennials' pay "scarred" by the 2008 banking crisis', *BBC* (3 February
      2019), https://www.bbc.co.uk/news/business-47106711

19   Alexandra Mondalek, 'The New Four Ps of DTC Marketing – Download
      the Case Study', *Business of Fashion* (11 March 2021), https://www.
      businessoffashion.com/case-studies/marketing-pr/the-new-four-ps-
      of-dtc-marketing-download-the-case-study

20   Sam Hall, 'Gymshark founder Ben Francis set to become UK's richest
      self-made person under 30', *iNews* (14 August 2020), https://inews.co.uk/
      news/uk/gymshark-founder-ben-francis-uk-richest-self-made-
      person-under-30-580157

21   Rachel Gee, 'A third of Instagram users have bought an item of clothing
      they saw on the social network', *Marketing Week* (6 September 2016),
      https://www.marketingweek.com/why-brands-with-a-fashion-focus-
      are-most-likely-to-boost-sales-on-instagram/

22   Anne Helen Peterson, 'How Millennials Became The Burnout
      Generation', *BuzzFeed News* (5 January 2019), https://www.
      buzzfeednews.com/article/annehelenpetersen/millennials-burnout-

generation-debt-work

23 Jamie Ballard, 'Millennials are the loneliest generation',
    YouGovAmerica (30 July 2019), https://today.yougov.com/topics/lifestyle/
    articles-reports/2019/07/30/loneliness-friendship-new-friends-poll-
    survey

24 Celie O'Neil-Hart and Howard Blumenstein, 'Why YouTube stars are
    more influential than traditional celebrities', *Think with Google* (July
    2019), https://www.thinkwithgoogle.com/marketing-strategies/video/
    youtube-stars-influence/

25 Joele Forrester, 18-25 year Olds Influenced More by Social Media
    Influencers Than Family and Friends', *Talking Influence* (10 April 2019),
    https://talkinginfluence.com/2019/04/10/18-25-year-olds-influenced-
    more-by-social-media-influencers-than-family-and-friends

26 Stephanie McNeal and Ryan Broderick, 'Lifestyle Influencers Are
    Now Sharing Some Bogus Far-Right Conspiracy Theories About The
    Coronavirus On Instagram', *BuzzFeed News* (4 April 2020), https://www.
    buzzfeednews.com/article/stephaniemcneal/coronavirus-lifestyle-
    influencers-sharing-conspiracy-qanon?fbclid=IwAR3oX_2RsGFTejfSwh
    ZOOQkzx-EcFsDmbhe4gRlveM7eFmI8-LfFgoLx4oM

27 Art Swift, 'American's Trust in Mass Media Sinks to New Low', *Gallup* (14
    September 2016), https://news.gallup.com/poll/195542/americans-trust-
    mass-media-sinks-new-low.aspx

28 Henry Mance, 'Britain has had enough of experts, says Gove', *Financial
    Times* (3 June 2016), https://www.ft.com/content/3be49734-29cb-11e6-
    83e4-abc22d5d108c

29 'Two-Thirds of Consumers Worldwide Now Buy on Beliefs', *Edelman* (2
    October 2018), https://www.edelman.com/news-awards/two-thirds-
    consumers-worldwide-now-buy-beliefs

30 Rachel Sugar, 'Steak-umm's new marketing strategy: millennial angst
    with a side of meat puns', *Vox* (28 September 2018), https://www.
    vox.com/the-goods/2018/9/28/17910462/steak-umm-viral-tweet-
    authenticity-angst

31 Fnr Tigg, Sunny D Becomes a Meme After Randomly Tweeting 'I Can't
    Do This Anymore', *Complex* (4 February 2019), https://www.complex.
    com/life/2019/02/sunny-d-becomes-a-meme-after-randomly-
    tweeting-i-cant-do-this-anymore

1   Chloe Taylor, 'Kids now dream of being professional YouTubers rather than astronauts, study finds', *CNBC*(19 July 2019), https://www.cnbc.com/2019/07/19/more-children-dream-of-being-youtubers-than-astronauts-lego-says.html

2   Brooke Auxier, Monica Anderson, Andrew Perrin, and Erica Turner, 'Parental views about YouTube', *PEW Research Center*(28 July 2020), https://www.pewresearch.org/internet/2020/07/28/parental-views-about-youtube/

3   Mansoor Iqbal, 'YouTube Revenue and Usage Statistics(2021)', *Business of Apps*(14 May 2021), https://www.businessofapps.com/data/youtube-statistics/

4   Mansoor Iqbal, 'Twitch Revenue and Usage Statistics(2021)', *Business of Apps*(29 March 2021), https://www.businessofapps.com/data/twitch-statistics/

5   Sean Czarnecki, 'Study: PewDiePie is YouTube's highest earner at $8m a month', *PRWeek*(6 August 2019), https://www.prweek.com/article/1593191/study-pewdiepie-youtubes-highest-earner-8m-month

6   Ben Gilbert, 'Ninja just signed a multi-year contract that keeps him exclusive to Amazon-owned Twitch(11 September 2020), https://www.businessinsider.com/ninja-signs-multi-year-exclusivity-contract-with-amazon-twitch-2020

7   H. Tankovska, 'Average time spent by children daily on TikTok, Instagram, Snapchat and YouTube in the United Kingdom(UK), as of February 2020', *Statista*(8 April 2021), https://www.statista.com/statistics/1124962/time-spent-by-children-on-social-media-uk/

8   Kristen Rogers, 'US teens use screens more than seven hours a day on average – and that's not included school work', *CNN*(29 October 2019), https://edition.cnn.com/2019/10/29/health/common-sense-kids-media-use-report-wellness/index.html

9   Michael Grothaus, '96.5% of YouTube creators don't make above the U. S. poverty line', *Fast Company*(28 February 2018), www.fastcompany.com/40537244/96-5-of-youtube-creators-dont-make-above-the-u-s-poverty-line

10 abbyroberts, *TikTok*(30 June 2019), https://www.tiktok.com/@abbyroberts/video/6708449161286520070

11   Sophie Bishop, 'Why the 'Ideal' Influencer Looks Like⋯ That', *PaperMag*(12 August 2019), https://www.papermag.com/top-beauty-influencers-2639784604.html

12   Jia Tolentino, 'The Age of Instagram Face', *The New Yorker*(12 December 2019), https://www.newyorker.com/culture/decade-in-review/the-age-of-instagram-face

13   Adebola Lamuye and Barney Davis, 'Please stop "influencing" on our doorsteps, Notting Hill residents tell "unapologetic" Instagrammers', *Evening Standard*(28 February 2019), https://www.standard.co.uk/news/london/please-stop-influencing-on-our-doorsteps-notting-hill-residents-tell-unapologetic-social-media-bloggers-a4078806.html

14   Louise France, 'Is TikTok star Holly H the most influential 23-year-old in Britain?', *The Times*(2 November 2019), https://www.thetimes.co.uk/article/is-tiktok-star-holly-h-the-most-influential-23-year-old-in-britain-9ts35ksfn

4 │ 하이프 하우스, #이상적관계, 그리고 키드플루언서들

1   'Comber Retreat', *Luxury Home Rental*, http://luxuryhomerental.com/properties/315-comber-retreat/

2   Jackson Ryan, 'Inside the $15 million YouTube House, where it's all work and no play', *CNET*(12 October 2018), https://www.cnet.com/news/inside-the-15-million-youtube-house-where-its-all-work-and-no-play-fortnite/

3   James Hale, 'Fanbytes Launches ByteHouse, TikTok's First U. K.-Based Creator Collective', *Tubefilter*(21 May 2020), https://www.tubefilter.com/2020/05/21/fanbytes-bytehouse-tiktok-creator-collective/

4   Daisuke Wakabayashi, 'Inside the Hollywood Home of Social Media's Stars.(Don't be Shy.)', *The New York Times*(30 December 2017), https://www.nytimes.com/2017/12/30/business/hollywood-apartment-social-media.html

5   Joe Cortez, 'The Average Net Worth In America[2021 Edition]', *CommonCentsMom*(23 January 2021), https://www.groovewallet.com/ksi-net-worth/

6   Hanna Lustig, 'A power struggle and trademark dispute are rocking TikTok's Hype House as the influencer collective finds fame and

fortune', *Insider* (7 March 2020), https://www.insider.com/tiktok-hype-house-facing-power-struggle-legal-dispute-2020-3

7   Taylor Lorenz, 'An Influencer House Wouldn't Stop Partying, So L. A. Cut Its Power', *The New York Times* (19 August 2020), https://www.nytimes.com/2020/08/19/style/la-party-power-cut-tiktok.html

8   Dan Whateley, 'An LA landlord is suing a TikTok influencer group after months of conflict about unpaid rent, pandemic partying, and TV show production', *Insider* (7 January 2021), https://www.businessinsider.com/tiktok-stars-of-collab-house-drip-crib-sued-by-landlord-2020-12

9   @defnoodles, *Twitter* (22 August 2020), https://twitter.com/defnoodles/status/1297218800316686336

10   The Drip Crib, 'Drip Crib LA TV show Demo', *YouTube* (7 August 2020), https://www.youtube.com/watch?v=o-jyqBTQ8qo&ab_channel=TheDripCrib

11   Eloise Fouladgar, 'why i left the wave house', *YouTube* (17 December 2020), https://www.youtube.com/watch?v=YxVPDlR3YM8&ab_channel=EloiseFouladgar

12   'U. S. Employees Working More Hours During COVID-19 Pandemic', *Business Facilities* (23 March 2020), https://businessfacilities.com/2020/03/u-s-employees-working-more-hours-during-covid-19-pandemic/

13   The Mystery Hour, 'Instagram Husband', *YouTube* (8 December 2015), https://www.youtube.com/watch?v=fFzKi-o4rHw&ab_channel=TheMysteryHour

14   daniausten, *Instagram* (5 August 2019), https://www.instagram.com/p/B0w0-GpATUi/

15   daniausten, *Instagram* (23 October 2020), https://www.instagram.com/p/CGqs-EKg9h2/

16   'UK BLOGGERS SURVEY 2019', *Vuelio* (2019), https://www.vuelio.com/uk/wp-content/uploads/2019/03/UK-Bloggers-Survey-2019-Vuelio.pdf

17   'Mommy', *Intellifluence*, https://intellifluence.com/mommy-parenting

18   Brooke Auxier, Monica Anderson, Andrew Perrin, and Erica Turner, 'Parents' attitudes – and experiences – related to digital technology', *PEW Research Center* (28 July 2020), www.pewresearch.org/internet/2020/07/28/parents-attitudes-and-experiences-related-to-digital-technology

19   'Top 10 highest paid child YouTubers of 2020 so far', *Pound Toy* (31 July 2020), https://www.poundtoy.com/blogs/news/top-10-highest-paid-

child-youtubers-of-2020-so-far

20 Crystal Abidin, '#familygoals: Family Influencers, Calibrated Amateurism, and Justifying Young Digital Labor', *Sage*(5 June 2017), https://journals. sagepub.com/doi/pdf/10.1177/2056305117707191

21 Brooke Auxier, Monica Anderson, Andrew Perrin, and Erica Turner, 'Parents' attitudes – and experiences – related to digital technology', *PEW Research Center*(28 July 2020), https://www.pewresearch.org/ internet/2020/07/28/parents-attitudes-and-experiences-related-to-digital-technology/

22 Ideas Desk, 'Kids to Parents: Stop Sharing Pictures of Us on Social Media', *Time*(10 March 2016), https://time.com/4253207/parents-social-media/

23 Ruth Graham, 'Myka Stauffer and the Aggressively Inspirational World of "Adoption Influencers"', *Slate*(4 June 2020), https://slate.com/human-interest/2020/06/myka-stauffer-adoption-influencers.html

24 FinallyAnonymous6, 'AITA? My mom is an influencer. I am sick of being a part of it, I had "NO PHOTOS" hoodies printed for me and my little sister', *Reddit*(2020), https://www.reddit.com/r/AmItheAsshole/comments/ evqd98/aita_my_mom_is_an_influencer_i_am_sick_of_being_a/

25 Crystal Abidin, '#familygoals: Family Influencers, Calibrated Amateurism, and Justifying Young Digital Labor', *Sage*(5 June 2017), https://journals. sagepub.com/doi/full/10.1177/2056305117707191

26 'France passes new law to protect child influencers', *BBC*(7 October 2020), https://www.bbc.co.uk/news/world-europe-54447491

5 | 크리에이터 경제학

1 Jill Goldsmith, 'VidCon's Flagship Anaheim Event Will Return Live This October', *Deadline*(23 March 2021), https://deadline.com/2021/03/ vidcon-anaheim-live-event-1234719760/

2 Sam Gutelle, 'It's Official: Viacom Announces Its Acquisition of VidCon', *Tubefilter*(7 February 2018), https://www.tubefilter.com/2018/02/07/ viacom-officially-acquires-vidcon/

3 hankschannel, 'VidCon Update', *YouTube*(7 February 2018), https:// www.youtube.com/watch?v=c62AURJz6oA

4 Nick Statt, 'YouTube is a $15 billion-a-year business, Google reveals

for the first time', *The Verge* (3 February 2020), https://www.theverge.com/2020/2/3/21121207/youtube-google-alphabet-earnings-revenue-first-time-reveal-q4-2019

5 Ians, 'YouTube paid $30 bn to creators, artists in the last 3 years: CEO Wojcicki', *Business Standard* (27 January 2021), https://www.business-standard.com/article/technology/youtube-paid-30-bn-to-creators-artists-in-last-3-years-ceo-wojcicki-121012700267_1.html

6 Adam Fitch, 'How does MrBeast make money? Breaking down the youTube star's net worth', *Dexerto* (20 January 2021), https://www.dexerto.com/entertainment/how-mrbeast-makes-money-1497316/

7 Sarah Rendell, 'Logan Paul net worth: How much has YouTube star earned in his career?', *Independent* (7 June 2021), https://www.independent.co.uk/sport/boxing/logan-paul-net-worth-career-earnings-b1858248.html

8 'MrBeast says he lost $800,000 after scrapping a YouTube video series', *Yahoo! Life* (15 December 2020), https://www.yahoo.com/lifestyle/mrbeast-says-lost-800-000-205226682.html

9 MrBeast, 'Videos I could not upload', *YouTube* (1 May 2020), https://www.youtube.com/watch?v=gsWPpE4Rid0

10 'THE INFLUENCER MARKETING INDUSTRY GLOBAL AD SPEND: A $5–$10 BILLION MARKET BY 2020[CHART]', *Mediakix* (6 March 2018), https://mediakix.com/blog/influencer-marketing-industry-ad-spend-chart/

11 A. Guttmann, 'Number of brand sponsored influencer posts on Instagram from 2016 to 2020', *Statista* (30 June 2020), https://www.statista.com/statistics/693775/instagram-sponsored-influencer-content/

12 Werner Geyser, 'The State of Influencer Marketing 2019: Benchmark Report[+Infographic]', *Influencer Marketing Hub* (14 February 2021), https://influencermarketinghub.com/influencer-marketing-2019-benchmark-report/

13 Hugo Amsellem, 'Mapping the Creator Economy' *Arm The Creators* (3 December 2020), https://www.armthecreators.com/mapping-the-creator-economy/

14 Ken Tenbarge, 'A family vlogger who recently built a $10-million mansion said that fans should have to pay to watch his videos and he's getting ripped to shreds', *Insider* (29 December 2019), https://www.insider.com/austin-mcbroom-ace-family-complains-people-should-pay-youtube-videos-2019-12

15 glamazontay, 'WHY IM ON ONLYFANS? | GRWM CHAT', *YouTube*(13 May 2020), https://www.youtube.com/watch?v=2bGa4EWL-x0&ab_channel=glamazontay

16 Taylor Lorenz, 'Snapchat Wants You to Post. It's Willing to Pay Millions.', *The New York Times*(15 January 2021), https://www.nytimes.com/2021/01/15/style/snapchat-spotlight.html

17 Creator Economics, 'Should Influencers Choose Equity or Cash???', *YouTube*(14 October 2020), https://www.youtube.com/watch?v=BhD8UeN5I6E&feature=youtu.be&ab_channel=CreatorEconomics

18 Chris Stokel-Walker, 'Instagram: beware of bad influencers…', *The Observer*(3 February 2019), https://www.theguardian.com/technology/2019/feb/03/instagram-beware-bad-influencers-product-twitter-snapchat-fyre-kendall-jenner-bella-hadid

19 Imogen Watson, 'Grey and YouGov find 96% of people in the UK do not trust what influencers say', *The Drum*(31 October 2019), https://www.thedrum.com/news/2019/10/31/grey-and-yougov-find-96-people-the-uk-do-not-trust-what-influencers-say

20 Rachel Hosie, 'An Instagram star with 2 million followers couldn't sell 36 T-shirts, and a marketing expert says her case isn't rare', *Insider*(30 May 2019), https://www.insider.com/instagrammer-arii-2-million-followers-cannot-sell-36-t-shirts-2019-5

21 'Influencer Marketing: Social media influencer market stats and research for 2021', *Business Insider*(6 January 2021), https://www.businessinsider.com/influencer-marketing-report

22 'The World's Influencer Marketing Platform Industry is Projected to Grow to USD 24.1 Billion by 2025, at a CAGR of 32%', *PR Newswire*(6 January 2021), https://www.prnewswire.com/news-releases/the-worlds-influencer-marketing-platform-industry-is-projected-to-grow-to-usd-24-1-billion-by-2025--at-a-cagr-of-32-301201952.html

6 | 차 엎지르기

1 Bianca London, 'American student's fairytale life in Cambridge enchants Instagram: 300,000 people following student's photos of carefree days of dreaming spires, black-tie balls and Champagne on the river', *Daily Mail*(25 March 2015), dailymail.co.uk/femail/article-3010757/US-student-

s-enchanting-Instagram-photos-reveal-fairytale

2   Abby Jitendra, 'The Tab meets··· Caroline Calloway', *The Tab* (2015), thetab.com/uk/cambridge/2015/02/01/tab-meets-caroline-calloway-45726

3   Harling Ross, 'Was Caroline Calloway the First Instagram Influencer?', *Repeller* (20 June 2018), https://repeller.com/caroline-calloway-interview/

4   Kate Taylor, 'More Parents Plead Guilty in College Admissions Scandal', *The New York Times* (21 October 2019), https://www.nytimes.com/2019/10/21/us/college-admissions-scandal.html

5   Kayleigh Donaldson, 'The Empty Mason Jar of the Influence Economy: The Case of Caroline Calloway and her Creativity Workshop Tour', *Pajiba* (18 January 2019), pajiba.com/web_culture/the-case-of-caroline-calloway-and-her-creativity-workshop-tour.php

6   'Sali Hughes #3 Weak dilutes & boiled piss, if only! I invented the aubergine penis emoji.', *Tattle Life* (12 September 2019), tattle.life/threads/sali-hughes-3-weak-dilutes-boiled-piss-if-only-i-invented-the-aubergine-penis-emoji

7   'Bitch Eating Crackers', *Urban Dictionary* (16 December 2015), https://www.urbandictionary.com/define.php?term=Bitch%20Eating%20Crackers

8   Andreea Cristina Bolbea and Sirin Kale, 'The Relentless Horror of Being Stalked as an Instagram Star', *Vice* (19 November 2018), https://www.vice.com/en/article/j5zeb4/andreea-cristina-instagram-stalker-blog

9   Taylor Pettaway, 'Man arrested after allegedly stalking, threatening to kill a San Antonio social media influencer', *Express News* (10 February 2021), https://www.expressnews.com/news/local/article/Man-arrested-after-allegedly-stalking-and-15939757.php

10 Jason Murdock, 'Instagram Influencers Are Using Black Lives Matter for Self-Promotion, and Being Caught in the Act', *Newsweek* (11 June 2020), https://www.newsweek.com/instagram-influencers-wild-george-resch-black-lives-matter-protests-twitter-exposed-social-media-1510144

11 Influencersinthewild, *Twitter* (10 June 2020), https://twitter.com/influencersitw/status/1270521188406702082

12 Kat Tenbarge, 'Jeffree Star accuses say the makeup mogul has a history of sexual assault, physical violence, and hush-money offers', *Insider* (1

October 2020), https://www.insider.com/jeffree-star-sexual-assault-allegations-violence-accused-predator-myspace-payments-2020-9

13 Joe Price, 'Logan Paul Gained 80,000 Subscribers Following Controversial "Suicide Forest" Video', *Complex* (6 January 2018), https://www.complex.com/life/2018/01/logan-paul-subscribers

14 Lindsay Dodgson, 'Jake Paul and Tana Mongeau's break-up was worth more than $600 million in media value – here's how their careers benefited from the whirlwind romance', *Insider* (10 February 2020), https://www.insider.com/what-tana-mongeau-and-jake-paul-relationship-worth-to-careers-2020-2

15 897203 views across videos as of 24/5/2020

16 Zoe Haylock, 'Welcome to the Circus: 19 moments that defined YouTube drama's economy··· and then destroyed it.' *Vulture* (2 March 2021), https://www.vulture.com/article/youtube-drama-channels-guide.html

7 | 플랫폼 대 사람

1 'A billion likes for the Influencer Awards', *Monaco Now*, https://monaconow.com/a-billion-likes-for-the-influencer-awards/

2 Katie Warren, 'A third of the people in this European country are millionaires', *Business Insider* (26 May 2019), https://www.businessinsider.com/third-of-population-in-european-country-are-millionaires-2019-5?r=US&IR=T

3 'Monaco: Opening its luxurious doors to Instagram stars', *BBC* (8 June 2020), https://www.bbc.co.uk/news/av/stories-52938402

4 'The one and only INFLUENCER Awards #IAMMONACO', *Influencer Awards Monaco*, https://www.influencerawardsmonaco.com/

5 Agence France-Presse, 'Harry and Meghan break record with Royal Sussex Instagram account', *The Guardian* (4 April 2019), https://www.theguardian.com/uk-news/2019/apr/04/harry-and-meghan-break-record-with-royal-sussex-instagram-account

6 'Inside Monaco: Playground of the Rich', *BBC iPlayer* (8 June 2020), https://www.bbc.co.uk/iplayer/episodes/m000jykc/inside-monaco-playground-of-the-rich

7 'Revolutionary MDL Beast Festival United a Generation of Progressive

Saudi Talent' (13 December 2019), https://www.prnewswire.com/news-releases/revolutionary-mdl-beast-festival-unites-a-generation-of-progressive-saudi-talent-300974271.html

8 'Saudi Arabia: "Image Laundering" Conceals Abuses', *Human Rights Watch* (2 October 2020), https://www.hrw.org/news/2020/10/02/saudi-arabia-image-laundering-conceals-abuses

9 'Saudi Arabia', *Freedom House*, https://freedomhouse.org/country/saudi-arabia/freedom-world/2020

10 Anton Troianovski, '"You Know Your Audience": Russia's Internet Stars Turn Away From Putin', *The New York Times* (30 June 2020), https://www.nytimes.com/2020/06/30/world/europe/russia-internet-putin-referendum.html

11 Concha Pérez-Curiel and Pilar Limon Naharro, 'Political influencers. A study of Donald Trump's personal brand on Twitter and its impact on the media and users', *Communication & Society* (12 September 2018), https://revistas.unav.edu/index.php/communication-and-society/article/view/37815/32043

12 'How Britain Killed its computing Industry w/ Mar Hicks', *The Tech Won't Save Us with Paris Marx* (18 March 2021), https://podcasts.apple.com/gb/podcast/how-britain-killed-its-computing-industry-w-mar-hicks/id1507621076?i=1000513548246

13 Brooke Erin Duffy, '(Not) Getting Paid to Do What You Love', *Yale University Press* (27 June 2017), https://yalebooks.yale.edu/book/9780300218176/not-getting-paid-do-what-you-love

14 Jessica Schiffer, 'Influencer marketing, long lacking diversity, faces a reckoning', *Vogue Business* (19 June 2020), www.voguebusiness.com/companies/influencer-marketing-long-lacking-diversity-faces-a-reckoning

15 Lena Young, 'Women Dominate Influencer Marketing But Still Earn Less Than Men', *Klear* (5 March 2020), https://klear.com/blog/paygap-influencer-marketing/

16 Kat Tenbarge, 'Jeffree Star accusers say the makeup mogul has a history of sexual assault, physical violence, and hush-money offers', *Insider* (1 October 2020), https://www.insider.com/jeffree-star-sexual-assault-allegations-violence-accused-predator-myspace-payments-2020-9

17 Julia Alexander, 'LGBTQ YouTubers are suing YouTube over alleged discrimination', *The Verge* (14 August 2019), https://www.theverge.

com/2019/8/14/20805283/lgbtq-youtuber-lawsuit-discrimination-alleged-video-recommendations-demonetization

18 EJ Dickson, 'Inside LGBTQ Vloggers' Class-Action "Censorship" Suit Against YouTube', *Rolling Stone*(14 November 2019), https://www.rollingstone.com/culture/culture-features/lgbtq-youtube-lawsuit-censorship-877919/

19 Rachael Tatman, 'Gender and Dialect Bias in YouTube's Automatic Caption', *University of Washington Linguistics Department*(4 April 2017), https://www.aclweb.org/anthology/W17-1606.pdf

20 Ibid.

21 Casey Newton, 'BODIES IN SEATS', *The Verge*(19 July 2019), https://www.theverge.com/2019/6/19/18681845/facebook-moderator-interviews-video-trauma-ptsd-cognizant-tampa

22 Elena Botella, 'TikTok Admits It Suppressed Videos by Disabled, Queer, and Fat Creators', *Slate*(4 December 2019), https://slate.com/technology/2019/12/tiktok-disabled-users-videos-suppressed.html

23 Sam Biddle, Paulo Victor, and Tatiana Dias, 'Invisible Censorship', *The Intercept*(16 March 2020), https://theintercept.com/2020/03/16/tiktok-app-moderators-users-discrimination/

24 Ibid.

25 Alex Hern, 'TikTok "tried to filter out videos from ugly, poor, or disabled users"', *The Guardian*(17 March 2020), https://www.theguardian.com/technology/2020/mar/17/tiktok-tried-to-filter-out-videos-from-ugly-poor-or-disabled-users

26 Rebecca Lewis, 'ALTERNATIVE INFLUENCE: Broadcasting the Reactionary Right on YouTube', *Data & Society*(18 September 2018), https://datasociety.net/library/alternative-influence/

27 Alex Gekker, et al., 'Slicing BreadTube', *Digital Methods Summer School*, https://wiki.digitalmethods.net/pub/Dmi/SummerSchool2019/BreadTube%20Report%20%E2%80%93%20Digital%20Methods%20Summer%20School%202019.pdf

28 Shivali Best, 'Instagram influencers need just 42,000 followers to earn the average UK salary', *Mirror*(12 December 2019), https://www.mirror.co.uk/tech/instagram-influencers-need-just-42000-21082268

29 Gaby Dunn, 'Get Rich or Die Vlogging: The Sad Economics of Internet Fame', *Splinter*(14 December 2015), https://splinternews.com/get-rich-or-die-vlogging-the-sad-economics-of-internet-1793853578

30 Sissi Cao, 'Here's Why Becoming a Lucrative YouTube Star Keeps Getting Harder', *Observer* (28 February 2018), https://observer.com/2018/02/study-youtube-stars-earnings-us-median-income/

31 Li Jin, 'The Creator Economy Needs a Middle Class', *Harvard Business Review* (17 December 2020), https://hbr.org/2020/12/the-creator-economy-needs-a-middle-class

32 Ibid.

33 'THE AIC OFFICIALLY LAUNCHES', *American Influences Council* (30 June 2020), https://www.americaninfluencercouncil.com/aic-member-memo/aic-officially-launches-on-the-10th-anniversary-of-social-media-day

34 Geoff Weiss, 'Hank Green's Internet Creators Guild To Shutter, Citing No "Path To Financial Stability"', *Tubefilter* (10 July 2020), https://www.tubefilter.com/2019/07/10/internet-creators-guild-to-shutter/

35 Piper Thomson, 'Understanding YouTube Demonetization and the Adpocalypse', *Learn Hub* (14 June 2019), https://learn.g2.com/youtube-demonetization

36 Rob Horning, 'I Write the Songs', *Real Life Mag* (2 September 2020), https://reallifemag.com/i-write-the-songs/

8 | 로그오프

1 Daniel Frankel, 'YouTube Controls 16% of PandemicTraffic Globally: Sandvine', *Next TV* (7 May 2020), https://www.nexttv.com/news/youtube-controls-16-of-pandemic-traffic-globally-sandvine

2 Geoff Weiss, 'TikTok Added 12 Million Unique U. S. Visitors In March, As Watch-Time Surges In Quarantine (Report)', *Tubefilter* (28 April 2020), https://www.tubefilter.com/2020/04/28/tiktok-added-12-million-unique-us-visitors-in-march/

3 Paige Leskin, 'TikTok surpasses 2 billion downloads and sets a record for app installs in a single quarter', *Business Insider* (20 April 2020), https://www.businessinsider.com/tiktok-app-2-billion-downloads-record-setting-q1-sensor-tower-2020

4 Helen Pidd and Amy Walker, '"Why are people buying book tubes": fashion workers' anger at owners and consumers', *The Guardian* (3 April 2020), https://www.theguardian.com/business/2020/apr/03/why-are-

people-buying-boob-tubes

5 'Asos adds three million customers as profits soar amid pandemic', *BBC*(14 October 2020), https://www.bbc.co.uk/news/business-54535775

6 Elizabeth Crawford, 'Soup-to-Nuts Podcast: Social media influencers offer economical access to consumers during pandemic', *Food Navigator USA*(19 August 2020), https://www.foodnavigator-usa.com/ Article/2020/07/27/Soup-to-Nuts-Podcast-Social-media-influencers- offer-economical-access-to-consumers-during-pandemic

7 Amanda Perelli, Dan Whateley, and Sydney Bradley, 'How the coronavirus is changing the influencer business, according to marketers and top creators on Instagram and YouTube', *Business Insider*(1 September 2020), https://www.businessinsider.com/how- coronavirus-is-changing-influencer-marketing-creator-industry- 2020-3?r=US&IR=T

8 Siobhan Freegard, 'Why Micro-Influencers Are Seeing Big Growth During Lockdown', *Talking Influence*(5 May 2020), https:// talkinginfluence.com/2020/05/05/micro-influencers-growth-lockdown/

9 'Watching the Pandemic', *YouTube Culture & Trends*, https://www. youtube.com/trends/articles/covid-impact/

10 Abram Brown, 'Coronavirus: The World Health Organization Is Becoming The Planet's Most Important Social Media Influencer'(16 March 2020), https://www.forbes.com/sites/abrambrown/2020/03/16/ coronavirus-the-world-health-organization-is-becoming-the- worlds-most-important-social-media-influencer/?sh=5aaf6d7a5321

11 Sophie Ross, *Twitter*(30 March 2020), https://twitter.com/SophRossss/ status/1244757242001457153

12 Bill Bostock, 'The fashion influencer who fled NYC for the Hamptons while infected with COVID-19 received up to $350,000 in government PPP loans, report says', *Business Insider*(29 July 2020), https://www. businessinsider.com/arielle-charnas-influecner-something-navy- received-ppp-loans-nypost-2020-7?r=US&IR=T

13 Kat Tenbarge, 'The era of A-list YouTube celebrities is over. Now the people cancelling them are on top', *Business Insider*(21 October 2020), https://www.insider.com/dangelo-wallace-interview-youtube-shane- jeffree-tati-drama-channels-2020-9

14 'YouTuber Jenna Marbles quits over blackface', *BBC*(26 June 2020), https://www.bbc.co.uk/news/newsbeat-53192702

15   Rupert Neate, 'Billionaires' wealth rises to $10.2 trillion amid Covid
     crisis', *The Guardian* (7 October 2020), https://www.theguardian.com/
     business/2020/oct/07/covid-19-crisis-boosts-the-fortunes-of-worlds-
     billionaires

16   Rachel Kraus, 'Everything that happened at the Big Tech antitrust
     hearing', *Mashable* (29 July 2020), https://mashable.com/article/biggest-
     moments-from-big-tech-anti-trust-hearing/?europe=true

17   Kevin Roose, 'Social Media Giants Support Racial Justice. Their Products
     Undermine It.', *The New York Times* (19 June 2020), https://www.nytimes.
     com/2020/06/19/technology/facebook-youtube-twitter-black-lives-
     matter.html

18   Mireille Charper, *Instagram* (30 May 2020), https://www.instagram.com/
     p/CA04VKDAyjb/

인플루언서 탐구

초판 1쇄 인쇄 ｜ 2024년 4월 11일
초판 1쇄 발행 ｜ 2024년 4월 18일

지은이 ｜ 올리비아 얄롭
옮긴이 ｜ 김지선
펴낸이 ｜ 박남숙

펴낸곳 ｜ 소소의책
출판등록 ｜ 2017년 5월 10일 제2017-000117호
주소 ｜ 03961 서울특별시 마포구 방울내로9길 24 301호(망원동)
전화 ｜ 02-324-7488
팩스 ｜ 02-324-7489
이메일 ｜ sosopub@sosokorea.com

ISBN 979-11-7165-010-1 03300
책값은 뒤표지에 있습니다.